哲学と神学のハルモニア

哲学と神学のハルモニア
―― エックハルト神学が目指したもの ――

山崎達也 著

知泉書館

はしがき

　世界の存在者を統一する秩序としてのロゴスは，同時にわれわれが世界を認識し，記述する原理でもある。さらに「ヨハネ福音書」の冒頭においてロゴスは，世界の創造原理，さらには肉を取りわれわれ人間を至福に導く救済原理としての新たな姿を提示している。存在と認識，創造と救済という，哲学と神学の領域にまたがるロゴスの語りとして，エックハルトの思想を解釈すること，これが本書の基本的モティーフである。
　ところで，エックハルトとの付き合いは学生時代に始まる。「中世ヨーロッパにはマイスター・エックハルトというたいへんな人物がいる」，大学での恩師である刈田喜一郎先生からエックハルトの名を聞いたのがエックハルトとの最初の遭遇であった。高校2年目の夏に哲学に触れ，哲学を勉強しようと思って，大学に入った。その当時はもっぱら近代の哲学に関心があったため，「エックハルト」という名前すら知らないでいた。刈田先生ご自身も，エックハルトの名前を聞いたのは，恩師であった西谷啓治先生からであったという。そのことを知ってから間もなく，当時すでに絶版であった西谷先生の『神と絶対無』を大学院生の先輩から借りることができた。これが筆者の最初に読んだエックハルト研究書であった。
　それ以来，その名前が頭から離れなくなっていた。その後，大学院を出て，さらに研究を深めるためにドイツ・ボーフム大学カトリック神学部のルートヴィヒ・ヘードル先生のところへ留学する機会を得ることができた。ヘードル先生は神学研究と信仰に一生を捧げられたお方であった。そんな先生の謦咳に接する日々のなかで，何よりも教わったことは学問研究に対する誠実性と情熱であった。それとともに神学的観点からのエックハルト研究という，筆者にとっては未知であった世界に足を踏

み入れる契機となった。十字架の下にパリ版のトマス・アクィナス全集が鎮座している研究室で，先生から厳しくも懇切丁寧なご指導を賜ったことは今では貴重な財産になっている。ある日，先生からいただいたサンドウィッチの味は，先生の優しさとともに今でも鮮明に覚えている。

さらに同大学哲学部中世哲学講座のクルト・フラッシュ先生とブルクハルト・モイジッシュ先生の講義やゼミナール，そしてコロキウムに参加しながら，いろいろな角度からエックハルトの思想を眺めることができた。フラッシュ先生からは中世哲学史におけるエックハルト思想の位置づけ，モイジッシュ先生からは『パリ討論集』の緻密な読み方とパレオグラフィーの方法とを教わることができた。とくにモイジッシュ先生の研究室には頻繁にお邪魔させていただいた。モイジッシュ先生からは対話を通して，エックハルト思想成立の歴史的背景や哲学的構造を教示していただいた。先生の煙草を吸いながら情熱的にエックハルトを語る先生の姿は今でも懐かしい。

ボーフムでの体験を通して，エックハルト研究に対する自分なりの視点が徐々にではあるが見えるようになってきた。それはすなわち，神学と哲学との一致というエックハルトの基本的モティーフを神学的観点から解釈するという姿勢である。ボーフムでの研鑽を基盤として帰国してからの思索をまとめたものが本書である。

以下において全体の概要と各章の要約をあらかじめ述べておきたい。

1. 概　　要

本論はエックハルト思想を〈神学〉として捉え，それをもってエックハルト思想全体を体系化する試みである。その試みを遂行するうえでいわば中核となるテーマは，エックハルト自身が第一命題と称している「存在は神である」(esse est deus) の解明である。この命題は〈存在〉と〈神〉との同一性を表示しているが，この〈存在〉は「形相的に内在している存在」(esse formaliter inhaerens) ではなく，「絶対的存在」(esse abslutum) を意味している。

また〈存在〉は神の固有性としての「超範疇的概念」(transcendentia)

を一 (unum)・真 (verum)・善 (bonum) とともに構成している。各概念についてのエックハルトの定義によれば，〈存在〉は「生むものでもなく，生まれるものでもなく，始原はない」，〈一〉は「生むものであり，生まれたものではなく，始原はない」，〈真〉は「生まれたものであり，生むものではなく，始原を持つ」，〈善〉は「生まれたものではなく，生むものでもなく，創造するものであり，始原を持つ」ということになる。さらにエックハルトは〈一〉を父，〈真〉を子そして〈善〉を聖霊と理解し，神学的定義も試みている。

エックハルトによれば，〈一〉は直接〈存在〉に関わり，最初にかつ最小限度に〈存在〉を限定する。すなわち〈一〉は本来において無限定である〈存在〉を最小限に限定するが，〈一〉と〈存在〉は両者ともに始原を持っていないのであるから，一方が他方の始原であるとは言えない。したがって両者の間には発出関係は存在しない。しかし〈存在〉は〈一〉に限定されることによって，「存在」として言語化される。さらに，〈一〉が〈真〉を生み，両者から〈善〉が発出するという関係からみれば，〈一〉は出生 (generatio) と創造 (creatio) を醸し出す神的生命として〈存在〉を限定していると理解される。ここに命題「存在は神である」が形成される。このことによって，〈一〉は非被造的なもの，被造的なものを問わずすべてのものの始原（流出の第一の始原）として，善は時間的なものを創造する始原（流出の第二の始原）として規定され，神的領域におけるペルソナの発出は世界の創造に先立つものとして描かれ，両者の間にはアナロギア的関係が存在していることが明らかになる。

〈真〉の〈一〉からの発出は子の父からの出生として神学的に解釈されるが，被造的世界とのいわばアナロギア的媒介として理解されるのが受肉 (incarnatio) である。したがって，受肉は神的領域における出生の模像 (exemplata) であり，自然世界の範型 (exemplar) として理解される。子の父からの出生は，被造的世界においてもアナロギア的に見出される。たとえば，義 (iustitia) と義人 (iustus) の関係あるいは認識対象とスペキエスの関係である。これらの関係は同名同義的関係であるが，これらの関係は神的領域における父と子との同名同義的関係をアナロギア的原因として成立する。

受肉の内在的意義はわれわれ人間の魂のなかに，神のスペキエスすな

わち神の子が生まれることにある。この解釈のモティーフはディートリヒにおける能動知性論すなわち魂の実体を根拠づける始原としての能動知性解釈であるが、エックハルトはディートリヒの能動知性を魂のなかの〈あるもの〉(einez in der sêle, aliquid in anima) として、しかもそれを非被造的なるものとして理解することによって、「魂における神の子の誕生」というエックハルト独自の教説を構築する。

エックハルトによれば、われわれ人間の完成と至福は、すべてのものの始原である〈一〉に存している。ところで聖句「わたしは道であり、真理であり、命である。わたしを通らなければ、だれも父のもとに行くことができない」(ヨハ 14·6) によれば、父である〈一〉に還帰することができるのは子だけである。したがって、神の子の誕生の神学的意義は〈一〉に還帰するという至福をわれわれに提示することにあり、ここにエックハルト神学の最終目的を見出すことができる。

神の固有性としての transcendentia の構造によれば、〈一〉は〈存在〉に直接に関わるのであるから、〈一〉への還帰は〈存在〉への還帰を意味する。しかし〈存在〉は無限定であるから、〈存在〉への還帰といってもそれを言語化することは容易なことではない。しかも〈存在〉はペルソナとして表示される神を超越している。エックハルト独特の表現「神を突破する」(durchbrechen) はその超越を表示し、「静寂なる砂漠」(die stille wüeste) は〈存在〉の境地を表示している。これらの表現だけに注目することによって描出されるのが神秘主義者としてのエックハルト像であるが、しかし第一命題「存在は神である」を詳細に解釈することによって、これらの神秘主義的表現もエックハルト神学のなかに内包されるものとして理解することができる。

2. 各章の要約

「第 1 章　ディートリヒにおける思弁神学の主題と知性論」
　エックハルト思想を哲学史的観点からの考察すること、とくにドイツ・ドミニコ会のなかでエックハルト思想を位置づけることが本章の趣旨である。まず、トマス・アクィナスとアルベルトゥス・マグヌスの神学理

解を概略し，ディートリヒが自らの思弁神学の主題として神的存在を提示したことを述べる。さらにその思弁神学が基盤としているディートリヒ独自の知性論を概略し，エックハルト思想との連関を最後に提示する。

「第2章　エックハルト神学の基本的性格」

ディートリヒの思弁神学をエックハルトにいかに受容し，独自の神学をいかに構築しようとしたのかという，いわば設計図を明らかにすることが本章の趣旨である。自然学と形而上学との対比において神学の独自性を示し，エックハルト神学の骨格にあたる，神の固有性としてのtranscendentiaの構造を明らかにする。さらに信仰と知性との関係を明らかにし，子が父を見るという〈見〉(aspectus)にエックハルト神学における学の根拠を見る。

「第3章　倫理的原理としてのアナロギア」

エックハルト独特のアナロギア理解を明らかにすることが本章の趣旨である。すなわち，エックハルト神学においては，存在論的アナロギアが倫理的原理として理解されることで，人間が神にいかに接近するのかという救済論的問題にアナロギア論が適用されることを述べる。さらにtranscendentiaの哲学的解釈に基づいて，アナロギアのキリスト論的展開について論述する。

「第4章　命題「神は知性認識なり」における神学的意味とその哲学的背景」

『パリ討論集』の第一問題で提出された命題「神は知性認識なり」(Deus est intelligere)の考察が本章の趣旨である。まず，この命題形成の前提である神における存在否定に注目し，ここで使用されている存在概念が被造物の本質規定によって形成されていることが示される。そして神の存在が神の知性認識のうえに成立していることの意味を第一問題を詳細に読むことで明らかにし，神の知性について考察する。

「第5章　神の存在と創造」

第一命題「存在は神である」の詳細な考察を通して，エックハルト神学の創造論を明らかにすることが本章の趣旨である。そのさい，「存在を運び集めること」(collatio esse)としての創造理解の特色を「無からの創造」(creatio ex nihilo)との連関のなかで明らかにする。さらには，神の固有性としての4つのtrancendentiaを使用することによって神的存在

を哲学的に解明することが，同時に人間に至福を提示するという神学的展開であることが述べられる。

「第6章　受肉と人間本性」

エックハルト神学において受肉がいかに理解されているのかを明らかにすることが本章の趣旨である。まず，肉と人間本性との厳密なる差異について考察し，受肉の内在的意義を明らかにする。次に，神的領域における子の父からの出生と世界の創造とのアナロギア関係に基づいて，受肉が出生の模像であり同時に自然全体の範型であることを論述する。最後に，最高の恩寵としての受肉について考察する。

「第7章　出生の神学的意味」

子の父からの出生に関して詳細に考察し，その意義を明らかにすることが本章の趣旨である。まず，トマスの出生論との比較を通し，エックハルトにおける generatio の使用について述べる。次に，出生の聖書神学的に考察し，生むものと生まれるものとの差異性と同一性の意味を考察する。さらに，出生的関係における同名同義的関係が神の領域と被造世界に見られることを述べ，前者が後者のアナロギア的原因であることを明らかにする。

「第8章　スペキエスの実現とその始原」

エックハルト神学における認識論を考察することで，エックハルト独特のスペキエス論を明らかにすることが本章の趣旨である。まず，認識対象とそのスペキエスとの関係を詳細に述べ，その関係のアナロギア的原因が子の父からの出生であることを明らかにする。さらに，ディートリヒ知性論における神の〈何であるか〉がエックハルト神学においては〈神のスペキエス〉として捉え直され，それが魂における神の子の誕生の基本的モティーフになっていることを明らかにする。

「第9章　何故なしの生」

エックハルト独特の表現〈何故なしの生〉(leben âne warumbe) の考察を通して，エックハルト神学においては人間の生と神との一性がいかに理解されているかを明らかにすることが本章の主旨である。まず，エックハルトの有名な命題「神の根底は私の根底，私の根底は神の根底」を改めて問い直し，神との一性の意味を明示する。次に，人間における〈私〉が非本来的なものであることを明らかにすることによって，本来の自己

への還帰がいかになされるのかを考察する。そしてその還帰が〈一〉への還帰であること，さらに〈一〉への還帰が〈存在〉への滑り込みであることを明らかにすることで，エックハルト神学の終着点を描出する。

　本書は表題に示されているように，エックハルトの思想を神学的領域のなかで考察し，〈エックハルト神学〉の基本構造を提示することが目的である。本書はその基本構造をエックハルトにおける神的存在の分析であると理解している。エックハルトは，四つの超範疇的概念すなわち〈存在あるいは存在者〉・〈一〉・〈真〉・〈善〉を神の固有性と見ている。この神的存在の構造分析は哲学的すなわちエックハルトの表現を用いれば，「哲学者たちの自然的論証」によって遂行されながら，ここに提示された〈一〉に人間の完成と至福が存していることが明らかにされる。したがってこの分析は哲学的側面と神学的側面を同時に持ち合わせている。この点に，哲学と神学とを一致させるというエックハルトの根本的モティーフが見て取れると思われる。

　本書はこれまでの研究の現時点における結晶であるが，今後のエックハルト研究の深化のためにも，読者諸賢のご寛恕と厳しき批判をいただけるならば，筆者としては望外の幸せである。

エックハルトの著作のテキストおよび略語

Meister Eckhart, *Die deutschen und lateinischen Werke*, hrsg. im Auftrage der Deutschen Forschungsgemeinschaft, Stuttgart 1936ff.(Deutsche Werke = DW; Lateinische Werke = LW).

Deutsche Mystiker des vierzehnten Jahrhunderts, hrsg. von Franz Pfeiffer, Bd. 2: Meister Eckhart, Aalen 1962.

H. Denifle, Acten zum Processe Meister Eckeharts, in: *Archiv für Literatur-und Kirchengeschichte des Mittelalters* 2, 1886, 616-640.

G. Théry, Edition Critique des Pièces Relatives au Procès d'Eckhart contenues dans le Manuscrit 33 b de la Bibliothèque de Soest, in: *Archives d'Histoire Doctrinale et Littéraire du Moyen Age* 1 (1926/1927) 129-268.(= G. Théry)

Fr. Pelster, Ein Gutachten aus dem Eckehart-Prozeß in Avignon, in: *Beiträge zur Geschichte der Philosophie und Theologie des Mittelalters*, Suppl.III, Münster/Westf. 1935, 1099-1124.

Mester Eckehart, Deutsche Predigten und Traktate, hrsg. und übers. von J. Quint, München, 2.Aufl., 1963.

ECKHART VON HOCHHEIM, Utrum in deo sit idem esse et intelligere? / Sind in Gott Sein und Erkennen miteinander identisch? Herausgegeben, übersetzt und mit einer Einleitung versehen von Burkhard Mojsisch, in *Bochumer Philosophisches Jahrbuch für Antike und Mittelalter* Bd. 4, 1999. 182-197.

Tract.s.orat.dom.*Tractatus super oratione dominica* (E. Seeberg, LW V, 109-128).

Quaet.Par. I　　*Quaestio Parisiensis* I: Utrum in deo sit idem esse et intelligere (B. Geyer, LW V, 37-48).

Quaet.Par. II　　*Quaestio Parisiensis* II: Utrum intelligere angeli, ut dicit actionem, sit suum esse (B. Geyer, LW V, 49-54).

Quaet.Par. III　　*Quaestio Parisiensis* III: Utrum laus dei in patria sit nobilior eius

	dilectione in via (B. Geyer, LW V, 59-64).
Quaet.Par. IV	*Quaestio Parisiensis* IV: Utrum aliquem motum esse sine termino implicet contradictionem (B. Geyer, LW V, 72-76).
Quaet.Par. V	*Quaestio Parisiensis* V: Utrum in corpore Christi morientis in cruce remanserint formae elementorum (B. Geyer, LW V, 77-83).
Prol.gener.	*Prologus generalis in opus tripartitum* (K. Weiß, LW I, 148-165).
Prol.op.prop.	*Prologus in opus propositionum* (K. Weiß, LW I, 166-182).
Prol.op.expos. I	*Prologus in opus expositionum* I (K. Weiß, LW I, 183).
Prol.op.expos. II	*Prologus in opus expositionum* II (K. Weiß, LW I, 183-184).
In Gen. I	*Expositio libri Genesis* (K. Weiß, LW I, 185-444).
In Gen. II	*Liber parabolarum Genesis* (K. Weiß, LW I, 447-702).
In Exod.	*Expositio libri Exodi* (K. Weiß, LW II, 1-227).
In Eccli.	*Sermones et lectiones super Ecclesiastici c.* 24, 23-31 (J. Koch, LW II, 231-300).
In Sap.	*Expositio libri Sapientiae* (J. Koch, LW II, 303-634).
In Ioh.	*Expositio sancti evangelii secundum Iohannem* (K. Christ, B. Decker, J. Koch, H. Fischer, A. Zimmermann, L. Sturlese, LW III, 3-624).
Serm.	*Sermones* (E. Benz, B. Decker, J. Koch, LW IV, 3-468).
Proc.Col. I	Processus Coloniensis Pars prior (L.Sturlese, LW V, 198-317).
Proc.Col. II	Processus Coloniensis Pars altera (L. Sturlese, LW V, 318-354).
Gutachten	Ein Gutachten aus dem Eckehart-Prozeß in Avignon (Fr. Pelster).
Pr.	Predigt.(1-24: J. Quint, DW I, 3-423; 25-59: J. Quint, DW II, 3-636; 60-86: J. Quint, DW III, 3-503 87-105: G. Steer, DW IV, 1, 1-654).
RdU	*Die rede der underscheidunge* (vor 1298; J. Quint, DW V, 137-376).
BgT	*Daz buoch der goetlîtroestunge* (zwischen 1308 und 1311-1314; J. Quint, DW V, 1-105).
VeM	*Von dem edeln menschen* (zwischen 1308 und 1311-1314; J. Quint, DW V, 106-136).
Von abegesch.	*Von abegescheidenheit* (J. Quint, DW V, 377-468).

目　次

はしがき……………………………………………………………… v
エックハルトの著作のテキストおよび略語……………………… xii

序論　エックハルト研究に対する基本姿勢……………………… 3

第1章　ディートリヒにおける思弁神学の主題と知性論……… 15
　はじめに………………………………………………………… 15
　1　予備的考察：ドミニコ会における神学解釈……………… 15
　2　ディートリヒにおける神学の主題と知性論……………… 23
　おわりに………………………………………………………… 45

第2章　エックハルト神学の基本的性格………………………… 47
　はじめに………………………………………………………… 47
　1　生と死の判断基準…………………………………………… 48
　2　生成としての信仰…………………………………………… 51
　3　モーセとキリストとの関係における比例性……………… 58
　4　受肉の位置づけ……………………………………………… 60
　5　自然学、形而上学そして福音としての神学……………… 63
　6　神の固有性としての超範疇的概念………………………… 69
　7　人間の完成と至福…………………………………………… 71
　おわりに………………………………………………………… 78

第3章　倫理的原理としてのアナロギア………………………… 81
　はじめに………………………………………………………… 81
　1　アナロギアの聖書神学的基礎づけ………………………… 83

2　超範疇的アナロギアの哲学的解釈……………………………… 92
　3　キリスト論的深化……………………………………………… 101

第4章　命題「神は知性認識なり」における神学的意味と
　　　　その哲学的背景………………………………………………… 111
　はじめに……………………………………………………………… 111
　1　知性あるいは知性認識としての神…………………………… 111
　2　一なる神………………………………………………………… 132
　おわりに……………………………………………………………… 141

第5章　神の存在と創造……………………………………………… 143
　はじめに……………………………………………………………… 143
　1　存在産出の三段階……………………………………………… 144
　2　『創世記』冒頭における始原の問題………………………… 149
　3　創造の始原としての神的存在………………………………… 152

第6章　受肉と人間本性……………………………………………… 197
　はじめに……………………………………………………………… 197
　1　肉と人間本性…………………………………………………… 204
　2　受肉の形而上学的解釈………………………………………… 213
　3　最高の恩寵としての受肉……………………………………… 216

第7章　出生の神学的意味…………………………………………… 223
　はじめに……………………………………………………………… 223
　1　予備的考察：トマスによる出生の定義……………………… 224
　2　出生における超越性と永遠性………………………………… 227

第8章　スペキエスの実現とその始原……………………………… 249
　はじめに……………………………………………………………… 249
　1　像が有する九つの性格………………………………………… 251
　2　関係概念………………………………………………………… 253
　3　人間知性における認識構造のメカニズム…………………… 260

4　神のスペキエス ……………………………………………………… 269

第9章　何故なしの生 …………………………………………………… 279
　　はじめに ……………………………………………………………… 279
　　1　生の本質的規定 …………………………………………………… 280
　　2　生に関する聖書神学的基礎づけ ………………………………… 282
　　3　精神の最内奥 ……………………………………………………… 284
　　4　恩寵と本来的生死 ………………………………………………… 287
　　5　本来の自己への還帰 ……………………………………………… 293

一応のまとめ、そして今後の展望 ………………………………………… 305

あとがき ……………………………………………………………………… 313
初筆一覧 ……………………………………………………………………… 318
文献表 ………………………………………………………………………… 321
索　引 ………………………………………………………………………… 335

哲学と神学のハルモニア
――エックハルト神学が目指したもの――

序　論

エックハルト研究に対する基本姿勢

　マイスター・エックハルト（Meister Eckhart, ca.1260-1328）は，おもに 14 世紀の初頭に活躍した，ドイツ・ドミニコ会に属する説教僧（die deutschen Dominikaner）の一人であり，かつ哲学者にして神学者である。エックハルトの思想は彼の死の直後，すなわち 1329 年当時の教皇ヨハネス 22 世によって異端宣告[1]を受けたため，歴史の底に埋められ，歴史の表面には現れてこなかった。しかし 19 世紀に入ってから，エックハルトの中高ドイツ語テキスト[2]がフランツ・プファイファー（Franz Pfeiffer, 1815-1868）によって校訂されはじめて刊行されて以来，エックハルト研究はドイツを中心としてヨーロッパにおいてさかんに行なわれるようになった。その後にエックハルトのラテン語著作が発見され，現在においては，1936 年以来ドイツ学術振興会の編集にて刊行されている『批判校訂版全集』[3]によって，われわれはエックハルトのドイツ語およびラテン語作品を非常に詳細に校訂されたテキストで知ることができる。
　この全集の刊行によってエックハルト研究に拍車がかかったことは言うまでもない。ドイツにおいては，ラテン語著作がその発見以来急速に

---

1) In *argo dominico*; *Enchiridion symbolorum definitionum et declarationum de rebus fidei et morum*, ed. Heinrich Denzinger, 38., aktualisierte Auflage 1999, Freiburg im Breisgau, Basel, Rom, Wien, SS. 399-404.
2) *Deutsche Mystiker des vierzehnten Jahrhunderts*, hrsg. von Franz Pfeiffer, Bd. 2: Meister Eckhart, Aalen 1962.
3) Meister Eckhart, *Die deutschen und lateinischen Werke*, herausgegeben im Auftrage der Deutschen Forschungsgemeinschaft, Stuttgart 1936ff（=DW, LW）．

研究されてきた。その結果、とくにエックハルトのドイツ語説教の研究において浮き彫りにされてきた神秘主義者（Mystiker）としてのエックハルト像から、ラテン語著作に見られる哲学者・神学者としてのエックハルト像にそのイメージが変化していく傾向が見えてくるようになった。しかしエックハルトのラテン語著作の写本群を発見したドイツの教会史家ハインリヒ・デニフレ（Heinrich Denifle, 1844-1905）は、1886年に発表した論文「マイスター・エックハルトのラテン語著作とその教説の根本思想[4]」においてエックハルトを「不明瞭な思想家」（unklarer Denker）として批評している。これはデニフレ自身がトマス主義の立場に立っていて、スコラ学の典型としてトマスの思想を位置づけていたからであると考えられる。エックハルトのラテン語著作に見られる思想をこうした観点から眺めるという傾向はドイツの学界を長年にわたって支配することになる。

　しかしこの傾向に一石を投じたのは、クルト・フラッシュ（Kurt Flasch, 1930-）及び彼の後継者であるブルクハルト・モイジィッシュ（Burkhard Mojsisch, 1944-）を中心とするドイツ・ボーフム大学（Ruhr-Universität Bochum）哲学部の研究グループである。フラッシュは1974年、論文「マイスター・エックハルトの意図[5]」を発表し、そのなかで「いかなる理念史的背景からエックハルトは読まれるべきか」との問題を提起し、その問題に答えることで、エックハルトの本来の意図が理解できることを強調している。つまりエックハルトの思想の全体像を明らかにするためには、まず第一に、哲学史的パースペクティヴのもとで考察されるべきだという主張である。フラッシュのこの画期的なエックハルト理解をもたらしたのは、エックハルトの『ヨハネ福音書註解』（*Expositio sancti evangelii secundum Iohannem*）第2節の次の記述である。

　「著者の意図は、彼の他のすべての著作とおなじく、聖なるキリス

---

4) Denifle, H., Meister Eckharts lateinische Schriften, und die Grundanschauung seiner Lehre, in: *Archiv für Literatur—und Kirchengeschichte des Mittelalters* 2, 1886, S. 482.

5) Flasch, K., Die Intention Meister Eckharts, in: *Sprache und Begriff. Festschr. B. Liebrucks,* Meisenheim am Glan 1974, SS. 292-318.

ト教信仰と両聖書の主張していることがらを，哲学者たちの自然的論証によって解釈することである。」[6]

フラッシュは，とくに「哲学者たちの自然的論証」（rationes naturales philosophorum）という表現に注目し，トマスが啓示によってのみ理解されるべきであるとした三位一体論や受肉論においてエックハルトはその哲学的解釈を試みようとしていることがエックハルト本来の意図であると主張している。さらにフラッシュによれば，「哲学者たちの自然的論証」によって明らかにされることはこれだけにとどまらない。たとえばエックハルトは，受肉の神秘を信仰者だけを対象にした神学の領域に限定することなく，一般に開かれている哲学の領域に属するものであるとして再構成しているとフラッシュは見なし，それを「哲学者たちの自然的論証による受肉の形而上学」（eine Metaphysik der Inkarnation per rationes naturales philosophorum）と呼んでいる[7]。

また，フラッシュの上記の論文において提起された視点，すなわちエックハルトを取り巻く哲学史的周辺の具体的解明は，ボーフム大学の研究グループによって編纂され，1977年以来刊行されている『中世ドイツ哲学者叢書』（*Corpus Philosophorum Teutonicorum Medii Aevi*）をもって結実しつつある。この叢書のなかに含まれているのは，シュトラスブルクのウルリヒ（Ulrich von Strassburg, ca.1220-1277），シュトラスブルクのニコラウス（Nikolaus von Strassburg, 1280/1290–ca.1331），モースブルクのベルトルト（Berthold von Moosburg, ?–ca.1361）等であるが，彼らは当時ケルンにあったドミニコ会の神学研究所（studium generale）において学問研究に携わっていたドイツ・ドミニコ会士であり，エックハルトの同時代人である。そしてこの叢書のなかでフライベルクのディートリヒ（Theodoricus Teutonicus de Vriberch, 1245/50–1318/20）の作品の刊行が現在において唯一完成している関係上，またディートリヒがドミニコ会トイトニア管区の管区長であったとき，エッ

---

6) In *Ioh.* n. 2; *LW* III, 4, 4-6: intentio est auctoris, sicut et in omnibus suis editionibus, ea quae sacra asserit fides christiana et utriusque testamenti scriptura, exponere per rationes naturales philosophorum.

7) Flasch, K., Die Intention Meister Eckharts, S. 297.

クハルトが彼の下で働いていたという歴史的事実から，ディートリヒとエックハルトとの比較研究，とくにディートリヒからエックハルトへの影響についての研究がなされつつある。

　しかし両者における思想的連関を論じる上で注目されなければならないのは，当時のドミニコ会内部におけるアルベルトゥス解釈である。アルベルトゥス（Albertus Magnus, ca.1193-1280）は，周知にように，アリストテレスの『デ・アニマ』，『形而上学』，『ニコマコス倫理学』等の講義をケルンで行なっているが，それとならんで，『神名論』，『天上位階論』，『神秘神学』等をはじめとするいわゆる『ディオニシオス註解』（*Super Dionysium*）や『原因論』（*Liber de causis*）に関する註解『諸原因および第一原因からの宇宙の発出について』（*De causis et processu universitatis a prima causa*）等の新プラトン主義的文献に関する註解も遺している。

　フラッシュの研究グループに属しているイタリアの哲学史家ロリス・ストアレーゼ（Loris Sturlese, 1948-）が 1981 年に発表した論文「アルベルトゥス・マグヌスと中世ドイツの哲学的文化」によれば，ディートリヒの知性論，神認識の自然性に関する教説や流出論はアルベルトゥスの新プラトン主義的モティーフをディートリヒが受け継いだことを物語っている[8]。そしてディートリヒとエックハルトとの思想的背景となっているのは，当時パリからやってきたトマス主義的な思想傾向とアルベルトゥスの根源的な思惟との不一致にある。アルベルトゥス解釈においてエックハルトがディートリヒと同じ立場に立っていたことは，エックハルトの思想形成を考察するうえで非常に重要であると思われる。トマス主義者たちによる「学者」としてのアルベルトゥス像形成は，その権威を哲学的・神学的領域へと限定することに本質的な目的を有し，それに対して，ディートリヒ等は新プラトン主義的・ヘルメス的に志向された哲学的方向を庇護する者としてのアルベルトゥス像を形

---

　　8) Sturlese, L., Albert der Große und die deutsche philosophische Kultur des Mittelalters, in: *Freiburger Zeitschrift für Philosophie und Theologie*, Bd. 28. 1981, SS. 133-147.
　ストアレーゼはこの論文をもとにして，1993 年に *Die deutsche Philosophie im Mittelalter – Von Bonifatius bis zu Albert dem Großen*（748-1280）──を発表している。なお，この著書に関して，筆者は書評を書いている。『中世思想研究』第 37 号，中世哲学会編，153-156 頁，1995 年。

成していく。このような両派の対立はその後のドイツ・ドミニコ会の思想動向に重要な契機となっていくが，エックハルトの思想はしかしながら，ディートリヒの思想傾向に立ちながらも，トマスの思想を受容してその根源的批判を試みる意志を表しながら，その独自性を構築していく。しかも，その過程において，ディートリヒの立場とは異なる立場が表明されていくのである。

つぎに日本におけるエックハルト研究の現状について少し触れてみたい。わが国におけるエックハルト受容はドイツ語説教を中心に展開され，その後の研究もドイツ語作品がおもにその研究対象にされてきた。その結果，日本においてはラテン語作品よりもドイツ語作品を重視する立場が尊重されるという傾向があった。

しかし1977年『中世思想研究』に大森正樹によって発表された論文「エックハルトにおけるesseの問題[9]」は，日本におけるエックハルト研究のエポック・メイキングとなった。というのも，大森はこの論文のなかで，エックハルトのラテン語著作のひとつである『出エジプト記註解』をテキストとし，神名「あるところの者」(qui est) に関するエックハルトの解釈を日本ではじめて紹介したからである。さらにはエックハルトのラテン語作品をその研究対象とした，わが国においては初めてのモノグラフィー[10]が1993年に，中山善樹によって刊行されて以来，徐々にではあるがエックハルトのラテン語作品の研究がなされつつある。また，中山によるエックハルトのラテン語著作の訳業[11]はわが国のエックハルト研究における金字塔であり，今後の研究の進展にとって大きな原動力になると思われる。

しかしそれにしても，前述したように，エックハルトの思想における独自性はドイツ語作品に表れているという見解がわが国においては支配的であった[12]。そうした観点から神秘主義者としてのエックハルト像が

---

9) 大森正樹「エックハルトにおけるesseの問題」『中世思想研究』第19号，中世哲学会編，1977年．
10) 中山善樹『エックハルト研究序説』創文社，1993年．
11) 『エックハルト ラテン語著作集』（全5巻：知泉書館）。2012年に第5巻の発刊をもって全5巻が完結し，エックハルトのラテン語による主要著作が日本語で読めるようになった。
12) こうした主流の源泉は言うまでもなく西谷啓治（1900–1990）である。西谷はすで

に 1936 年ドイツ留学中に「ニイチェのツァラツストラとマイスター・エックハルト」を発表し，そのなかで「生の根源性」という概念を基軸としてエックハルトにおける「何故なしの生」そして神との一性を解釈している。さらに西谷は，1948 年，『神と絶対無』を著し，そこで神秘主義者としてのエックハルト像を浮き彫りにし，大乗仏教とくに禅仏教の用語を使用しながら，かつドイツ語説教を通してエックハルト思想の神髄に迫ろうとしている。しかし西谷がここで試みたものは，エックハルトと禅仏教との単なる比較研究ではない。また，キリスト教神秘主義から禅仏教を解釈することもでもないし，また逆に後者から前者を解釈することでもない。西谷はその序文のなかで，本書の表題に「絶対無」という仏教的な言葉をことさら取り入れたのは，「彼（エックハルト）の基督教的体験そのものが仏教的体験との照応を含むという事情」（『西谷啓治著作集』第 7 巻，創文社，1987 年，5 頁）を示唆するためであったと記している。さらに西谷は「この事情」は自身にとって「かなり重要な事情」だと述べ，その理由を「現代においては，諸宗派にとっては勿論，諸宗教にとっても，差別の自覚よりも大同の自覚の方が一層大切であると信ずるからである」（同書，5 頁）と述べている。さらに西谷は次のように述べている。「現在までのところでは一般的にいって，宗教的な生活に於ても，又それの理解や考察に於ても，飽くまで夫々の宗教の特殊性に立脚するという傾向が支配的である。嘗て十九世紀の初め頃までは，哲学者達が諸宗教に共通な普遍的『本質』を理念的・哲学的に構成しようと企てた。今いった傾向はそれへの反動である。そしてその限り正当でもあるし有益でもある。併しまた，自宗教の特殊性へのみ沈潜して行く態度は，おのずから眼を過去へ向け，保守的となることを免れ難い。古い哲学者達の企は，たとえ観念的で抽象的な立場であったとしても，将来に向って宗教の新しい可能性を開こうとする精神に裏づけられていたのである。私は現代が，同じ精神を再び呼び起こすべき時代であると思う。勿論それは，嘗ての哲学のように，単に諸宗教に共通な普遍的本質を，観念或いは理念として求めるということであってはならない。寧ろ，各々の宗教に於ける宗教的な生そのものが，その生自身の内面から，従来自覚されていた以上に大いなる普遍性の立場を自覚して来るということである。それが現在の諸宗教にとって，新しい可能性を将来に開く道である。従来は東洋も西洋も夫々に一つの『世界』であった。それ故に，人生そのものを踏まえて人類救済を目指す仏教も基督教も，世界宗教であり得た。併し現代は，世界が一つになり，益々一つになって来つつある時代である」（同書，5-6 頁）。

以上の西谷の記述に見られる，世界が真に一つになるべき世界性に関して上田閑照（1926－）は「そのような世界を開く人間主体において，主体性の塞がれている底がどのようにして破り開かれるかという大きく深い問題への洞察と具体的な手がかりによる示唆」，さらに「エックハルトと禅にそれぞれに直接よく触れた上で（この前提を満たすことが既に容易ではない），見出された接点の意義を世界を地平にして人間存在の基礎構造の根底への深度において究明するという新しい関心である」（「解説 III 世界的世界への連峰」，『ドイツ神秘主義叢書 2 ドイツ語説教集』創文社，2006 年，320 頁）と述べている。つまり，西谷における「エックハルトと禅」は，上田によれば，世界的有意義化として捉えられるべき事態なのである。「エックハルトと禅」は，1961 年に刊行された『宗教とは何か』における「宗教における人格性と非人格性」という問題領域において深められ，さらに西谷はエックハルトの言う「離脱」（abegescheidenheit）を「我性としての主体性の全き否定」と理解し，それを通して非被造的な「我あり」という主体性が開かれると述べている（『西谷啓治著作集』第 10 巻，創文社，1987 年，74 頁）。またさらに西谷は，エックハルトの言う「砂漠」（wüeste）において，生即死，死即生が成立すると解し，仏教的概念である「空」との繋がりをみている。

西谷における以上のようなエックハルト解釈は，前述したように，ドイツ語説教に見られる思想を中心に展開されている。それは西谷によれば，ドイツ語によって「民衆の魂に語り

形成され，そして日本においてはとくに禅仏教との比較においてエックハルト研究がなされるというのが主流であった。しかしドイツ語説教に見られるエックハルトの大胆とも思われてきた表現も，彼のラテン語作品の文脈のなかで位置づけることは不可能ではない[13]。また，エックハルトを取り巻く思想的周辺の研究は，上にも述べた通り，始まったばかりなのだから，ラテン語作品には解明されなくてはならない広大な世界がまだまだ広がっているのである。フラッシュが言うように，理念史のなかでエックハルト思想を位置づけることが，われわれがエックハルトの世界の入口に立つためにはやはり不可欠だと思われる。その意味でエックハルトのラテン語作品はドイツ語作品に劣らず，いやそれ以上に重視されるべきであり，その世界をわが国にはじめて紹介した点で，大

かけ民衆の内生に接することは，スコラの学からは得られぬもの」（「独逸神秘主義と独逸哲学」，『西谷啓治著作集』第7巻，220頁）をエックハルトに与えたからである。すなわちドイツ語で説教することは，「彼（エックハルト）の魂の内に生きている一層大胆かつ徹底的なる認識の拘束されざる展開」（同書，220頁）なのである。

しかし筆者はこのようなドイツ語著作重視の傾向に対して，疑義を抱く。たしかにドイツ語で民衆に語りかけることによって，スコラ学から得られないものをエックハルトは獲得したかもしれない。しかしその獲得を可能にした前提はやはり，彼の純粋なる神学・哲学研究であったことは否定できない。ラテン語著作の大部分を占める聖書註解をはじめ，問題集，命題集において展開される思想傾向は，エックハルトが生きていた神学・哲学的世界をそのまま反映している。そのなかで彼はキリスト教の神髄への志向を強固にしながら，当時の思想的問題群を一つ一つ吟味している。たとえば，エックハルトに見られる知性重視の立場は，アリストテレス哲学受容におけるアルベルトゥスとトマスの態度をそのまま継承していることの表示ではなく，そこにディートリヒが加わることによりいっそう複雑となった事態において，自分独自の道を開いたことの表示なのである。ここにはドイツ語説教からにじみ出るダイナミズムは看取できないが，一つの概念をギリシア以来の哲学的伝統から理解し，そして神学的世界のなかで吟味していく，いわば学者としてのエックハルト像が浮かび上がってくる。ここにも一つの「エックハルト・ワールド」が開かれているのである。したがって，エックハルト研究において最重要な点は，ラテン語著作からドイツ語著作への関係をその内部から考究することである。そうすることによって，ドイツ精神史におけるエックハルトの位置を確認し，そしてはじめて現代におけるエックハルト思想の意義をわれわれは理解することができると思われる。

13) ボーフム大学の研究グループは，90年代後半から，それまでのラテン語著作の研究成果に基づいて，ドイツ語著作の研究を積極的に行なおうとしている。たとえば1998年にドイツのコールハンマー社（Kohlhammer）から刊行された論文集 *LECTURA ECKHARDI—Predigiten Meister Eckharts von Fachgelehrten gelesen und gedeutet*, Herausgegeben von Georg Steer und Loris Sturlese—のなかで，編者の一人であるストアレーゼ，フラッシュ，モイジッシュはエックハルトのドイツ語説教の一つを取り上げ，その翻訳と解説を発表している。なお彼らは，2003年に *LECTURA ECKHARDI II*, 2009年には *LECTURA ECKHARDI III* を刊行している。

森・中山の研究は特筆されるべきであると思われる。

　ところで，筆者もエックハルトの魅力に取り憑かれた一人であった。彼の名をはじめて耳にしたのは，大学に入った年の秋のことであった。当時はエックハルトの翻訳を手にすることはほとんど不可能であったが，たまたま雑誌の特集で「マタイによる福音書」第5章3節「心の貧しい人々は，幸いである」に関するドイツ語説教を読む機会があった。一読しただけではまったく理解できなかったが，何か見えない力に引っ張られていく感じがしたことを覚えている。それからというもの，エックハルトのドイツ語説教のいくつかを抜粋したレクラム文庫を購入し，まだ覚束ないドイツ語で次から次へと読み耽るようになった。

　しかし当時から歯がゆい思いがあった。ほかでもないエックハルトのラテン語著作の研究のことである。その頃の日本ではエックハルトのラテン語著作の研究はほとんどなされていなかった。そこでドイツのボーフム大学カトリック神学部教義学講座のルートヴィヒ・ヘードル（Ludwig Hödl, 1925-）教授の下に研究留学することを決意したのである。ヘードル先生の指導を仰ぎながら，哲学部のフラッシュ・モイジッシュ教授のゼミナール等に参加し，自らのエックハルトのラテン語著作の研究を深めることができた。

　ボーフム時代の研究テーマはエックハルトのアナロギア理解であった。ドイツ語著作においておもに展開される神と人間との神秘的合一をラテン語著作の観点から見直そうと考えたからである。しかしこの研究は平坦なものではなかった。はじめはフラッシュやモイジッシュが開拓してきた哲学的観点から研究をしていたのだが，彼らがこれまでの神秘主義者としてのエックハルト像を払拭するあまり，哲学者あるいは形而上学者としてのエックハルト像が強調されることに不満を感じるようになった。しかしその不満は，裏返して言えば，エックハルト研究における自分自身の立場がいまだ見出されていないことへの不満でもあったように思われる。

　しばらく試行錯誤の時間が過ぎていった。しかしそうしたなかにあって，『ヨハネ福音書註解』のなかの次の一節が気になるようになった。

　　「それゆえに，神学と道徳哲学と自然哲学は一致するのであって，

そのことを熟達した探究者はおそらくすべてのものにおいて見出すであろう[14]。」

　神を常に求め，神を常に思惟しそして愛する者，その人は常に神とともにあり，神のうちにあり，すべての領域にわたって真理である神を見出す[15]。というのも，真理それ自体である神はいたるところに現前し，しかも統括している[16]。「それゆえに」（ergo）神学と道徳哲学と自然哲学は一致するのである。「熟達な探究者」とはしたがって，単なる「研究者」を意味するわけではない。その者はまず第一に，神を常に求め，思惟しそして愛する者でなければならない。「神を見出す」知は「信仰を強める」ことによって獲得される知でなければならない[17]。つまり，上にあげた一節はエックハルトが単なる哲学者ではないことを物語っている。

　「説教僧」あるいは「信仰者」としてのエックハルトはこれまで「神秘主義者」としてのエックハルト像を浮き彫りしてきたことは事実である。そうしたイメージを払拭したのは「哲学者」あるいは「形而上学者」としてのエックハルト像であった。こうしたイメージは否定されないにしても，しかしエックハルトはその前に「神学者」ではなかったのか。「説教僧」ないしは「信仰者」という性格づけを直接的に「神秘主義者」に結びつける前に，われわれが是非とも行なわなければならないことは，これらの言葉を「神学者」にリンクさせて考えることではないのか。こうした疑問がつぎつぎに生まれてきた。そこで神学の観点からエックハルトの思想を見直そうと思うようになったのである。

---

14) In *Ioh*. n. 509; *LW* III, 441, 10-11: Ergo concordant theologia et philosophia moralis et naturalis, quod fortassis in omnibus sollers inveniet indagator.

15) In *Ioh*. n. 509; *LW* III, 441, 4-5: Hoc es ergo primo notandum quod ex dictis supra sequitur, scilicet quod omnis quaerens deum, cogitans deum et amans cum illo est et in illo est et ipsum invenit.

16) In *Ioh*. n. 509; *LW* III, 441, 5-6: ubique ergo praesens est et praesidens veritas ipsa deus.

17) In *Ioh*. n. 13; *LW* III, 12, 11-17: Patet ergo quomodo *in principio erat verbum* usque ibi: 'fuit homo missus a deo' exponitur per rationes et proprietates rerum naturalium; iterum etiam quod ipsa verba evangelistae bene inspecta docent nos naturas rerum et ipsarum proprietates, tam in essendo quam in operando, et dum fidem astruunt, nos de rerum naturis instruunt. Ipse enim filius dei, *verbum in principio*, ratio est, »ars quaedam« »plena omnium rationum viventium incommutabilium, et omnes unum in ea«, ut ait Augustinus De trinitate I. VI capitulo ultimo.

ところでモイジッシュによれば，神学が神的領域に関わる学であるかぎり，上記の引用文のなかで言われている調和の前提は神学と形而上学との同一性，厳密に言えば，福音の学としての神学と形而上学としての哲学との同一性である[18]。この同一性は，哲学が神学の補助学（Hilfswissenschaft）であるとか，神学が最終審判として哲学を自己の背後に置き去りにするとか，または哲学が自己の道を推し進め，神学にその独自の対象領域があることを承認するといったような，それまで行なわれてきたような仕方で構築されたものではない。それでは，こうした同一性によって形成される学はいかに呼ばれうるのか。モイジッシュはその学を「エックハルトの新しき形而上学」（Eckharts neue Metaphysik）と称している。この学は「形而上学」と称されるかぎり，非合理的で忘我的な神秘主義ではなく，また沈黙されるべき私的体験に直接基づく神秘主義でもない[19]。

このモイジッシュの見解は画期的なものだといえよう。しかし言うまでもないことだが，エックハルト自身は自らの思想体系を「形而上学」と称しているわけではない。モイジッシュが言うように，エックハルトの思惟が神秘主義というカテゴリーのなかに収まらないことは十分理解できるが，しかし彼の思想全体を「形而上学」というカテゴリーに限定してしまうことには躊躇したい。というのは，エックハルトは自らの神学を構築するさい，至福あるいは救済を根本要素として考えているからである。エックハルトが語る「福音」を一つの学と見なすことには賛同するが，しかしその学を「神学」と称することは十分に可能であるし，しかもその方がエックハルトの思惟プロセスとそこから導き出される思想体系にとってはふさわしい表現であると考える。つまり彼の思想体系を「エックハルトの新しき神学」という名の下に捉えてみるべきではないかと考えた次第である。

こういった研究姿勢をもってエックハルトのアナロギア論を研究することになった。その結果，哲学的・存在論的観点からエックハルトのアナロギア研究を進めていたモイジッシュのものとは，まったく異なったものになった。つまり，人間が神にいかに近づいていくかということの

---

18) Mojsisch, B., *Meister Eckhart – Analogie, Univozität und Einheit*, S. 9.

19) Mojsisch, B., *Meister Eckhart – Analogie, Univozität und Einheit*, S. 11.

原理，すなわち倫理的原理としてアナロギアを捉えることになったのである[20]。こうしたエックハルトのアナロギア論の研究をしていくなかで，やはり中心的なテーマとして浮かび上がってきたのが，エックハルトにおける受肉と創造ということであった。「やはり」と言ったのは，受肉と創造が言うまでもなくキリスト教神学における二大柱であり，そうであるかぎりにおいて，エックハルトは著作のあらゆる箇所でこの二大柱に言及しているからである。ある箇所では真正面から扱われ，別の箇所では間接的に触れられている。

　受肉と創造という二大柱に常に目を向けながらエックハルトの著作を読んでいくと，彼の思想の全体像が自分なりに見えてくるようになってきた。それは，上述したように，神学と哲学との一致・調和である。しかしエックハルトがこの課題の実現のために取った手法に関しては，注意しなければならないことがある。すなわち，すべての領域において神の真理を見出すための「自然的論証」を担う知は，エックハルトのなかでいかに生成してきたのか，という視点である。もちろんその知はエックハルト独自のものであろう。しかし少なくともその知の手法的生成に関しては，その思想史的背景を考えなければならない。これまでのエックハルト研究に欠けていた点は，まさにこうした思想史的観点からの研究態度である。そこでわれわれはまず，ディートリヒの知性論に注目したい。というのは，思弁神学（spekulative Theologie）と呼ばれている神学が彼の知性論の上に築かれているからである。さらに，ディートリヒの知性論のなかで展開される神の直観に関する見解とそこから導かれる，神学に対するディートリヒの見解がエックハルト神学成立にとって重要な契機となっていると考えられるからである。

---

　20)　1997年にこの研究の成果として以下の論文として著した。
　Die Analogie als ethisches Prinzip in der Theologie des Meister Eckhart, *Freiburger Zeitschrift für Philosophie und Theologie*, Bd. 44, Heft 3, 1997, 335-354.
　なお，本書「第3章　倫理的原理としてのアナロギア」はこの論文がもとになっている。

第1章
ディートリヒにおける思弁神学の主題と知性論

―――――――

はじめに

　以下においてディートリヒの知性論の特徴を浮き彫りにさせるために，まずトマスとアルベルトゥスにおける神学解釈に関して若干触れておきたい。というのも，ディートリヒとトマスは同じドミニコ会に属し，しかもアルベルトゥスを共通の師として仰ぎながらも，先述のように両者の考えは対立しており，その対立の一端を紹介することでディートリヒの知性論の思想史的位置を明確にするためである。

1　予備的考察：ドミニコ会における神学解釈

1.1　トマス・アクィナス：「聖教」必要性の根拠

　ギリシア哲学を一貫して支配してきたロゴスは，世界存在の秩序であり，人間知性における思惟の原理でもあった。ロゴスはやがて，ストア派によって宇宙原理を表示する「種子としてのロゴス」（σπερματικος λόγος）として哲学的に体系化される。しかし「ヨハネ福音書」のプロローグは，ロゴスが受肉した神の言葉として世界の存在原理であると同時に，人間の救済原理であることもわれわれに告げる。

　ロゴスが人間の救済原理として理解されたことは同時に，哲学のほかにもうひとつの学が必要であることを意味する。トマスは，アリスト

テレスが『形而上学』第 6 巻[1]において記述している神的諸存在を扱う「神学」（θολογική）を判断基準の根拠とすることによって哲学のほかに別の学をもつ必要がないと主張する異論に対して，救済のためには人間理性によって探求される哲学とは別の教え，すなわち神の啓示に基づく「聖教」（sacra doctorina）の必要性を説いている[2]。というのも，人間にとって自らの意図と行為が秩序づけられる目的は神であるが，しかしその目的は人間理性を超越した神の啓示によって知られるからである[3]。「聖教」が必要であるもうひとつの理由は，神のうちにある人間の救済は神に関する真理の認識に依存しているからであり，したがって，救済が人間に適切にかつ確実に生起するためには，神的なことがらが神の啓示によって導かれる必要があるからである[4]。ここに人間理性に基づく自然神学とはほかに，啓示神学が構築されなければならない根拠が見出されうる。

しかしトマスによれば，人間の至福を意味する神の本質直観は，救済史的意義をもつモーセとパウロの場合を例外として，この経験的世界においては一般的には不可能であり，すべての人間に開かれているわけではない。というのは，認識されるものは認識する者のあり方にしたがって認識する者のうちにあるという認識原理[5]にしたがえば，人間の魂が身体的質料のうちに存在するかぎり，認識はまず可感的事物の質料性を

---

[1] アリストテレス，『形而上学』第 6 巻第 1 章 1026a18．

[2] Thomas de Aquino, *Summa Theologiae I* qu. 1 art. 1 co.; *Sancti Thomae Aquinatis Opera Omnia*, Ed. Leo. Tomus IV, Roma, 1888, 6: necessarium fuit ad humanam salutem, esse doctrinam quandam secundum revelationem divinam, praeter philosophicas disciplinas, quae ratione humana investigantur.

[3] Thomas de Aquino, *Summa Theologiae I* qu. 1 art. 1 co.; Ed. Leo., Tomus IV, 6: Finem autem oportet esse praecognitum hominibus, qui suas intentiones et actiones debent ordinare in finem. Unde necessarium fuit homini ad salutem, quod ei nota fierent quaedam per revelationem divinam, quae rationem humanam excedunt.

[4] Thomas de Aquino, *Summa Theologiae I* qu. 1 art. 1 co.; Ed. Leo., Tomus IV, 6: Ad ea etiam quae de Deo ratione humana investigari possunt, necessarium fuit hominem instrui revelatione divina. Quia veritas de Deo, per rationem investigata, a paucis, et per longum tempus, et cum admixtione multorum errorum, homini proveniret, a cuius tamen veritatis cognitione dependet tota hominis salus, quae in Deo est. Ut igitur salus hominibus et convenientius et certius proveniat, necessarium fuit quod de divinis per divinam revelationem instruantur.

[5] Thomas de Aquino, *Summa Theologiae I* qu. 12 art. 4 co.; Ed. Leo., Tomus IV, 120: Cognitum autem est in cognoscente secundum modum cognoscentis.

抽象することによってはじめて可能になるからである[6]。つまりここでトマスが継承しているアリストテレスの認識論によれば，人間知性による認識の場合，感覚は可感的事物の類似性（similitudo），そして知性は知性認識される事物の類似性によって形相づけられることによって現実態となる。したがって，可感的事物と可知的事物は認識する者のうちにそれ自体としてあるわけではなく，すなわちそれらは類似性としてのみその存在性が保証されている。すなわちこの類似性によって認識する者と認識されるものとが一致して認識が実現することになる。

しかしトマスは，下位の秩序に属するものの類似性によっては上位のものは知られえないという偽ディオニシオスの『神名論』（De divinis nominibus）において展開されるコスモロジーに基づき，神の本質はいかなる被造的類似性によっても見られることはないと主張する[7]。さらには，神の本質は神の存在それ自体なのだから，いかなる被造的形相にも一致することはない[8]。第三には，神の本質は，被造的知性によって表示され知性認識されるいかなるものを凌駕しながら自己のうちに包含し，いかなるものによっても限界づけられないからである[9]。

したがって，人間知性が神を見るためには，なんらかの神の類似性が神から与えられなければならない。すなわち神を知性認識するために知性を強化する「栄光の光」（lumen gloriae）が必要とされなければなら

---

[6] Thomas de Aquino, *Summa Theologiae I* qu. 12 art. 11 co.; Ed. Leo., Tomus IV, 135: Respondeo dicendum quod ab homine puro Deus videri per essentiam non potest, nisi ab hac vita mortali separetur. Cuius ratio est quia, sicut supra dictum est, modus cognitionis sequitur modum naturae rei cognoscentis. Anima autem nostra, quandiu in hac vita vivimus, habet esse in materia corporali: unde naturaliter non cognoscit aliqua nisi quae habent formam in materia, vel quae per huiusmodi cognosci possunt.

[7] Thomas de Aquino, *Summa Theologiae I* qu. 12 art. 2 co.; Ed. Leo., Tomus IV, 117: ex parte visae rei, quam necesse est aliquo modo uniri videnti, per nullam similitudinem creatam Dei essentia videri potest. Primo quidem, quia, sicut dicit Dionysius, I cap. *de Div. Nom.*, per similitudines inferioris ordinis rerum nullo modo superiora possunt cognosci, sicut per speciem corporis non potest cognosci essentia rei incorporeae.

[8] Thomas de Aquino, *Summa Theologiae I* qu. 12 art. 2 co.; Ed. Leo., Tomus IV, 117: quia essentia Dei est ipsum esse eius, ut supra ostensum est, quod nulli formae creatae competere potest.

[9] Thomas de Aquino, *Summa Theologiae I* qu. 12 art. 2 co.; Ed. Leo., Tomus IV, 117: quia divina essentia est aliquod incircumscriptum, continens in se supereminenter quidquid potest significari vel intelligi ab intellectu creato.

ない[10]。人間の救済が神学の成立を要請するが，しかしその救済が人間知性を超越した領域に由来する以上，神学と哲学とは自ずと原理的に異なっていなければならない。ここに神学と哲学との原理的不一致が見出されることになる。そこで，われわれは次に，両者の原理的不一致に関する淵源として考えられる，トマスの師でもあるアルベルトゥス・マグヌス（Albertus Magnus, ca. 1200-1280）の教説を概観してみよう。

1.2　アルベルトゥス・マグヌス：神学と哲学との原理的不一致

アルベルトゥスは『形而上学』（*Metaphysica*）第11巻のなかで次のように述べている。

> 「神学的なことがらは諸原理に関して哲学的なことがらとは一致することはない。というのは，神学的なことがらは啓示と霊感に基づいており，理性の上に築かれているわけではないからである。したがって，神学的なことがらに関してわれわれは哲学のなかで議論することはできない。」[11]

アルベルトゥスによれば，神学と哲学それぞれの成立基盤がそもそも異なっている。すなわち神学の成立基盤は啓示（revelatio）と霊感（inspiratio）であり，それに対して哲学のそれは理性（ratio）である。またアルベルトゥスによれば，哲学をはじめとする人間の学は自然理性によって獲得されたものであるのに対し，神学は啓示によって受け入れられたものである[12]。さらには，あるひとつの感覚が失われるならば，それに関する知識も失われざるをえないというアリストテレスの見解[13]

---

10) Thomas de Aquino, *Summa Theologiae I* qu. 12 art. 2 co.; Ed. Leo., Tomus IV, 117: ad videndum Dei essentiam requiritur aliqua similitudo ex parte visivae potentiae, scilicet lumen gloriae, confortans intellectum ad videndum Deum.

11) Albertus Magnus, *Metaphysica* lib. 11 tr. 3 cap. 3; Ed. Colon. XVI/2, 542, 25-29: Theologica autem non conveniunt cum philosophicis in principiis, quia fundantur super revelationem et inspirationem et non super rationem, et ideo de illis in philosophia non possumus disputare.

12) Albertus Magnus, *Summa Theologiae* lib. 1 tr. 1qu. 4; Ed. Colon. XXXIV/1, 15, 1-2: omnis humana scientia acquisita est, divina autem per revelationem accepta.

13) アリストテレス『分析論後書』第1巻第18章81a40。

に基づいて，人間の学が経験の上に構築されているのに対し，神学は信仰（fides）および信仰箇条の上に構築されていることが提示される[14]。
　ここで言われる神学における啓示と霊感は『倫理学註解』（*Super Ethica*）においては「神から注入された光」（lumen infusum a deo）と言い換えられているが，それが哲学における獲得された知性と異なっていることは，両者の相違が能力態（habitus）という観点からの差であることを意味する[15]。しかし，神学が神から啓示されたがゆえに神学と言われるのであっても，「神について知りうる事柄は，彼らにも明らかだからです。神がそれを示されたのです」（ロマ1・19）とのパウロの言葉に従うならば，神学と哲学との間にはなんら相違点があるわけではない。したがって，哲学者が神について獲得する知識は何であっても，神によって明らかにされ啓示されることによって理解されてきたのだという異論は当然提出される[16]。アルベルトゥスはこの異論に対する解答のなかで，まず啓示には二様の仕方があることを提示し，ひとつはわれわれの人間本性に適った光（lumen connaturale nobis）によってなされる仕方であり，もうひとつはその光が由来する始原としての神の第一の光（primum lumen dei）によってなされる仕方である。つまり前者の光が哲学者に，後者が神学者に啓示される仕方である[17]。言うなれば，哲学者は自らが依拠する論証の確実性をもって探求するが，神学者はいわば第一の真理それ自体（prima veritas propter se）に依拠するのであって，

---

14) Albertus Magnus, *Summa Theologiae* lib. 1 tr. 1 qu. 4; Ed. Colon. XXXIV/1, 15, 4-8: omnis humana scientia super experimentum fundatur. Unde dicit ARISOTOTELES in I POSTERIORUM, quod destructo sensu destruitur scientia sensibilis illius sensus. Divina autem scientia fundatur super fidem et super fidei articulos.

15) Albertus Magnus, *Super Ethica* lib. 16 lec. 16; Ed. Colon. XIV/2, 774, 88-91: In habitu quidem, quia theologica contemplatur per lumen infusum a deo, sed philosophus per habitum sapientiae acquisitum.

16) Albertus Magnus, *Summa Theologiae* lib. 1 tr. 1 qu. 4; Ed. Colon. XXXIV/1, 14, 62-68: Si vero dicitur theologia, quia revelata est a deo, a prima philosophia separata non est, quia illa est a deo in potissima parte eius. Si vero dicitur theologia, quia rebelata est a deo, iterum per hanc differentiam a nulla separatur philosophica scientia. ROM. I (19) : 'Quod notum est dei, manifestum est illis', philosophis scilicet; 'deus enim illis manifestavit'. Ergo quidquid sciunt philosophi de deo, manifestante deo et revelante didicerunt.

17) Albertus Magnus, *Summa Theologiae* lib. 1 tr. 1 qu. 4; Ed. Colon. XXXIV/1, 15, 42-44: Unus modus est per lumen connaturale nobis. Et hoc modo revelatum est philosophis. Hoc enim lumen non potest esse nisi a primo lumine dei.

理性を有しているとしても神学者はそれに依拠することはない[18]。したがって，哲学者が神を考察するにしても，その神は論証の対象でしかないのであって[19]，ここから哲学と神学における目的も異なっていることが帰結されることになる。すなわち哲学者は現世において神がある程度見られるというヴィジオを目的とし，それに対して神学者が究極目標として定めているのは天国における神の観想にほかならない[20]。

この神の第一の光は，ここでアルベルトゥスが参照している『原因論』（Liber der causis）第5命題の註解[21]からみれば，それ自体として純粋な光であって，自らによって原因づけたもののすべてを照らすことをやめない光として解される。したがって人間本性に適った光はその始原である神の第一の光によって照らされているのであるから，哲学をはじめとするすべての人間の学は神から贈与されたものとして理解されるが，しかし神学はそのような学ではなく，信仰を通して神によって啓示された学であることが帰結する[22]。

信仰が神学の存立根拠であるということは，哲学の場合とは違って，学としての神学を性格づけることになる。すなわちアルベルトゥスによれば，神学は端的な意味において知られるべきものに関わる学ではなく，「敬神による」（secundum pietatem）学である。敬神とは，たとえばアウグスティヌスの見解[23]に従えば，信仰，希望，愛，祈りそして犠牲によって完成される神の崇拝（cultus dei）を意味する[24]。つまり神学

---

18) Albertus Magnus, *Super Ethica* lib. 16 lec. 16; Ed. Colon. XIV/2, 775, 8-12: Et ideo est diversus modus contemplandi, quia philosophus habet certitudinem demonstrationis, cui innititur, sed theologus innititur primae veritati propter se et non propter rationem, etiamsi habeat ipsam.

19) Albertus Magnus, *Super Ethica* lib. 16 lec. 16; Ed. Colon. XIV/2, 775, 4-6: philosophus contemplatur deum, secundum quod habet ipsum ut quandam conclusionem demonstrativam.

20) Albertus Magnus, *Super Ethica* lib. 16 lec. 16; Ed. Colon. XIV/2, 774, 91-775, 3: quia theologica ponit ultimum finem in contemplatione dei in patria, sed philosophus in visione, qua videtur aliquatenus in via.

21) *Liber de causis*, prop. V（VI），comm.; Pattin 147, 28-31: Quod est quoniam causa prima non cessat illuminare causatum suum et ipsa non illuminatur a lumine alio, quoniam ipsa est lumen purum supra quod non est lumen.

22) Albertus Magnus, *Summa Theologiae* lib. 1 tr. 1 qu. 4; Ed. Colon. XXXIV/1, 15, 33-35: omnis quidem scientia a deo largiente, sed non sic ista scientia, sed a deo revelante per fidem.

23) たとえば『神の国』第10巻第1章第3節を参照されたい。

24) Albertus Magnus, *Summa Theologiae* lib. 1 tr. 1 qu. 2; Ed. Colon. XXXIV/1, 8, 47-52: theologia scientia est 'secundum pietatem', hoc est quae non est de scibili simpliciter, ut scibile est,

は神の崇拝を通して人間の救済に関わる学であり，すなわち神学はわれわれのうちに信仰を生じさせ育て，そして強固にすることによって，われわれを第一の真理それ自体の承認に至らせる学なのである[25]。

以上見てきたように，神学が人間の救済に関わる学である根拠は，神学が自然理性を超えた神の第一の光によって存立していることにある。その結果，哲学に対する神学の卓越性が導き出されることになり，したがって本小節冒頭に引用した『形而上学』のなかで述べられているように，神学的なことがらは哲学の領域においては取り扱うことはできない。たとえば死んだ者の魂が死後も生きつづけるかという問題は，哲学的には十分に知ることができない。たとえ生きつづけることが仮定されたとしても，その魂の状態，この世界で生じていることといかに関わっているのかについては論証の対象ではなく，すなわち哲学的にはまったく知ることはできない。つまりこのことを知ることができるのは，信仰の能力態である超自然的な光，すなわち神から注入された光によってのみである[26]。

同様に，分離した魂がいかなる状態にあるかという問題に関しても哲学者は考察することはできない。というのも，このことは哲学者の原理によっては理解することができないからである。それゆえ，分離した魂がこの世界の出来事といかに関わっているのか，またいかにそれらに支えられているのかということは，哲学者ではなく神学者が取り扱う問題なのである[27]。

---

nec de omni scibili, sed secundum quod est inclinans ad pietatem. Pietas autem, ut dicit Augustinus, cultus dei est, qui perficitur fide, spe et caritate et oratione et sacrificiis.

25) Albertus Magnus, *Summa Theologiae* lib. 1 tr. 1qu. 2; Ed. Colon. XXXIV/1, 8, 52-57: Et hoc modo theologia est scientia de his quae hoc modo ad salutem pertinent. Pietas enim conducit ad salutem. Hoc etiam modo est de his quibus fides generatur, nutritur et roboratur in nobis quantum ad assensum primae veritatis.

26) Albertus Magnus, *Super Ethica* lib. 1 lec. 13; Ed. Colon. XIV/1, 71, 73-79: hoc quod animae defunctorum remaneant post mortum, non potest per philosophiam sufficienter sciri. Et supposito, quod remaneant, de statu earum et qualiter se habeant ad ea quae circa nos fiunt, omnino nihil sciri per philosophiam potest, sed haec cognoscuntur altiori lumine infuso non naturali, quod est habitus fidei.

27) Albertus Magnus, *Super Ethica* lib. 1 lec. 13; Ed. Colon. XIV/1, 72, 58-62: philosophus nihil habet considerare de statu animae separatae, quia non potest accipi per sua principia. Unde qualiter se habeat anima separate ad ea quae fiunt hic, et qualiter iuvatur per ea, nihil pertinet ad

以上，アルベルトゥスが原理的差異に基づいて神学と哲学との区分をいかに考えているのかを概観してきた。たしかに自然理性を超えた領域における神学的諸問題を，自然理性にその存立根拠を有する哲学は取り扱うことができないし，また哲学にはその資格も与えられていない。上にあげた人間の救済に関することがらのほかに，たとえば神の奇跡を哲学的領域で議論することはできない。しかしこのことは哲学の領域からみれば，哲学的議論のなかに神の奇跡をもち込めないということを意味する。つまり，アルベルトゥスにおいて哲学と神学との学問論的区分においては，これら二つの学は敵対関係にあるのではなく，いわば相互不可侵という関係にあると言えよう。
　さてアルベルトゥスのこうした解釈はドミニコ会のなかに伝えられていくことになるが，そのなかでもこの解釈を批判的に継承し，より先鋭化させていったのが，ドイツ・ドミニコ会士フライベルクのディートリヒ[28]である。ディートリヒとエックハルトとのドミニコ会内部の実務上の繋がりに関しては前に少し述べたが，エックハルト思想の固有性を引き出させる思想史的背景の素描という点を念頭において，以下においてディートリヒの思想に触れてみたい。しかしここでの視点は，神学の主題に関してディートリヒがいかに考えていたのか，そしてその解釈の基礎となっている彼の知性論を概観し，これら二つの契機がエックハルトにいかなる影響を及ぼしたのか，ということである。
　まずは，「思弁神学」(spekulative Theologie) と言われるディートリヒの神学において，その神学の主題が彼によっていかに考えられていたかということから始め，その主題である「神的存在」がいかに把握できるのか，という問いを解明していくなかで，彼の知性論の特徴を明らか

---

philosophum, sed ad theologum.

　28) ディートリヒの著作からの引用は以下のものによる。
Dietrich von Freiberg: Opera omnia; Corpus Philosophorum Teutonicorum Medii Aevi (=*CPTMA*) II.
　ディートリヒの生涯と思想に関しては以下のものを参照。
Sturlese, L., *Dokumente und Forschungen zu Leben und Werk*, Beihefte zum *Corpus Philosophorum Teutonicorum Medii Aevi*, Bd. 3.
　なお，ディートリヒとエックハルトとの連関に関しては以下のものを参照。
Von Meister Dietrich zu Meister Eckahrt, hrsg. von Flasch, K., Beihefte zum *Corpus Philosophorum Teutonicorum Medii Aevi*, Bd. 2.

にしてみたい。

2 ディートリヒにおける神学の主題と知性論

2.1 神学の主題としての神的存在

ディートリヒには『神学の主題について』(De subiecto theologiae) と呼ばれている断片が遺されている[29]。その第3章「神学という学における主題の一性について」(De unitate subiecti scientiae theologiae) で，神学においてはこれまでその主題 (subiectum) と対象 (materia) とが厳密に区別されてこなかったことを批判している[30]。ディートリヒによれば，それ自体においてそれに固有な根拠に基づいて考察される個々のものは対象である[31]。この点から考えると，キリストの全身，頭と身体あるいは四肢（カシオドルス），事物としるし（アウグスティヌス），創造と復活の業（フーゴー サン＝ヴィクトル），あるいは神それ自身（アウグ

---

[29] この断片の発見者であり校訂者であるストアレーゼによれば，ディートリヒには神学の主題に関しての論考があったことはドイツ・ドミニコ会士モースブルクのベルトルト (Berthold von Moosburg, ?-ca.1361) によって知られていた。この断片自体には著者の名前もタイトルも付せられてはいないが，ディートリヒの他の作品と比較すると，そのスタイルまた内容的根拠からして，ディートリヒに帰せられるとストアレーゼは判断する。そしてこの判断は正しいと思われる。なお，本断片に関しては以下のものを参照されたい。

Sturlese, Loris, Einleitung zu *De subiecto theologiae*; *Dietrich von Freiberg, Opera omnia* III, 277-278. Flasch, Kurt, Einleitung zu *Dietrich von Freiberg, Opera omnia* II, XXII-XXV.

[30] ディートリヒは本断片の前章「諸学において主題の一性が理解される仕方について」(De modis, quibus accipitur unitas subiecti in scientiis) において，自然学を例にとって彼独特の学問論を展開している。そのなかでディートリヒは，自然学において考察されているすべてのものが主題として同名同義的な意味で一致するわけではないと述べている。たとえば天体 (corpora caelestia) も生成し消滅する物体 (corpora generabilia et corruptibile) も「物体」であるということはただ同名異義的な意味で表示されるのであって，したがって同一の類に属するわけではない。しかしディートリヒによれば，これら二つのものは論理学者によって実体のカテゴリーのなかに組み込まれているが，これは事物それ自体の固有性および全体的真理の考察にしたがってなされたわけではなく，ある種の習慣あるいは蓋然性によるものである。伝統的な枠組みに対してまず批判の目を向けて自らの考察を開始するこうした方法がディートリヒの思想に特徴的に見られる。

[31] Theodoricus de Vriberch, *De subiecto theologiae* 3 (3)；ed. Sturlese, L., *CPTMA*. II, 3; 280, 45-48: Si enim ea, quae ibi tractantur, unumquodque eorum sumatur secundum suam propriam rationem secundum se, sic huiusmodi talia et partiales libri, in quibus talia tractantur, sunt huius scientiae materia.

スティヌス）は神学の対象であって，主題ではない。ディートリヒによれば，それらのことがらが主題とみなされてきたのは，よく考えられてこなかった結果にすぎない[32]。

それでは主題はいかに定義されるのか。ディートリヒは，ある学の知識は第一原理に由来するものであるというアリストテレスのテーゼに依拠して，「主題は学で考察されるすべてのものに共通な一なる概念に属するものであることを要求する[33]」と述べている。しかし，それはどのようなものであり，またいかにそれが導き出されるのか。ディートリヒはそこでアナロギア論に注目する。ディートリヒによれば，たとえば，義人には褒章が与えられ，悪人には罰が負わせられることが，神が善人を裁き，悪人を裁くことにアナロギア的に一致するように，神学のなかで論じられている多くのことにおいて，比例性にしたがったある種の一致が認められる。そして注目すべきことは，このような比例性をなんらかの一なるものへの帰属性のなかで決定される比例の一性へと還元することが必要であるということである[34]。その一性とは，なんらかの一致が認められるすべての比例性に共通で，すべての多様性に普遍的でなければならない[35]。そしてディートリヒは，プロクロスの『神学綱要』（*Elementatio theologica*）第21命題「一性から始まるすべての階層は一性に同じ系列に属する多様性へと進み，そしてすべての階層の多様性は

---

32) Theodoricus de Vriberch, *De subiecto theologiae* 3（3）; ed. Sturlese, L., *CPTMA*. II, 3; 280, 51-55: Sunt autem huiusmodi, scilicet totus Christus, caput et corpus sive membra, item res et signa, item opera creationis et restaurationis vel etiam Deus ipse et similia, quorum aliqui hoc, aliqui illud vel aliud minus considerate subiectum huius scientiae assignant.

33) Theodoricus de Vriberch, *De subiecto theologiae* 3（3）; ed. Sturlese, L., *CPTMA*. II, 3; 280, 57-58: Subiectum enim vult esse unius rationis communis omnibus, quae considerantur in scientia.

34) Theodoricus de Vriberch, *De subiecto theologiae* 3（4）; ed. Sturlese, L., *CPTMA*. II, 3; 280, 59-64: Est igitur advertendum in hac scientia, quod, quamvis in pluribus, quae tractantur in hac scientia, attendatur quaedam convenientia secundum proportionalitatem – puta sicut iustis debentur praemia, sic malis supplicia, sicut Deus iudicabit bonos, sic et malos, et similia – , nihilominus tamen necessarium est huiusmodi proportionalitates reducere ad unitatem proportionis, quae attenditur in attributione ad aliquod unum.

35) Theodoricus de Vriberch, *De subiecto theologiae* 3（4）; ed. Sturlese, L., *CPTMA*. II, 3; 280, 64-281, 66: Hoc enim commune est omni proportionalitati et universalieter omni multitudini, in qua attenditur aliqua convenientia.

単一なる一性へと還元される[36)]」を援用し，上にあげた一致をその根源かつ根拠である，ある種の一性へと還元しなければならないと述べている[37)]。

　以上のことからも理解できるように，ディートリヒは帰属のアナロギアを比例性のアナロギアの成立前提として把握している。それではアナロギア論をこうして駆使することによって明らかとなる神学の主題とは何か。ディートリヒはまず，神学においては，存在者の神からの発出，神への秩序，存在者の態勢にしたがってそして存在者自体が神から生じるその固有の仕方という観点から，存在者の総体が論じられていることに注目する。こうした新プラトン主義的コスモロジー的構造を学としての神学の成立根拠のなかに見出すことによって，ディートリヒは神学の主題が「神的存在」（ens divinum）という概念に帰すると結論づける[38)]。つまりディートリヒは，アナロギアにおける規定によってすべての存在者が第一にかつ本質的に神的存在に帰属することを明らかにしているわけである[39)]。

---

　36)　Proclus, *Elementatio theologica*, prop. 21; Vansteenkiste, 273: Omnis ordo ab unitate incipiens procedit in multitudinem unitati coelementalem, et omnis ordinis multitudo ad unam reducitur unitatem.

　37)　Theodoricus de Vriberch, *De subiecto theologiae* 3 (4)；ed. Sturlese, L., *CPTMA*. II, 3; 281, 66-68: oportet ipsam reduci ad aliquam initatem, quae est radix et ratio talis convenientiae, secundum quod dicit Proclus propositione 21.

　38)　Theodoricus de Vriberch, *De subiecto theologiae* 3 (5)；ed. Sturlese, L., *CPTMA*. II, 3; 281, 69-75: Quia igitur in hac scientia tractatur de tota universitate entium – et secundum processum eorum a Deo et secundum ordinem in ipsum et secundum dispositionem entium et proprios modos eorum inditos ipsis entibus a Deo, … – necesse est omnia convenire in una ratione subiecti, quod vocetur, sicut et vere est, ens divinum.

　なお，ディートリヒにおけるこの「神的存在」という概念は，エックハルトが言う第一命題「存在は神である」（esse est deus）に連関しているように思われる。というのも，エックハルトは『三部作への全般的序文』（*Prologus generalis in opus tripartitum*）第 22 節において，神に関わる問題のすべてがこの命題から導かれると述べているからである。すなわち，神の存在性，神性，創造，三位一体等の神学的ことがらのすべてがこの命題に収斂されるということである。なお，このことは第 5 章にて詳述する。

　39)　エックハルトのアナロギア論における思想史的意味を考えるとき，ディートリヒにおけるこうしたアナロギア論は決定的な役割を演じている。しかしこのことが明らかとなったのはディートリヒの全論考が，1977 年以来ドイツ・ボーフム大学のフラッシュおよびモイジッシュを中心とする研究グループによって刊行されている『中世ドイツ哲学者叢書』のなかに含まれていることが非常に大きい。たとえば，1959 年に発表されたコッホ（Josef Koch, 1885-1967）の論文「マイスター・エックハルトのアナロギア論について」（Zur

2.2 知性論

　さて神的存在が神学の主題として措定される前提は，神学のなかですべての存在者の総体が論じられていることにある。しかしわれわれはここで問わなければならない，その総体はいかに把握されるのか，と。この問いはいわば，哲学の始原から発する問い，すなわち存在と認識とが織り成すカオスの深淵からの問いにほかならない。ディートリヒは，この問いを解決するにあたり，従来の解決方法に囚われることなく，彼独自の視点をもってこの問いの解決に挑む。彼はまず，事物と知性との関係において，事物の本質規定の原理を事物の側にではなく，知性の側に求める。このことは，アリストテレスにおけるカテゴリーの枠組みに規定された事物的存在者の総体としての世界が知性に内在している本質規定の原理によって構成されていることが帰結するという意味をもっている。つまりディートリヒの知性論の特色の一つは，構成論的性格にある[40]。

2.2.1 存在者の類似あるいは範型としての知性

　そこでまず，ディートリヒの『知性と知性認識されるもの』(*De intellectu et intelligibili*) から次の記述を引用することからはじめよう。

　「考察されるべきことは，知性であるかぎりのすべての知性は，全存在者あるいは存在者であるかぎりでの存在者の類似，しかもその

Analogielehre Meister Eckharts; Josef Koch, *Kleine Schriften* Bd. 1 1973, S. 367-397) においては，エックハルトのアナロギア論がおもにトマスのそれと比較されて論じられていることも影響していると言えるが，ディートリヒのことが言及されていないので，エックハルトのアナロギア論における思想的背景に対する決定的な論点が欠落している。エックハルトのアナロギア論，とくにその倫理的原理としての側面に関しては，第3章において詳述する。なお，エックハルトにおけるアナロギア論については以下の文献も参照されたい。Mojsisch, B., *Meister Eckhart - Analogie, Univozität und Einheit*, Hamburg 1983. 拙論 Die Analogie als ethisches Prinzip in der Theologie des Meister Eckhart, *Freiburger Zeitschrift für Philosophie und Theologie,* Bd. 44, 1997, S. 335-354.

　40) ディートリヒの知性論に関しては以下のものを参照されたい。
　Flasch, K., Kennt die mittelalterliche Philosophie die constitutive Funktion des menschlichen Denkens？ Eine Untersuchung zu Dietrich von Freiberg, *Kant-Studien* 63, 1972, 182-206. Mojsisch, B., *Die Theorie des Intellekts bei Dietrich von Freiberg, Opera omnia; Dietrich von Freiberg*; Beiheft 1, Hamburg, 1977.

本質によって類似であるということである。このことが基づいているのは，哲学者の『デ・アニマ』第3巻の記述，すなわちすべてを作ることができるのが能動知性（intellectus agens）であり，すべてのものになることができるのが可能知性（intellectus possibilis）ということである。しかしこのことは，一方は現実態としてすなわち能動知性，他方は認識する以前は可能態としてすなわち可能知性であるとはいえ，両知性はその本質からしてすべての存在者の類似だからである。」[41]

知性がその本質からしてすべての存在者の類似であるということは，知性はすべてを知性認識できることを意味する[42]。ディートリヒによれば，知性はその本質から知性であり，すなわち知性は知性性（intellectualitas）という本質によって自存する実体なのである。ということは，すべての存在者を認識するというはたらきがそれ自体として知性の対象であり，しかもそのはたらきは自己還帰すなわち自己認識であることを意味する。

知性のはたらきを自己還帰として解し，その解釈をより先鋭化する方向において知性の構成的構造がはっきりとその姿を現してくる。われわれが現実世界の事物を認識し，その本質を定義する場合，その定義づけというはたらきの始原は知性にあり，すなわち人間知性によって事物の本質定義が可能になり，したがって世界における合理性は知性に還元されるのである。知性におけるこうした構成論的性格に関して，ディート

---

41) Theodoricus de Vriberch, *De intellectu et intelligibili* II 1; ed. Mojsisch, B., *CPTMA*. II, 1; 146, 5-12: Est igitur considerandum, quod omnis intellectus inquantum intellectus est similitudo totius entis sive entis inquantum ens, et hoc per suam essentiam. Et super hoc fundatur dictum Philosophi in III De anima (430a14-15), scilicet quod intellectus agens est, in quo est omnia facere, intellectus possibilis, in quo est omnia fieri. Quod quidem contingit ex hoc, quod uterque istorum intellectuum est per essentiam similitudo omnium entium, quamvis unus eorum secundum actum, scilicet intellectus agens, alter secundum potentiam ante intelligere, scilicet intellectus possibilis.

42) 知性はすべての存在者の類似であるとの表現は，エックハルトの『創世記註解』（*Expositio libri Genesis*）第115節にも見られる。すなわち「知性はそれゆえ，知性それ自体としては，全存在者の類似であり，存在者の総体を自己のうちに含んでいるのであって，これとかあれとか切り離しているわけではない」（*In Gen*. I n. 115; LWI, 272, 3-5）と述べられている。

リヒは『カテゴリー的実在の起源について』(*Tractatus de origine rerum praedicamentalium*) のなかで以下のように述べている。

> 「ところで次のことも考察されなければならない。すなわち上において仮定され，なんらかの方法によって明らかにされたこと，すなわち第一の意味によって類として整序された事物であるなんらかの存在者が知性によって構成されるということである。というのは，上で語られたことは，そのような存在者が，形相的にそして始原から名称によって表示されることに関して，いかなる根拠においても自然のはたらきによるものではないということだからである。しかし存在者の総体においては，自然あるいは知性のほかにその始原はないのであるから，いまそれが自然ではない以上，知性がこれらの存在者の原因としての始原であることは必然的である。」[43]

存在者の始原として知性が理解されていることは，知性が存在者全体の類似であるという意味にとどまらず，知性は存在者の範型 (exemplar) であるという解釈を導くことになる[44]。というのも，知性はその本質の固有性にしたがって普遍的な本性なのだから，知性の対象はこれとかあれとかの存在者の何性 (quiditas haec vel illa) ではなく普遍的な何性，すなわち存在者であるかぎりの存在者の何性だからである。つまり本質による知性は，端的な本質の固有性に従うという単一な仕方によって，すべての存在者の知性的な類似性を自己のうちに作り出す。したがって，すべての存在者が知性のうちへと還元されるという点から言えば，知性はある意味で知性的な仕方ですべての存在者なのである[45]。

---

43) Theodoricus de Vriberch, *Tractatus de origine rerum praedicamentalium* 5 (1); ed. Sturlese, L., *CPTMA*. II, 3; 181, 5-11: Considerandum autem et hoc, quod supra suppositum est et aliquo modo ostensum, scilicet quod entia aliqua, quae sunt res primae intentionis ordinabiles in genere, constituuntur per intellectum. Dictum est enim supra, qua ratione huiusmodi entia quantum ad id, quod formaliter et principaliter significatur per nomen, non possunt esse ab actu naturae. Cum autem non sit principium in universitate entium nisi vel natura vel intellectus, si natura non est, necesse est intellectum esse horum entium causale principium.

44) Theodoricus de Vriberch, *Tractatus de visione beatifica* 1.1.4, (1); ed. Mojsisch, B., *CPTMA*. II, 1; 28, 2-3: intellectus per essentiam est exemplar.

45) Theodoricus de Vriberch, *Tractatus de visione beatifica* 1.1.4, (2); ed. Mojsisch, B.,

2.2.2 魂の実体の始原としての能動知性

知性がすべての存在者であるという命題は，ディートリヒも引用していた『デ・アニマ』第3巻において提示されている能動知性と可能知性との差異という観点から，二様の仕方で捉えられる。すなわち可能知性は可能態において，能動知性は現実態において知性的にすべての存在者であることは必然的でなければならない[46]。しかしここで問われるべきことは，そもそも能動知性と可能知性をいかに解するのか，そして両者の関係をいかに捉えるのか，ということである。

まずは能動知性に関してディートリヒは次のように述べている。

「能動知性は魂の実体それ自体を原因づける始原であり，それは実体に即して言えば，ある仕方において生物における心臓のように，内在的な始原であると私は言う。」[47]

そして能動知性と可能知性との関係については次のように述べている。

「能動知性とは可能知性における可知的形相の能動的にしてそれ自体として存在している始原なのである。そしてその可知的形相は可能知性の全本質である。」[48]

CPTMA. II, 1; 28, 7-29, 13: Quod manifestum est ex obiecto eius, quod est quiditas non haec vel illa, sed universaliter quaecumque quiditas et ens inquantum ens, id est quodcumque rationem entis habens. Quia igitur eius essentia, quidquid est, intellectualiter est, necesse ipsum intellectum per essentiam gerere in se intellectualiter similitudinem omnis entis, modo tamen simplici, id est secundum proprietatem simplicis essentiae, et ipsum esse intellectualiter quodammodo omne ens.

46) Theodoricus de Vriberch, *Tractatus de visione beatifica* 1.1.4, (3) ; ed. Mojsisch, B., *CPTMA*. II, 1; 29, 14-21: Quod quidem contingit dupliciter: uno modo in potentia seu potentialiter, ut in intellectu possibili, in quo est omnia fieri, secundum Philosophum in III De anima, alio secundum actum, puta in intellectu agente, in quo est omnia facere. Alias enim, nisi uterque istorum intellectuum esset quodammodo et intellectualiter omne ens, ille quidem in potentia, scilicet intellectus possibilis, hic autem, id est intellectus agens, in actu, impossibile esset hunc quidem omnia facere, id est intellectum agentem, in illo autem omnia fieri, id est intellectu possibili.

47) Theodoricus de Vriberch, *De intellectu et intelligibili* II 2 (1) ; ed. Mojsisch, B., *CPTMA*. II, 1; 147, 50-52: intellectus agens est principium causale ipsius substantiae animae, principium, inquam, secundum substantiam aliquo modo intrinsecum sicut cor in animali.

48) Theodoricus de Vriberch, *De intellectu et intelligibili* II 2 (2) ; ed. Mojsisch,

ディートリヒにとって能動知性は魂の実体の始原であって，さらに可能知性との関係で言えば，この知性の可知的形相が能動知性にほかならない。能動知性と可能知性との相対関係は，アウグスティヌスに即して言えば，精神の秘所（abditum mentis）と外的認識（exteriora cognitio）に対応し[49]，「創世記」の聖句から言えば，像（imago）と似姿（similitudo）にそれぞれ対応する[50]。われわれ人間が神の像と似姿に向けて造られていることの啓示は人間における知性的なものに即して解釈され，人間が能動知性と可能知性を有していることの意味として理解される。

ここに見られるのは，啓示とアリストテレス哲学とのアウグスティヌスの媒介による連関であり，しかしその連関はやはり新プラトン主義的コスモロジーによって有機的色彩を帯びている。すなわち，『神学綱要』命題146[51]に見られる，その始めがその終わりに類似していることによる神的なものの発出における円環構造，さらに同じく命題147[52]に見られる神的段階における下位のものの上位のものへの類似，そしてここから導き出される神的段階における類似的連続性である[53]。神とのこうした有機的連関は，すべての存在者が神的善性を分有することによって

B., *CPTMA*. II, 1; 147, 53-55: ipse intellectus agens est activum principium et per se formae intelligibilis in intellectu possibili, quae forma intelligilis est tota essentia intellectus possibilis.

49) Theodoricus de Vriberch, *Tractatus de visione beatifica* Prooemium,（5）; ed. Mojsisch, B., *CPTMA*. II, 1; 14, 44-47: qui（philosophus）distinguunt in intellectuali nostro intellectum agentum ab intellectu possibili, ut idem sit intellectus agens apud philosophos, quod abditum mentis apud Augustinum, et intellectus possibilis apud philosophos, idem, quod exterius cogitativum secundum Augustinum.

50) Theodoricus de Vriberch, *Tractatus de visione beatifica* 1.1.1,（3）; ed. Mojsisch, B., *CPTMA*. II, 1; 15, 22-26: Quod ergo dicitur ad similitudinem, hoc pertinet ad exterius cogitativum seu intellectum possibilem et ea, quae sui dispositioni subsunt. Quod autem dicit ad imaginem, quae consistit in aeternitate et unitate trinitatis, refertur ad abditum mentis seu intellectum agentem, quo substantia animae figitur in aeternitate.

51) Proclus, *Elementatio theologica*, prop. 146; Vansteenkiste, 508: Omnium divinorum processuum ad sua principia assimilantur, circulum sine principio et sine fine salvantes per conversionem ad principia.

52) Proclus, *Elementatio theologica*, prop. 147; Vansteenkiste, 508: Omnium divinorum ornatuum summa ultimis assimilantur superpositorum.

53) Proclus, *Elementatio theologica*, prop. 147, comm..; Vansteenkiste, 508: Si enim oportet continuitatem esse divini processus et propriis medietatibus unumquemque ordinem colligari, necesse summitates secundorum copulari finibus primorum. Copulatio autem per similitudinem. Similitudo ergo erit principiorum submissi ordinis ad ultima superlocati.

直接的に神に還帰するという構造の基礎をなしている[54]。ということは，能動知性は神が人間のうちに直接的に植えつけた最高のもの，すなわち神の像であって，能動知性のはたらきによって人間には神の直観が可能であり，神へと直接的に近づけることが帰結する[55]。

能動知性の対象と本質的原因論

　ここで能動知性の対象について考えてみたい。ディートリヒによれば，すべての存在者はその第一の始原である神的存在から発出してくるのであるが，知性とそれ以外の存在者とではその発出の仕方が異なる。能動知性の対象は，その知性の発出の仕方に基づいて規定される。すなわちディートリヒによれば，自然的事物は神のうちにある範型的あるいは理念的形相に規定されて神から発出してくるが，能動知性は存在者の総体の規定であるかぎりのいわゆる神的規定から発出してくる。つまり，自然的事物は理念的形相に規定されることによって，すなわち類と種に限定されるのであるが[56]，他方自らの本質によって現実態として存在している能動知性は発出において類や種に限定されることはない。能動知性の発出における規定は，自己のうちに存在者としての存在者全体の類似性を有しているということである[57]。したがって，能動知性は存在者であるかぎりの存在者全体の類似性にしたがって神から発出し，そのことによって能動知性は自己が発出してくる始原すなわち神に関係し，そしてその関係において能動知性のもつ包摂によって存在者総体に

---

54) Theodoricus de Vriberch, *Tractatus de visione beatifica* Prooemium (3); ed. Mojsisch, B., *CPTMA*. II, 1; 13, 28-14, 30: ens quodcumque, quod quantum ad summum gradum suae perfectionis in Deum immediate reducitur secundum participationem divinarum bonitatum.

55) Theodoricus de Vriberch, *Tractatus de visione beatifica* Prooemium (6); ed. Mojsisch, B., *CPTMA*. II, 1; 14, 54-56: ipse (intellectus agens) est illud supremum, quod Deus in natura nostra plantavit, et ideo, ut praemissum est, secundum ipsum immediatam approximationem ad Deum sortimur in illa beata visione.

56) Theodoricus de Vriberch, *De intellectu et intelligibili* II 36 (2); ed. Mojsisch, B., *CPTMA*. II, 1; 174, 100-104: Res enim aliae ab intellectu procedunt a Deo secundum rationem, quae est forma exemplaris alicuis determinati generis entium, puta equi vel asini et cetera, qua ratione determinatur ens quodcumque ad aliquod determinatum genus vel sepeciem secundum determinatam rationem talis formae exemplaris in Deo.

57) Theodoricus de Vriberch, *De intellectu et intelligibili* II 36 (3); ed. Mojsisch, B., *CPTMA*. II, 1; 174, 106-108: Ratio autem, a qua procedit intellectus per essentiam in actu eo modo, ..., non est ita determinati generis seu respectus, sed gerit in se similitudinem totius entis inquantum ens.

も関係する[58]。ここで言われる関係とは能動知性における認識のあり方を意味し，すなわち能動知性は唯一の「直観」(intuitus) によって自己の始原を認識し，存在者総体を認識するのである[59]。

以上のことから能動知性の三つの対象が導き出される。すなわち，第一の対象は，能動知性が認識することによって発出し，そこにおいて自己の本質の受容が成立する始原である[60]。第二は自己の本質であり，そして第三の対象は，能動知性が包摂することによって認識の観点から全体として把握する存在者の総体である[61]。ところで能動知性の対象が三つあるといっても，そこに異なった三様の認識方法があるわけではない。ディートリヒはその根拠を説明するさいに『原因論』の命題8と命題15に依拠している。すなわち，あらゆる知性体は自己の上位にあるものを自らがその善性を獲得するがゆえに認識し，自己の下位にあるものを自らがその原因であるゆえに認識するということ[62]，さらに自己の本質を知るものは完全なる転回において自己の本質に還帰するということである[63]。上位のものと下位のものとの間にある中間者は上位のものを自己の原因として認識し，下位のものを自己が原因づけたものとして認識するという見解は，いわゆる本質的原因論 (causa essentialis)[64]

---

58) Theodoricus de Vriberch, *De intellectu et intelligibili* II 36 (2) ; ed. Mojsisch, B., *CPTMA*. II, 1; 174, 108-110: Et ideo talis intellectus procedit a Deo in similitudine totius entis inquantum ens et suo ambitu respicit universitatem entium sicut et suum principium, unde procedit.

59) Theodoricus de Vriberch, *De intellectu et intelligibili* II 36 (2) ; ed. Mojsisch, B., *CPTMA*. II, 1; 175, 112-114: uno intuitu cognoscendo suum principium et sic procedendo ad esse cognoscit totam universitatem entium.

60) Theodoricus de Vriberch, *De intellectu et intelligibili* II 37 (2) ; ed. Mojsisch, B., *CPTMA*. II, 1; 175, 3-5: primum et principale est suum principium, a quo procedit intelligendo, in quo consistit suae essentiae acceptio.

61) Theodoricus de Vriberch, *De intellectu et intelligibili* II 37 (2) ; ed. Mojsisch, B., *CPTMA*. II, 1; 175, 10-11: universitas eintium, quam totam suo ambitu comprehendit quantum ad suam cognitionem.

62) *Liber de causis*, prop. 8, Pattin, 152: Omnis intelligentia scit quod est supra se et quod est sub se : veruntamen scit quod est sub se quoniam est causa ei, et scit quod est supra se quoniam acquirit bonitates ab eo.

63) *Liber de causis*, prop. 15, Pattin, 167: Omnis sciens qui scit essentiam suam est rediens ad essentiam suam reditione completa.

64) ディートリヒは論考『分離された存在者，とくに分離された魂の認識について』(*De cognitione entium separatorum et maxime animarum separatarum*) 第23節において，あるものがあるものにとって本質的原因であることに対して必然的である5つの条件を提示し

を基礎としている。つまり，たとえば中間者が上位のものを認識するということは，その中間者の認識の仕方ではなく，上位のものの認識の仕方に基づいて行なわれる。そして中間者のはたらきは上位のものと下位のものとを連結するいわば媒介作用として機能し，中間者と下位のものとの共通の始原に還帰することになる。

　それでは次に能動知性の認識行為それ自体に注目してみよう。能動知性が三つの対象を唯一の認識活動によって認識することは先ほど述べたが，その認識の構造はいかなるものであるのか，という問いから考えてみたい。ディートリヒは始原を対象として認識することが最も基礎的なことであると述べているが[65]，その理由は能動知性が始原を認識する認識作用が始原自身の認識規定に基づいているからである。つまり始原それ自身が自己を認識することによって，自己の本質のあり方と規定性によって他者をも認識するように，能動知性が自己の始原を認識する，その認識作用には他の二つの契機すなわち自己の本質と他者の認識の契機が含まれている[66]。ここにおいても，ディートリヒが本質的原因論を基礎構造とする新プラトン主義的コスモロジーの秩序のなかで認識論を組み立てていることが理解できる。

　以上のことから明らかになることは，能動知性が認識するのは自己自

───────

ている。すなわち①実体であること，②生ける実体（substantia vita）であること，③本質的に（essentialiter）生ける実体であること，④その本質によって生きている生命は知性的生命（vita intellectualis）であること，⑤この知性的生命は現実態における知性であること，である。ディートリヒの本質的原因論はエックハルトにも少なからず影響を与えているが，エックハルトの場合，それは本質的始原（principium essentiale）論という体裁をとっている。本質的原因論と本質的始原論との連関については第4章において詳述する。なお，本質的原因論をめぐるディートリヒとエックハルトとの関係については以下の文献も参照されたい。Mojsisch, B., „Causa essentialis" bei Dietrich von Freiberg und Meister Eckhart, *Von Meister Dietrich zu Meister Eckhart*, Beihefte zum *CPTMA* Bd. 2, S. 106-114. 拙論「エックハルトにおける causa essentialis 論の受容とその変容」水地宗明監修，新プラトン主義協会編『ネオプラトニカⅡ 新プラトン主義の原型と水脈』2000 年，昭和堂，266-292 頁。

65) Theodoricus de Vriberch, *De intellectu et intelligibili* II 38（1）; ed. Mojsisch, B., *CPTMA*. II, 1; 176, 40-41: in quo tamen principalissimum est in ratione obiecti intellegere causam suam sive principium, a quo procedit.

66) Theodoricus de Vriberch, *De intellectu et intelligibili* II 38（1）; ed. Mojsisch, B., *CPTMA*. II, 1; 176, 41-44: quia includit alia duo, quae intelliguntur in ipso principio secundum modum principii, sicut etiam ipsum principium intelligendo se intelligit etiam alia secundum modum et rationem suae essentiae.

身であって自己以外のものは認識しないということである。というのは，能動知性は自己の本質と自己に内在している始原あるいは原因のみを認識するからであり，また認識する他のすべてのものを自己の本質に固有のあり方にしたがって，自己の本質によってのみ認識し，あるいは能動知性は他のすべてを始原のあり方にしたがってその始原においても認識するからである[67]。したがって，能動知性における認識とは自己の始原それ自体への還帰にほかならない。

2.2.3 純粋可能態としての可能知性　さてここからは，ディートリヒの可能知性の解釈をみていくことにしよう。先述したように，能動知性は「精神の秘所」そして「神の像」と同一視され，そして魂の実体の始原として捉えられている。つまり能動知性は自己の本質によって常に現実態として存在している実体であることを意味する。しかし能動知性に関するこのような性格を可能知性に適用させることはもちろんできない。ディートリヒはその理由として，可能知性が純粋に可能態における存在者であり，認識する前は存在するいかなるものでもないからだと述べている[68]。これに続いてディートリヒは，可能知性の有するあるいは有しうる存在が他者を経由してもたらされていること[69]，すなわちその存在が他者によってもたらされているもの，それが可能知性であると解釈している。

　可能知性が純粋なる可能性であるということは，認識する以前は存在するものに属するのではなく，いわば純粋なる無であることを意味している。したがって，可能知性が現実態として存在することは，自己自身

---

[67] Theodoricus de Vriberch, *De intellectu et intelligibili* II 40（3）; ed. Mojsisch, B., *CPTMA.* II, 1; 177, 72-77: intellectus agens et omnis intellectus, qui est intellectus in actu per essentiam, nihil intelligit extra se, quia non intelligit nisi essentiam suam et suum principium sive causam suam, quae est intima sibi, et quidquid aliud intelligit, non intelligit nisi per essentiam suam secundum modum proprium suae essentiae, vel etiam intelligit illud in suo principio secundum modum ipsius principii.

[68] Theodoricus de Vriberch, *Tractatus de visione beatifica* 1.1.1, （4）; ed. Mojsisch, B., *CPTMA.* II, 1; 16, 29-30: cum sit ens pure in potentia et nihil eorum, quae sunt, antequam intelligat.

[69] Theodoricus de Vriberch, *Tractatus de visione beatifica* 1.1.1, （4）; ed. Mojsisch, B., *CPTMA.* II, 1; 16, 32-33: ipse potius est res delata super aliud, per quod sustentatur in esse, quod habet vel habere potest.

によってでは不可能であって，他者によって存在が付与されなければならない。つまり，可能知性においては，いわば実体形相のようなものに形相づけられることによって存在が付与され，現実的に認識することが可能になる。可能知性に対するこうした解釈はアリストテレスの『デ・アニマ』に端を発し，中世ラテン世界においても有効に機能していた。しかしここで問題とすべきは，可能知性にその存在を付与する他者とは何ものであるか，ということである。たとえば，トマスにおいてはその他者は可知的スペキエス（species intelligibilis）である。トマスによれば，人間知性における認識作用の起源は感覚作用にある。その感覚作用は自然的事物の可感的スペキエス（species sensibilis）の実現によって成立し，それが知性認識へといたるプロセスのなかで可感的事物の表象像（phantasma）からその質料性（materialitas）が捨象される段階において可知的スペキエスが実現する[70]。この可知的スペキエスは，可能知性がそれによって事物を認識する形相であり[71]，その実現をもって認識がそれ自体として成立するいわば認識原理なのである[72]。

　それに対してディートリヒは，上述のように，可能知性に存在を付与する他者は能動知性であるとみている。可能知性にとって能動知性は原因の位置にあるが，両知性における関係性は形相－質料関係として描写できる。「すべてのものになる」という可能知性の定義によれば，可能知性はその可能態においてすべてのものを認識していると解される。このことから，能動的始原が基体としての質料に関係するように，能動知性は可能知性をすべてのものを認識するものにさせるというはたらきをもって可能知性に関係しているということができる[73]。それでは能動知

　　70）　トマスは，知性を現実態にするためには，表象像からその質料性を抽象し，可知的スペキエスを取り出す力を知性の側に求めなければならないとし，能動知性措定の必要性を説いている。

　『神学大全』第1部第79問題第3項主文を参照。

　　71）　Thomas de Aquino, *Summa Theologiae I* qu. 85 art. 2 co.; *Sancti Thomae Aquinatis Opera Omnia*, ed. Leo. Tomus V, Roma, 1889, 334: species intelligibilis se habet ad intellectum ut quo intelligit intellectus.

　　72）　Thomas de Aquino, *Summa Theologiae I* qu. 85 art. 2 co., ed. Leo., Tomus V, 334: similitude rei intellectae, quae est species intellegibilis, est forma secundum quam intellectus intelligit.

　　73）　Theodoricus de Vriberch, *Tractatus de visione beatifica* 2.1. (2), ed. Mojsisch, B., *CPTMA*. II, 1; 63, 6-10: Intellectus enim agens se habet ad possibilem sicut principium activum ad

性が可能知性の原因であることはいかなる意味をもっているのか，以下で考えてみよう。

2.2.3.1 可能知性の本質的原因としての能動知性

能動知性が可能知性を原因づけるといっても，それは道具的あるいは付帯的に原因づけるわけではない。能動知性が道具として原因づけるということは，能動知性が他者によって動かされることを意味する。つまり能動知性が道具として他者によって認識されるものをわれわれ人間のうちに作るということである。これは，能動知性が自己自身のうちに他の認識を受け入れることによって道具として動かされることを意味する。ということは，その運動プロセスは，能動知性が自己自身のうちにある他者による認識を実現するプロセスであり，それはすなわち可能態から現実態への転化を意味することにほかならない。しかしこれは，自己の本質によって存在しているという能動知性の定義からしてありえないことである。したがって，能動知性は認識されるものの本質的原因であることが帰結される。

本質的原因の固有性と本性は，自らが原因づけたものを自己のうちにあらかじめ有し，さらに能動的なものは受動的なものよりも高貴であり，始原は質料よりも高貴であるというアリストテレスの見解[74]に基づいて言えば，卓越した仕方で有しているということにある。したがって，可能知性によって認識されるものは，それが可能知性それ自体のうちにある状態よりも先行しかつ卓越した仕方で能動知性のうちに実在していることが導かれる[75]。そもそも能動知性は存在者総体の範型なのだから，その能動知性が可能知性にとっては自己の存在を形成する形相として機能することは，可能知性が現実態として実際に認識作用を行なうことを意味することになる。そこで，ディートリヒの知性論においては可知的スペキエスをいかに捉えているのか，という問題が生じてくる。というのも，ディートリヒは可能知性の認識行為において可知的スペキ

---

subiectam materiam, inquantum intellectus possibilis consideratur ut ens potentia omnia intellecta, in quo est possible omnia fieri. Intellectus autem agens potens est omnia facere intellecta.

74) アリストテレス，『デ・アニマ』第3巻第5章 430a19。

75) Theodoricus de Vriberch, *Tractatus de visione beatifica* 1.1.2.1. (4), ed. Mojsisch, B., *CPTMA*. II, 1; 23, 35-36: Igitur multo magis in intellectu agente quam in intellectu possibili.

エスは不可欠であることは否定していないからである。しかし先ほども触れたように，トマスの場合とは異なり，ディートリヒは可知的スペキエスの起源が可感的事物にあることは認めない。なぜなら，もしそうであるならば，能動知性がそれ自体として可能知性の本質的原因であることは不可能になってしまうからである。そこで以下，ディートリヒにおける感覚作用と知性による認識作用との相違に言及してみよう。

2.2.3.2 感覚作用と知性認識との相違性，そしてそこから導かれる知性認識の本質

ディートリヒは，感覚とはなんらかの作用を受けることであるというアリストテレスの見解[76]に基づいて，感覚作用の原因としての機能が対象の側にあるとしたうえで，感覚能力がその固有の対象に対して有する秩序と知性がその固有の対象に対して有する秩序とに類似性はないと解している[77]。感覚による把捉能力は対象の規定を有するものによって動かされるものであり，そしてその対象が有する自然的な動きが媒介的に感覚器官へと達して表象へといたる。身体的器官である感覚器官は最も外側にあるものであり，そのことによって感覚と表象の形相はより形相的でより内的な始原に求められる。ディートリヒはその形相を「生命的始原」（vitale principium）と呼んでいる。すなわち，この始原によって感覚と表象は現実態となる。こうした現実態へのプロセスは，運動と感覚にいわば道具としての役割を演じるために神経（nervus）へと降下し，生命的始原を出発点とする精神の媒介のもとに生じる[78]。つまり感覚作用の場合，その形相を形成する能力および形成された形相それ自体も身体的能力である点を考慮すれば，その形相は可感的なものに由来するある種の運動の結果として感覚器官のなかに生じるのであるから，この可感的なものは原因としての規定を有しているとディートリヒは結論づけ

---

76) アリストテレス『デ・アニマ』第2巻第11章 424a1。

77) Theodoricus de Vriberch, *Tractatus de origine rerum praedicamentalium* 5（23）; ed. Sturlese, L., *CPTMA*. II, 3; 186, 174-175: Sed dicendum, quod non est similes ordo huiusmodi virtutum et intellectus ad sua obiecta.

78) Theodoricus de Vriberch, *Tractatus de origine rerum praedicamentalium* 5（24）; ed. Sturlese, L., *CPTMA*. II, 3; 186, 179-183: Quo fit, ut huiusmodi organa sint in ultima dispositione, ut in eis fiat forma sensus in actu et phantasiae ab aliquo formaliore intrinseco vitali principio mediante spiritu decurrente in nervis, qui ab huiusmodi pirncipio oritur, ut sit instrumentum motus et sensus.

る[79]。

　対象としての可感的なものと感覚との関係と知性とその認識対象との関係との間には，先ほども指摘されたように，いかなる類似性も見出されないのであれば，後者の関係における秩序を浮き彫りにすることによって，ディートリヒ知性論における独自性を明らかにすることができる。知性認識の場合，感覚の場合とは異なる把捉の類的規定に基づいているのであるが，すなわちその規定根拠は，対象によって動かされるのではなく，端的な形相であるということに存している。そしてその形相は，対象に固有な始原が対象それ自体として規定されるかぎりにおいて認識原理である。すなわち対象はその始原から自己に固有な規定性にしたがってまさに《対象》として構成され，そのことによって対象は認識可能なものとなる[80]。このように対象を構成することが同時にその対象を認識することを意味する。ディートリヒによれば，このように把捉する力が知性であって，すなわち知性はその対象に関して原因としての機能的規定性を有しているのである[81]。

　以上によって明らかになったように，対象は知性認識の原因ではない。ディートリヒはこのことの理由を二つあげている。第一に知性は物体ではなく，したがって身体能力ではない以上，対象の動きによって到達されるものではないからである。第二に対象は認識作用のなかで対象としての固有な規定をもち始めるからである。ところでディートリヒは，《何であるか》(quid est) を知ることが知性の知であるというアリ

---

　　79) Theodoricus de Vriberch, *Tractatus de origine rerum praedicamentalium* 5（25）: ed. Sturlese, L., *CPTMA*. II, 3; 187, 194-198: Si autem alio modo se habet, ut dictum est, tunc, quia tam virtutes efficientes has formas quam ipsae formae effectae sunt virtutes in corpore et organicae nec, fiunt in organis nisi secundum modum motionis factae a sensibilibus in eodem organo, secundum hoc ipsa sensibilia habent rationem causae respctu earum.

　　80) Theodoricus de Vriberch, *Tractatus de origine rerum praedicamentalium* 5（26）: ed. Sturlese, L., *CPTMA*. II, 3; 187, 209-213: Est autem et aliud genus apprehensionis, cuius ratio non consistit in moveri ab aliquo obiecto, sed in essendo aliquam formam simplicem, quae sit cognitionis principium in eo, quod determinantur propria principia ipsi obiecto, ex quibus constituatur secundum propriam rationem obiecti et quo cognoscibile sit.

　　81) Theodoricus de Vriberch, *Tractatus de origine rerum praedicamentalium* 5（26）: ed. Sturlese, L., *CPTMA*. II, 3; 187, 213-214: Et haec virtus apprehensiva est intellectus, qui secundum hunc modum habet modum et rationem causae respectu sui obiecti.

ストテレスの見解[82]に依拠して，事物がそれによってそれ自体として存在するところのもの，すなわち事物の何性（quiditas）が可能知性の第一の対象であると述べている[83]。知性が対象としてこの何性を把握するのは，知性がただ自己に固有な始原を識別し規定することによってのみ可能になり，ディートリヒによれば，このことだけが《知性認識する》（intelligere），すなわち《事物のこのような始原の規定にしたがって事物を把握する》ということを意味している[84]。

　このことによってディートリヒが指摘するのは，実体の観念（intentio substantiae）をあらゆるものから取り除き露わにする思考力（vis cogitativa）と認識能力（vis intellectiva）を区別することである。つまりディートリヒによれば，実体の観念は実体のもとにあってもいかなる付帯的装飾から露わなのであり，能動知性によってその形相が可能知性のうちで形成されるという態勢に存している。事物にはその形相によって事物に固有な始原が規定されるが，そのことによって形相は何性の規定性を有し，事物自体は何性としての存在（esse quiditativum）を有するのである。そしてこのことが認識能力における対象の本来的規定にほかならない[85]。

　ここから明らかになることは，事物とその内的始原との関係そして知性と認識の始原との関係という両関係の間に比例性が存していることである。そして知性は事物の内的始原を何性として規定することによって，その始原から事物それ自体を構成する。このことが，知性が事物の作出的原因であることを意味し，そして知性の本来のはたらきにほかならない。つまり知性による認識とは，事物をその内面へと見極めていく

82）　アリストテレス『デ・アニマ』第3巻第6章 430b27-29。

83）　Theodoricus de Vriberch, *De intellectu et intelligibili* III 16（2）；ed. Mojsisch, B., *CPTMA*. II, 1; 189, 29-32: obiectum intellectus possibilis secundum Philosophum est quiditas, et hoc primo et maxime per se. Est autem quiditas id, quo res est secundum actum formalem id, quod est.

84）　Theodoricus de Vriberch, *Tractatus de origine rerum praedicamentalium* 5（26）；ed. Sturlese, L., *CPTMA*. II, 3; 187, 224-226: Hoc enim solum est intelligere, scilicet apprehendere rem secundum talium principiorum eius determinationem.

85）　Theodoricus de Vriberch, *Tractatus de origine rerum praedicamentalium* 5（26）；ed. Sturlese, L., *CPTMA*. II, 3; 188, 231-233: Et ex hoc iam habet forma rationem quiditatis et ipsa res esse quiditativum. Et haec est propria ratio obiecti virtutis intellectivae.

ことである[86]。

2.3 神の直観

ディートリヒの知性論は，モイジッシュも指摘しているように，彼の思弁神学の基礎を形作っている[87]。われわれが神学に求める第一義的なものは，神の直観（visio Dei）である。そこで，ディートリヒ知性論において神の直観はいかに可能なのか，そしてそれはいかなる意義をもっているのか，という問題を考えてみたい。

先述したように，ディートリヒの知性論においては，能動知性は「神の像」として神自身からわれわれ人間に植えつけられたものである。つまり能動知性は神自身である第一の始原から，本質的原因の固有な序列にしたがって降下し，人間の魂の実体を原因づけている。そして能動知性は本質的原因として可能知性の始原なのであるから，ここに本質的序列にしたがって能動知性が媒介となって第一始原の光が可能知性のうちに流れ込むという図式が考えられてくる。ここで言われる本質的秩序とは，より上位あるいはより先行している原因の力が第二あるいはそれ以降の原因が原因づけたものにより多くの影響を与えることが可能になる秩序を意味している[88]。ということはここに，可能知性に第一始原の光が直接流入することによって，可能知性が神を直観することの可能性が開かれてくる。

さてここで注目されるべきことは，第一始原の光が可能知性の外からではなく，その内奥から流入してくるということである。先述のように，トマスは人間が神を見るためには，見る能力の側からなんらかの神の類似性が要求されなくてはならないとし，人間知性を強化する神からの「栄光の光」が必要とされなければならないと主張した[89]。しかしこ

---

86) Theodoricus de Vriberch, *De intellectu et intelligibili* III 17 (1); ed. Mojsisch, B., *CPTMA*. II, 1; 190, 9: intelligere est rem aliquam intus legere.

87) Mojisch, B., *Die Theorie des Intellekts bei Dietrich von Freiberg, Opera omnia; Dietrich von Freiberg*; Beiheft 1, Hamburg, 1977, S. 83.

88) ディートリヒはこの秩序を考えるさいに『原因論』第一命題をヒントにしている。*Liber de causis*, prop. 1, Pattin, 134: Omnis causa primaria plus est influens super causatum suum quam causa universalis secunda.

89) Thomas de Aquino, *Summa Theologiae* I qu. 12 art. 2 co., ed. Leo., Tomus IV, 117: ad videndum Dei essentiam requiritur aliqua similitudo ex parte visivae potentiae, scilicet lumen

の「栄光の光」は，ディートリヒの知性論の場合とは違って，能動知性を媒介として神である第一始原から照らし出される光ではない。そして両者のこの違いは能動知性の解釈の違いに存している[90]。すなわちトマスにとっては，能動知性はあくまでも魂に属するあるものである[91]。さらに能動知性は，感覚に起源を有する表象像の質料性を捨象する，常に現実態として存在している知性として措定されたものである[92]。しかも

---

gloriae, confortans intellectum ad videndum Deum.

90) トマスに対するディートリヒの批判は実はこれだけにはとどまらない。ディートリヒは論考『付帯性について』(De accidentibus) のなかでトマスの聖体 (eucharistia) 論を徹底的に批判している。すなわちディートリヒは聖餐の秘蹟においてパンとワインの実体がキリストの身体と血に変化するさいに，付帯性だけがパンとワインには残っているという全実体変化 (transsubstantiatio) は，哲学的には，厳密に言えばアリストテレス的にはありえないと指摘している。なぜなら，付帯的なるものは基体なしに存在できないことはアリストテレスにおいては当然のことだからである。したがって，トマスおよびトミストの付帯的なるものは《他者において》(in alio: Thomas de Aquino, De unione verbi, art. 2 co.: Est autem substantiae proprium ut per se et in se subsistat; accidentis autem est in alio esse.) 存在するというあいまいな表現を使用せずに，《他者によって》(per aliud) 存在していることを強調する。ディートリヒはこの点においてトマスおよびトミストを「ありきたりのことしか言わない連中」(communiter loquentes) という蔑称で呼んでいる。

さらに，トマスの聖体論に対するディートリヒの批判は別の側面をもっている。トマスは『神学大全』第3部第77問題第1項主文において，聖体の秘蹟の場合は付帯性が基体なしに存続することが可能であり，それは「神の力によって生起しうる」(Quod quidem virtute divina fieri potest) と述べている。しかしトマスのこうした態度に対してディートリヒは，先にあげた論考のなかで「学的研究の枠内における不適切な進め方の観点からの欠陥」(『付帯性について』第23章22節) と見なしている。つまり，自分たちが仮定したものを効果的に論証するために，奇跡に依存することは学的研究においては不適切であるということである。ディートリヒのこうした態度は，前節で述べたように，両者の共通の師であるアルベルトゥス・マグヌス (Albertus Magnus, ca. 1200-1280) が表明した哲学と神学との原理的不一致に基づく，いわば相互不可侵的関係をディートリヒが先鋭的に継承していることを物語っている。あくまでも人間における自然理性に基礎を置く哲学はたしかに啓示と霊感に基づく神学の領域に踏み込む能力も資格もないが，しかしだからといって，哲学の世界に超自然的な力の助けを借りて自然世界の固有性を否定することは神学にはできないはずである，とディートリヒは考えている。なお，以上の問題に関しては以下の拙論を参照されたい。拙論「聖体に関して哲学することは可能か——中世における聖体論をめぐる哲学と神学の論争」，『東洋哲学研究所紀要』第20号，2004年，95-123頁。

91) Thomas de Aquino, Summa Theologiae I qu. 79 art. 4 co.; Ed. Leo., Tomus V, 264: Respondeo dicendum quod intellectus agens de quo philosophus loquitur, est aliquid animae.

92) Thomas de Aquno, Summa Theologiae I, qu.79 art.3, co.; Ed. Leo., Tomus V, 264: Oportebat igitur ponere aliquam virtutem ex parte intellectus, quae faceret intelligibilia in actu, per abstractionem specierum a conditionibus materialibus. Et haec est necessitas ponendi intellectum agentem.

認識されるものは認識する者のあり方にしたがって認識する者のうちにあるという認識原理[93]にしたがえば，可能知性は自己を超えて自己の存在を原因づける始原と一体になることは不可能である。

　しかしディートリヒの場合，能動知性がわれわれのうちにおいて認識されるものの最高の規定根拠であるかぎり，能動知性は形相として可能知性と一体になる。しかもそれだけではなく，神が，われわれが認識するすべてのものをわれわれがそれにおいて認識する，認識されるものの最高の規定根拠であるかぎり，われわれの可能知性は神と一体になる[94]。つまり可能知性が神を直観できるのは，神と一体になるということを意味するわけであるが，しかしここでわれわれは問わなければならない。可能知性の対象はあくまでも何性すなわち《何であるか》なのであるから，神を見るといっても，やはりそこには神の《何であるか》が実現されなければならないのではないか。この問いについてディートリヒの答えは肯定的である。では，それはいかに実現するのか。しかしたとえばある事物の《何であるか》を可能知性が認識する場合，《何であるか》を規定するのはその事物でも可能知性でもない。

　ディートリヒの場合，それはトマスの場合とは異なり能動知性である。しかし神の《何であるか》を規定するのは，能動知性の始原が神なのであるから，能動知性ではない。ということは，神の《何であるか》を規定するのは神自身であり，すなわち神がその規定それ自体であり，さらには，神がその《何であるか》によって認識される規定を神自身によって生じさせることが必然的でなければならない[95]。ここには先ほど言及した本質的秩序が機能している。すなわち，神の《何であるか》の規定は，可能知性に神自身をその《何であるか》において認識させる形

---

93) Thomas de Aquino, *Summa Theologiae I* qu. 12 art. 4 co.; Ed. Leo., Tomus IV, 120: Cognitum autem est in cognoscente secundum modum cognoscentis.

94) Theodoricus de Vriberch, *Tractatus de visione beatifica* 4.2.1.（10）; ed. Mojsisch, B., *CPTMA*. II, 1; 108, 104-107: Et sic non solum intellectus agens unitur nobis ut forma, inquantum ipse est ratio intellectorum in nobis, ⋯ verum etiam ipse Deus, inquantum ispe est ratio summa intellectorum in nobis, in qua intelligimus, quidquid intelligimus.

95) Theodoricus de Vriberch, *Tractatus de visione beatifica* 4.3.2.1.（13）; ed. Mojsisch, B., *CPTMA*. II, 1; 118, 87-119, 90: necessarium est in intellectione, qua intelligitur Deus in eo, quod quid est, Deum esse ipsam rationem, in qua intelligitur, et se ipso se facere rationem, qua intelligitur in eo, quod quid est .

相的機能を有する認識の始原として可能知性へ直接流入してくる[96]。

したがって,この規定の流入は能動知性の能力に属するものではない。しかしそうであるならば,その流入のプロセスにおいて能動知性はいかなる位置にあるのか。神である第一始原を《何であるか》として可能知性が認識する仕方と能動知性が第一始原を認識する仕方との間には中間的なものが入り込む余地はない。このことに関して能動知性が可能知性の形相であることを考慮して考えてみよう。つまり,中間的なものが介在しないという直接性,すなわちより高い形相の形相性が原因としてより下位の形相へと規定されるという,原因として機能する形相における直接性[97]に基づけば,能動知性は可能知性の媒介のもとで可能知性の形相としてわれわれと一体となる。換言すれば,能動知性は,可能知性が神をその《何であるか》において認識する認識の類にしたがった最高位と究極の境界にしたがって現実態となった可能知性と一体となるのである[98]。

可能知性が神をその《何であるか》において認識するように,神が可能知性を原因づけること,すなわち可能知性を介してわれわれが神を直観すること,これはディートリヒによれば神の自己譲渡(communicatio)

---

96) Theodoricus de Vriberch, *Tractatus de visione beatifica* 4:3.2.1.(12); ed. Mojsisch, B., *CPTMA*. II, 1; 118, 82-83: Fluit enim a Deo immediate in intellectum tamquam formale principium intelligendi, in quo ipse Deus intelligatur in eo, quod quid est.

97) この場合の直接性とは,第一始原(神)が形相としてその《何であるか》を認識させるために可能知性を形相的に形成することと能動知性が第一始原を認識するために形相的に原因づけられることの間には中間的なものはないという意味での直接性であると考えられる。

98) Theodoricus de Vriberch, *Tractatus de visione beatifica* 4.3.2.1.(15); ed. Mojsisch, B., *CPTMA*. II, 1; 119, 94-100: Ratione igitur talis immediationis in ordine formarum causalium, quo formalitas superioris formae determinatur in inferiorem causaliter, necessarium est intellectum separatum, qui est intellectus agens, uniri nobis mediante intellectu possibili et ipsi intellectui possibili tamquam formam eius, intellectui, inquam, possibili facto in actu secundum supremum gradum et ultimum limitem secundum genus huius intellectionis, quo intelligit Deum in eo, quod quid est.
なお,ここで言われている最高位(supremus gradus)と究極の境界(ultimus limes)とは,いうまでもなく,本質的序列の最高位にして究極のものすなわち第一始原である神を表示している。つまり可能知性が第一始原から直接に形相的に原因づけられることを意味している。また,ここで言われている「形相的に」とは,形相が原因づけるのは,いわば質料のうちに留まる仕方であるという意味である。

の仕方の一つである[99]。しかしここで生起してくる問いは、神をその本質において直観するという、いわゆる至福直観（visio beatifica）はこの生において可能なのか、という信仰者にとっては根本的問題である。たしかに神である第一始原は単一にして純粋で完全なのであるから、そのうちでは始原とその始原の《何であるか》を表示する形相的根拠は、神の本質と区別されることはない。しかしだからといって、その性質がそのままのかたちで認識の仕方に反映されるわけではない。ディートリヒは、認識の仕方においては、本質であるかぎりの本質と《何であるか》を表示する何性との間には区別があることを認めている[100]。ということは、人間知性はこの生においては事物の何性を認識することが固有な仕方なのであるから、われわれが神と一体になるといっても、それは神の活動が本質であるかぎりにおいて、形相として一体になるのではなく、神の活動が本質と区別されるかぎりにおいて、一体になるということである。つまり、この生における神との一体とは、神の活動は現実に認識されたものあるいは可知的スペキエスであるから、それらを通しての一体であることを意味する[101]。つまりこの世界においては、人間知性は神の本質を見ることはできない。

　この生における神の本質直観が不可能であることは、同時に《あの世》における至福的生の存在を示唆している。さらには、ディートリヒの思弁神学はここに「哲学者たちの神学」（scientia divina philosophorum）と「われわれの聖者たちの神学」（nostra divina sanctorum scientia）に分離することになる。前者の神学は自然の摂理の秩序にしたがった普遍的存在を考察することであり、自然の秩序を超え

---

99) Theodoricus de Vriberch, *Tractatus de visione beatifica* 4.3.2.2.（2）; ed. Mojsisch, B., *CPTMA*. II, 1; 119, 106-107: Et est iste modus unus de numero eorum, quibus se Deus secundum communem legem et permanentem statum communicat.

100) Theodoricus de Vriberch, *Tractatus de visione beatifica* 4.3.2.1.（10）; ed. Mojsisch, B., *CPTMA*. II, 1; 118, 63-65: secundum modum tamen intelligendi distinguuntur essentia inquantum essentia et quiditas seu ratio indicans quod quid est.

101) Theodoricus de Vriberch, *Tractatus de visione beatifica* 4.3.3.（14）; ed. Mojsisch, B., *CPTMA*. II, 1; 122, 80-84: Ipsis enim talibus, qui ab illa beata vita alieni sunt, nobis quoque, qui degimus in hac vita, non unitur ut forma, secundum quod actio eius est essentia eius, ut dicit Commentator *Super III De anima*, sed solum unitur nobis per intellecta in actu seu species intelligibiles, quae sunt actio eius, secundum quod actio eius differt ab essentia eius.

て究極な目的に向かうことはない。それに対して後者の神学は，神の意志による摂理に秩序づけられている存在に向けられ，善にして聖なる生あるいは永遠の至福を獲得すること，そしてこの世界が終わった後の善悪に関わっている[102]。

おわりに

これまで考察してきたことを 6 項目にわたって整理してみよう。

① 神的存在が神学の主題である。それはすべての存在者の発出の始原である。
② 知性はすべての存在者の類似であり，範型である。
③ 能動知性は魂の実体を原因づける始原である。
④ 能動知性は本質的原因として可能知性を現実化させる。
⑤ 神の《何であるか》が認識の始原として可能知性を形相づけることによって，神の直観が可能になる。
⑥ しかし神の直観はこの生においては不可能である。

本論全体の論旨を明確にするために，これらの項目の各々についてエックハルト神学との連関のもとに検討してみたい。
①に関しては，エックハルト神学の形成においては決定的な契機となる。しかしエックハルトはディートリヒが提示した神的存在をそのまま受容したわけではない。エックハルトは哲学的分析を通して，神的存在に対して四つの超範疇的概念すなわち存在・一・真・善を神の固有性と

---

[102] Theodoricus de Vriberch, *De subiecto theologiae* 3 (9) : ed. Sturlese, L., *CPTMA*. II, 3; 281, 100-282, 119: Scientia enim divina philosophorum considerat unversitatem entium secundum ordinem providentiae naturalis, quo videlicet res stant in sui natura et secundum suos modos et proprietates naturales gubernantur per principem universitatis, nec ultra hunc naturae ordinem aliquem ulteriorem finem attendit. Nostra autem divina sanctorum scientia attenditur in entibus, secundum quod stant et disponuntur sub ordine voluntariae providentiae, in quo attenditur ratio meriti et praemii et ea, quae attenduntur circa bonam et sanctam vitam et adeptionem aeternae beatitudinis et perventionem ad finem ulteriorem sive in bono sive in malo etiam post terminum huius mundi, quando scientia divina sapientium huius mundi destruetur, I *Cor.*, 13.

して適用させる。

　②に関しては，ディートリヒがアルベルトゥスから継承した態度，すなわち存在に対する知性の優位性の立場を発展させたことを物語っている。エックハルトもこの立場に与し，『パリ討論集』第一問題では命題「神は知性認識なり」を提出し，独自の知性論を展開する。

　③に関しては，エックハルトの魂論形成の重要な契機となる。しかしディートリヒ哲学における能動知性は被造的であるのに対し，エックハルトが語る「魂の火花」あるいは魂のうちにある「あるもの」は非被造的である。この相違はエックハルトがディートリヒから，たもとを分かつ決定的契機となる。

　④に関しては，エックハルトはディートリヒから本質的原因論を批判的に継承し，本質的始原論を展開する契機となる。しかし，ディートリヒのように知性論的展開をエックハルトは行なっていない。可能知性を現実態とするのは対象のスペキエスであるとエックハルトは主張するが，これはトマスの見解に近い。

　⑤は③と④と密接な連関をもっている。ディートリヒにおける神の《何であるか》は，エックハルトにおいては，「神のスペキエス」と呼ばれる。これはドイツ語説教に頻繁に見られる「魂における神の子の誕生」の基本的モティーフである。この誕生がエックハルト神学においては神の直観を意味する。そしてその誕生を可能にするのは，魂の根底が非被造的であることに根拠がある。

　⑥に関しては，エックハルトは反対の立場をとっている。というのは，第2章で詳述するように，生と死との基準を身体的な生死であるとはエックハルトは見ていないからである。

　以上のことから理解できるように，エックハルト独自の思想の形成プロセスを考慮するとき，ディートリヒの思想は重要な契機をなしている。しかしエックハルトはディートリヒの思想をそのまま受容しているわけではなく，ディートリヒが批判するトマスの見解も見直しながら，独自の立場を築いていくのである。

第2章

エックハルト神学の基本的性格

はじめに

　ディートリヒが神学の主題を神的存在であると解したことは，エックハルトにおける神学解釈にとって重要な契機となったことは確実である。しかもディートリヒがその独自の能動知性論を展開し，至福直観が知性の構造的観点から可能になったこと，すなわち至福直観を哲学的に根拠づけたことは，エックハルト神学の形成にとって不可欠の要素となった。

　ディートリヒとエックハルトとの以上のような思想連関を踏まえたうえで，本章においてエックハルト神学の見取り図を作成してみたい。しかしここで忘れてならないことは，人間の救済の学としての神学の性格である。トマスはこの点から神学の必要性を主張し，アルベルトゥスは神学が哲学とは原理的に一致しないことを結論づけたわけである。ディートリヒも，「われわれの聖者たちの神学」を提示し，彼岸的生の至福を示唆している。

　神学が人間救済の学であることは，エックハルト神学の基本構造になっていることは言うまでもない。以下においてこのことを詳細に論じるが，論旨を明確にするために，ここで二つの観点をあらかじめ提示しておきたい。

　一つは，神的存在の構造が人間救済のための原理として理解されていること，もう一つは，エックハルト神学の学としての成立根拠が，子

が父を見るという「見」に存していることである。ここで言われる神的存在とは言うまでもなくディートリヒの影響を反映した概念であるが，エックハルトは《存在》・《一》・《真》・《善》という超範疇的概念をもって神学の主題である神的存在を哲学的に分析し，しかも《一性》・《同一性》・《不等性》という数学的概念を用いて人間救済の根拠が神的存在であることを明らかにしている。さらには，《一性》・《同一性》・《不等性》が神的存在における内在的機能である子の出生と受肉の説明原理となり，子の受肉を媒介としてこの生における神の直観が可能となる道が開かれてくる。

1 生と死の判断基準

ディートリヒによって示されたこの世とあの世との分離は，モイジッシュも指摘しているように[1]，エックハルトにはただ訝しく思わせるだけである。というのもエックハルトにとって，この世とあの世との分離の根拠は身体的な生死にあるのではなく，キリストの生と死にあるからである。たとえばドイツ語説教29では次のように語られている。

> 「なぜ神は人になったのか。それは私が同じ神として生まれるためである。神が死んだのは，私が全世界とすべての被造物に死ぬためである。」[2]

ここでは生とは，本来において，われわれ人間が神として生まれること，エックハルトの表現で言えば，魂の内奥における神の子の誕生を意味する。そして死とは，被造的世界からの脱却を意味する。というのは，被造物において「生きる」はアナロギア的意味で語られるのであっ

---

1) Mojsisch, B., *Meister Eckhart - Analogie, Univozität und Einheit*, Hamburg 1983, S. 18.
2) *Pr*. 29; DW II, 84, 1-3: War umbe ist got mensche worden? Dar umbe, daz ich got geborn würde der selbe. Dar umbe ist got gestorben, daz ich sterbe aller der werlt und allen geschaffenen dingen.

1 生と死の判断基準　　　　　　　　　49

て[3]，本来は神にのみに帰せられる述語であるが，しかしその一方で死の原因は神にあるわけではないからである。

　以上述べたことを，通常考えられている死の観念に対するエックハルトの解釈をみることによって明らかにしてみよう。

　旧約続編『知恵の書』第1章13節「神が死を造られたわけではなく，命あるものの滅びを喜ばれるわけでもない」を註解するさいにエックハルトは，神のみが存在それ自体の直接の原因であることに基づいて，神が死を生じさせることは不可能であると述べている[4]。したがって，神が存在の原因であって，死の原因でないのであれば，死とは存在することはなく存在者でもなく，むしろ無であることが明らかにされる[5]。死が存在しないのであれば，死ははたらきではない。そうであるならば，死はなされることはない。つまり，死をなすということは死をなさないことと同義となる。これが聖句「神が死を造られたわけではない」と言われる根拠であるとエックハルトは解釈している[6]。

　さらにエックハルトは，『神の国』(De civitate dei) 第13巻第11章において「死んだ」を表示するラテン語 »mortuus est« が完了形ではなく形容詞として文法的に使用されていることに関するアウグスティヌスの記述に基づいて，現在の生が死であると同時に生であると述べている[7]。つまりアウグスティヌスが「死の前」(ante mortem)・「死のなか」

---

3) 被造的存在者における生がアナロギア的に語られなければならない根拠についてエックハルトは『集会の書に関する説教と講義』に次のように述べている。「すべての被造的存在者は存在，生，思惟を被造的存在者としての自己自身のうちにではなく，神からそして神のうちに積極的にしかも根源的にもっている」(In Eccli. n. 53; LW II, 282, 3-5: omne ens creatum habet a deo et in deo, non in se ipso ente creato, esse, vivere, sapere positive et radicaliter)。

4) In Sap. n. 16; LW II, 336, 9-337, 1: specialiter de deo est impossibile quod sit causa mali et mortem fecerit sive quamlibet privationem, eo quod ipse sit et ipse solus sit causa propria et immediata ipsius esse.

5) In Sap. n.16; LW II, 337, 9-10: notandum quod mors non est nec est ens, sed privatio esse alicuis, et ut sic nihil est.

6) In Sap. n. 17; LW II, 338, 3-5: Sic ergo deus mortem non fecit, ut hic dicitur, tum quia mors non est, tum quia non est ens, tum etiam quia non est facta, tum etiam quia ipsam facere est ipsam non facere.

7) In Gen. II n. 107; LW I, 573, 13-574, 7: Et infra eodem capitulo 11 ait: »unde non importune« »arbitror accidesse«, »ut hoc verbum moritur in Latina lingua nec grammatici declinare potuerunt ea regula, qua talia cetera declinantur. Nam ab eo quod est oritur fit verbum praetiriti temporis ortus est«. »Ab eo vero quod est moritur, si quaeramus praeteriti temporis verbum,

(in morte)・「死の後」(post mortem) という三つの表現をそれぞれ「生きている」(vivens)・「死につつある」(moriens)・「死んだ」(mortuus) という三つの時制表現に対応させ，死のなかにあるのは死につつあるときであり，しかしそのときを厳密に定義することが困難であると述べていることに依拠しながら，エックハルトは死が本来において存在しないことを検証している。

ところでアウグスティヌスは，ラテン語の「死ぬ」(moritur) という動詞を文法家が他の同形の動詞と同じ規則にしたがって変化させることができなかった原因が人間の意図にあるのではなく，神の裁定にあると述べているが[8]，エックハルトも『知恵の書』第16章13節「あなたは生死をつかさどる権能をもち」に関して次のように義解している。

> 「『生きることは生きているものにとっては存在である』。死は生の欠如であり非存在である。ところでこのことに関して，すなわち存在と非存在に関して，神がその権能を有しているのであって，それはただ神のみである。」[9]

生と死をつかさどることができるのはただ神のみであるということは，人間をはじめとする被造物の生と死が本来的なものではなく，したがって身体的な死をもってすなわちその死を境界として，生に「この生」と「あの生」という区別がなされるべきではないとエックハルトは考えている。したがって，さきほど引用したドイツ語説教29において

---

responderi solet: mortuus est, u littera geminata. Sic igitur dicitur mortuus quomodo fatuus, arduus, conspicuus«, »quae non sunt praeiriti temporis, sed, quoniam nomina sunt, sine tempore declinantur. Illud autem, quasi ut declinetur quod declinari non potest, pro participio praeteriti temporis ponitur nomen. Convenienter factum est itaque, ut quem ad modum id, quod significat, non potest agendo, ita ipsum verbum non possit loquendo declinari«. Ex his ergo vult Augustinus quod vita praesens mors est et vita.

8) Augustinus, *De civitate dei*, lib. XIII cap. XI; PL 41, 385: Unde non importune neque incongrue arbitror accidisse, etsi non humana industria, iudicio fortasse divino, ut hoc verbum, quod est moritur, in latina lingua nec grammatici declinare potuerint, ea regula qua cetera talia declinantur.

9) *In Sap.* n. 270; LW II, 600, 6-7: »Vivere enim veiventibus est esse«, mors est privatio vitae et non esse. Horum autem, scilicet esse et non esse, deus est potestatem habens [super esse et non esse], solus deus.

述べられているように，キリストにおける受肉と十字架上の死が，人間の生と死にアナロギア的に適用されることになる。その場合，生とは魂に神の子が誕生することによって本来の自己自身の存在を回復すること，それはつまり，創造される以前に還帰することであり，死とは神の子が誕生する前提としての被造性からの脱却を意味する。生と死に関するこうした教説が，エックハルト神学が構築されるさいの基盤となっている。

2　生成としての信仰

　アルベルトゥスが，神学における学の成立根拠を「敬神」(pietas) として，神の崇拝を通して人間の救済に関わる学，すなわちわれわれのうちに信仰を生じさせることで，われわれを第一の真理それ自体の承認に至らせる学が神学であると定義していることは，前に述べた通りである。エックハルト神学が「あの世」における生を志向していないにしても，神学が人間の救済に関わる学である以上，神学の基礎としての信仰の位置とその機能をいかに解釈し直すかは，エックハルト神学に課せられた重大な問題である。そこで，以下において，エックハルト神学における信仰の意味を検証してみよう。
　エックハルトは「ヨハネ福音書」第1章12節「しかし，言は，自分を受け入れた人，その名を信じる人々には神の子となる資格を与えた」の註解において，この聖句に挿入されている「その名を信じる人々」に注目し，信じること (credere) と見ること (videre) との関係が空想 (opinio) と論証 (demonstratio) との関係のようなもの，すなわち不完全なものと完全なるものとの関係であると述べている[10]。ここで言われている「見ること」とは，言うまでもなく，「神の直観」(visio dei) を意味するが，文脈から見て厳密に言えば，ここでは子が父を見ることである。信じることが不完全であるということは，厳密に言えば，いまだ

---

10) In *Ioh.* n. 158; LW III, 130, 8-10: Quod autem Interponitur : *his qui credunt in nomine eius* signanter dictum est. Sciendum enim quod credere et videre sive perfecte cognoscere se habent quasi opinio et demonstratio, utpote imperfectum et perfectum.

完成されていないということであり，その意味において，「信じる人々」とはいまだ子になっていない人々を指している。というのは，「マタイ福音書」第11章27節「父のほかに子を知る者はなく，子が示そうと思う者のほかには，父を知る者はいません」によれば，父を見ることができるのはただ子によってのみだからである。したがって，「信じる人々」には，父に対して子であるという父に対する子の関係（filiatio）がまったく機能していないというわけではなく，いまだ子になっていないという態勢（dispositio）として子に関わっている[11]。

さらにエックハルトは，「神の子になる」における「なる」（fieri）を不完全なるものであるがゆえに動かされることとして解し，「子」を完全なるものとして解している[12]。さらに「信じる人々」と「神の子」との関係は，パウロの言葉を介して，信仰と直観の関係に置き換えられる。すなわち，『ヘブライ人への手紙』第11章1節「信仰とは，望んでいる事柄を確信し，見えない事実を確認することです」によれば，信仰が「見えない事実」の「直観」をまったくもっていないのであれば，信仰は「見えない事実」の「確認」ではないし，また信仰が完全なる「直観」であるならば，それは「見えない事実」の信仰ではない[13]。そして「直観」が本来において子に属しているのであるから，信仰は以下のように定義される。

「信じることと信仰はあたかも子であることへの運動であり生成である。」[14]

ところでトマスは，信仰を「真理の完全なる直観によってはいまだ完

---

11) In *Ioh*. n. 158; LW III, 130, 13-15: Ex quibus patet quod credens nondum est proprie filius, cuius est videre et noscere patrem, Matth. 11, nec tamen est expers omnino filiationis, sed se habet ad illam ut dispositio et imperfectum.

12) In *Ioh*. n. 159; LW III, 131, 7-8: *Fieri*, ait, *filios dei; fieri* imperfectum est, moveri est; *filios* perfectum est.

13) In *Ioh*. n.158; LW III, 130, 15-131, 2: Hebr. 11: 'est autem fides' 'argumentum non apparentium'. 'Argumentum' non esset fides 'non apparentium', si nihil haberet visionis illorum. Rursus si perfecta esset visio, non esset 'non apparentium'.

14) *In Ioh*. n. 158; LW III, 131, 3-4: Est ergo credere et fides quasi motus et fieri ad esse filium.

2　生成としての信仰　　　　　　　　　　　　　　　53

成されていない，熟考している精神の運動」[15]と定義している。このトマスの定義とエックハルトの定義とを比較すると，信仰が運動であることは共通しているが，エックハルトによって生成が付加されていること，そして「真理の完全なる直観」に対して「子であること」と言い換えられていることは注目されるべきである。

　まずエックハルトにとって信仰は単に精神の運動ではない。信仰は存在と生成という原理に関わる問題である。つまり信仰と「子であること」という不完全なるものと完全なるものとの関係は，生成と存在との関係に対応している。そして存在の完全性は，存在がそれ自体において第一原因である神に直接的に関わっていることによって保証される[16]。しかし生成はそれ自体としては存在することはできないのであるから，何らかの存在に基礎づけられていなければならない[17]。生成はいわば存在の影である[18]。すなわち，生成それ自体は厳密には存在とは言えないが，存在に関わることによってその「ある」(esse) が保証されるということである。したがって，生成における「ある」は存在それ自体とアナロギア的に関係づけられていることが明らかになる。

　しかしそもそも，「ある」あるいは存在者は本来，ただ神のみに固有な述語であり名称である[19]。エックハルトは「ヨハネ福音書」第1章11

---

15) Thomas de Aquino, *Summa Theologiae* I-II, qu.2 art.1 co.; Ed. Leo., Tomus VIII, 26: motus animi deliberantis nondum perfecti per plenam visionem veritatis.

16) In *Ioh*. n. 325; LW III, 273, 13-274, 3: Differenter enim se habet omnis res in natura, ut dictum est, in suo fieri et in suo esse : fieri enim, distinctum ab esse, ad imperfectionem pertinet et ad imperfecta, esse autem ad perfectionem et ad perfecta et ad ipsam causam primam, quae deus est, per se et immediate, secundum illud Deut. 32 : 'dei perfecta sunt opera'. Fieri ergo imperfectionis est, esse vero perfectionis.

In *Gen*. I n. 149; LW I, 300, 10-12: Rursus sexta ratio est, quia ipsum fieri rerum et ipsarum motus figitur per esse et in esse, quod a deo est, et per consequens quietatur in illo. Esse enim desideratissimum est, quiescens, dulcorans et quietans omnia.

なお，神が第一原因であることの意味に関しては，第5章を参照されたい。

17) In *Sap*. n. 190; LW II, 525, 8-9: Constat autem quod ipsum fieri nec est nec fieri est sine esse, quin immo ipsum fieri semper fundatur et figitur in quodam esse et est quoddam esse.

18) *In Sap*. n. 92; LW II, 426, 5: Omnis enim mutatio, utpote fieri, umbra est ipsius esse.

19) *Prol. op. prop*. n. 4; LW I, 167, 9-10: solus deus proprie est ens, unum, verum et bonum.

なお，この『命題集序文』に述べられているように，神に固有なものは「存在者」だけではない。それに，「一」，「真」そして「善」を加えたいわゆる超範疇的概念は神の固有性であるとエックハルトはみている。このことに関しては第3章及び第4章を参照されたい。

節「言は，自分の民のところへ来たが，民は受け入れなかった」を註解するさいに，被造物として存在するものがそれ自身において存在していると思い込んでいることを「民は受け入れなかった」の意味であると解している。そして言葉は「自分の民のところへ来た」，すなわち神の子が存在しているものに到来する。それが続いて言われる「自分を受け入れる」（12節）こと，すなわち神の子を受け入れる能力それ自体が実は神に由来していることを意味しているとエックハルトは解している。つまり，存在しているものは自らが存在していることをそれ自身において有しているわけではなく，神の子から有している。しかし存在を神の子から有するということは，被造物がそれ自体として，神の子であることを意味するわけではない。それは，神の子となる資格を与えられたということを意味している[20]。

さて，生成が不完全であることの根拠は，事物の生成が存在の直接的原因である第一原因ではなく，中間的な原因すなわち第二原因に由来するからである[21]。エックハルトによれば，生成におけるこうした性格は，信仰が聞くことによって生じることに対応する。というのは，信仰は，聞くことによって，外からすなわち他のもの，不在であるものに由来しているからである[22]。エックハルトがこのように主張する意図は，たとえばヒエロニムスの書簡から「眼で見ることは耳で知覚することよりもよりよく認識される」を引用し，聴覚に対する視覚の卓越性を強調することにある[23]。つまり，見ることはあるいは直観は現前しているものに由来し[24]，知よりも確実であるとされ，神の知と神的なものの認識は，

---

20) *In Ioh*. n. 99; LW III, 85, 1-7: Quod autem sequitur: *sui eum non receperunt*, quantum ad tres expositiones praemissas eius quod dicitur *in propria venit*, potest exponi quod nec entia nec quae unum sunt aut vera et bona, non habent ex se nec quod sunt nec quod unum sunt nec quod vera et bona – et hoc est quod hic dicitur: *sui eum non receperunt* –, sed habent hoc ab ipso verbo, dei filio – et hoc est quod sequitur: 'quotquot autem receperunt eum, dedit eis postatem'. Nam et ipsa potestas recipiendi eum ab illo est.

21) *In Sap*. n. 190; LW II, 525, 5-7: ipsum fieri rerum, quod est a causis mediis et secundariis, utpote imperfectum et citra finem, ex sui natura amarum est, inquietum est.

22) *In Ioh*. n. 406; LW III, 345, 2-3: Credere enim per auditum est foris ab alieno et absentis.

23) *In Ioh*. n. 347, LW III, 294, 17-295, 3: Scientia enim quae per visum est certior est; per auditum non sic, sed potius fides, Rom. 10: 'fides ex auditu est'. Hieronymus in quadam epistola dicit. »plus intelligitur quod oculis videtur quam quod aure percipitur«.

24) *In Ioh*. n. 406; LW III, 345, 3-4: videre autem praesentis est, certior scientia est.

2 生成としての信仰

外から,すなわち事物から受け取られるものではなく,啓示によるものであると言われる[25]。

しかし,信仰が聞くことによって生じるというドグマは,「実に,信仰は聞くことにより,しかも,キリストの言葉を聞くことによって始まるのです」(ロマ10·17) というパウロの言葉に基づいている。このことを考慮し,以上述べたエックハルトの見解を理解してみると,信仰においては,キリストは外のものすなわち他のもの,不在のものとして理解されることになる。こうした結果にエックハルトは言及していないが,エックハルト神学における信仰の意味を考えるうえで重要だと思えるので,以下に考察してみよう。

まず,「外のもの」「他のもの」という表現に注目してみよう。外は内と,他は自とそれぞれ区別される。すなわち外は内に対して外であり,他は自に対して他である。このことの前提は,外は内ではなく,他は自ではないということである。つまり区別されるもの同士は,《ない》を自らに含んでいる。この《ない》を内包しているあり方が被造物のあり方にほかならない。そして《ない》は無に由来している[26]。したがっ

---

25) *In Ioh*. n. 347; LW III, 295, 5-6: scientia enim dei et divinorum cognitio non est ab extra a rebus accepta, sed secundum revelationem.

26) エックハルトは被造物を「純粋なる無」(ein lûter niht) と理解している。

Vgl. *Pr.* 4; DW I, 69, 7-70, 1: Alle crêatûren sint ein lûter niht. Ich spriche niht, daz sie kleine sîn oder iht sîn: sie sint ein lûter niht. 和訳:「すべての被造物は一つの純粋なる無である。私は,被造物が小さいとか,何かあるものであると言っているのではなく,被造物とは一つの純粋なる無であると言う。」

なお,この命題は,1329年教皇ヨハネス22世による勅書『主の耕地にて』(*In argo dominico*) のなかで,異端宣告を受けている。しかしエックハルトは,この命題に異端嫌疑がかけられたとき,次のように弁明している。

Proc. Col. II, n. 107; LW V, 344, 5-10: Dicendum quod hoc negare est deum blasphemare et ipsum abnegare. Si enim creatura habet aliquod esse quantumcumque modicum sine deo, tunc deus non est causa omnium. Praeterea, creatura non esset creata. Creatio enim est acceptio esse ex nihilo. Rursus, duo divisionem dicit et radix est omnis divisionis. Unde si deus divisus et duo cum alio quocumque, illud non erit ens. Deus enim est esse et immediata causa omnis esse.

和訳:「このことを否定することは神を冒瀆することであり,神を否定することである。というのは,もし被造物が,いかに短い時間であったとしても,何らかの存在を神なしにもっているのであれば,神はすべてのものの原因ではないであろう。また,被造物は造られたものではなくなってしまうであろう。というのは,創造とは無から存在を受け取ることだからである。さらに,二は分割を意味する。すなわち二はすべての分割の根源である。したがって,神が分割されたものであり,何らかの他なるものとともに二であれば,それは存在ではないであろう。というのは,神とは存在であり,すべての存在の直接の原因だからである。」

て，被造物を本来において《存在者》と呼ぶことはできない。したがって，「外のもの」「他のもの」は，厳密な意味で「不在であるもの」と言うことができる。その意味から言えば，キリストの言葉を聞くと言っても，その場合キリストは被造物として理解されてしまうことになる。つまり，キリストを自己の外にある者，すなわち自己と区別される他者として見なすということである。それに対して，見ることあるいは直観は，外に由来するものではなく，すなわち被造物を介することなくなされる。しかしいかになされるのか，考えてみよう。

　エックハルトは，聖句「神は，独り子を世にお遣わしになりました」（1ヨハ4・9）について次のように説教している。

　　「この聖句を君たちは，神の独り子がわたしたちといっしょに食べたり飲んだりするというように，外的世界の観点から理解してはならない。君たちは内的世界に関わることとして理解しなければならない。」[27]

　では，この内的世界とは何か。エックハルトは続けて述べる：

　　「父が自らの単純なる本性において自らの子を本性的に生むことが真実であるように，神は自らの子を精神の最内奥に生むことも真実であって，これが内的世界である。」[28]

　キリストを外的世界の観点から理解することは，キリストをわれわれと同じように被造物として見なしてしまうことを意味する。それに対して，内的世界とは神が自らの子を生む場としての魂の根底を意味する。すなわち，自己の魂の根底に神の子が生まれることが，聖句「神は，独り子を世にお遣わしになりました」そして言葉が「自分の民のところへ来た」の意味であるとエックハルトは解する。そしてそれが神を見るこ

---

27) *Pr.* 5b; DW I, 90, 3-5: 'got hât gesant sînen einbornen sun in die werlt'; daz sult ir niht verstân vür die ûzwendige werlt, als er mit uns az und trank: ir sult ez verstân vür die inner werlt.

28) *Pr.* 5b; DW I, 90, 6-8: Als wærlîche der vater in sîner einvaltigen natûre gebirt sînen sun natiurlîche, als gewaerlîche gebirt er in in des geistes innigestez, und diz ist diu inner werlt.

と，すなわち神と魂との合一を意味する。

　魂の根底における神の子の誕生のさいには，神の子と魂との間にはいかなる中間的なものも媒介するものもあってはならない[29]。なぜなら，存在とはその本性からして第一のものであり，最後のもの，始原であると同時に終極であって，けっして中間的なものではないからであり[30]，存在とは神だからである[31]。しかも存在は，事物においては，その本質それ自体よりも内奥にある[32]。したがって，魂の根底は本質のさらに内奥にある。つまり信仰は神の子になるプロセスとして理解され，しかもそれは存在と生成という哲学的領域においてアナロギア的に語られる。すなわちその運動が，その目的でありかつそのアナロギア的原因である存在へと至り，そこで安らう生成のプロセスとして捉えられる。これは言うまでもなく，エックハルトが啓示と霊感に基づく神学的事柄を「哲学者たちの自然的論証」による解釈を試み，神学と哲学の一致を志向していることの一つの証しだと言えよう。

　以上の考察によって以下のことが明らかとなる。

① 信仰と神の直観との関係は，不完全なるものと完全なるものとの関係である。
② その関係は，生成と存在とのアナロギア的関係として捉えられる。
③ 神の直観とは魂の根底における神の子の誕生を意味する。
④ 信仰とは神の子の誕生への態勢である。

---

29) *In Sap*. n. 284; LW II, 616, 6-7: sciendum quod in adventu filii in mentem oportet quod omne medium sileat.

30) *In Sap*. n. 284; LW II, 616, 9-10: quia esse ex sui natura est primum et novissimum, principium et finis, nequaquam medium.

31) 命題「存在は神である」の意味については第5章を参照されたい。

32) *In Ioh*. n. 238; LW III, 199, 6-7: esse intimius est unicuique etiam quam ipsa essentia illius.

3 モーセとキリストとの関係における比例性

　信仰と直観との関係が不完全なるものと完全なるものとの関係に還元されていることは，モーセとキリストとの関係にも対応する。この関係は旧約と新約，律法と恩寵（恵み）および真理との関係をも表示している。

　エックハルトは「ヨハネ福音書」第1章17節「律法はモーセを通して与えられたが，恵みと真理はイエス・キリストを通して現れた」の註解において，「完全性に属するものと完全なるもののすべて，たとえば生の，義のそして教えの恩寵と真理はキリストに関係し，それに対して不完全性に属しているものと不完全性に適合するものはモーセと律法の味がする[33]」と述べている。さらにエックハルトはモーセとして表示される不完全なるものとして，生成，変化させられること，動かされること，時間，物体的なもの，分割，消滅，数，多ないし多性をあげ，それに対してそれらの反対にあるものすなわち「キリスト」として表示されている完全なるものとして，存在，出生（generatio）[34]，不変なること，永遠，霊，単一なること，消滅しないこと，無限，一ないし一性をあげている。これらの概念を列挙することによって，モーセとキリストという聖書における関係が自然の世界にもアナロギア的に見られることが明らかとなる。これら両者の関係はしかしながら，まったく異なった次元に属すことが意味されながらも，先ほどの信仰の場合と同様，前者はまだ後者に至っていないものとして位置づけられるが，両者の間がまったくの音信不通の状態であるということではない[35]。

---

　33) *In Ioh.* n. 184; LW III, 153, 11-14: omnia, quae perfectionis sunt et quae perfecta sunt, puta gratia, veritas vitae, iustitiae et doctrinae, ad Christum pertinent; quae vero imperfectionis sunt et quae imperfectioni congruunt, Moysen et legem sapiunt.
　34) 出生の意味については第7章を参照されたい。
　35) In *Ioh.* n. 186; LW III, 155, 8-13: Ex his patet quod etiam in natura omnia, quae imperfectionis sunt, fieri puta, alterari, mutari, tempus, corporale, divisio, corruptio, numerus, multum sive multitudo et huiusmodi, ad Moysen pertinent et ad vetus testamentum － »tempus enim vetus facit«, ut ait philosophus － nondum ad Christum, ad filium, ad veritatem pertinent, sed horum opposita, puta esse, generatio, immutabilitas, aeternitas, spiritus, simplicitas, incorruptio,

3 モーセとキリストとの関係における比例性

　モーセとキリストの関係が自然的領域においても見られることの具体例としてエックハルトが頻繁にとり上げるのは，質料における実体形相に先行するはたらきと形相それ自体に従っているはたらきである。たとえば，木材に火をつける場合，その火は火の形相へと向かいつつある火の熱であるとして不完全であり，それに対して木材が火を獲得したときの熱は，火の形相それ自体から発出したものとして完全であると言われる[36]。さらにモーセとキリストの関係は，たとえば人が徳を修得し義人になっていくように，徳に先行するはたらきと徳の習慣に従うはたらきとの関係として道徳的領域においてもアナロギア的に見られる[37]。

　不完全なるものと完全なるものとの関係は聖書においても，同様に自然的領域および道徳的領域においても見られ，そして前者はいまだ後者に至っていないという位置づけから，次のことが帰結する。すなわち，自然的領域および道徳的領域において，たとえば木材が火の実体形相を獲得する場合や，人が義それ自体によって義人としての存在を獲得する場合のように，なんらかの完全性に達することはキリストに達することを意味することになる。キリストに達するとは，神の子に達すること，子であることを意味し，キリストのうちに存在することを意味する。しかしここで注意しなければならないことは，たとえば事物が実体形相を獲得することが，そのまま字義通りにすなわち同名同義的にキリストに達することでなく，ここで言われる「キリストに達する」とはあくまでもアナロギア的関係のうちで意味をもつということである。

---

infinitas, unum sive unitas.

　36) このことに関しては第7章を参照されたい。

　37) In *Ioh.* n. 186; LW III, 155, 14-156, 2: Idem autem iudicium est de actibus praecedentibus formam substantialem in materia et actibus formam ipsam sequentibus in rebus naturalibus; iterum et de actibus virtutem praecedentibus et actibus habitum virtutis subsequentibus in moralibus.

　なお，たとえば変化と出生との関係が自然的領域と道徳的領域においても見られることに関しては，エックハルトはアヴィセンナにならって，実体形相と徳とを同一視している。Vgl. In *Ioh.* n. 150; LW III, 124, 5-10: Quod autem dictum est de alteratione et generatione quantum ad formas substantiales in naturalibus, eodem modo se habet circa generationem habituum sive virtutum in moralibus. Nam apud philosophos eadem erat deversitas oponionum circa generationem formarum substantialium et virtutum, et Avicenna ponit virtutes esse a datore formarum sicut formas rerum substantiales, adaequans has illis.

4　受肉の位置づけ

　以上述べてきたように，それぞれの領域においてなんらかの完全性に達することが「キリストに達する」ことであるとアナロギア的に語られるのであれば，キリストの受肉それ自体はそれぞれの領域において何らかの完全性に達するということの範型として捉えられることになる。そして，この世界における受肉それ自体は言うまでもなく神的領域内におけるペルソナの発出に基づいている。受肉がもつこうした性格からエックハルトは，受肉それ自体が永遠なる流出すなわち神的領域内における子の父からの出生の模像であり，同時に創造された自然全体の範型であると帰結する[38]。そのさい，受肉が自然全体の範型であると言われるのはアナロギア的意味においてであるが，それに対して，受肉が永遠の流出の模像であるとは，キリストが神性を有するかぎりにおいて，同名同義的意味で語られている。

　さて受肉と自然世界とのアナロギア的関係という観点は，エックハルト独自の聖書解釈から導き出される。その特徴は，聖書の言葉においてそこに二重の意味を読み取ることである。その二重の意味とはすなわち，一つは言葉の表面的なものによって明らかにされる意味，もう一つは「皮の下に潜んでいる意味」である[39]。第一の意味とは文字通りに聖書を読むということであるが，第二の意味においては，聖書の真髄，換言すれば，聖書のうちに隠されている真理を明らかにし知らせることである。その真理とは第一の始原である神それ自身，神的本性の固有性を

---

[38] In *Ioh*. n. 185; LW III, 154, 13-14: incarnatio ipsa sit exemplata quidem ab aeterna emanatione et exemplar totius naturae inferioris. なお，これは第4章において詳述する。
　In *Exod*. n. 16; LW II, 22, 7-8: emanatio personarum in divinis ratio est et praevia creationis.
　Serm. n. 258; LW IV, 236, 7-8: emanatio personarum in divinis est prior, causa et exemplar creationis.

[39] In *Ioh*. n. 433; LW III, 371, 4-8: Posset tamen dici quod in his verbis sicut in plerisque aliis sacrae scripurae, in verbis maxime Christi qui veritas est, infra quarto dicimo est advertere duplicem sensum: unum qui patet secundum planum et superficiem litterae, alium qui latet sub cortice. Nam et in ipso Christo est verbum latens sub carne et in nobis anima seu spiritus latens in corpore.

4 受肉の位置づけ

表示していることは言うまでもないが,さらにそこには自然的領域と道徳的領域に関することも含まれている。

神的領域内におけるペルソナの発出の模像としてのキリストの受肉が創造された世界の範型であるかぎり,自然,道徳そして技術のすべてのはたらきにおいて,生まれざる父,父のみから生まれた子,父と子との間に本質的に伴うペルソナとしての愛,すなわち父と子の絆としての一なる始原から息吹く聖霊が輝き出ている[40]。それらの領域におけるすべてのはたらきは,そのプロセスの目的すなわちそのはたらきが休息するところとして,存在を受容することを目指している[41]。それが上に述べた「キリストに達する」ことを意味している。しかしこうした解釈は,三位一体の真理がそれ自体として哲学の真理であることを意味しているわけではないし,また両者の真理は直接触れ合うことはない。つまり神学の真理は哲学世界で見出される真理を超越しながら,しかもそれは同時に,哲学の真理をまさに真理として定立させる力なのである。神学の真理と哲学の真理におけるこうした関係をアナロギア的とエックハルトは見ている。

さて,エックハルトは『ヨハネ福音書註解』第185節において次のように述べている。

「聖書においては,哲学者たちが自然的事物とその固有性について

---

40) In *Gen*. II n. 3; LW I, 454, 1-4: et abinde exemplata et derivata creaturarum productio, et quomodo in omni opere naturae, moris et artis elucet pater ingenitus, filius a patre solo genitus, amor essentialis concomitans et amor notionalis, spiritus sanctus a patre et filio uno principio spiratus seu procedens.

In *Sap*. n. 28; LW II, 348, 9-349, 1: Sic ergo omnis actio naturae, moris et artis habet de sui integritate tria, puta generans, genitum et amorem gigentis ad genitum et geniti ad gignentem, quem spirat una generatio et unica, quae est active a gignente, passive in genito. Quem amorem spiratum ab utroque, gignente et genito, philosophus vocat delectationem generati habitus. Generatio autem ad esse et propter esse est, scilicet ut genitum sit. エックハルトは,質料が形相を獲得することによって生成から存在へと至るプロセス,対象から「対象の子」としてのスペキエスが実現することによって完成する知性認識のプロセス,義それ自体による義人の形成プロセス等において,神的ペルソナの発出をアナロギアとしてみている。なお,このことに関しては第5章および第6章を参照されたい。

41) In *Sap*. n. 29; LW II, 349, 10-12: omne agens universaliter naturae, moris et artis intendit ut finem et quietem totius suae actionis et peregrinationis, ut effectus eius sit et accipiat esse.

書いていることが共鳴している。そのことの理由はとりわけ，聖書と自然においてそれが存在するものであれ，認識するものであれ，真であるすべてのものは，真理の一なる泉すなわち一なる根から発出しているからである。」[42]

聖書に書かれているすべてのことそして自然世界について哲学が描くすべてのことは，真理の一なる泉・根にその根拠をもっている。その真理の泉・根とは，聖句「万物は言によって成った。言なくしては無が生じた」（ヨハ1・3[43]）に従えば，神の言葉にほかならない。神の言葉は「始原において」（in principio）あったのであり，その始原とは神が天と地を創造した「初め」（principium）である[44]。神の言葉の受肉は哲学的領域に属する存在と生成の問題系あるいは人間知性の認識システムを成立させる真理であり始原であるということである。

以上の考察から以下の結論が導き出される。

「それゆえ，モーセ，キリストそして哲学者〔アリストテレス〕が

---

42) In *Ioh.* n. 185; LW III, 154, 14-155, 2: Secundum hoc ergo convenienter valde scriptura sacra sic exponitur, ut in ipsa sint consona, quae philosophi de rerum naturis et ipsarum proprietatibus scripserunt, praesertim cum ex uno fonte et una radice procedat veritatis omne quod verum est, sive essendo sive cognoscendo, in scriptura et in natura.

43) この「ヨハネ福音書」第1章3節は，新共同訳聖書によれば，「万物は言によって成った。成ったもので，言によらずになったものは何一つなかった。言の内に命があった」であり，ウルガタ版では，»Omnia per ipsum facta sunt et sine ipso factum est nihil quod factum est. In ipso vita erat.« である。しかしエックハルトは次のように読んでいる。すなわち，「万物は言によって成った。言なくしては無が生じた。成ったものは，言のうちにおいては，生命であった」（Omnia per ipsum facta sunt et sine ipso factum est nihil. Quod factum est in ipso vita erat.）。なお，この聖句に関するエックハルトの解釈とその展開については以下の拙論を参照されたい。Leben ohne Warum—Der Ursprung des Lebens in der Theologie Meister Eckharts—, in *Journal of Oriental Studies* Vol. 18, August. 2008. SS. 169-179. The Institute of Oriental Philosophy.

44) エックハルトは「ヨハネ福音書」冒頭の一節「初めに言があった」（In principio erat verbum）と『創世記』冒頭の一節「初めに，神は天と地を創造された」（In principio creavit deus caelum et terram）における「初め」（principium）を同一視している。この「初め」すなわち始原をエックハルトは，『創世記註解』第3節から7節にかけて，第一に「イデア的理念」（ratio idealis），第二に「知性的本性」（natura intellectus）そして第三に「永遠の第一の今」（primum nunc simplex aeternitatis）と解している。なお，エックハルトにおける始原論に関しては第4章を参照されたい。

教示していることは同一であり，ただ様相に関して異なっているだけなのであって，すなわち信じられうるもの，推定されるもの，ないしは真実らしきもの，そして真理であるということである[45]。」

われわれは先に，信仰と直観との関係が不完全なるものと完全なるものとの関係として表示され，その関係がそのままモーセとキリストとの関係にも相応することを見てきた。しかしこれらの関係それ自体は，以上に考察してきた受肉の位置から見れば，受肉をさまざまな領域における真理のいわば始原として構想されていることが明らかとなる。そしてこの始原から見れば，モーセとキリスト，すなわち旧約と新約，そしてアリストテレスが語っていることが同一であることが帰結する。

しかしそれらの様相は異なっている。すなわちモーセの語ることは信じられうるもの，アリストテレスの語ることは推定されるものないしは真実らしきもの，そしてキリストの語ることは真理そのものである。様相が異なっているということは，厳密に言えば，ここで語られているモーセとアリストテレスの両者とキリストとはアナロギア関係に基づいているということ，すなわち前二者はアナロギア的に原因づけられたもの，そしてキリストはアナロギア的原因という関係にある。つまり，真理それ自体であるキリストをアナロギア的原因として，モーセとアリストテレスの語ることは保証されていることを意味している。

さて，以上の考察を踏まえ，アリストテレスとキリストの関係，すなわち形而上学と神学との関係をエックハルトがいかに解釈しているのかを述べてみたい。

5 自然学，形而上学そして福音としての神学

エックハルトは『知恵の書註解』第208節において，マイモニデス（Moses Maimonides, 1135-1204）の『迷える者の手引き』（*Dux*

---

[45] In *Ioh*. n. 185; LW III, 155, 5-7: Idem ergo est quod docet Moyses, Christus et philosophus, solum quantum ad modum differens, scilicet ut credibile, probabile sive verisimile et veritas.

neutorum）の記述に依拠しながら，アリストテレスが月球から地球の中心に至るまでのすべての存在者について語っているすべてのことは疑いもなく真であるが，しかしアリストテレスが月球の上に存在しているものについて語っていることは，真実らしきものにすぎない[46]，と述べている。さらにエックハルトは，アリストテレスが月球の下に存在するすべてのものについて語っていることが感覚の秩序にしたがって明示され，彼の言葉が理性（ratio）から導かれたものであり，したがって彼の言葉において自然の原因が明らかとなっているが，しかし月球の上にあるものの真理を最も完全な仕方で知っているのは創造者のみであることを確認している[47]。

以上のことを整理してみよう。まず，アリストテレスが月球の下に位置する存在者は感覚によって捉えられるが，しかしその存在者について語っていることが真であることの根拠は，その語りが理性から導きられたからである。これを仮に「第一の語り」と呼ぼう。人間はその理性をもって月球の上，すなわち超感覚界における存在者について語る。これを「第二の語り」と呼ぼう。そして月球の上の存在者の真理について神が語ることを「第三の語り」と呼ぼう。第一の語りとは自然学，第二の語りは形而上学であると言えよう。第三の語りは，上述したアリストテレスとキリストとの関係から言えば，神学だと言えよう。さらには，感覚と理性の関係は自然学と形而上学の関係に等しく，その関係はアリストテレスとキリストの関係そして形而上学と神学の関係に等しいと言えよう[48]。

さて，神学の対象についてエックハルトは次のように述べている。

---

46) In *Sap.* n. 208; LW II, 542, 2-5: »quidquid dixit Aristoteles in omnibus entibus, quae sunt a sphaera lunae usque ad centrum terrae, verum est sine dubio, nec repellit illud« »nisi qui non intelligit«. »Quidquid vero locutus est Aristoteles de his, quae sunt a spraera lunae superius, est verisimile«.

47) In *Sap.* n. 208; LW II, 542, 6-9: Et infra: »quidquid dixit Aristoteles in omnibus, quae sunt sub sphaera lunae, procedit secundum ordinem sensus, et verba ipsius sequuntur ex ratione, et causa naturalis est manifesta in eis«.

48) こうした比例式は生成と存在，信仰と直観，モーセとキリスト，旧約と新約という関係にも相応する。

「福音は存在者であるかぎりでの存在者を考察する。」[49]

ここで言われている「福音」(evangelium) とは，上で使用されてきた表現に従えば，「新約」，「キリスト」と同義である。その後に続いてエックハルトは，旧法が時間的なものを約束し，福音（新法）は永遠なるものを約束すると述べ[50]，次のように述べている。

「神学の真理と教え，自然哲学のそれ，道徳哲学のそれ，実践的および理論的な技術のそれ，実定法のそれも，同一の水脈から流れ落ちてくる。」[51]

この文脈から判断すると，「福音」は「神学」のなかに含まれていると考えられる。しかし，「存在者であるかぎりでの存在者」とは言うまでもなく形而上学の対象であって，上の表現を用いれば，「月球の上の存在者」に相当すること考慮すると，形而上学も「神学」のなかに含まれていると言えよう。つまり，ここで言われる「神学」とは「福音」と形而上学を同時に意味していることになる[52]。しかし「月球の上の存在者」に関する形而上学の語りが真実らしきものであり，神の語りが真理そのものであることを考慮すれば，形而上学と「福音」の対象が同一であっても，それを認識するさいの真実の度合いにおいて，両者の間には厳密な差異がなければならない。このことを踏まえたうえで，以下においてわれわれは，「福音」を狭義における神学と定義し，論を先に進めよう。

---

49) In *Ioh.* n. 444; LW III, 380, 13-14: evangelium contemplatur ens in quantum ens.

50) In *Ioh.* n. 444; LW III, 381, 3-4: Promittit evangelium aeterna, lex vetus temporalia.

51) In *Ioh.* n. 444; LW III, 381, 5-6: ex eadem vena descendit veritas et doctrina theologiae, philosophiae naturalis, moralis, artis factibilium et speculabilium et etiam iuris positivi.

52) モイジッシュはアリストテレスの形而上学を「アリストテレスの真実らしき形而上学の語り」(die aristotelischen dicta metaphysicae verisimilia)，エックハルトの「福音」を「真なる形而上学の真実なる語り」(die vera dicta der vera metaphysica) と定義し，両者を相対的関係において捉えている。つまりモイジッシュは「福音」を神学とは呼ばず，彼にとっては「福音」とはあくまでも「福音の神学と同一なる形而上学」(die mit der Theologie des Evangeliums identische Metaphysik) であって，それは序論で述べたように，「エックハルトの新しき形而上学」(Eckharts neue Metaphysik) なのである。

Vgl. Mojsisch, B., *Meister Eckhart – Analogie, Univozität und Einheit*, Hamburg, 1987, S. 11.

まずは，形而上学と神学との共通の対象である「存在者であるかぎりの存在者」についてエックハルトがいかに理解しているか見るために，『知恵の書註解』から次の記述を引用することからはじめよう。

「すべての事物は，その何であるかに関しては，作用因と目的因を有していない。存在者であるかぎりの存在者を考察する形而上学者も，数学者も，何かあるものをこれらの原因にしたがって論証したり，教示したり，定義したりすることがないということが，その証拠である。このことのゆえに，哲学者〔アリストテレス〕が「数学においては善は存在しない」と述べているが，それは善と目的が同一であるからである。さらに，作用因と目的因が外的原因と呼ばれており，またそうであることが，以上のこと〔すなわちすべての事物が，その何であるかに関して，作用因と目的因を有していないこと〕の証拠である。」[53]

事物の「何であるか」（quod quid est）すなわち本質（essentia）を規定するのは，外的原因と呼ばれる作用因と目的因ではなく，内的原因である質料因と形相因である。質料因と形相因が内的原因であることはエックハルトも承認しているが[54]，これはアリストテレスに依拠して，質料と形相から複合された個物としての事物の認識が，その事物の本質を定義することに基づくという点に注目するからである。エックハルトは上の引用文の後で，アヴィセンナの論証に依拠して，事物が何であるかということと事物が存在するということの差異に関して，後者の場合には自己以外の他のものから有しているが，前者の場合においては自己以外のいかなるものをも有していないと述べている。たとえば命題「人間は動物である」（homo est animal）における「ある」（est）が実在性ではなく名称の内にあるものを表示しているにすぎないことを強調する

---

53) In *Sap.* n. 20; LW II, 340, 12-341, 6: res omnis quantum ad sui quod quid est non habet causam efficientem nec finalem. Argumentum huius quod metaphysicus considerans ens in quantum ens, sed nec mathematicus, quidquam demonstrat, docet ac diffinit per has causas. Hinc est quod philosophus dicit quod »in mathematicis non est bonum«, eo quod bonum et finis idem. Rursus argumentum huius est quod efficiens et finis dicuntur et sunt causae extrinsecae.

54) In *Gen.* II n. 121; LW I, 586, 7-9: Forma enim et materia causae sunt rei intrisecae.

ために，たとえ人間が外的世界に存在していなくとも，知性のうちではその命題は真であるあることが述べられている[55]。

それに対して，外的世界においては事物は運動するものとして捉えられる。したがってそこには，運動の目的と作用者が考えられ，外部世界は生成変化の世界として見なされる。この世界における運動する存在者を主題とする学が自然学である[56]。したがって，上述したように，信仰が神の子になるという目的への運動・生成であるかぎり，信仰は目的因を有している。しかも信仰は，善を目的として動かす作用因をも有している。つまり，聞くことによって生じる信仰は，自己以外のものに由来していることが明らかとなる。

さて質料と形相によって複合された事物は，その存在の観点からみれば，その質料性のゆえに生成消滅を繰り返していくのであるから，「月球の上の存在者」においては形相因だけが注目されてくる。エックハルトはアリストテレスの『形而上学』の記述[57]に依拠して，数学的なものにおいては作用因も目的因もなく，ただ形相因のみが看取されているのであるから，したがって，形而上学と神的なものにおいては，なおいっそう形相因が看取されるべきであると述べている[58]。

エックハルトがこのように形相因を強調するのは，存在が形相に由来し，存在は形相であると理解しているからである。したがって，形相において，そして形相によってのみ事物は存在を有するのであるから，事

---

55) In *Sap.* n. 20; LW II, 341, 6-342, 2: Adhuc autem tertio in argumentum huius Avicenna dicit quod res id quod est non habet ex alio. Quod enim homo sit aut animal sit, habet ab alio; quod autem homo sit animal aut corpus aut substantia, a nullo prorsus habet nisi a se ipso: aut enim non est homo aut est animal, si est homo. Unde haec est vera: 'homo est animal' quocumque extra subtracto, etiam per intellectum, quia secundum logicos tales praedicationes, in quibus 'est' est tertium adiacens praedicati, non praedicant rei exsistentiam, sed terminorum inhaerentiam. Unde nullo homine exsistente est haec non minus vera: 'homo est animal'. Secus autem est de rerum exsistentia sive de ipso esse rerum.

56) In *Ioh.* n. 443; LW III, 380, 9-10: physica autem, cuius subiectum est ens mobile in quantum mobile, non duas tantum intrinsecas, sed etiam extrinsecas causas speculatur.

57) アリストテレス『形而上学』第3巻第2章，996a28-31.

58) In *Ioh.* n. 336; LW III, 284, 8-10: Si enim »in mathematicis non est bonum« et finis, sed solum causa formalis, ut ait philosophus, quanto magis in metaphysicis et divinis.
In *Ioh.* n. 338 ; LW III, 287, 1-3: in mathematicis non est efficiens neque finis, sed sola causa formalis speculatur, longe ergo fortius in divinis et metaphysicis solum esse consideratur.

物が存在し，認識し，愛し，はたらくことの始原は形相である。そうであるならば，神的人間（homo divinus）が神自身を作用するもの，創造者そして目的として，知りそして愛するのは，作用するものと目的とが神自身において神の形相であり，神の存在であり，その存在が一であるかぎりにおいてのみである[59]。さらにエックハルトは旧約続編『集会の書』第24章9節「はじめから，すなわちこの世が造られる前に，わたしは存在している。未来の世までわたしは止まることはない」（ab initio ante saeculum creata sum et usque ad futurum saeculum non desinam）[60]を義解し，この聖句の前半は作用する始原がないこと，そしてその後半は目的がないことを意味していると述べている。作用するものと目的がないということは，存在を付与するのはそれ自身が存在である形相であり，したがってここで語られている存在とはすべての外にあるもの，すなわち作用するものと目的から解き放たれた純粋なものであることが明らかとなる[61]。

　以上の考察を通して理解できることは，第一に形而上学と神学との共通の対象である「月球の上の存在者」すなわち「存在者であるかぎりでの存在者」が形相という観点から考察されることによって明らかになったその純粋性であり，第二に神的人間の存在が神自身である形相であることである。この第二の結論は形而上学の伝統的考察から導き出されたものではなく，「存在者であるかぎりの存在者」の真理を完全な仕方で捉えたことから導き出されたもの，すなわち人間の至福を志向するものとして神学に関わるものであると言えよう。以下において，神学の対象であるかぎりの存在に関するエックハルトの理解を見ていくことにしよう。

---

　59) In *Ioh*. n. 338 ; LW III, 287, 5-8: Unde homo divinus, amator foromae divinae, nescit nec amat ipsum deum, ut efficiens sive creator, nec ut finem, nisi in quantum efficiens et finis sunt in ipso deo ipsa forma et esse dei et unum cum illo.

　60) この聖句は，エックハルトが使用している『ウルガタ聖書』においては，第24章14節に当たる。ここでは『新共同訳聖書』の章・節番号で表記する。

　61) In *Ioh*. n. 342; LW III, 290, 12-291, 1: Secundum hoc exponi potest illud Eccli. 24; 'ab initio et ante saecula creata sum', id est antequam saecula crearentur, propter carentiam principii efficientis; 'usque ad futurum saeculum non desinam' propter carentiam finis sive propter formam quae dat esse et ipsa est esse, mundum, absolutum ab omni quod extra est, puta efficiens et finis.

6　神の固有性としての超範疇的概念

　上述したように，存在あるいは存在者は本来神に固有なものである。『命題集序文』においては，神に固有なものとしてそのほかに，一（unum），真（verum）そして善（bonum）があげられている。これら四つはいわゆる超範疇的概念（trancendentia）と称される[62]。これらの概念は，神の一なる本性を根拠として置換されるものとして考えられる。神の内におけるペルソナの発出および世界の創造は，これら4つの概念を使用することで語られる。エックハルトにおける超範疇的概念の解釈については第3章および第5章において詳述するが，ここでは次節への文脈的範囲内において概説しておきたい。

　まず存在に関しては，生むものでもなくまた生まれたものでもなく，始原なしにあると捉えられている。一は，最も直接に存在に関わり，最初にかつ最小限度において存在を規定するものである[63]。神の本質として本来無限定なる存在に直接的に関わる一は，最小限度において神の存在を規定するものであるが，その意味は神に「生むもの」という性格を付与することにほかならない。一の存在への関わり方は，一が始原なしにあるという表現から理解できるように，存在を始原としてもつということではない。すなわち，一は存在を他者としてもっているということではない。その意味において，存在は一であり，そして一は被造物・非被造物にかかわらず，すべてのものを根源的に発出させる力なのである[64]。

　真は一から生まれたものであり，その意味で他者すなわち一を始原として有している。善は一と真の両者から発出する。したがって善は始原

---

62)　エックハルトは，『創世記註解』において，術語 »transcendentia« をたった1度だけ使用している。その他の箇所においては，「これら四つ」（haec quattuor）と呼んでいる。Vgl. *In Gen.* I, n. 128; LW I, 283, 4-6: dicuntur sana secundum naturam analogiae, qua omnia huiusmodi transcendentia se habent ad creaturas, puta ens, unum, verum, bonum.

63)　In *Ioh.* n. 513; LW III, 444, 1-2: immediatius se habet ad esse, et primo et minimo determinat ipsum.

64)　存在と一との微妙な関係については第5章で詳述する。

を有しており，その意味で善は他者に由来している。こうした構造は実は神的ペルソナ間の区別を形成している。すなわち一は被造的であれ，非被造的であれ，すべてのものの第一の始原なのであるから，すべての神性と被造物の父である。その一のみから真が生まれるのであるから，真は子を意味する。さらに父である一と一のみから生まれる真から生まれるのが善であり，父と子は本性において一なのであるから，善には両者を結合するものとして聖霊が帰せられる。したがって，父からのみ子が生まれ，父と子から聖霊が生まれるという神的ペルソナ間の関係は，一・真・善の間の関係に相応する。

　さらにエックハルトは，一性（unitas）・同一性（aequalitas）・不等性（inaequalitas）における概念関係をもって，神的ペルソナの発出のプロセスと創造のプロセスにおける論理構造を明らかにする。一性と同一性との関係は同名同義的であり，つまり両者は本性において一なるものとして捉えられている。しかし両者の差異に関しては，一性が同一性を生むという発出関係において，すなわち「生むもの」と「生まれたもの」として捉えられる。すなわち一性は父に帰属し，同一性は子に帰属する。一性はまた，それが神的なものにせよ被造的なものにせよ，すべてのものの始原として解される。不等性とは，天と地という根源的二によって生じた被造物の多様性を意味する。不等性はしかしながら，同一性を媒介することによってのみ一性から発出してくる。というのは，不等性と一性および同一性との間にはアナロギア的関係がはたらいているからである。

　一性から同一性が発出し，同一性を媒介にして不等性が発出してくるというプロセスは，言うまでもなく創造のプロセスである。この場合，同一性は「言葉」すなわち被造物の理念として理解される。さらに，不等性がその始原である一性に還帰していくという新プラトン主義的プロセスにおいては，同一性は子として捉えられる。この場合の子とは，エックハルト神学に即して厳密に言えば，魂の根底において生まれた神の子を指している。

　「存在者であるかぎりの存在者」が神学の主題であるかぎり，それは神的存在でなければならない。しかしその神的存在は，超範疇的概念を神の固有性として適応させ，一性・同一性・不等性という論理構造を明

らかにすることによって，ディートリヒが思弁神学の主題として提示したものよりもなおいっそう精密に分析されていると言えよう。しかしエックハルトによる神的存在の解明は，その構造分析に核心があるわけではない。神学が人間の完成と至福に関わっているかぎり，そしてロゴスが救済原理であるかぎり，これらのことがらはその主題といかなる関係にあるのかが解明されなければならない。

7　人間の完成と至福

エックハルトは『ヨハネ福音書註解』において次のように述べている。

>「われわれの完成と至福は一のなかに存している。したがって，父と子と聖霊は，それらが一であるかぎり，至福にする。なぜなら，一においては，いかなる区別もまったくないからである。」[65]

一においてはいかなる区別もないということは，一においてはすべての不等性が解消されるからである。そこにおいては生成に伴う苦もなく，すべてのものが休息するところである。一は被造物の時間的産出すなわち創造の始原である善を超え，子と聖霊が発出する始原である。すなわち一は第一の流出の泉であり[66]，その泉から至福の満足は汲み取られる[67]。したがって人間の完成と至福は，自らが出てきた究極的始原である一に還帰することに求められる。以上の解釈をエックハルトは「ヨハネ福音書」第14章8節「主よ，私たちに御父をお示し下さい。そうすれば満足できます」の義解を通じて導き出している。

---

65)　In *Ioh.* n. 548; LW III, 478, 7-9: cosummatio autem et beatitudo nostra consistit in uno. Unde pater et filius et spiritus sactus beatificant, ut unum sunt. In uno enim nulla distinctio prorsus est.

66)　In *Ioh.* n. 564; LW III, 492, 9-10: unum fons est primo primae emanationis, filii scilicet et spiritus sancti a patre aeterna processione.
　なお，エックハルトは一に対して善を「第二の流出の泉」と呼んでいる。

67)　In *Ioh.* n. 565; LW III, 493, 1: Sufficientia tamen beatitudinis est ex primo fonte, unitatis.

父を示すということは一がそれ自体として明らかに見られるときである。エックハルトは，その「とき」を「われわれが神と共にある父たちであるとき，すなわち一なる似像の父たちであるとき[68]」と明示している。この解釈は，認識される対象と認識する主体とが一であるという認識の原理に基づいている。この原理からみると，聖句「わたしと父とは一である」（ヨハ10・30）は，父と子の一が認識において成立していることを意味している。つまりわれわれ人間がなるべき「一なる似像の父たち」とは，一なる父と本性を一とする子であることが理解できる。

聖句「わたしと父とは一である」（ego et pater unum sumus）においては，「一」（unum）が父と子との本性における一性，「である」（sumus）は生む者としての父と生まれた者としての子，すなわちペルソナの差異性を表示している。したがって，父が示されるのは，われわれが神の子となるとき，すなわちそれは魂のうちにおいて神の子が誕生するときである。父と子は本性としては一なのであるから，父が子に示されるということは，子と父とが存在者として相互に対置することではない。父と子との一は，見るものと見られるものとの一，すなわち認識論的一を意味している。

7.1 対象の子としてのスペキエス

ここでスペキエスをめぐる問題に触れておきたい[69]。このスペキエスの起源に関してはディートリヒとエックハルトとではその見解が異なっている。つまり，ディートリヒの場合は，すでに言われているように，可知的スペキエスの起源は能動知性であるが，エックハルトの場合は可感的スペキエスも含めて，その起源は「対象」である。この点について言えば，エックハルトの認識構造に関する見解は，なるほどディートリヒよりもトマスの立場に近いと言えるだろう。しかしこの見解には，以下に述べるように，エックハルトの独自の神学的立場が反映されているのである。

エックハルトは『ヨハネ福音書註解』（*Expositio sancti evangelii*

---

[68] In *Ioh.* n. 573; LW III, 500, 8-9: pater nobis ostenditur, quando dei compatres sumus, patres unius imaginis.

[69] エックハルトにおけるスペキエス論の特徴は，第8章において詳述する。

secundum Iohannem）第 57 節において「われわれのすべての感覚的あるいは理性的能力においては，第一に，スペキエスすなわち対象の子（proles obiecti）が生まれなくてはならない[70]」と述べている。さらに，対象とスペキエスとの関係における一性は，自然的存在者における質料と形相との一性よりも卓越していることが指摘され，スペキエスの本質規定が自然的存在者のそれとはまったく異なっていることが述べられている。またスペキエスが《対象の子》と表現されているのは，神的領域における父と子との関係を示唆している。すなわちスペキエスと対象との関係におけるアナロギア的原因は神における父と子の関係であることを意味する。ここには比例性のアナロギアの根拠に帰属のアナロギアをみるというディートリヒのアナロギア論をエックハルトが受容した形跡を窺うことができるが，エックハルトの場合，認識論的・自然的領域における同名同義的関係同士にもアナロギア関係をみて，その関係自体のアナロギア的始原を父と子の関係とみる。エックハルトはつまり，アリストテレス・トマス的な意味でのアナロギア論とは異なった次元を開示したディートリヒの功績に依拠しつつ，さらに神と被造物との深淵的差異を徹底していく方向へとアナロギア論を転換している。しかもその深淵によって神と人間との一性における新たな地平も同時に開かれてくる。エックハルトはこうした独自のアナロギア論に基づき，独自のスペキエス論を基軸として神の直観の認識論的な構造を打ち立てていくのである。

ところでエックハルトはあるラテン語説教において，《神のスペキエス》（species dei）という表現を用いているが[71]，これに関してはディートリヒにおける神の《何性》との関連が指摘されるかもしれない。しかし神のスペキエスは魂のうちに生まれるものであり，したがって同じく《スペキエス》という名称が用いられているにしても，可能知性を実現させる形相としての可知的スペキエスとは根本的に異なっている。

---

70) In *Ioh*. n. 57; LW III, 47, 17-48, 1: in omni potentia sensitiva vel rationali nostra primo omnium necesse est gigni speciem, prolem obiecti.

71) *Serm.* n. 405; LW IV, 345, 7-10: Oportet enim quod anima sit solida et clausa circumquaeque, ut in ipsa gignatur species dei ad modum montis gignentis ipsum echo, ut sic non solum sit filia, sed 〈pariens sive parens propter〉 maiorem assimilaionem ad deum.

さらに《神のスペキエス》という表現は，トマスの立場からは想定されることは不可能である。というのも，トマスの認識論の場合，人間知性は可知的スペキエスに形相づけられるといっても，可知的スペキエスそれ自体を直接的に認識対象とすることができないので，そこで表象像に「立ち返る」(reflectere) ことが必要となり，したがって，表象像が感覚に由来しているものである以上，神のスペキエスなるものは実現するはずもないからである。

つまり《神のスペキエス》は，エックハルトがディートリヒとトマスの認識論を批判的に継承することによって導き出された概念であり，それはさらに《魂の内における神の子の誕生》という彼独特の表現となる。《神のスペキエス》が魂と神との一性を示唆する表現となるのは，スペキエスと対象との関係が同名同義として解され，そしてこの関係それ自体が父と子との同名同義的関係にアナロギア的に関係するかぎりにおいてである。しかしそうは言っても，神の子が魂の内に生まれることはいまだ必然的ではない。それを必然的ならしめるのが，神が人間の本性をもって子の世界に生まれるという受肉の神秘にほかならない。エックハルトは受肉を《恩寵のための恩寵》として理解している。すなわち，神が子の世界に生まれるという恩寵は，人間が神の子とになるという恩寵のためにあるのである。上の引用文における「なぜ神は人になったのか。それは私が同じ神として生まれるためである」は《恩寵のための恩寵》としての受肉の意義を意味している[72]。

7.2　一への還帰

「ヨハネ福音書」第14章6節「わたしは道であり，真理であり，命である。わたしを通らなければ，だれも父のもとに行くことができない」を義解するにさいし，エックハルトは「道」を信仰による道，すなわち功徳に向けての善き業，「真理」は見ることに[73]，そして「生命」は情念に関係していると述べている。そして，「真理」としてのキリスト

---

72) エックハルトの受肉論に関しては第4章で詳述する。

73) In *Ioh*. n. 545; LW III, 476, 5-6: Christus est *via* in praesenti per fidem et bona opera quantum ad meritum.

を最重要視している[74]。すなわち，見ることは子が父を見ることであるが，それは信仰の道を通して開かれる。しかし生成は存在のためにあり，同様に，信仰は見ることが目的である。見るとは，われわれが神の子となって，われわれの始原である父と一になること，すなわち永遠の生命の獲得，至福なのである。神学が神的存在を考察することは同時に，人間に至福を明示することである。すなわち「福音」としての神学は子が父を見るという「見」(aspectus) を核心として成立している学であると言えよう。しかしその学は，子の「見」をアナロギア的原因として有する「哲学者の自然的論証」によって遂行される。

しかしながら，子が父を見るということは，たとえ両者の本性が一であるにしても，やはり「見る」(aspicere) という事態が生じる。つまり，「見る」においては「見るもの」と「見られるもの」という差異が生じてしまう。もちろん，この差異は対象的認識における主観と客観という二項対立によるものではないが，しかし「見る」ことにおいて，子はやはり父の像という性格を取り去ることはできない。人間の完成と至福が存している「一」に還帰するためには，子が子として父を見るという次元が超えられなければならない。このことに関して，以下において述べてみよう。

エックハルトはドイツ語論稿『高貴なる人間について』において，

「至福が存する第一なるもの，それは魂が神を覆いなしに見ることである。」[75]

と述べている。このように述べる根拠は，聖句「最初の者にして，最後の者」(黙 22・13) に基づいて，神が一であること，すなわち神のペルソナも一なる本性と同一であり，神における存在と本質との間にはいかなる差異もないことが示され，したがって仲介するものはいかなるもの

---

74) In *Ioh*. n. 545; LW III, 477, 1-2: Posset etiam dici quod *veritas* pertinet ad aspectum, *vita* ad affectum, sed primum melius est.

75) *VeM*; DW V, 116, 28-29: daz êrste, dâ sælicheit ane geliget, daz ist, sô diu sêle schouwet got blôz.

であっても神には無縁であることに存する[76]。神にはもともといかなる仲介物にも無縁であれば，神を認識する魂にもいかなる仲介物もあってはならない[77]。この仲介物には単に神をイメージさせる比喩だけではなく，「神」という名称も含まれている。そして魂の自己反省をも含まれている[78]。なぜなら，至福直観はただ神のみを認識することだからである。つまり，魂が神を認識していることを認識することは，魂における自己反省にほかならないからである[79]。

　神には仲介物が無縁であるならば，神はいかなる像や比喩も介在させることなく自己を認識するはずである。そうであるならば，神の本質直観を可能にする唯一の仕方は，神における自己認識以外にはありえない[80]。つまり，神を真に認識するためには，神と一にならなければならない。その神との一性という境位については，たとえばドイツ語説教70において次のように表現されている。

---

76)　*VeM*; DW V, 114, 21-115, 4: Allerleie mittel ist gote vremde. 'Ich bin', sprichet got, 'der êrste und der jungeste'. Underscheit enist noch in der natûre gotes noch in den persônen nâch der natûre einicheit. Diu götlîche natûre ist ein, und ieglîchiu persône ist ouch ein und ist daz selbe ein, daz diu natûre ist. Underscheit in wesene und in wesunge wirt genomen ein und ist ein.

77)　ここで言われている魂と神との間にある「仲介物」に関してエックハルトは，ドイツ語説教69において，ボエティウス『哲学の慰め』にならって，「喜び」，「恐れ」，「希望」そして「苦しみ」を挙げている。

Pr. 69; DW III, 166, 2-167, 1: Boethius sprichet: »wilt dû die wârheit lûterlîche bekennen, sô lege abe vröude und pîne, vorhte und zuoversiht oder hoffenunge«. Vröude und pîne ist ein mittel, vorhte und zuoversiht: ez ist allez ein mittel. Die wîle sô dû ez anesihest und ez dich wider anesihet, sô ensihest dû gotes niht.

78)　エックハルトはたとえば，『パリ討論集』第一問題をはじめとして随所で，至福は知性認識にあると述べているが，しかしその場合の知性のはたらきは反省ではないことに注意している。

In *Ioh*. n. 108; LW III, 93, 4-7: Ex praemissis patet manifeste error illorum qui dicunt intellectum et voluntatem esse distinctas potentias, etiamsi unum haberent formale obiectum; adhuc autem et error dicentium beatitudinem consistere in actu quidem intellectus, sed reflexo, quo scilicet actu homo scit se scire deum.

79)　*VeM*; DW V, 117, 25-28: Wan sicherlîche, der mensche der bekennet sich selben und anderiu dinc zemâle niht dan got aleine, jâ, in dem, dâ er sælic wirt und sælic ist: in der wurzeln und in dem grunde der sælicheit. Sô aber diu sêle bekennet, daz si got bekennet, sô bekennet si von gote und sich.

80)　Pr. 70; DW III, 194, 9-12: Aber sich selben bekennet er sunder 'kleine' und sunder bilde und sunder glîchnisse. Alsô bekennet sich ouch diu sêle selben sunder 'kleine' und bilde und sunder glîchnisse âne allez mittel. Sol ich ouch got bekennen, daz muoz geschehen âne bilde und âne allez mittel.

「もし私は神を仲介なしに，像なしにそして比喩なしに認識すべきであれば，神はまさに私にならなければならない，私は神にならなければならない。」[81]

　神をいかなる仲介，いかなる像もなしに認識するということは，「子」という像もなしに神を見るということまで意味している。そもそも神的本性が一であるかぎり，子が父を見るということ自体が「子」という像を超えて父すなわち一を直接見るという契機をすでに含んでいたと言うべきであろう。エックハルト神学の核心は子としての「見」にあると述べたが，その「見」はそれ自体，父との一を志向し，一においてその目的が達成される。

　一においてはいかなる区別も許されえないのであれば，そこにおいては父と子との区別も解消されなければならない。父を見ることは父と一になることであれば，そこにおいてはペルソナの区別もないことになるだろう。では，この一とはいかなる事態を意味するのか。ここで想起されるのは，前述したように，一が存在の最小限度の規定であるということである。したがって，父と一であるということは存在のうちにあるということを意味するように思われる。しかしそのとき，存在をそれ自体として表示するいかなる言語表現も見つからない。ドイツ語による説教に出てくる「静寂なる砂漠」(die stille wüeste) は，その存在のぎりぎりの表現ではないかと思われる。

　「砂漠」においては，知性はもはや求めることを止めている。そこでは知性は「もはや求めない知性」(die vernünfticheit, diu dâ niht suochende enist[82]) と呼ばれる。子としての「見」の目的の達成とは，父を見ることをもはや欲することはないことを意味している。しかしエックハルト神学が人間の完成と至福を基本要素としているかぎり，「砂漠」に至ることはもはや必然であったように思われる。

---

81) *Pr.* 70; DW III, 194, 13-195, 2: Sol ich got bekennen âne mittel und âne bilde und âne glîchnisse, sô muoz got vil nâhe ich werden und ich vil nâhe got.

82) *Pr.* 71; DW III, 217, 2.

おわりに

以上，本章において明らかになったことを整理してみよう。

① 生と死の分離の基準は身体的な生死にあるのではなく，生は本来において受肉のアナロギア的解釈として魂における神の子の誕生を意味し，死はキリストの十字架上の死を基準とする。
② 信仰は神の直観との関係において捉えられ，その関係は生成と存在との哲学的関係に，そしてモーセとキリストすなわち旧約と新約との関係ならびに律法と恩寵との関係に対するアナロギアとして理解される。
③ 受肉は神的領域内における子の父からの出生の模像，同時に創造された自然全体の範型として捉えられる。
④ 福音としての神学と伝統的形而上学における共通の対象は「存在者であるかぎりの存在者」であるが，しかしその対象に対する語り方の様相は両者においては異なる。つまり神学は真理そのものを語るのに対し，形而上学は蓋然的な真理を語る。
⑤ 神的存在は神学的解釈を通すことによって，人間の完成と至福の原理として提示される。
⑥ 人間の完成と至福は神的存在を構成する《一》に存し，人間は子を意味する《同一性》を媒介にして《一》に還帰する。
⑦ 認識対象とスペキエスとの関係は父と子との関係においてアナロギア的に捉えられ，その結果，《神のスペキエス》というエックハルト独自の概念が提示される。

以上の7項目はエックハルト神学構築のためのいわば土台であり，しかしこれらの項目によって表示されているものはそれぞれが独立しているわけではなく，いわば有機的に結合している。したがってこうした有機的結合が次章以下の論旨に反映されることになる。そして，建物全体の骨組みをなすものは，エックハルト独自のアナロギア論である。した

がって次章においてはこのアナロギア論にスポットを当ててみたい。

さて，エックハルト研究において頻繁に議論されるテーマの一つとして，『パリ討論集』第一問題の主題すなわち「神は知性認識なり」があげられる。神における知性認識を重視するエックハルトの立場は，アルベルトゥスそしてディートリヒが取っていた態度をエックハルトが受け継いでいることを物語っている。しかしエックハルトは両者の立場をそのまま受容したわけではない。「神は知性認識である」というエックハルトの命題は，創造論が展開されるときにその意味が明確となる。この命題の意味は第4章で詳細に論じることになる。

ところで命題「神は知性認識なり」は，その裏返しとして，神における存在否認が表示されている。ここで問題になるのが，『三部作』において第一命題として位置づけられている「存在は神である」との整合性である。したがって，第5章において創造論の観点から両命題の整合性に言及し，創造の始原としての神的存在の意味について詳細に論じてみたい。

エックハルトの受肉論は，キリスト教のドグマの単なる解説ではない。受肉は上の項目③に示されているように，神的領域と自然世界とを結合するいわば蝶番の役割を果たしている。受肉の媒介的機能は神的存在の構造にその起源を有し，したがって人間の完成と至福を導く恩寵として捉えられる。こうした受肉の意味については第6章にて展開される。

神的領域内における子の父からの出生においてもエックハルトはアナロギア論を駆使している。すなわち，存在と付帯的なるもの，形相と質料等の哲学的概念で捉えられる自然世界においても，子の出生がアナロギア的に適用される。これについては第7章で詳細に論じることになる。

エックハルトはさらに出生論を人間知性における認識論にもアナロギア的に適用させる。これが上の項目⑦に表示されているエックハルト独自のスペキエス論として展開される。これは第8章において詳細に論じることになる。

さて，エックハルトにおける神的存在の解釈は，本章の考察によって明らかになったように，哲学的分析を前提としてなされる神学的解釈で

ある。人間の完成と至福の第一の始原として示された《一》への還帰はいかに実行されるのかが最終的に問われるべき問題である。この問いに関してドイツ語説教に見られる《何故なしの生》というエックハルト独自の表現を用いて考えてみたい。これが第9章の主題である。

第3章
倫理的原理としてのアナロギア

───────

はじめに

　エックハルトの神学において頻繁に論議されるテーマの一つにアナロギア論があげられる。なぜなら彼の思惟領域がもつ重要性の一つは，神と義人との同一性表現を批判的に根拠づけなければならないという根本思想に存しているからである。ドイツ・ボーフム大学のモイジッシュ（Burkhard Mojsisch, 1944-）は，論理学的概念である《同名同義》(univocatio)，《同名異義》(aequivocatio)，《類比》(analogia) をその伝統的意味において教科書的に区別することは，エックハルトが考えた区別には適合しないことを指摘している[1]。

　教科書的区別に従えば，第一類比項（primum analogatum）――例えば《義であること》――は，本質的には一にして唯一なるものすなわち神のみに帰属する一方で，類比的に関係づけられたもの（analog (at) a）――義人，その行為等――は，神に作用因的に依存することにおいてのみ義であると見なされることになる。アナロギア関係のこのような解釈（アリストテレス・ボエティウス的意味における）に対してエックハルトは厳しく反論している。なぜならアナロギアをこのように理解すれば，それは真の神認識への道ではなくなってしまうからである。むしろアナロギアは次のように捉えられるべきである。すなわち，エックハル

---

1) Mojsisch, B., *Meister Eckhart. Analogie, Univozität und Einheit*, Hamburg 1983.

トの辛らつとも聞こえるテーゼ，たとえば1329年に異端とされた彼の命題の一つ「善にして義なる人は神の独子である[2]」における真の意味がアナロギア論によって明晰にされなければならない[3]。

神と被造物（人間）との一性と差異は，ただ以下のように考えられうる。すなわち，差異が大きければ大きいほどそれはより深い一性に根拠づけられ，同一的な存在が深ければ深いほどそれはより大きな差異性に基づいているのである[4]。創造主と被造物との間にはもはやいかなる類似性も存在しないという，よく知られたスコラ学の公理[5]は，存在と非存在との両極から考えられなければならない。エックハルトが神と人間との最も内的な一性を考え教示しえたのは，彼が同時に神と人間との間に横たわる虚無性をもまた承知していたからである。

アナロギア概念の哲学的・神学的多層性についての研究は今もなお続けられている。しかしながら今まであまり問題にされなかった一つの観点は，アナロギア論を道徳神学的にまた倫理的にいかに理解するかという観点である。エックハルトが好んで使う義人のアナロギア関係のパラディグマが，倫理実践的意義にも言及していることは注目されなければならない。義人が正しくあることの根拠は，義人を正しくすることだけではなく，義人をも創造するという神の正義に存している。その神の正義はまた義人を正義の神的根底に根拠づけ，そして義人をそのような者として明らかにするのである。義人が信仰において思索し行為するものは何であれ，彼はそれを自らの根拠である神の義のなかで信仰しながら思索し行為している。アナロギアとは真なる認識における思考のプロセスや自覚のプロセスだけではなく，義人の自己認識と神認識とが統一し

---

[2] Vgl. Denifle, H., Acten zum Processe Meister Eckeharts, in: *Archiv für Literatur- und Kirchengeschichte des Mittelalters* 2, 1886, 638.

[3] モイジッシュは，前掲書において，以上の命題に対してはアナロギア論ではなく同名同義的な相関関係のみが有効であるとしている。しかしエックハルトは終始一貫してアナロギアを語っているのであって，その命題においてもアナロギアの問題として扱われるべきである。

[4] Vgl. Guardini, R., *Der Gegensatz. Versuch zu einer Philosophie des Lebendig-Konkreten*, 1925, 2. Aufl. 1952.

[5] Lateranense IV（1215），De fide catholica, c. 2: ...inter creatoren et creaturam non potest similitudo notari, quin inter eos maior sit dissimilitudo notanda. Heinrich Denziger, *Enchiridion symbolorum definitionum et declarationum de rebus fidei et morum*. n. 806. Editio XXXVIII, 1999, Freiburg i. B./Basel/Rom/Wien, S. 361.

ていく生のプロセスでもある。

　論理学的・存在論的に理解されてきたアナロギアを倫理的原理として捉えることにエックハルトのアナロギア理解の真髄があるとの視点からエックハルト神学構築への道を拓くことが本章のテーマである。

1　アナロギアの聖書神学的基礎づけ

　パリでの2回の教授活動（1302-1303, 1311-1313）とその後のケルンにあったドミニコ会の神学研究所（studium generale）での教授時代に神学博士エックハルトは，旧約と新約から選択した聖書，たとえば『創世記』，『出エジプト記』，『集会の書』，『知恵の書』そして「ヨハネ福音書」などについて講解し討論を行なっている。命題集講師が行なう大ざっぱな聖書講解とは異なって，エックハルトは聖書から一文や一命題を選び取り，それをより敷衍的に解釈することによって討論を行なった。旧約外典の『集会の書』（Ecclesiaticus）の24章から彼は29節すなわち《qui edunt me, adhuc esuriunt》（われを喰む者はさらに飢える）を選び取り，それに続いてアナロギアのテーマを討議している[6]。すべての被造物は神の創造的な威力に基づいており，常にそして間断なく神から「喰んでいる」のである。被造物は自ら存在しているのではなく，また自己自身を満たすこともできない。知恵者が常に知恵そのものを喰みながら生き，そして絶えず知恵そのものに飢えているように，すべてのこの世の存在者は存在の創造的根拠から喰んでいるのである。すなわち創造的根拠から喰むことは満腹になるということであるが，しかし喰むことは同時に空腹であるということを前提する。

　アナロギア的関係にあるものは，その事象的な差異にしたがって考察されてはならない。つまり，アナロギア的関係にあるものにおいては，それらが何であるかという点についてではなく，それらの異なった存在様相（modus）を考慮しなければならない[7]。このことは，古典論理学の

---

6)　*Sermones et lectiones super librum Ecclesiastici c.24, 23-31.*LW II, 230-300.

7)　In *Eccli.* n. 52; LW II, 280, 6-9: Nam aequivoca dividuntur per diversas res significatas, univoca vero per diversas rei differentias, analoga vero non distinguuntur per res, sed nec per rerum

用語で言えば，次のように言い表される。すなわちアナロギア的に関係づけられた多様なもの（尿，薬，食物等）において健康であるということは，生物の健康と作用因的に照合されてはならず，健康で《ある》ことは存在・一，真，善へと関係づけられなければならない。

エックハルトが比較照合するアナロギア論を断固として拒否する理由は，そのようなアナロギア論は神認識においては道標にはなりえないからである。なぜなら，アナロギア論はこの世に存在するものの呪縛から導出されるものではないからである。ところで彼はアナロギア的な神認識へのマイモニデス（Moses Maimonides, 1135-1204）の批判を眺めながら，次のように論じている。

　「いく人かの人たちがアナロギアのこの本性を理解せず，またそのためにそれを認めず，今日まで誤謬を犯しているということは注目に値する。しかしアナロギアの真理を，それが『命題集』第一巻から明らかになったように，理解したわれわれは次のことを言わんとする，すなわち『われを喰む者はなお飢える』という言葉に，神に対するすべての事物のアナロギア的関係のすべてが非常によく表現されている，と。彼らは存在するがゆえに喰み，他者によって存在するがゆえに飢えているのである。」[8]

アナロギアは存在の根拠において明らかにされなくてはならない。したがって，エックハルトは存在するもののいわゆる超範疇的概念（termini generales, communia）に固執する。エックハルトが彼の『命題集』（*Opus propositionum*）の序文において超範疇的アナロギアを考究しているという事実から，彼がこのテーマを自らの神学にとっていかに重要視していたかということをわれわれは窺い知ることができる[9]。エッ

---

differentias, sed »per modos« unius eiusdemque rei simpliciter.
　8) In *Eccli.* n. 53; LW II, 282, 7-12: Notandum etiam quod hanc naturam analogiae quidam male intelligentes et improbantes erraverunt usque hodie. Nos autem secundum veritatem analogiae intelligendo, sicut ex primo *Libro propositionum* declaratur, dicamus quod ad significandum hanc veritatem analogiae rerum omnium ad ipsum deum dictum est optime: *qui edunt me, adhuc esuriunt.* Edunt, quia sunt, esuriunt, quia ab alio sunt.
　9)　*Prol. op. prop.* LW I, 166-182.

クハルトは存在の普遍的・超範疇的規定と神的完全性のカテゴリー（完全なるもの，無限なるもの）をアナロギア理解の構成要素とし，そのことによって同時に，アナロギアを論理的に秩序づけることから倫理的-存在論的に秩序づけることへと移調させたのである。

『集会の書に関する説教と講義』のなかで，エックハルトはさらに次のように論じている。

> 「しかし存在するもの，または存在やあらゆる完全性，特に存在，一，真，善，光，義というような普遍的なるものは，神と被造物とにおいてはアナロギア的に語られる。」[10]

この世に存在するすべてのものが存在において一である真と善との根拠から理解されるべきであるならば，一における真と善とは，それらがそこで自らの創造的根源と感覚的なるものの完成を見出すというほどに，存在の根拠と結合している。このように真と善とを発出させる，根源的に創造的な存在の一性が神なのである。根源の三一的・超範疇的規定は演繹されたものではなく，存在とすべての存在者が，その言葉と愛なしにはけっして考えることができない創造的霊に三様の仕方で関係していることを表示しているのである。一・真・善とは，それらが存在の三つの規定のどれにおいても普遍的であることによって，またそうであるかぎり，より厳密に言えば，神である創造的霊の観点において普遍的であることによって，存在の創造的規定なのである。

このような認識は，すでに述べたように，哲学的反省の帰結ではなく，存在の創造的根拠への洞察の結実である。しかも創造的知性における一・真・善という，このような三つの根本連関はまた，神の似像性における被造的・人間的知性をも構成する。

> 「さらにすべての被造的存在者は，神とのアナロギア的関係において存在，真性，善性へと向けられているのである。それゆえ，すべ

---

10) In *Eccli.* n. 52; LW II, 281, 1-3: Ens autem sive esse et omnis perfectio, maxime generalis, puta esse, unum, verum, bonum, lux, iustitia et huiusmodi, dicuntur de deo et creaturis analogice.

ての被造的存在者は存在，生そして思惟を，神からかつ神において存在的にかつ根源的に有するのであって，被造的存在者としての自己においてではない。つまり被造的存在者は，それが産出され創造されたものであるかぎり，(神から) 常に喰むのであり，しかし自己からではなく (常に) 他者によって存在しているのであるから，常に飢えているのである。」[11]

　思惟的存在者が知覚したり判断することは，教育や習慣のなかで身につけたものというだけではなく，思惟的存在者に理性とともに吹き込まれたことである。一・真・善へアナロギア的に一致することは，存在認識と神認識へとわれわれを導く根本的活力なのである。エックハルトは「創世記」と「ヨハネ福音書」の冒頭の解釈においてと同様に，「集会の書」の解釈の際にも，創造的なものと被造的なもの，根源的なものと造られたものとの緊張関係について考究している。創造的霊である神の創造的業は，受肉した神－ロゴス，イエス・キリストを通して神が恩寵をもたらす行為のための，永遠に変わらないパラディグマでもあるからである。神の恩寵が神の創造的業に属するように，逆にまた，創造の現実性は恩寵に存するのである。創造の恩寵を知らない者はキリストの救済史における恩寵をも知ることはできない。なぜなら創造者－神と救済者－神とは同じ一なる神だからである。

　さて聖書にみられる創造の福音の解釈は，さまざまなアクセントをもって次のような根本思想を際立たせている。

① この世に存在するすべてのものは，存在の全体のなかの自己の位置を十分な根拠 (ratio sufficiens) をもって明らかにすることはできない。存在の根拠と始原は存在者の絶対的に上位にあり，存在者を絶対的に超越している。
② 始原への強制的な関係は，存在者を貧困なるものとして明らか

---

11) In *Eccli.* n. 53; LW II, 282, 2-6: Sed omne ens creatum analogatur deo in esse, veritate et bonitate. Igitur omne ens creatum habet a deo et in deo, non in se ipso ente creato, esse, vivere, sapere positive et radicaliter. Et sic semper edit, ut productum est et creatum, semper tamen esurit, quia semper ex se non est, sed ab alio.

にし，他方で堂々とした豊かなものとして明らかにする。存在者を貧困なるものとするのは，存在者が自己自身から無だからであり，豊かなものとするのは，それが始原においては生命だからである[12]。

③ すべての存在者は，神的充溢のうちに，より厳密に言えば，存在者がこの始原から規定されまた理解されるという威厳のうちに，自らの生命の位置を有している。

④ すべての存在者は自らを発出させる始原から《喰み》，始原とその充溢のうちに《飢えている》[13]。

ここで注目されなければならないことは，すべての現実的なものは一者から流出（emanatio）するという新プラトン主義的理念と，その責をいつもエックハルトが負わされてきた人間の神化（deificatio）という《汎神論化した》観念とから，エックハルトが上述の基本思想を，きっぱりと区別していることである。流出過程に基づいて，一者がいつも変化し朽ち果てていく物質世界へと自己を譲渡するという思想は，被造物の限界を止揚する人間の神化という思想と同じく，エックハルトには無縁のものである。しかしこのことはエックハルトが新プラトン主義からまったく影響を受けていないとか，あるいは一方的に批判をしていることを意味するものではない。たとえば，プロクロスの『神学綱要』における一と多との関係，自己還帰の思想はディートリヒを通じてエックハルトのなかに脈々と流れていることは否定できない[14]。しかし新プラ

---

12) 「ヨハネ福音書」第1章4節，「この方の内に生命があった。この生命は人間を照らす光であった」参照。なお，エックハルトはアウグスティヌス以来の伝統にしたがって，「造られたものは，言のうちで生命であった」と読んでいる。

13) Vgl. *In Gen.* I, n. 12-14; LW I, 195-198; *In Ioh.* n. 134-139; LW III, 115-118.

14) ドイツ・ドミニコ会におけるプロクロス受容において主導的役割を演じたのはディートリヒである。このことはディートリヒがアルベルトゥスの一連のディオニシウス註解を発展継承したことを物語っている。こうした傾向はエックハルトが1329年に断罪された以降のドミニコ会内部における思想動向に特別な意味を与えることになる。その立役者がモースブルクのベルトルトである。彼は膨大な『プロクロス『神学綱要』註解』を著わし，《エックハルト》の名前を一切記述することなく，その代わりにたとえば«homo divinus»というエックハルトが頻繁に使用した概念を解釈し，エックハルトの思想をドミニコ会に伝承させようとした。ベルトルトから発するこの流れは，タウラー（Johannes Tauler, ca.1300-1361）に引き継がれられ，やがていわゆる《ドイツ神秘主義》（die deutsche Mytik）という大きな流

トン主義における流出論を汎神論的に解釈し，その文脈で神化の思想をエックハルトのなかに組み入れることはできない。というのは，エックハルトはラテン・ヨーロッパの文化的背景のもとで生きてきた神学者であるし，エックハルトにおける神と人間との一性の思想はキリスト教神学の文脈のなかで理解されるべきだからである。

さて神は真にしてかつ現実的な存在であるが，（存在者の）存在はそのまま神ということではない[15]。《神は愛である》（1ヨハ4・16）は《愛は神である》と言い換えることはできるが，《神は存在である》という命題においては，その逆，すなわち《存在は神である》と言い換えることはできない[16]。なぜならば（存在者の）存在は実体ではなく，ましてや一個人の存在の現実態ではないからである。一・真・善の諸連関は存在のうちに収斂し一致するのである。その連関とは一つの球のような調和のとれた力によって存在の全体をその創造的起源という点において明らかにする。存在することは認識することである[17]。常に根源的である《完全への還帰》によってのみ絶対的・神的存在は存在者の存在のうちで確証されるのである。エックハルトが創造神学的に選択した基本的なことがらは，アナロギアの普遍的（超範疇的）構造に関わることであるから，そのことを検証することによって，本章の主題から，以下において，いくつかの項目を浮かび上がらせることができる。

1.1 創造者の自由性

創造的能動者は，類と種，質料と形相といった因果関係や関係構造のうちではたらくのではなく，自由なるものとして定められ創造されたものが，根源的にして創造的な能動者の影響範囲にのみ存立できるよう

れになっていく。

[15] Vgl. Erwin Waldschütz, *Denken und Erfahren des Grundes. Zur philosophischen Deutung Eckharts*, Wien 1989. 222-229.

[16] ここで言われている「存在は神である」の意味は第5章で扱われる命題「存在は神である」のそれと同一ではない。というのは，両者における「存在」概念の意味内容が異なっているからである。つまりこの箇所で言われている「存在」は事物の存在を表し，第5章での「存在」は，後述するように，絶対的存在を表している。

[17] Vgl. Ruedi Imbach, *Deus est intelligere. Das Verhältnis von Sein und Denken in seiner Bedeutung für das Gottesverständnis bei Thomas von Aquin und in den Pariser Quästionen Meister Eckharts. Studia Friburgensia NF*. 53, Freiburg 1976.

に，現存在の内部へと自由に分け入りそこではたらくのである。すべての被造的なるものは，この根本原因から可能態と現実態を享受する。したがって，この世に存在するものの可能態とは，存在の上位にかつ存在を超えてそれ自体として考えられるような現実態のための前提ではなく，存在の全体のうちに，また存在者の現実化以前に存在者を証明するための一つの条件なのである。

> 「なぜならアナロギア的関係にあるものは，つまり能動者（activum）と受動者（passivum）とが質料や類において一致しない場においては，受動者はそれが所有しているすべてのものを上位者の純粋なる恩寵から有しているのである。というのは，これらすべてのものは，上位者の固有なるものとして，上位者の本性それ自体から生じるものだからである。」[18]

《受動》すなわち，この世の存在者の主体的可能態とは，創造が現実化する以前から創造されるべきものに帰属している恩寵を享受する本性である。それゆえ可能態とは，自らの現実化以前に創造的根拠を定めるという意味で前提なのである。この創造的根拠は存在者を存在・一・真・善の充溢のなかで恵み承認する。すべての存在者の可能態と現実態は純粋なる恩寵であり，また上位なるものと根源的なるものの本性から生じ流れ出ている。したがって，創造のあらゆることがらは，もちろん《いつ》（quando）と《どこ》（ubi）という規定においても，神的本性とともに永遠に与えられているのである。その本性からして永遠なる恩寵であるものは，それが時間と歴史の規定のなかで認められるならば，恩寵であることをやめない。というのは，この規定が恩寵を享受するための本性を開示しているからである。エックハルトが人間の永遠なる創造と召命を考えているならば，彼は神と人間との間に横たわる無限なる深淵をいたずらに排除したりはしないのである。

---

18) In *Ioh*. n. 182; LW III, 150, 6-9: In analogicis enim, ubi activum et passivum non communicant in materia sive in genere, ipsum passivum totum quod habet de mera gratia superioris habet, utpote consequens ipsam naturam superiori ut proprium.

1.2 被造的知性の成立根拠

能動的創造者は無限に完全なる者,無限に知恵ある者,善なる者そして義なる者である。存在・一・真・善という普遍的（超範疇的）規定と神的本質,全能,知恵者,善者という一般的規定は無限なる存在のなかでは一であり同一である。だから神は善なる者,無限に知恵ある者,無限に義なる者なのである。一般的な存在規定と神の属性とのこうした置換性はその普遍性に根拠づけられている。このようなカテゴリー的規定が普遍的でありうることによって,またそうであるかぎり,その規定は神を適切に表現するものとなる。無限なるもののうちで,《普遍概念》(universalia)はお互いに境界なきものとなり,統一されるのである。人間による神への述語づけは直接に神に妥当するのではなく,人間の思考方法と言表方法を考慮に入れることによって,ただ間接的にしか神に関わりをもつことができない,とするトマス・アクィナスの見解[19]にはエックハルトは与しなかった。エックハルトはむしろ次のように考えた。われわれが神を認識し語ることが《大きくなればなるほどそれを超える》という最上級において,また《いやましてさらに他なるものである》という否定において準備されるならば,それは妥当するものになる,と。ガンのヘンリクス（Henricus de Gandavo, ? –1293）が,神への述語づけの積極的意義を《表示》(significatio)の概念から解したのに対し,エックハルトは《普遍概念》（超範疇的なるもの）の教説に基づいてその意義を根拠づけたのである。この概念は,彼にとっては,われわれの神認識のためのキー概念となったのである。ウィリアム・オッカムは後に,三位一体の神学を解釈するために,この概念を投入することになる。

神の創造的霊に基づいている存在と一という始原へと,真と善とは関係づけられているのであるから,存在・一が真と善とに源初的に根源的に一致していくことにおいて,われわれの被造的知性は成立している。その存在・一とはわれわれが認識し意志することを通しては簡単には《公表》され《開業》されうるものではなく,真と善とに対するわれわ

---

19) Thomas Aquinas, *Summa Theologiae I* qu. 13: De nominibus Dei, とくに art.3; Vgl. Ludwig Hödl, Die philosophische Gotteslehre des Thomas von Aquin O.P. in der Diskussion der Schulen um die Wende des 13. zum 14. Jh., in: *Riv. Fil. Neo-scol.* 70, 1978, 113-134.

れの認識と意志とが開かれ決定されるなかで，ある程度ではあるが，創造的に明らかにされるものである。外界の事物や事実は，われわれの被造的知性が真と善とに一致するための呼びかけであり，要求であるにすぎない。それゆえアナロギア的に一致することはエックハルトにとっては，神へと至る思考の道というよりは，むしろ神の前でそして神のなかで生きる道なのである。真と善とに一致することによって，人間の知性は根源的に一なる存在，神に達する。

「それゆえ神学と道徳哲学と自然哲学とは一致し，鋭敏な探求者はおそらくすべての領域にそのことを見出すであろう。」[20]

これはわれわれがけっして忘れてはならないエックハルトの基本思想である。

1.3 恩寵としての創造的業

神の創造的業はそっくりそのままで神の行為である。神は自らの全体性のなかではたらき，完全なる事物の一つ一つを創造する。始原と根拠とのいかなる分裂もエックハルトには無縁である。だからそれ独自の自然根拠ということも問題にならない。自らの言葉とすべてを一致させる愛を伴った創造的霊は，神的全体性のなかではすべての存在者の始原であり，したがって神はすべての事物の最内奥に内在しているのである。それ自体は神ではないそして神ではありえない《事物の存在》(esse rerum) は，一・真・善の構造と力動性においては，神の現実態の証明であり，表示なのである。しかし創造的始原はすべてのものの上位にあり，すべてのものを超越しているのであるから，同時にそれはまたすべての事物の《最も外に》ある。《最内奥にして最も外にある》という緊張においては，神はこの世の存在者には予測もできない，自由にもならない深淵なのである。しかし存在・一・真・善においては，その始原から個々の存在者に高き威厳性が賦与される。一・真・善に対する認識と決心において，人間は創造における神の生命の明らかなる根本的成就

---

20) In *Ioh.* n. 509; LW III, 441, 10-11: Ergo concordant theologia et philosophia moralis et naturalis, quod fortassis in omnibus sollers inveniet indagator.

を実現し，子のもつ父子関係に関与するのである。神の父子関係における高貴な恩寵は，一・真・善の超越的関係のなかに潜在的に与えられている。受肉したロゴスのもつ恩寵のみが，この隠れて見えない恩寵を呼び覚まし明かるみへともたらすことができる。エックハルトはあまりにも神学者であり説教僧であるので，聖書におけるロゴスの福音に対して誤謬を犯すという危険を伴ってまでも，このような創造における見ることのできない恩寵について語ることは彼にはできない。しかしその一方で，エックハルトはあまりにも哲学者であるので，自然哲学に対する誤謬を犯すという危険を伴ってまでも，福音が啓示するこの恩寵を告げることは彼にはできない。

2　超範疇的アナロギアの哲学的解釈

　存在・一・真・善の超範疇的概念は，たった今論じたように，エックハルトのアナロギア論における重要な構成要素である。それゆえエックハルトによるその哲学的解釈はアナロギア理解のためには不可欠だといえよう。ところでエックハルトは《transcendentia》という術語をたった一回しか使用していない[21]。この術語がたとえ13世紀にはすでに（トマスやボナヴェントゥラには）知られてはいても，それが概念史的意味を獲得したのはやっと14世紀に入ってからのことである。しかしより厳密に言えば，その術語はその当時であっても一定の意味づけが行なわれることなく使用されていたのである[22]。アウグスティヌス主義者にして神学者フゴリヌス（Hugolinus Urbevetanus, ca. 1300-1373）は《transcendentia》の構成要素として《ens》，《essentia》，《aliquid》，《res》をあげている[23]。彼は「あらゆる存在者は，それらが存在しているかぎり，またそれらがあるところのものであるかぎり，真に表現される」と

　21）　In *Gen*. I, n. 128; LW I, 283, 4-6: dicuntur sana secundum naturam analogiae, qua omnia huiusmodi transcendentia se habent ad creaturas, puta ens, unum, verum, bonum.

　22）　《transcendentia》に関する概念史と関連文献に関しては，以下のものを参照されたい。AERTSEN, Jan A., The medival Doctrine of the Transcendentals the current state of research, in: *Bulletin de philosophie médiévale*, 33. 1991, 130-147,（137f.: German Dominican School）.

　23）　Hugolin von Orvietto, *Sent*. I, Prol. qu. 2, ed. W. Eckermann, 73-77.

簡潔に確定している[24]。

エックハルトは《これら四つ》(haec quattuor; esse od. ens, unum, verum, bonum; 存在または存在者，一，真，善）とも語ったが，これらは彼が別の箇所でも普遍概念として見なすことができたものであった[25]。これら四つのものはお互いに置換し合いながら一つの全体を形作っているものである。これらは，その四つの全体いわば《正方形》において，十全たる意味を獲得する。術語《transcendens》は際限なきことを表示しているが，しかしそれだけでは，お互いに補完し合っているという点をわれわれは聞き逃してしまう。また置換性という規定だけでは，《普遍概念》が独自のものと異なっているものにおいてのみ補完し合っているということも，われわれは見過ごしてしまう。それ自体として考えれば考えるほど，個々のものすなわち《ens》，《unum》，《verum》，《bonum》はそれ自体で意味するものを表示することになるが，これら4つによって形成されるいわば《正方形》と現実態においては，個々のものは他のなかで他とともにある。個々のものは他のなかで自己を発揮し，その意味内容によって引き立つのである。それでは以下，それぞれの概念内容を吟味していきたい。

2.1 esse

esseとは，その固有の意味においては，本質的に規定された存在を表すが，同時にまた規定されていない絶対的存在をも表す。絶対とは，たとえそれが（神における）生むものと生み出された存在の規定であっても[26]，あらゆる規定の上位にありそれを超越していることを意味する。

---

24) *Ebd.* 79, 358f.

25) In *Ioh.* n. 562; LW III, 489, 1-5: Quantum ad primum, sciendum quod haec quattuor praemissa idem sunt et convertuntur realiter quantum ad suppositum sive subiectum, distinguuntur autem ab invicem propria ratione sive proprietate uniuscuiusque; ratio enim entis est quid abiectum et indistinctum et ipsa sua indistinctione ab aliis distinguitur. Quo etiam modo deus sua indistinctione ab aliis distinctis quibuslibet distinguitur.

26) In *Ioh.* n. 512; LW III, 443, 8-15: Esse autem, tum quia ad intus et essentiam respicit, tum quia absolutum et indeterminatum, nullius productionis principium est secundum sui rationem. Ab indistincto enim et indeterminato nihil procedit. Unde commentator super II Physicorum reprehendit Avicennam ponentem casum et fortunam circa contingens et ad utrumlibet eo quod casus et fortuna respiciant causam efficientem; contingens autem et ad utrumlibet, utpote indeterminatum, sapit naturam materiae nullius productivum seu effectivum. Hinc est etiam quod

しかしエックハルトはその哲学的概念の分析の際にも，その神学的意義に意を注いでいる。そしてこの知的労作業によって，解釈のより広い視界が広がってくるのである。存在はすなわち，光り輝き照らす，涌出し流れ，ぱっと明るくする光に譬えられる。だから恩寵だけが光だと考えているのは正しくない。「ヨハネ福音書」第1章9節《erat lux vera》の解釈のなかでエックハルトは「すべての完全性，とりわけ存在そのものは光であり，すべての輝く完全性であるのに，彼らは恩寵だけが光だと思っている[27]」と述べている。存在とは，この世の存在者のための強固な地面なのではなく，ぱっと輝くことによってのみ開示されうる，涌出し流れ出ずる光である[28]。キリスト教の全伝統を通じて用いられてきた《恩寵の光》(lumen gratiae) というメタファーは，光の譬喩的表現としては単独では使用することはできない。つまり存在は光であり，非存在は闇なのある。

同じようにまた，神はぱっと輝き自己を開示する光である。エックハルトは，「神とは存在そのものである」というトマスのテーゼ[29]をただ承認しただけではなく，同時にまた純粋性，単純性，無限性において神の神秘を明らかにする，涌出し流れ出ずる生命という神の比喩にも注目している。神の《神秘》として啓示によってのみ知られうるものは，存在と生命の輝き照らす力という神の比喩によって，理解されるのである。

一目で存在の対照的規定のように思われるもの，すなわち単純で涌出する生命は，一，真，善がその本質的・根本的力動性において超範疇的に規定されることによって，理解されなければならない。単純にして純粋なる存在は，それ自体からしてかつそれ自体において存在しているのであるから，ぱっと輝き発現する存在である。その存在の最初の（ペルソナ的）発現が神にあっては言葉と愛であり，それらは同時に神的生命の充溢，完全性，至福なのである[30]。そして，存在者の存在における創

---

theologi dicunt esse seu essentiam nec generare nec generari.

27) In *Ioh.* n. 94; LW III, 81, 10-12: putant solam gratiam esse lumen, cum omnis perfectio, praecipue ipsum esse, lumen sit et radix omnis perfectionis lucentis.

28) Vgl. Imbach, R., *Deus est intelligere*.

29) Thomas Aquinas, *Summa Theologiae I* qu. 3 art. 4, *De potentia* qu. 1 art. 4.

30) Vgl. Waldschütz, E., *Denken und Erfahren des Grundes*.

造者の最初の発現は，創造の現実態である一，真，善において明らかとなる。一・真と善・存在とは創造における神の原-啓示である。真の認識における存在との一致によって，また善に対する決心によって，われわれは神から贈与された神の似像性を実現し，われわれ自身は神とアナロギア的に関係づけられたものとなる。つまり人間が真を認識し善を決心するのは，ただ神とアナロギア的に一致することに存するのみではなく，神的生命が根本的に成就されることにも関与するのである。

2.2　unum

　存在の第一の規定は一である。存在が根源的に発出させる力であることによって，またそうであるかぎり，存在は一であり，そしてすべての存在者とこの世に存在するものは，この根源からして一なのである。この超範疇的規定は数えることの始原（principium）ではなく存在の始原であり，また充溢の始原であるが多様性の始原ではない。存在・一のこの第一にして原-規定が存在を根源的にして完全なる力として開示し，その力の充溢がこの世に存在するもの全体を可能にし，支えているのである。この一なる存在は潜勢的に全体であって，そこには無縁なもの外部のものは何一つありえない。それとは逆に，また全体は，その調和のとれた充溢と多様性においては，潜勢的な一として把握されなければならない。この一と潜勢的な全体のための重要なパラダイグマは，エックハルトにとっては，自らのすべての力を潜勢的に有する人間の精神的魂である。

　キリスト教の啓示の理解によれば，父は神のうちにおいては神性の全体と創造の第一の一者であり，生まれずして生むもの，創造主である。父・子・聖霊は数えられるもの（数として数えられるという意味での）ではなく，根源的にして神的なる存在・生として一なのである。この根源的一，三一的神は，あらゆる多を否定するだけではなく，否定するいかなる考えをも否定する。エックハルトによれば，この二重の否定によって，神の一性と神的な統一の深淵への研ぎ澄まされた洞察が可能になる[31]。この一性と統一は一なる一，本来からの一，単一なる一として，

---

31)　In *Ioh.* n. 556; LW III, 485, 5-7: unum ipsum est negatio negationis, negationis, inquam, quam multitudo omnis cui opponitur unum includit; negatio autem negationis medulla, puritas et

多様なるものと差異的なるものの彼岸に求められなければならない。しかし一性とは，その多様なるものをも統一させうる存在の力であるから，したがってそこでは多様なるものはもはや色あせたもの，分離したものではない。これによってわれわれは，エックハルトの霊性と神秘主義にとって非常に重要な思想に触れることになる。

　倍化された数，数えられるものや数えられたもの（量の領域における）について哲学は承知している。また数えられない多についても哲学は承知している。肉体をもった存在は数えられるが，しかしそれ自体区別された精神存在は数えられない。数えることもできず多でもない存在のあの充溢について，啓示は承知している。数えられるのは天と地，すなわち創造における原-分割，分離である。この二（天と地）に基づいて被造物は———一性，無差別性，同一性における神的存在とは対照的に——不等性，多様性，多性へと落ち込むのである。そして一性からの落下は常に存在からの落下でもある。

　　「この二または二重性および分割は，常に存在そのものからの落下であり逸脱である。なぜなら分割されたものはもはや存在しないからである。」[32]

　分割されたものは不吉なものや欠如と同じく悪の領域に属する[33]。それはしかし，あたかも最終的に限定づけられたもの，制限されたものがそれ自体において悪く劣悪であるということでない。一つ一つの被造物すべてにわたって神の栄光が輝き，一・真・善の光が輝いているのだから。しかし狭小なるもの，制限されたものはわれわれの認識を欺き裏切り，その多様性と雑多性のなかでわれわれの認識を一・真・善からそら

---

geminatio est affirmati esse, Exodi 3: 'ego sum qui sum'.

　In *Exod.* n. 77; LW II, 80, 10-81, 2: Negatio autem non est propria, sed aliena a deo. Ratio est breviter quae supra, quia affirmatio esse habet et includit. Li est enim medium est omnium affirmativarum, vel in ipsum resolvuntur. Negativa vero omnis et sola non esse includit.

　　32)　In *Gen.* I, n. 90; LW I, 248, 15-16: Binarius sive dualitas sicut divisio semper est casus et recessus ab ipso esse.

　　33)　*Serm.* XXXIV, 2, n. 345, LW IV, 300, 7-9: Hinc iterum numerus par ratione binarii descendentis in se sive in ipsum in ordine mali cadit sicut sinistrum et privatio.

すのである。

> 「しかし神のこちら側（神の下）に存在するものは，これとかあれとかの存在者であるが，絶対的な存在者あるいは存在ではない。」[34]

神の下に存在するものはわれわれを神へともたらすものではない。われわれが創造の現実態のなかで求め，そして読み取らなければならない一・真・善への手がかりは，間違った認識や決心という多くの危険に曝されている。分割されたものは多性の内へと落ち込み，色あせたものとして流浪し，もはや存在するものではない。分割されたものはもはや存在しない《Quod enim dividitur iam non est》[35]。

2.3 verum, bonum

存在・一は真であり善であるが，厳密に言えば，それが言えるのはその根源からしてそしてその内部において，ということである。存在者は根源的に生起し発現するものとして真，すなわち明らかなものとなる。存在者がそれであるところのものであるということが，その始原からして明らかとなる。可視的なものと可知的なものが開示する本性を存在者は自らの根源から有し，創造的ロゴスは神の内部において有している。存在者がロゴスと一致することは，宇宙全体のなかで存在者が出現することであり，それはすなわち人間が意志し認識することを理性的に方向づけることを意味する[36]。

ところでアリストテレスによれば，存在の原理と認識の原理は一致し

---

34) In *Ioh.* n. 52 LW III, 43, 11-12: Omne autem citra deum est ens hoc aut hoc, non autem ens aut esse absolute, sed hoc est solius primae causae, quae deus est.

35) In *Gen.* I, n. 90, LW I, 248, 16.

36) In *Gen.* II, n. 52; LW I, 520, 5-14: Sciendum ergo quod similitudo rerum in suis causis originalibus, maxime in prima, quae et ratio et verbum ipsarum est et dicitur – Ioh. 1: 'in principio erat verbum', Graecus habet 'logos', quod sonat ratio sive verbum – haec, inquam, similitudo, verbum et ratio in causa analoga ad duo respicit, ut principium scilicet cognitionis et scientiae et iterum ut principium foris in natura rerum exsistentiae. Hoc enim ipsum nomen exsistentia, quasi extrastantia, indicat. Et hoc est quod p h i l o s o p h u s dicit eadem esse principia essendi et cognoscendi. Plato etiam ideas rerum, similitudines et rationes, ponebat necessarias tum propter cognitionem tum propter generationem.

なければならない。プラトンは，イデアすなわち存在者の原型と思惟根拠は，認識と発出のためには必然的に一致すると教示した。これらの哲学的聖句に始まり「ヨハネ福音書」の序にまで及ぶ伝統とは，この世に存在するものはすべてロゴスを前提としている，またはエックハルトがアルベルトゥス・マグヌスから引き継ぎ簡潔に公式化しえた命題，すなわち《自然のはたらきは叡智体のはたらきである》(opus naturae est opus intelligentiae[37]) という命題である。アリストテレスは存在原理について，プラトンは発出根拠について語っている。しかしエックハルトは《自然における外的事物の存在の始原》(principium foris in natura rerum existentiae) について語り，existentia を《いわば外に在るもの》(quasi extrastantia) と解している[38]。このように術語が置換されることで知られることは，エックハルトがいかによく創造と存在のロゴスを具体的に実存するものに求め見出しているかということである。したがって，エックハルトにとって，形而上学とは自然哲学でもあり創造神学でもある。

認識と実存の根源的ロゴスは，エックハルトによれば，「ヨハネ福音書」の序において語られる三位一体的ロゴス・受肉したロゴスである。聖書におけるこのロゴスから彼はまた verum と bonum の超範疇的規定をも理解し，そのことによって二重の発見をした。すなわち，

① 一の──神学的に言えば，父なる神の──優位性を損なうことなく，真と善──神学的に解せば，子と聖霊──は存在・一と本質的に同一である。
② 一・真・善の本質的同一性を損なうことなく，善は一と真からその両者の絆として生じる[39]。

真の優位つまり善と人間における意志に対する認識の優位は，エック

---

37) *Quaest. Par.* I, n. 5; LW V, 42, 3; Vgl. Hödl, L., Opus naturae est opus intelligentiae. Ein neuplatonisches Axiom im aristtel.Verständnis des Albertus M. in: *Averrosimus im Mittelalter und in der Renaissance*, Zürich 1994, 132-148.

38) In *Gen.* II, n. 52; LW I, 520, 11.

39) In *Ioh.* n. 513; LW III, 444, 9-11: pater et filius unum sunt, hinc est quod ab uno et vero producitur bonum ad amorem et nexum quendam duorum pertinens, aut est potius ipse nexus.

ハルトの信仰理解と霊性にとって根本的な意義をもっている。このテーゼは聖書に，そして哲学的に根拠づけられている。「神は霊である。だから，神を礼拝する者は，霊と真理とをもって礼拝しなければならない」（ヨハ4・24）。われわれはここで繰り返し述べる，すなわち，創造者－霊・神はその言葉と愛なしには考えられえない。一・真・善という超範疇的なものの内在的関係，それをエックハルトはキリスト教における神の啓示の中心において見出したのである。永遠なる言葉は，神の神秘の内部に入り照らすと同様に，創造の現実態という外をも照らし出す，一にして全なる神の啓示である。神－ロゴスにおける《最も内》と《最も外》とは，分割され離ればなれになっていることを意味するのではなく，ただその恩寵は理解不可能という証明を通して明らかになる，神の顕現と現実態のあり方にのみに関わることなのである。

　この内と外との境界線上と交差とにおいて，被造的知性は自らの本拠を生と存在の中心に有している。永遠的にして受肉した言葉の真理の根拠と再び結びつくことによって，被造的知性は，自らが以前からずっと基づいていた，真理の永遠なる言葉の根拠を享受するのである。このように永遠なる言葉の深淵に基づくためには従順，清貧，謙譲という厳しき修行の道が要求されること，そのことを神の永遠なる言葉の受肉への深きそして疑いなき信仰心によって承知している神学者，それがエックハルトである。さらには，このように真理によって基礎づけるためには，理解と思索の絶え間なき努力が要求されること，そのことを真なるものの認識への情熱によって承知している哲学者，それもまたエックハルトである。

　神においては聖霊が父と子との愛の絆であるのと同じように，善は一と真との絆である[40]。この三位一体論におけるアナロギアから明らかになることは，真の意味内容が善のそれよりも以前にあり単純なものであるということである。なぜならば，本質的に真なるものは現実的な善の上位にあり，それを超越しているからである。真は存在・一の根拠から思惟的存在者の内へと流れ込み，それを存在・一が明らかとなる真理に根拠づけるのである。善は一と真との根拠と力から現実に存在している

40）　前註を参照。

ものへと流れ込む。この現実に存在しているものとは，以上述べた根本連関においては善であり，一・真が現実においてはたらき顕現することである[41]。善とは，一・真が現実のなかでいかに明らかになるかというあり方のように考えられる。

イエス・キリストは父の本当に真なる子であり，救済の担い手であり仲介者である。本当に真であるとは，真なるものを高めることではなく，現実において真なるものが開示することである。本当に真なる友ということをしばしばわれわれは口にする。

善は一・真から生じてきたものであるから，（自由）意志もまた自らの場所を知性のなかに有している。エックハルトはアリストテレスやトマスと同様，次の命題を提示しえた。すなわち《意志は理性のなかにある》（voluntas in ratione est）[42]。理性的被造物が志向し願望することの起源は理性のなかに存する。そこでその志向と願望は洗練され，感覚的欲求から理性的志向へ，自由意志すなわち理性によって裏打ちされ形成された意志へと高められるのである。理性的に意志することがもつ，洗練し自由にする力が，動物的欲求を受け入れ，高めそして形成し直すのであるから，理性はその欲望に独自の威厳を付与し，善における決心のための能力をもつことになる。真の認識は善において自己を発揮し，そして善において自己を発揮する認識が本当に真なのである。

倫理的観点，厳密に言えば，いわゆるエックハルトの神秘主義の道徳

---

41) In *Ioh.* n. 515; LW III, 446, 1-11: His praemissis assumo quod supra dictum est, scilicet quod ab uno, primo omnium, procedit verum, a vero autem virtute ipsius unius descendit ipsum bonum, sed omne ens creatum secundum totam sui latitudinem dividitur prima sui divisione in ens cognitivum sive verum et in ens reale extra cognitionem in natura quod est bonum, ut nunc dictum est. Ex quo concluditur quod ipsum unum ex sui ratione propria redundat, germinat, floret et spirat sive diffunditur in omne ens tam increatum quam creatum, secundum illud: 'flecto genua mea ad patrem ex quo omnis paternitas in caelis et in terra nominatur'. Pater autem ipsum unum est, ut dictum est supra.

Ad hoc etiam est quod Mtth. 11 dicitur: 'confiteor tibi, pater, domine caeli et terrae'; Luc. 10 secundum plures libros dicitur: 'confiteor tibi, domine, pater caeli et terrae'. Et hoc est quod apostolus dicit: 'ex quo omnis paternitas in caelo et in terrae'.

42) In *Ioh.* n. 676; LW III, 590, 10; Vgl.Thomas Aquinas, *ST* I qu. 82 art. 5, sed contra; *Quaest. disp. De anima* qu.13, ad 12; Vgl.T.Horvath,`Caritas est in ratione'. Die Lehre des hl. Thomas über die Einheit der intellektiven und affektiven Begnadung des Menschen. in: *Beit.Gesch.Phil.Theol.MA* XLI. 3, Münster 1966.

的次元は，ハース（Alois M. Haas）が批判的に指摘しているように[43]，哲学的研究においては今まで見過ごされてきた。この倫理的次元は，現実的に真なる者の認識が根本的に成就されるところにその成立地盤が存する。認識の純正さと決心の正しさは，感覚的に満たされた人間生命を前提とし，またそこに根拠づけられている。魂の本質と潜勢との実際の区別を受け入れる必要もなく，心情，理性，自由意志がそれら一つ一つで，またそれらすべていっしょで人間の魂の全体を形成するように，気分，認識，意志は一つの全体としてまとまっている。

存在・一・真・善の超範疇的構造は魂の形相と姿を規定する[44]。一・真・善とこのように一致することにおいては魂は神の像であり，そしてその神の像は，神の似像性を形成し整えることによって魂の存在を実現し成就するのである。善が一と真とから流れ，その両者の絆であり結合であるから，認識と意志とは愛によって完成するのである。だから超範疇的アナロギアのキリスト論的深化によって，アナロギアの実践的次元が完全に明るみに出されなくてはならない。

3 キリスト論的深化

差異的なるものの一性とは単なる一様性ではなく，同一性における一性である。一性と同一性とは哲学と神学における不変的かつ核心的なテーマである。しかし数学はともかくとして，同一性の概念がしかるべく注目されたのは，ただ神学においてのみである[45]。ボエティウスが中世の学生に教示したのは，同一性とは不等なるものを概念領域の周辺において有効にさせることができる関係概念であるということであっ

---

43) Haas, A. N., "Nim dinselbes war". Studien zur Lehre von der Selbsterkenntnis bei Meister Eckhart, Johannes Tauler und Heinrich Seuse. *Dokimion* III, *Freiburg Schw.* 1971,16.

44) Zum Brunn, E., La doctrine albertienne et eckhartienne de l'homme d'après quelques textes des « Sermons allemands.» Sonderdr. *Freib. Zeitscr. Ph. Th.* 32, 1985, 137-143.

45) Vgl. *Hist. Worterb. Phil. III*, S. 671f.; 社会的平等（die soziale Gleichheit）の範型はフランス革命以来，社会理論として扱われるようになった。同一性における神学的概念についてのガンのヘンリクス（Quaest.ord.（summa），art. 70, q. 1-2, ed. 1520, fol. 238r-239v）とトマス・アクイナス（*S. th.* I qu. 42 art. 1-6）との論争は残念ながらまだ研究されていない。

た[46]。不等なるものとは，それ自体としては，包括的に規定する同一なるものの一性において解消される多性であり，多様性である。神学的考察によれば，同一性は一性から直接的に生じるものであって，したがって，一性は同一性のうちに保持されていることになる。一性を保護し，その一性において自らの本分を全うする同一性は，神においては，神のペルソナの間にはたらいているのであり，そのことは，ローマ・カトリックの典礼文における古典的な三位一体の序文にある《... in personis proprietas, et in essentia unitas, et in majestate ... aequalitas[47].》としても知られている。

　同一性表現がその特に神学的・救済論的意義を獲得したのはキリスト論においてである。人となった神の子イエス・キリストは神と等しいのであるから[48]，したがって，イエスには，「私と父とは一つです」(ヨハ10・30)あるいは「私は父のうちにおり，父は私のうちにおられる」(ヨハ14・11)と語ることが可能なのである[49]。さらに子は父からの永遠の出生によって父と同一の神的本性を有しているのであるから，神の同一性が帰属するのは必然的に子においてのみである。すなわち，同一性はその本性である一性から生じるのであって，父は神においては一性であり，子は一性から生まれたものとして神のうちに存在しているのであるから，同一性とは子を意味することになる[50]。

　われわれ人間はしかし，神の独り子の受肉を根拠として，子の同形姿性（子-アナロギア）の恩寵においてのみ子の同一性に到達することができる，不等なる子なのである。つまり父と同名同義の関係にある子によってのみ，人間は父とアナロギア的に関係することができるのである。

---

　46) Boethius, *De institutione arithmetica*. Bibl. Teubn. 1867, II. 1, 77, 15-18.: "Ita igitur, quoniam ex aequalitatis margine cunctus inaequalitatis species proficisci videmus, omnis a nobis inaequalitas ad aequalitatem velut ad quoddam elementum proprii generis esolvatur."

　47) *Missale Romanum*, ed. typ. Vaticana 1970, p. 375: Sanctissimae Trinitatis Sollemnitas.

　48) 『フィリピの信徒への手紙』，第2章6節「キリストは，神の身分でありながら，神と等しい者であるであることに固執しようとは思わない」参照。

　49) In *Ioh.* n. 556-559, ; LW III, 485, 5-488, 6.

　50) In *Ioh.* n. 556; LW III, 485, 11-486, 2: omnis inaequalitas nascitur ab aequalitate, ut ait Boethius in fine Arithmeticae, sic ipsa aequalitas ab unitate nascitur. Hinc est ergo quod, sicut sancti et doctores appropriant patri unitatem, sic filio aequalitatem.

永遠なるロゴスの受肉は，エックハルト自身の信仰と理解において中心となった救済の神秘であり，彼は受肉を『ヨハネ福音書註解』のなかで，「最高の恩寵」(summa gratia)，「恩寵のための恩寵」(gratia pro gratia)，「恩寵にまさる恩寵」(gratia super gratia) と最上級で表現している[51]。説教と講解のなかで彼はこの救済の神秘をその超時間的意義において，すなわちその起源において，その遂行においてそしてその恩寵の救済論的成就において考察している。この考察方法が，キリストが人となったことの歴史性にまた救済史にとっての十字架の死の意義に疑問を投げかけないのはいうまでもないことである。

3.1　受肉したロゴスによる救済

教父たち（とりわけアウグスティヌス）と同様にエックハルトがその解釈に非常に重きを置いた「ヨハネ福音書」のプロローグは，やがてもたらされる救済を啓示している。「この方は，自分の民のところへきたが，その民はこの方を受け入れなかった」（ヨハ1・11）。この聖句の深い意味をエックハルトがさまざまに吟味することで明らかにできたのは，彼が神学者であったからこそである。この聖句は，新たに吟味することによって，次のようにも解釈することができる。すなわち

> 「すべての存在し，一であり，真であり，善であるものは，それが存在し，一であり，真であり，善であることを，それ自身から有しているのではない。」[52]

本来の意味において神のみに帰属する存在・一・真・善を，この世に存在するすべてのものは永遠なるロゴスから受け取ったのであり，そして存在・一・真・善は常にこのロゴスにおいてのみ理解されうるのである。そして真の認識においてまた創造における善の決心において神的ロゴスに出会わない者は，歴史のなかで肉となったロゴスに出会うことができるように心がけるべきなのである。受肉したロゴスすなわちイエ

---

51) In *Ioh*. n. 121; LW III, 106, 2.
52) In *Ioh*. n. 99; LW III, 85, 2-4: quod nec entia nec quae unum sunt aut vera et bona, non habent ex se nec quod sunt nec quod unum sunt nec vera et bona.

ス・キリストは，その霊において理解されなければならず，また人間の生命を満たし解放し，そして救済する力であると理解されなくてはならない。

3.2 贈与と愛

子は父からの永遠の出生によって神的本性のうちに存在しているのと同時に，処女マリアからの出生によってわれわれ人間の本性において実存している。子はわれわれと同じ死を運命とする生を受け入れたのだが，しかしそれは厳密に言えば，二重のあり方また二重の実存のあり方を意味しているのではない。同一なる子が自らの全存在をわれわれの現存在と生命のなかに浸せ，そしてわれわれの生命は子の全存在を自己のなかへ迎え入れ自己のなかで受け取ったのである。

> 「そしてわれわれはすべてのもの（完全なる神的人間の生命）をキリストの血に帰し浸さなければならない。また父が還帰を流出に一致させるためにすべてのものを，子を媒介としてなしたように，子自身によって父に還帰させ浸さなくてはならない。」[53]

永遠なる言葉の受肉において神は創造をその始原に帰せしめる。神は創造を再び救済をもたらす創造的ロゴスへと根拠づける結果，創造はもはやけっして分裂することはありえない。

神の言葉が理解され，そのうちに顕われてきた人間の理性的本性は，神の表示すなわち一・真・善の超範疇的規定を身にまとっている。理性的本性は人間生命の最内奥であり，すべての人間に区別なく共通であり，無差別的に一・真・善なのである[54]。また理性的本性はなんらかの創造的産物ではなく，神の似像である。このことに関してエックハルトは，あるドイツ語説教のなかで，次のように語っている。

---

53) *Serm.* LVI n. 557; LW IV, 466, 6-8: Unde oportet omnia reducere et tingere in sanguine Christi, mediante ipso filio in patrem, sicut omnia operatur pater per filium, ut refluxus effluxui respondeat.

54) In *Ioh.* n. 289-290; LW III, 241, 5-245, 6.

3 キリスト論的深化

「ここにおいては,像は神を創造者として受け入れるのではなく,神を理性的存在として受け入れるのである。〈神的〉本性の最も高貴なものがその像のなかにまったき本来的な仕方で形造られる。これは神がすべての魂のなかへ本性的に刻印した神の本性的な像なのである。」[55]

しかしわれわれにイエス・キリストにおける神を父と呼ぶことが許されているのならば[56],われわれは子のなかの子だということになる。「子をのぞいては誰も父を知らない」(マタ 11・27)。しかしながら「知る」とはどういうことなのか。哲学的解釈によれば,認識する行為において認識と認識されるものは一つになる。そしてこの一性から結果として生じるのが真理である。したがって子は父を直接的に知り,われわれに自らの本性を顕わす神的知性なのである。子はわれわれの認識に二重の溢れる豊かさを贈与する。すなわち一なるものの認識における沸騰(bullitio)と愛における噴出(ebullitio)である。認識の沸騰においてその最内奥にて規定された霊的本性は,われわれの本性と神的本性とが一致することによって,神を通じて神へと到る。一・真・善の根本成就において,われわれに贈与された神的本性を開示するために,子は受肉において,われわれの本性の根底に自己を沈め根拠づけたのである。それは恩寵であり,深く隠された霊的本性において生命のロゴスを認識するための,第一の基本的な恩寵なのである。最高の恩寵とはしかし,真理への沸騰においてまた愛の噴出において,神の愛に関与することができるものである[57]。

『ヨハネ福音書註解』のなかでエックハルトは,「詩篇」42篇4節「私は私を超えて魂を注ぎ出した」に対するアウグクティヌスの講解について触れている。

---

55) *Pr.* 16 b; DW I, 268, 9-12: Hie ennimet daz bilde niht got, als er ein schepfer ist, sunder ez nimet in, als er ein vernünftic wesen ist, und daz edelste der natûre erbildet sich aller eigenlîchest in daz bilde. Diz ist ein natiurlich bilde gotes, daz got in alle sêlen natiurlîche gedrücket hât.
56) In *Ioh.* n. 540; LW III, 471, 6-472, 5.
57) *Serm.* XXV 1 n. 258-259; LW IV, 235, 5-237, 10.

「私は，私の神を目に見えるものの内に求めるが，そこには見出されない。私は神の存在を私自身の内に求めるが，そこにも見出されない。私の神は私の魂を超えているのを，私は最終的に感じる。だから神に触れるためには，私は『私を超えて私の魂を注ぎ出した』。私の魂がもし自己自身を超えて注ぎ出さないのならば，いったいいつ私の魂は，私の魂を超えて求められているものに到達できるのだろうか。なぜなら，魂が自己自身の内に留まっているならば，魂は自己自身以外はなにも見ないであろう。またもし魂が自己を見るならば，魂はまさに神を見ることはないのである。『私は私を超えて私の魂を注ぎ出した』，だから私が神に触れること以外は何もありえない。」[58]

　永遠なる言葉の受肉は，エックハルトにとっては，救済の生起における核心をなすものである。救済し自由をもたらし解放するロゴスは，理性的本性を神との和合のうちにしまい込む。すなわちそのロゴスは理性的本性を神の愛のうちへと浸すのである。エックハルトの言葉をもってこのことを具象的かつ明晰に言えば，ロゴスは「理性的本性を（キリストの）血に浸す[59]」のである。エックハルトが受肉の救済論における独特の立場を代表しているとはいっても，彼は聖書に描かれているキリストの受難の物語やキリスト教の受難の歴史を無視することはけっしてない。彼はキリスト教神学者としてでもなお無視することも可能であったであろう。しかし受肉はすでに――聖書においてまた神学的には――受難の歴史のうちに沈められているのだから[60]，エックハルトは救済の

---

　58) Augustinus, *Enarrationes in Psalmos*, 41 n. 8, PL 36, 469, *In Ioh*. n. 240; LW III, 201, 4-11: quaerens deum meum in rebus visibilibus et non inveniens, quaerens eius substantiam in me ipso neque hic inveniens, supra animam meam esse sentio deum meum. Ergo ut deum tangerem, effudi super me animam meam'. Quando anima mea con tingeret quod super animam meam 'quaeritur, nisi anima mea super se ipsam effunderetur? Si enim in se ipsa remaneret, nihil aliud quam se videret, et cum se videret, non utique deum videret. 'Effudi super me animam meam'; et non iam re stat quid tanquam nisi deum meum .

　59) 註50を参照。

　60) 「ヘブライ人への手紙」第10章5-9節「それで，キリストはこの世に来られるときに，次のように言われるのです。
『あなた（神）は，
　いけにえやささげ物を望まず，

ための受難を受肉に関係づけるのである。

3.3　ロゴスに向かって

　受肉の救済としての結実は，われわれ人間の本性が神と和合し，キリストと同じ姿になることにある。神は一性そして同一性である。しかし多性・差異性そして不等性はすべて被造的である。差異性および不等性は分離であり，一性と存在の喪失，すなわち存在・一・真・善の喪失を意味する[61]。しかしながら，存在のすべての完全性は神からのみ受け取ることができる。したがって人間が自らの固有な存在を自己自身から所有しているという妄想は高慢である。この妄想は神からの落下そして固有の存在の喪失を意味する空虚なる自己愛にほかならない。自己自身を愛する者は事実，神も隣人も愛することができない。彼が愛しているのは，不等性，不和そして分離である。

　人間生命を空疎にさせ荒廃させる，災いに満ちた不等性は，一性から生じる同等性において，解消されなくてはならない。神はイエス・キリストを通してこの同一性の恩寵を受肉において開示した。神が父としては端的なる一性，キリストが同一性であるならば，われわれが被造的で罪に結びつけられている不等性に打ち勝つことができるのは，キリストすなわち同一性においてのみであって，キリストの後継者になることのみである。ここにアナロギアというテーマは決定的なる実践的かつ救済

　　むしろ，わたしのために
　　体を備えてくださいました。
　　あなたは，燔祭や罪をあがなうための
　　罪を好まれませんでした。
　　そこで，わたしは言いました。
　　《さあ，わたしは参りました。
　　聖書の巻き物に
　　わたしについて書いてあるとおり，
　　神よ，あなたの御心を
　　行なうために》』（詩篇40,6-8）
ここで，まず，『あなたのいけにえ，ささげ物，燔祭，罪をあがなうためのいけにえ——つまり律法に従ってささげられるようなもの——を求めもせず，好まれもしなかった』と言われ，次いで，『さあ，わたしは参りました，あなたの御心を行なうために』と言われています。あとのものを立てるために，初めのものを廃止されるのです。」
61）　註32を参照。

論的転換点をもつことになる。イエス・キリストに向かって，すなわち「ロゴスへ向かって！」（Hinauf zum Logos!, ἀνα-λόγος[62]）。つまりロゴスへ向上していくことは神の一性と神の内性へ還帰していくことである。この転回は，従順，清貧そして兄弟としての友愛（宗教的独身）への聖書の呼びかけによって，説教修道僧（Frater Praedicatorum）としてのエックハルトにはすでに志向されていたものなのである。しかし聖書の指針のなかにはアナロギアの哲学的実践が存している。すなわち神の音なき言葉，そして言葉にならない言葉，精神の清貧と謙虚，質素と共同的同一性に対するまったくの疑いなき服従である。

ところで神学教授エックハルトは1323年（あるいはもう少し遅く）にケルンにおけるドミニコ会の神学研究所（studium generale）で「ヨハネ福音書」の序文について討論を行なっている。次の日曜日（待降節の主日？）に聖マルガレータ修道院のドミニコ会修道女たちのもとで，「ルカ福音書」第1章28節「おめでとう恵まれた方」（"Ave, gratia plena"）についてまた永遠なる言葉が人となったことの神秘について説教を行なっている。

子の同一性という恩寵はどこからくるのか。その恩寵は神からくるのである。

> 「神が与えるものは神の存在であり，神の存在は神の善性であり，そして神の善性は神の愛である[63]。」

---

62) Vgl. In *Ioh.* n. 563; LW III, 491, 5-8: Praemium essentiale consistit in cognitione divinitatis, accidentale vero in cognitione creaturarum, secundum illud infra decimo septimo: 'haec est vita aeterna, ut cognoscant te solum verum deum', quantum ad primum, 'et quem misisti, Iesum Christum', quantum ad secundum.

この箇所の解釈においては，エックハルトがここで引用している「ヨハネ福音書」第17章3節「永遠の命とは，唯一のまことの神であられるあなたと，あなたのお遣わしになったイエス・キリストを知ることです」が重要な役割を果たしている。すなわち「あなたのお遣わしになったイエス・キリストを」（quem misisti, Iesum Christum）をエックハルトは，「イエス・キリストに向かって」と理解し，アナロギアをキリスト論として展開しているのである。なお，ドイツ語で Hinauf zum Logos! と記したのは，本章の初出稿がもともとドイツ語で書かれたものであるということ，そして「ロゴスに向かって」という表現がドイツ語の方がよく伝わると考えたからである。

63) *Pr.* 22; DW I, 385, 10-11: Daz got gibet, daz ist sîn wesen, und sîn wesen daz ist sîn güete, und sîn güete daz ist sîn minne.

3 キリスト論的深化

エックハルトは超範疇的規定の教科書的な理論を説教壇の上にはもってこなかった。しかし彼は，人間が子と同一になることそして神と一になることの福音を超範疇的概念の必然的な仲介において理解したのである。エックハルトの刺激的なテーゼを正しくかつ批判的に読もうと思うならば，この超範疇的概念も同時に考慮しなくてはならない。

そしてこの説教のなかで次のように語っている。

「数年前から，一つ一つの草の茎は他のものとどうして不等であるのかと尋ねられるのではないかという思いが私にはあった。そしてそれらがお互いに不等であるのかと尋ねられたことが実際に私にはあったのである。私はそのとき，すべての草の茎がお互いにどうして等しいのかという方が不思議であろうと話した。ある学匠（たとえばトマス・アクィナス，筆者註）は言った，すべての草の茎が不等であるのは，神の栄光がますます明らかになるために，神がすべての被造物のなかへ注いだ神の善の溢れる豊かさから生じるのである，と。しかし私は次のように言った，すべての草の茎がどうして等しいのかという方が驚くべきことなのだ，と。そして私は語った，第一の純粋性におけるすべての天使が一なる天使，まったくの一であるように，すべての草の茎は第一の純粋性においては一であり，そこではすべての事物が一なのである，と[64]。」

エックハルトはこの考えに感動し涙をこぼした。彼は超範疇的概念の考究の努力のなかでその根拠を同じように深く問うた，その福音にあまりにも深く心を打たれたからである。

---

64) *Pr.* 22; DW I, 384, 1-385, 3: Ich gedâthe—ez ist etwie manic jâr—, ob ich gevrâget würde, wie ein ieglich grasspier dem andern sô unglîch wære, und ez geschach, daz ich sîn gevrâget wart, wie sie sô unglîch einander wæren. Dô sprach ich: wie alle grasspier sô glîch sîn, das ist noch wunderlîcher. Ein meister sprach: daz alle grasspier sô unglîch sint, daz kumet von der übervlüzzicheit gotes güete, die er stürzet übervlüzziclîche in alle crêatûren, daz sîn hêrschaft deste mê geoffenbâret werde. Dô sprach ich: ez ist wunderlîcher, wie alle grasspier sô glîch sint, und sprach: wie alle engel ein engel in der êrsten lûterkeit sint al ein, alsô sint alle grasspier in der êrsten lûterkeit ein; und alliu dinc sint dâ ein.

第4章

命題「神は知性認識なり」における神学的意味とその哲学的背景

―――――

はじめに

　本章ではエックハルトの初期の著作『パリ討論集』（*Quaestiones Parisienses*）を取り上げ，そこに表明されているエックハルト独自の思想を解明してみることにする。その際，ディートリヒとトマスとの連関も視野に入れながら，以下のテーマにしたがって，この討論集の第1問題においてエックハルトによって提起された命題「神は知性認識なり」（Deus est intelligere）の解釈を試みてみたい。

1　知性あるいは知性認識としての神

　エックハルトは，すでに前章においても述べたように，ドミニコ会から派遣され，パリ大学神学部教授として2回にわたり（1302-03, 1311-14）パリで教授活動をしている。その2回のパリ滞在期間を通して，合わせて5回の公開討論を行なっている。これらの討論は『パリ討論集』と呼ばれ，現在では『批判校訂版全集・ラテン語作品集第5巻』に収められている。このうち第1回目の滞在中に行なわれた3回の討論は，当時フランチェスコ会から派遣され，エックハルトと同じく神学部教授をしていたゴンザルウス・ヒスパヌスとの間でなされたもので，エックハルトの初期の思想を考察するうえで，非常に興味深いものであ

る。とくに，第1問題「神においては存在することと知性認識することとは同一であるか」(Utrum in deo sit idem esse et intelligere) は，当時の神学において中心的問題の一つであり，この問題の解答を試みる過程において，エックハルトは自らの立場の独自性を表明している。そのため，この第1問題は，以前から研究者間では議論の的にされてきた。

われわれはまず，この第1問題に注目してみたい。しかしエックハルト自身の論証を考察する前に，存在と知性との同一性に関するトマス (Thomas de Aquino, 1224-74) における論証を検証しておきたい。というのは，エックハルトも第1問題のはじめにトマスの論証を確認しているからである。

1.1 神における存在と知性との同一性に関するトマスの論証

エックハルトは第1問題の冒頭において，

> 「(神における存在することと知性認識することは) 現実において同一であると言われるべきであるし，またおそらく現実的にも概念的にも同一であると言われるべきであろう」[1]

と述べ，その根拠をトマスの『対異教徒大全』(*Summa contra gentiles*) 第1巻第45章「神の知性認識は自らの本質であること」(Quod intelligere dei est sua essentia) から5つ，『神学大全』(*Summa theologiae*) 第1巻第14問題第1項「神の知性認識それ自体は神の実体であるか」(Utrum ipsum intelligere dei est eius substantia) から1つを取り出し，上の命題の論証をトマス哲学の立場から試みている。以下はその要旨である。

> ① 知性認識は内在的な活動であり，第一なる者のうちにあるすべてのものは，第一なる者である。したがって神は自らの知性，自らの知性認識それ自体であり，また自らの存在それ自体である。
> ② 神のうちにはいかなる付帯性も存在しない。したがって神にお

---

1) *Quaest. Par.* I, n. 1; LW V, 37, 4: Dicendum quod sunt idem re, et forsan re et ratione.

いては存在と本質とは同一である。ゆえに神の知性認識はまさに神のあるところそれ自体（id ipsum quod deus）にほかならず，それは神の本質にほかならない。

③ 一なるものよりも高貴なものは存在しない。魂にとっての第二の現実態すなわち活動は，睡眠に対する覚醒のごときものであって，それは第一の現実態すなわち能力よりも高貴なものである。したがって知性認識は神の存在それ自体であることが帰結される。

④ 神においてはいかなる受動能力も存在しない。しかし，もし神において知性認識することと存在することとが同一でないとしたならば，受動能力があるということになるであろう。

⑤ すべてのものはそれぞれ，それ自身の活動のためにある。それゆえに，もし神の知性認識の活動が神の存在と別であるとすれば，神自身に，自らとは異なり，その本質とは異なった別の目的があることになる。それはしかし不可能である。というのは，目的は原因であるが，第一なる者にはいかなる原因もありえないからである。第一なる者は無限であるが，無限なるものは目的を有していないからである。

⑥ 知性認識の活動のスペキエス（species）に対する関係は，存在の本質に対する関係のようなものである。神にとってそのスペキエスになるものは神の本質であるが，神にあっては存在と本質は同一であり，したがって，今あげたすべてのものはまったく同一である[2]。

以上のトマス哲学からの6つの論証は，神が「第一なるもので，単一なるものである」（primum et simplex）という形而上学的根拠に基づくことによって可能である，とエックハルトは理解している[3]。トマス哲学にとっての神の存在（esse）とは，単なる（～がある）「存在」（existentia）を意味するのではなく，いわゆる「あるの現実態」（actus

---
2) *Quaest. Par.* I, n. 1-2; LW V, 37, 8-39, 5.
3) *Quaest. Par.* I, n. 1; LW V, 37, 6-7: deus est primum et simplex; non enim potest aliquid esse primum, si non sit simplex.

essendi）を意味し，また神の存在においては，質料（materia）と形相（forma）とのいかなる混合も含まれてはいない，すなわちいかなる可能態（potentia）も神のうちには存在しないのであるから，神の存在は「純粋現実態」（actus purus）なのである。したがって，神の存在における「ある」性すなわち「本質」（essentia）は，被造物のそれとは違ってそれぞれのものを「何であるか」（quod quid est）と規定する有限性をもっていないから，神の存在を限定するものではない。つまり神においては存在と本質は同一であって，神の存在それ自体が神の本質それ自体なのである。それゆえに，神のはたらきである知性認識は神の本質それ自体として考えられる。というのは，もし神の知性認識が神の実体（substantia，ここでは本質と同義）と別のものであるならば，なにか神とは別のものが神の実体の現実態ないし完全性ということになり，そのものに対して神の実体は可能態が現実態に対する関係にあることになってしまうからである[4]。したがって，以上の意味において，神においては存在と知性認識は同一なのである。つまり，トマス哲学の場合，神における存在と知性認識との同一性は，純粋現実態と理解される神の存在にその論拠を有するのである。

以上のようなトマスにおける神の存在と知性認識との同一性の根拠を，エックハルトが「第一なるものにして単純なるもの」と理解しているのは，トマス的神論において神の存在が純粋現実態として把握されることに基づいている。しかしこの「第一なるものにして単純なるもの」という神の定義は，エックハルトの場合，トマスのように神の存在に帰属するのではなく，神の知性に帰属する。これはいかなることを意味するのか，この問題が本章の全体の文脈に流れる通奏低音である。

1.2 エックハルトの論拠：存在に対する知性の優位性

エックハルト自身による存在と知性認識の同一性の証明は，「人間」（homo）と「理性的」（rationale）における置換性に依拠しながら，「理性的であるから人間なのではなく，むしろ人間であるから理性的である[5]」という言葉でもって始まる。最高にして最完全，第一の現実態に

---

[4] Vgl. Thomas de Aquino, *Summa Theologiae I*, qu. 14 art. 4.
[5] *Quaest. Par.* I, n. 3; LW V, 39, 7-8: non tamen quia rationale, ideo homo, sed magis quia

してすべての事物の完全性である神の存在によって，すべてのものの現実態が完成され，それなくしてはすべてのものが無になってしまうのであるから，神から与えられる存在それ自体には，生命も認識もその他あらゆる活動が含まれている。すなわち人間という存在には理性的という本性がすでに神の存在それ自体によって与えられており，その意味において人間本性（natura humana）はそれぞれの人間に「内在」しているのである。神の存在とはすべてのものに存在を与えるはたらきそれ自体であって，そのはたらきが神の知性認識なのである。すなわち神の存在と神の知性認識とは同一なるものである。

　ここまで読むかぎりでは，エックハルトの論証方法はトマスのそれとあまり変わらないように思われる。しかし問題はその論拠である。エックハルトは以上自ら述べた神における存在と知性認識との同一性の根拠を，

「神が存在するから神は知性認識するとは私には思えない。むしろ神は知性であり知性認識であって，知性認識それ自体が神の存在の基盤である（ipsum intelligere est fundamentum ipsius esse）ように，神が知性認識するから神は存在するというように思える。」[6]

と述べ，神の存在に対する神の知性あるいは知性認識の優位性を提示している。そしてエックハルトは「ヨハネ福音書」第1章第1節「はじめに言葉があった。言葉は神とともにあった。言葉は神であった」という聖句に基づき，「はじめに存在するものがあった。存在するものは神であった」と福音書の記者は言っていないとし，言葉はその本性において知性に関わるものであって，語る言葉としてもまた語られる言葉としてもまったく知性のうちにあると，始原としての言葉における聖書神学的解釈を添えている[7]。さらにエックハルトは上の「ヨハネ福音書」

---

homo, ideo rationalis.

6) *Quaest. Par.* I, n. 4; LW V, 40, 5-7: non ita videtur mihi modo, ut quia sit, ideo intelligat, sed quia intelligit, ideo est, ita quod deus est intellectus et intelligere et est ipsum intelligere fundamentum ipsius esse.

7) *Quaest. Par.* I, n. 4; LW V, 40, 7-11: Quia dicitur Ioh.1: 'in principio erat verbum, et verbum erat apud deum, et deus erat verbum'. Non autem dixit evangelista: 'in principio erat ens et

の一節に続く「すべてのものがそれ（言葉）によって生じた」（omnia per ipsum facta sunt）（1・3）を「それによって生じたすべてものは，ある」（omnia per ipsum facta, sunt）と読み換えなければならないとしながら，また『原因論』（*Liber de causis*）第4命題「造られた第一のものは存在である」（prima rerum creatarum est esse[8]）を引用して，生じたものに後になって存在が適合することを述べることで，存在は被造物の領域に属することを提示している。

存在とはそれゆえに被造物の本質的規定（ratio）をはじめから有しているのであるが，それに対して知性に属する知恵は被造物の本質的規定を有していない。であるから，「はじめから，世の以前に私は造られた」（ab inito et ante saecula creata sum）という旧約外典『集会の書』第24章第14節における「私」すなわち知恵は「造られた」（creata）のではなく，「生まれた」（genita）と解釈できることを根拠にして，その一節を「はじめから，造られた世の以前に，私はある」（ab inito et ante saecula creata, sum）と読み換えを行なっている[9]。すなわち知性が存在ではないことは，知性が神によって造られたものではないことを意味している。その意味で知性は神により近いのであるから，知性認識は存在よりも卓越し，存在の秩序とは別の秩序に属しているわけである[10]。

存在と知性とにおけるこうした区別は決定的であって，それは被造物に属する領域と神に属する領域との区別に相当する。すべての存在は神の知性によって造られたものであるから，知性と存在との区別は原因と結果との区別に相当するということができる。しかしそれは単なる区別ではなく，エックハルトが「原因が真なる原因であるならば，原因のう

---

deus erat ens'. Verbum autem se toto est ad intellectum et est ibi dicens vel dictum et non esse vel ens commixtum.

8) *Liber de causis*, prop. IV; ed. Pattin, A., in: *Tijischrift voor Filosofie* 28, 1966, 142.

9) *Quaest. Par.* I, n. 4; LW V, 41, 11-13: Et si dicatur quod immo, quia Eccli.24: 'ab initio et ante saecula creata sum', potest exponi 'creata', id est genita. Sed aliter dico sic: 'ab initio et ante saecula creata' 'sum'.

10) Vgl. Mojsisch, B., *Meister Eckhart. Analogie, Univozität und Einheit*, Hamburg, 1983, 23: Albert der Große, Dietrich von Freiberg und Meister Eckhart kommen darin überein, Gott als absolute Vernunft zu bestimmen, und suchen ihr Erweisziel dadurch zu erreichen, daß sie die dem Menschen eigentümlichen Erkenntnisweisen betrachten und die bezüglich des Intellekts gewonnen Einsichten auf die göttliche Vernunft applizieren.

1 知性あるいは知性認識としての神　　　117

ちにも原因によって引き起こされたもののうちにも形相的（formaliter）には何も存在しない[11]」というとき，その原因と結果との間にはエックハルト独自のアナロギア論が展開されている。

　さて，アナロギアについては前章においても主題的に取りあげたが，ここでアナロギアに対する一般的ことがらについて確認しておきたい。
　一般に「類比」と訳される「アナロギア」（analogia）はその起源をピュタゴラス学派にもつが，アリストテレスにおいては「同名異義」（aequivocatio），「同名同義」（univocatio）の中間的あり方として，論理学用語して定着する。中世にあっては，いわゆる「存在のアナロギア」（analogia entis）として神と被造物との存在論的関係を表示するものとして使用される。すなわちここでは，神の存在と被造物の存在とは同じ「存在」と表現されても，まったく同じ意味がその「存在」という言葉によって表示されている（同名同義）わけではない。つまり神の存在は存在者を存在たらしめる原因としての存在であって，それは神によって原因づけられた存在である被造物のそれではない。しかし《カミ》という音が一方で《紙》を表示し，他方で《髪》を表示することで意味がまったく異なっているように，神の《存在》と被造物の《存在》との間にはまったく異なった意味で「存在」という言葉が使用されている（同名異義）わけでもない。
　したがって，神の存在と被造物の存在との間には，アナロギア的関係が存することになる。エックハルトはしかし，アナロギア論を展開する場合，アナロギア関係にあるものの区別性を強調する。たとえば石の原因は石それ自体ではないし，存在の原因は存在するものではないように，存在の原因としての神のうちにはいかなる存在するものもなく，神は存在の本質的規定を有していないのである。すなわちアナロギアの関係においては，アナロギア的関係にある一方が有するものを，他方のものは形相的には有していない。エックハルトは，健康は生物のうちにおいてのみ存するのであって，けっして食物や尿のうちには存しないという，アリストテレスに始まるアナロギアの古典的例をあげながらも，「石のうちには健康がない」と述べて，アナロギアにおける徹底的な区

---
11) *Quaest. Par.* I, n. 8; LW V, 45, 1-2: nihil est formaliter in causa et causato, si causa sit vera causa.

別性を強調している[12]。

　しかしだからと言って，神のうちに存在がないということは，言うまでもないことだが，神における欠陥性を意味しているわけではない。神のうちにはむしろ存在の原因が存しているのであって，エックハルトはそれを「存在の純粋性」(puritas essendi) と呼ぶ。しかしその神の存在は，知性認識がその基盤なのであるから，知性認識することによって神に属しているのである。その神の知性認識がすべてのものの原因であるということは，すべてのものは神の知性認識それ自体のうちに「潜勢的に」(in virtute) 存しているということを意味している。

　ところで，エックハルトは『創世記註解』(Expositio Libri Genesis) 第77節において，被造物における二重の存在，すなわち「潜勢的存在」(esse virtuale) と「形相的存在」(esse formale) に言及しているが，潜勢的存在とは，神の知性認識が自らのうちに生み出したイデアあるいは理念（ratio）としての存在を意味し，それに対して，形相的存在とは被造物の本質的規定を有している存在である。ここで言われている形相的存在とは，エックハルトが『パリ討論集』第2問題「天使の知性認識は，それが活動を意味するかぎりにおいて，その存在と同一であるか」(Utrum intelligere angeli, ut dicit actionem, sit suum esse) において，「類と種へと規定されたもの」(determinatum ad genus et speciem) と定義していることから理解できるように[13]，アリストテレスが明らかにした存在者を規定する10の範疇，いわゆるカテゴリーの範囲を出ない存在を意味している。エックハルトは被造物における二重の存在の間にアナロギア関係を適用しているので，ここで彼のアナロギア論の特色を確認しておきたい。

1.2.1　アナロギア的原因としての本質的始原
エックハルトは，前章で述べられたように，『集会の書に関する説教と講義』(Sermones et

---

12) *Quaest. Par.* I, n. 11; LW V, 46, 7-9: Item: in his quae dicuntur secundum analogiam, quod est in uno analogatorum, formaliter non est in alio, ut sanitas solum est in animali formaliter, in diaeta autem et urina non est plus de sanitate quam in lapide.

13) *Quaest. Par.* II, n. 1; LW V, 49, 9-10: Esse autem est finitum, determinatum ad genus et speciem.

lectiones super Ecclesiastici c. 24, 23-31) のなかで, 『集会の書』第24章第29節「われを喰む者はさらに飢える」(qui edunt me, adhuc esuriunt) を取り出し, この言葉はアナロギアの本性を十分に語るものであると述べ, エックハルトはアナロギア的差異を同一のものの「存在様相」の差異であると考えている。

形相的存在あるいは「これこれの存在者」(ens hoc et hoc) としての被造物の存在それ自体は, アナロギア的関係から見るならば, 創造されたものとして始原から落下したものであり, たえず無へと差し向けられている。そのために, 被造物は常に創造的根拠から自らの存在を受け取っていなければならない。また, 被造物は自らのうちに自らの存在の根拠を有していないゆえに自らの存在は自分自身によってではなく, 神自身の存在によって与えられている。だから, 被造物は自らの存在を「神から」受け取ることにおいて, 被造物は作出因としての神すなわち創造者としての神を知ることになる。

エックハルトのアナロギア論における以上のような特色のひとつ, すなわち原因は自らのうちに自らが原因づけたものをより卓越した仕方で有していること, それはディートリヒの本質的原因 (causa essentialis) 論をエックハルトが継承していることの証明である。

ということで, エックハルトのアナロギア解釈をより詳細に理解するために, 次にわれわれはディートリヒの本質的原因論を概観し, さらにエックハルトにおける本質的始原論について述べることにする。

1.2.1.1　ディートリヒにおける本質的原因論

ディートリヒはその知性論における主著ともいえる『至福直観』(*De visione beatifica*) の冒頭において, ディオニシオス・アレオパギタの『天上位階論』(*De coelesti hierarchia*) 第4章第3節から, 「律法は万物の超存在的な秩序の根源によって, 単に上位の知性と下位の知性についてだけではなく, 同じ階級の知性においても, それぞれの位階ごとに第一と, 中間と, 最後の諸階級, 諸力が存在するよう定められたのであり, また, 下位の者たちに対して神への接近, 神からの照明, 神との交わりのためのより神に近い教示者と導き手が存在するように定められた[14]」に依拠しながら, さらにアウグスティヌス『神の国』(*De civitate Dei*) 第19巻第13章から, 「秩序とは, 等しいものと等しくないもの

とに各々その場所を配分する配置である」[15]を引用し，この宇宙にはそれ自体による存在者における本質的秩序の根拠があるとして，本質的秩序論を提示している。

　この秩序においては，それぞれの存在者は段階的に位置づけられている。したがって，上位のものがその下部において下位のものに触れ，下位のものはその上部において上位のものに触れながら，下位のものが中間のものを介して上位のものに還元されるという還帰の過程が描かれることになる。この還帰については，プロクロスの『神学綱要』(*Elementatio theologica*) 命題31「あるものから発出したすべてのものは本質的に自らが発出したものに還帰していく」[16]あるいは命題34「それ自体として還帰するすべてのものは，自らの実体の発出の源になっているものに向かって還帰する」[17]においてすでに語られているが，ディートリヒはその還帰の過程を基礎づける秩序の構造を表示する理論として本質的原因論を展開し，その哲学全体の中心的役割を演じさせるのである。

　そしてディートリヒは，アリストテレス『自然学』(*Physica*) 第2巻第6章において述べられている「自体的な原因」(αἰτία καθ' αὐτό: causa per se) の考えを，みずからの本質的原因論の範型としている。さらにディートリヒは，彼の初期の論稿『天体について』(*De animatione caeli*) において，

「質料は，質料それ自体を存在へと結合する形相の秩序の下に位置し，形相はしかし形相それ自体を存在へと導き入れる作出の秩序の下に位置し，作出はしかし作出するものを動かす秩序の下に位置し

---

　14) ディオニシオス・アレオパギテス，今義博訳『天上位階論』第4章第3節，『中世思想原典集成3』371頁，上智大学中世思想研究所編訳・監修，1994年。
　15) Augustinus, *De civitate Dei* XIX 13, n. 1; PL 41, 640: Ord est parium dispariumque rerum sua cuique loca tribuens dispositio.
　16) Proclus, *Elementatio theologica*, prop. 31, ed. Vansteenkiste, E., Procli Elementatio theologica tranlata a Guilemo de Moerbeke（textus ineditus），in: *Tijischrift voor Philosofie* 13, 1951, 278: Omne procedens ab aliquo secundum essentiam convertitur ad illud a quo procedit.
　17) Proclus, *Elementatio theologica*, prop. 34; Vansteenkiste 279: Omne quod secundum naturam convertitur, ad illud facit conversionem, a quo et processum propriae subsistentiae habet.

ている。」[18]

　と述べ，これら四つの原因の相互関係を基礎づける本質的秩序が存在することを認めている。質料因は形相因の秩序の下に位置し，質料因と形相因は作出因の秩序の下に位置し，質料因，形相因，作出因は目的因の秩序の下に位置する。つまり，より後の原因はより先の原因の秩序の下に位置づけられる。したがって，すべての原因は神である第一原因の秩序の下に位置づけられることになる。
　こうしたいわば地上の世界を貫く形而上学的原理としての本質的秩序は，天の世界における離存実体の流出過程を貫く秩序に対してアナロギア的に適用される。そして，神的知性から知性体が流出し，知性体から天の魂が流出し，天の魂から天体が流出するという新プラトン主義的宇宙論における本質的秩序は，本質的原因論をもってその成立基盤が与えられる。すなわち，神的知性は知性体の本質的原因であり，知性体は天の魂の本質的原因であり，天の魂は天体の本質的原因である。
　この本質的原因を特徴づけるものとして考えられることは，本質的原因はみずからが原因づけて生じさせたものの実体的存在を直接的に産出し，また本質的原因は，それによって生じたものがそれ自身においてあるよりも卓越した仕方でそれを自己自身のうちに，より先に有していることである。しかし以上のことを満足させるためには，本質的原因は必然的に実体でなければならない。というのは，原因によって生じたものを自らのうちにより卓越した仕方でより先に有している本質的原因は，自らによって生じたものの存在性よりも高い充実性をもつ存在性を有していなければならないからである。
　付帯的なものの本質は，実体である真なる存在者の様態であり，実体はそれ自体において絶対的な存在性を有し，そしてこの存在性は完全性と本性的な卓越性に関わるものであるから，本質的原因はしたがって実体に関わるものとして，付帯的原因（causa accidens）とは区別される

18）　Theodoricus de Vriberch, *De animatione caeli*, 4, 2; ed. Sturlese, L., *Corpus Philosophorum Teutonicorum Medii Avei* II, 3; 15, 75-78: materia stat sub ordine formae, quae figit ipsam materiam in esse, forma autem stat sub ordine agentis deducentis ipsam formam ad esse, agens autem stat sub ordine finis, qui movet agentem.

ことになる。したがって，ディートリヒは論稿『分離された存在者，とくに分離された魂の認識について』(*De cognitione entium separatorum et maxime animarum separatarum*) 第75章において，本質的原因を「それ自体としてなんらかの実体を生じさせ，その作用の根拠も実体であって付帯的なものではない実体」[19]と定義している。それに対して，付帯的原因は，火と水が火と水としてではなく暖あるいは冷として作用するように，「その作用の根拠であり元のものが付帯的なものであり，道具として使用される原因」[20]と言われる。さらに両原因における第2の相違点としてディートリヒは，本質的原因は原因として作用する際に，その原因によって生じたものからはいかなる反作用も受けることはないが，付帯的原因においては，それが流入する際に，流入したものからなんらかの反作用を受けることをあげている。

さらにディートリヒは同論稿第23章において，あるものがあるものにとっての本質的原因であることに対して必然的である5つの条件を提示し，みずからの本質的原因論の性格を表明している。その条件とはすなわち，

① 実体（substantia）であること。
② 生ける実体（substantia viva）であること。
③ 本質的に生きる実体（substantia viva essentialiter）であること。
④ その本質によって生きている生命は知性的生命（vita intellectualis）であること。
⑤ この知的生命は現実態における知性（intellectus in actu）であること[21]。

---

19) Theodoricus de Vriberch, *De cognitione entium separatorum et maxime animarum separatarum,* 75, 1; Steffan, H., *Corpus Philosophorum Teutonicorum Medii Avei* II, 2; 237, 4-6: per se producere aliquam substantiam et cui ratio agendi est sua substantia et non aliquod accidens.

20) Theodoricus de Vriberch, *De cognitione entium separatorum et maxime animarum separatarum,* 75, 1; Steffan, H., 237, 6-7: Accidentalem autem causam voco hic instrumentalem, cui ratio et principium agendi est aliquod accidens.

21) Theodoricus de Vriberch, *De cognitione entium separatorum et maxime animarum separatarum,* 23, 1-5; Steffan, H., 186, 93-187, 107.

①の条件における根拠について言えば，前にも述べられているように，本質的原因はそれによって生じたものを自己のうちにより卓越した・より優越的な仕方であらかじめ有しているからである。②に関しては，生けるものであるかぎりの生けるものは，生きていないものよりも常に卓越し優越的であるからである。③に関しては，そのような生命すなわち自らの本質によって生きる生命は，外的な付帯性に即してすなわち感覚や表象に即しているすべての生命よりも内的であり，またそうであることによってより優越的だからである。そしてそのような生命が知性的であるのは，それが生けるものの類において最高の生命だからである。

ディートリヒはこれらの5つの条件を分離された実体すなわち神，知性そして天の魂に適用させている。その一方でディートリヒは，これらの条件を人間におけるもっとも高度な知性においても適用させる。つまり，これらの条件が常に現実態である知性すなわち能動知性（intellectus agens）にも適合することをもって，ディートリヒは自らの知性論と本質的原因論とを結合させているのである。

1.2.1.2　エックハルト：本質的始原における四つの自然的条件

以上われわれはディートリヒの本質的原因論を概観してきた。つぎにそれを踏まえて，エックハルトの本質的始原論の特徴を概観してみよう。エックハルトはディートリヒの本質的原因論をそのままのかたちで継承しているわけではないが，ここでは両者における共通項を確認することから始めよう。

エックハルトは『ヨハネ福音書註解』第38節において，「ヨハネ福音書」冒頭の一節すなわち「はじめに言葉があった」（In principio erat verbum）を解釈する際，その一環として本質的始原に関する四つの自然的条件を提示している。すなわち，

① 本質的始原のうちには，結果が原因のうちに含まれているように，その始原から生じたもの（principiatum）が含まれている。
② その始原から生じたものは，その原因のうちにただ単に存在しているのみならず，先在しているのであり，それ自身におけるよりも卓越した仕方で存在している。

③　その始原それ自体はたえず純粋な知性（intellectus purus）であり，その知性のうちには，知性認識以外のなにものも存在しない。
　④　始原のうちにまた始原それ自体の下に，結果は潜勢として（virtute）同時的に存在している[22]。

　本質的始原に関するこのような条件は，ディートリヒにおける本質的原因に関する条件とほぼ一致することが理解できる。しかしエックハルトの場合は，本質的始原論は聖書解釈にも適用されるのである。エックハルトは，上の②，③，④の条件に関して，理念である「言葉」が対応していることを指摘している。その理由として，エックハルトは「理念はただ単に結果が形相的に有しているものを有しているのみならず，潜勢力において，それをあらかじめ有しているのであり，より卓越した仕方で有している」[23]と述べている。ここに理解されることは，エックハルトが本質的始原を世界の創造的根拠として把握していることである。したがって，被造物の存在性を規定する形相と質料は事物それ自体のうちに存在する，被造物的存在の二つの原理であって[24]，事物の創造的根拠としての本質的始原とは区別されなくてはならない。

　事物の諸形相は始原のうちにあってはすなわち神のうちにあっては，形相として存在しているのではなく，形相の理念が事物の原因または潜勢として存在しているのである。たとえば，熱は火においては形相としてあり，したがって，火とは熱いものであり，またそのように言われるように，熱は火を規定し，そのことによって火は火と名づけられる。しかし，熱は太陽においては，太陽を規定することはなく，すなわち太陽に熱いことの本性と存在また「太陽」という名を与えることはない。したがって，熱は太陽においては，形相としてあるのではなく，霊的に（spiritualiter）潜勢的に（virtualiter）存在しているのである[25]。しかしす

---

22)　Vgl. In *Ioh.* n. 38; LW III, 32, 7-15.

23)　In *Ioh.* n. 38; LW III, 32, 16-33,1: Ratio enim non solum habet, sed praehabet et eminentius habet, quia virtute, quod effectus habet formaliter.

24)　Vgl. In *Gen.* II n. 28; LW I, 497, 13-14: materia et forma non sunt duo entia, sed sunt duo entium creatorum principia.

25)　Vgl. In *Exod.* n. 121-123; LW II, 114, 3-116, 2.

べての具体的事物は，自らの原因から外へと導かれるとき，すなわち産出されるときはじめて，それに応じた形相を受け取るのである。つまり形相から種と名を受け取り「これこれの存在者」(ens hoc et hoc) として存在しているのであるから，形相はこの世に存在するものであって，けっして神のうちに存在するものではない。

さて，ディートリヒが作出因との比較において目的因の優位性を認めたように，エックハルトは『ヨハネ福音書註解』第42節において，「はじめに」(in principio) における in は目的因の本性を知らしめるとして，

> 「神は，すべての被造的なものの作出因であるとともに目的因であるとしても，むしろはるかに真に，より先なる仕方で，固有の仕方ですべての原因より生じたものの目的因である」[26]

と述べ，作出因に対する目的因の優位性を認めている。「神のうちにおける」(in deo) 存在あるいは潜勢的存在は，形相的存在の原因でありながら，その目的でもあるところにエックハルトにおけるアナロギア論の特色がある。つまり，形相的存在に対する本質的原因としての潜勢的存在は，形相的存在のアナロギア的原因 (causa analoga) すなわち理念として神のうちにある。しかしその理念が「言葉」とも言い換えられるのは，その「言葉」の受肉という神の恩寵を通して，人間がその根源的なる始原にして目的すなわち「一」へと還帰するという救済の道が開かれることを意味しているからである。

1.2.2 知性における存在否定性　被造物の存在の本質的始原としての神の知性がアナロギア的原因として作用するとき，そこにはディートリヒにおける本質的原因論の特徴を見ることができる。つまり原因のうちには，その原因それ自体によって生じたものが，それ自体において存在しているよりも卓越・優越した仕方であらかじめ存在しているということである。しかしエックハルトは，その卓越・優越性ならびに先在性

---

26) In *Ioh*. n. 42; LW III, 35, 7-9: Deus autem, quamvis sit rerum omnium creatarum causa tam effectiva quam finalis, magis tamen longe verius, per prius et proprie est causa finalis omnium causatorum.

を神のうちにある「言葉」としての理念に固有なるものとして把握し，自らの本質的始原論を特徴づけている。その意味において，理念は被造物的存在の範型であり，エックハルトはそれを事物における潜勢的存在と呼び，それに対して，事物の具体的存在すなわち形相と質料との混合物としての存在を形相的存在，あるいは「これこれの存在者」と呼ぶのである。

さて，事物の創造的根拠としての神の知性と被造物との間のアナロギア的関係が強調されるならば，神の知性は被造物における存在性を有していないことになる。ここから神が知性認識であるならば，神は存在者ではないことが帰結されるのである。つぎにわれわれは，神におけるこのような存在否定性について考えてみたい。

すべてのものの潜勢的存在は始原のうちにあるかぎりにおいて，「世の創成以前」(ante constitutionem mundi) に，宇宙のすべてのものが有していた存在である[27]。つまりこのことは，世界が創造される以前はまったくの無であったのではなく，「源初的で，本質的で，本源的な原因」(causa primordialis, essentialis et originalis[28]) におけるはたらき，すなわち言葉のはたらきがあったことを意味している。したがって，「はじめに言葉があった」における「はじめに」(in principio) は世界が創造される以前という意味であるから，エックハルトが指摘した本質的始原における④の自然的条件すなわち，始原とそのうちにある結果における同時性は，「はじめに神は天と地を造った」における始原が「永遠の第一の単一の今」(primum nunc simplex aeternitatis) と定義されているように，時間性を超越した創造的根拠の永遠性において成立する。

さらに「はじめに言葉があった」は自然よりもいっそう高いものの他の始原が存在することを教示しているのであるが，その始原とは個々の自然的なものをある一定の目的に向けて秩序づけている知性である。次の第5章で詳述するが，『創世記註解』においてもエックハルトは，創

---

27) Vgl. *In Ioh.* n. 45; LW III, 37, 8-9: Notandum quod res omnes universi non erant 'ante constitutionem mundi' nihil, sed esse quoddam virtuale habebant.

28) Vgl. *In Ioh.* n. 45; LW III, 37, 10-12: Et hoc est quod hic dicitur: *in principio*, scilicet ante mundi constitutionem, *erat verbum*, id est effectus in sua causa primordiali, essentiali et originali.

造の根拠としての始原を「知性的本性」(natura intellectus) と捉えており，さらに同註解第 168 節には，「すべての自然的に生み出されたものの始原は，自然よりもまた被造物よりも高次なる知性であり，そしてこれは神である[29]」と述べている。エックハルトがこのように自然との関係において知性を重視する思想的背景として考えられることは，「知性体は神的力によって自然を統治する[30]」という『原因論』命題 8 と「自然のはたらきは叡智体のはたらきである」(opus naturae est opus intelligentiae) というアルベルトゥスのテーゼである[31]。その流れは，前にも述べたように，アルベルトゥスにおける新プラトン主義的テクストの註解を源として，ディートリヒを通してエックハルトに流入してきていると考えられる。

さて，神的知性とは，上に考察してきたように，創造的根拠としての本質的原因である。そして，始原が真の始原であるならば，いかなるものも始原のうちに存し同時に始原によって引き起こされたもの (principiatum) のうちに形相的に存在することはありえないのであるから，すべての存在の原因としての神のうちには存在の本質的規定はありえないことになる。したがって「神は存在ではない」というテーゼが帰結されることになる。つまり創造的根拠としての始原は被造物にとってはアナロギア的原因であり，そうであるかぎり，結果はアナロギア的原因のうちに隠されている[32]。言い換えれば，事物はそのアナロギア的原因のうちにあっては，存在を有していないのである[33]。

---

29) In *Gen*. I, n. 168; LW I, 313, 12-13: principium omnium productorum naturalium est intellectus altior natura et omni creato, et hic deus.

30) *Liber de causis*, prop. VIII (IX), comm.; Pattin 155, 66-67: intelligentia regit naturam per virtutem divinam.

31) Vgl.*Quaest. Par*. I, n.5; LW V, 42, 3.

Albertus Magnus, *De causis et processu universitatis a prima causa*, I tr. 2 cap. 8; Ed. Colon. XVII pars II, 34, 45-47: Propter quod in XVI DE ANIMALIBUS intelligentia dicitur esse in semine, et totum opus naturae dicitur esse opus intelligentiae.

Hödl,L., Opus naturae est opus intelligentiae. Ein neoplatonischen Axiom im Aristotel. Verständnis des Albertus M., in: *Averroismus im Mittelalter und in der Renaissance*, Zürich 1994, 132-148.

32) Vgl. *In Gen*. II, n. 51; LW I, 519, 11: Effectus enim in sua causa analoga latet, absconditur.

33) Vgl. *In Sap*. n. 21; LW II, 342, 5-6: res in sua causa essentiali sive originali non habet esse.

しかし神の知性は，被造物の存在のアナロギア的原因として，創造的根拠である。だから神のうちには，存在の本質的規定が存することはない。かえってむしろ，被造物の存在の原因としての「存在の純粋性」がある。つまり創造されるということ，すなわち存在の本質的規定を有するものになるということは，原因からの落下を意味する。その意味において，知性と存在における秩序の差異とは本質的規定の有無を意味するのであるから，神と被造物との本質的な差異に等しい。したがって，被造物としての人間にとって神はまったくの外なる神なのである。しかし創造的能動者としての神は，第1章で述べたように，類と種，質料と形相といった因果関係や関係構造のうちにはたらくのではなく，自由なるものとして定められ創造されたものが，根源的にして創造的な能動者の影響範囲にのみ存立できるように，現存在の内部へと自由に分け入りそこではたらくのである。

ところで，被造物の現存在の内部へと分け入ることが神に可能であるのは，神それ自体が被造物からなんら影響を受けないことを前提にしている。これは，ディートリヒの本質的原因論において保証された本質的原因の特徴の一つ，すなわち原因それ自体はその原因によって生じたものからいかなる反作用も受けないということによって保証される。しかし，原因それ自体における原因づけられたものからの自由性は，創造的始原においては，創造者がすべてのものに存在を授与するはたらきにおける自由性である。したがって，神的知性における存在否定性は，すべての事物の存在性における形相と質料との混合という本質的規定を超越し，その存在それ自体に対して垂直に切りこむ神の自由性を開示しているのである。

1.3　ipsum intelligere est fundamentum ipsius esse の意味

『パリ討論集』第1問題冒頭において，エックハルトは，神における存在と知性認識との同一性に関して，これらは現実において同一であるべきであり，そしておそらく現実においてもまた概念的にも同一であるべきであろうと述べて，トマス哲学的観点からその論証を試みている。しかしエックハルトは，「知性認識それ自体が神の存在の基盤である」(ipsum intelligere est fundamentum ipsius esse) と述べて，知性あるいは

知性認識の，存在に対する優位性を自らの論証の根拠としている。その意味において，神は創造的根拠として，被造物の存在の本質的規定は有していない。だから創造者としての神は知性であり知性認識であって，存在者でもなく存在でもないのである。「存在」という言葉が被造物の存在を表示している以上，神には存在はなく，存在の原因としての「存在の純粋性」が存する。

　以上は，われわれがこれまでの考察を通じて理解してきたことである。しかし，われわれはここでひとつの疑問を抱く。それは，神が被造物の存在の原因であって，その意味においては，神は存在を有していないことが確認されたとしても，しかしエックハルト自身が述べている「神の存在の基盤としての知性認識」における「神の存在」とは何を意味するのか，ということである。つまり，エックハルトは，神は存在を有していないと述べているのにもかかわらず，「知性認識それ自体が神の存在の基盤である」(ipsum intelligere est fundamentum ipsius esse) と述べることにおいて，「神の存在」を認めているのは矛盾ではないか。この疑問を解決するためにわれわれは，『パリ討論集』第1問題におけるエックハルト自身の記述をもう一度，詳細に吟味することから始めたい。

　まず，注目されるべきは第8節である。この節の冒頭においてエックハルトは，神の知とわれわれの知との比較を述べることにより，神の知における超越性を明らかにする。つまり，神の知は創造的根拠なのであるから事物の原因であるが，しかしわれわれの知は事物によって原因づけられている。したがって，神のうちにあるものはいかなるものであっても，それは存在それ自体を超えているのであって，そしてそれはすべて知性認識であることが述べられ[34]，「神は知性認識なり」のテーゼが証明される。

　ここから「神のうちには存在者はなく存在もない」[35]ことが帰結される。その根拠として原因と原因から生じたものの間のアナロギア関係に

---

　34) *Quaest. Par.* I, n. 8; LW V, 44, 13-14: quidquid est in deo, est super ipsum esse et est totum intelligere.

　35) *Quaest. Par.* I, n. 8; LW V, 45, 1-2: in deo non est ens nec esse.

おける絶対的区別性があげられる[36]。次にエックハルトは以下のように述べる。すなわち,

「神はしかしすべての存在の原因である。」[37]

したがって,次のことが帰結される。

「それゆえ存在は形相的に神のうちには存しない。」[38]

　この帰結は,上にわれわれが考察してきたことからも理解できるであろう。つまり,すべての存在者の創造的根拠としての神は,すべての存在の真の原因なのであるから,被造物を本質的に規定する形相と質料という次元を超越している。しかし,前にも述べたように,神における存在否定性は神における欠陥性を意味しているのではなく,創造者における自由性の表明なのである。
　しかしエックハルトは次のように述べる。

「もしあなたが知性認識を存在と呼ぼうとするならば,それでも私としてはかまわない。」[39]

　これはエックハルトの譲歩である。誰に対しての譲歩であるか。それは当時,神における知性優位を主張するドミニコ会に対立し,神における意志の優位性を主張するフランチェスコ会に属する神学者を指すのであろう。しかし総じて言えば,神において知性認識と存在とが同一であると主張している者であり,そして彼らのうちにはトマス主義者も含まれているとみてよいであろう。つまり,エックハルトがトマス主義者に対して譲歩しているということは,エックハルト自身がトマスとは異なった立場に立っていることを意味する。そしてエックハルトは続けて

---

36) 註17を参照。
37) *Quaest. Par.* I, n. 8; LW V, 45, 2: Deus autem est causa omnis esse.
38) *Quaest. Par.* I, n. 8; LW V, 45, 3: Ergo esse formaliter non est in deo.
39) *Quaest. Par.* I, n. 8; LW V, 45, 3-4: Et si tu intelligere velis vocare esse, placet mihi.

1 知性あるいは知性認識としての神

次のように述べる。

「それにもかかわらず私は言う、たとえあなたが存在と呼ぼうとする何かが神のうちにあったとしても、それは知性認識によって神に帰属するものである、と。」[40]

ここで言われている神のうちにある「あなたが存在と呼ぼうとする何か」とは何か。それは、神が存在の原因であるという今までの文脈から判断して、被造物の存在でないことは言うまでもないであろう。しかしそれは厳密に言って、神の知性認識それ自体でもない。というのは、「それは知性認識によって神に帰属するもの」とエックハルト自身が述べているからである。つまり、神の存在の根拠として知性認識が理解されているからである。

さてここで第9節に見られる次のエックハルトの記述を引用してみよう。

「それゆえに存在は、それが被造物に固有なものである以上、神のうちにおいては存在の原因においてのみ存している。したがって、神のうちにあるのは存在ではなく、存在の純粋性である。」[41]

以上のことから理解できることは、神のうちにある「あなたが存在と呼ぼうとする何か」は神のうちにある存在の原因であって、エックハルトが「存在の純粋性」と呼んでいるものと同義であるということである。そしてその「存在の純粋性」を根拠づけているのは神の知性認識である。つまり、神の存在性がすべての存在の原因を意味し、すべての存在をアナロギア的に超越するものであっても、それは神の知性認識によってその成立基盤が与えられているのである。したがって、神が存在するから神は知性認識するのではなく、神が知性認識するから神は存在

---

40) *Quaest. Par.* I, n. 8; LW V, 45, 4-5: Dico nihilominus quod, si in deo est aliquid, quod velis vocare esse, sibi competit per intelligere.
41) *Quaest. Par.* I, n. 9; LW V, 45, 9-10: Et ideo cum esse conveniat creaturis, non est in deo nisi sicut in causa, et ideo in deo non est esse, sed puritas essendi.

するのである。

ここでもう一度，第4節の問題の記述を引用してみよう。

「知性認識それ自体が神の存在の基盤である。」

ここで言われる「神の存在」とは，すべての事物の存在の原因としての「存在の純粋性」であって，「あなたが存在と呼ぼうとする何か」とエックハルトが譲歩して述べているものである。つまり，エックハルトは「存在の純粋性」を神の知性認識であるとはいっていないのである。それでは，われわれはもう一度問おう，この「存在の純粋性」と神の知性認識との区別性はいかなる意味をもつのか。そして両者の関係性，すなわち知性認識が神の存在の基盤であるとはいかなることを意味しているのか。

以上において明らかになった問題は神の存在の内在性に関する問題である。そうであるかぎり，三位一体論もそこに含まれることは言うまでもない。その問題は，本論の冒頭においても述べたように，啓示に関する問題であり，それはトマスにおいても人間における自然理性の光が届かない領域であった。しかし，エックハルトはこの問題に対しても，「哲学者たちの自然的論証によって解釈」していくのである。すなわち，このことがトマスとは異なったエックハルト自身の立場にほかならない。われわれはこのことを踏まえたうえで，以下において，エックハルト自身の解釈のプロセスを検証してみたい。そこでまずわれわれは，前章でも言及したエックハルトにおける超範疇的概念の解釈をふたたび取り扱ってみたい。というのは，超範疇的概念をエックハルトは神の固有性として性格づけているからである。

2　一なる神

2.1　一性，同一性，不等性の連関構造

超範疇的概念（transcendentia, termini generale, communia）とは，アリストテレスにおけるカテゴリーの範囲を超えるものの概念を意味する

2 一なる神

が，エックハルトは『命題集序文』(*Prologus in opus propositionum*) において，とくに「存在者ないし存在」(ens, esse)，「一」(unum)，「真」(verum)，「善」(bonum) の4つを取り上げ，そしてそれらを神の固有性としていることはすでに述べたとおりである[42]。ここで，今後の論を展開するにあたり，これら4つの概念について確認しておきたい。

われわれは『ヨハネ福音書註解』第564節における記述に即して，これら4つの概念についてエックハルトの解釈をみていこう。まず第一に存在者ないし存在に関しては，同註解には次のように述べられている。

　「生まれざるものであり，生むものでもなく，生まれたるものでもなく，始原なしにあり，他のものに依拠していない。」[43]

ここで注意すべきことがある。ここで言われている神の固有性としての「存在者ないし存在」とは，『パリ討論集』において問題となった，すべての事物の存在の原因としての「存在の純粋性」のことではない。この存在について，エックハルトが異端の嫌疑をかけられたとき，エックハルト自身が作成したいわゆる『弁明書』(*Rechtfertigungsschrift*) においては「絶対的存在」(esse absolutum)[44]と述べられている。それは，神の内奥と本質に関わるものとして無限定・無差別なるものである。そうであるかぎり，他のものとはいかなる関係も有していない。したがって，生む・生まれるという関係性という観点であっても，他のものと関係することはないのであるから，そこからはいかなるものも発出しない。つまり，「絶対的」とはそれ自体において存在するという神の自存性それ自体を意味するのであるが，その内容は第5章において詳細に論じてみたい。

ところで，『命題集序文』には，第一命題として「存在は神である」

---

42) *Prol. op.* prop. n. 4; LW I, 167, 9-10: solus deus proprie est ens, unum, verum et bonum.

43) In *Ioh.* n. 564; LW III, 492, 3-4: ens sive esse est ingenitum nec gignens nec genitum, sine principio nec ab alio.

44) *Proc. Col*. I, n. 117; LW V, 289, 6-8: Ad quintum cum dicitur: »Esse est deus«. Dicendum quod hoc verum est de esse absoluto, non de esse formaliter inhaerente.

が掲げられている。われわれはすでに『パリ討論集』において神には存在は帰属することはない，すなわち神には存在者ないし存在ではないとエックハルト自身が述べているのを知っている。このことは矛盾ではないのかという問題がエックハルト研究にはこれまで支配的であった。しかし以上われわれが考察してきたように，「存在は神である」における存在は神の固有性として神の本質と同一なる存在であり，それに対して，神に存在が否定されるときの存在とは被造物の本質的規定としての存在なのである。エックハルトはこのことを区別して「存在」という言葉を使用している[45]。

つぎに一に関しては，

「始原なしにあり，生まれざるものであるが，生むもの」[46]

と述べられている。また，同註解第513節には，

「（一とは）もっとも直接に存在に関わるのであり，最初に，かつ最小限度において存在を限定するものである」[47]

と述べられている。神の本質として本来無限定なる存在に直接に関わる一は，最小限度において神の存在を限定するものであるが，その意味は神に「生むもの」という性格を付与することにほかならない。その意味において，前章においても述べたように，存在は一であり，存在は被造物・非被造物にかかわらず，すべてのものを根源的に発出させる力なのである。

真については，

---

45) しかしそうは言っても，エックハルトにおける存在の思想は理解しにくい。エックハルトの思想の難解さはエックハルト自身がこのように「存在」という言葉に二義を含ませているからであり，ここから種々の誤解が生ずる。このことの責はエックハルト自身にも帰すべきである。なお，命題「存在は神である」の理解に関しては，第5章において取り扱う。

46) In *Ioh.* n. 564; LW III, 492, 4-5: unum vero est sine principio, ingenitum, sed gignens.

47) In *Ioh.* n. 513; LW III, 444, 1-2: immediatius se habet ad esse, et primo et minimo determinat ipsum.

「生まれたるものであり，生むものではなく，他のものに始原をもっている」[48]

と述べられ，善については，

「他のものに由来しているものであり，始原をもっているのであり，しかし生まれたるものではなく，生むものではなく，創造するものであり，被造的なものを外に向かって存在へと生み出すもの」[49]

と述べられている。

神における以上の区別は神学的観点から見ればペルソナ間の区別である。すなわち一は被造的であれ非被造的であれ，すべてのものの第一の始原なのであるから，すべての神性と被造物の父である。その一のみから真が生まれるのであるから，真は子を意味する。さらに父である一と，一のみから生まれる真から発出するのが善であり，父と子は本性において一なのであるから，善には両者を結合するものとして聖霊が帰せられる。したがって，父からのみ子が生まれ，父と子から聖霊が霊発されるという神的ペルソナ間の関係は，一・真・善の間の関係に相応する。これは，三位一体の神学的奥義が形而上学的根拠として哲学的原理に反映していることを表示しているのである。

さらにエックハルトは，ボエティウスが同一性とは不等性を概念領域の周辺において有効にさせることができる関係概念であると中世の学生に教示したこと[50]に基づき，一性（unitas）・同一性（aequalitas）・不等性（inaequalitas）における概念関係をもって，神的ペルソナの発出のプロセスと創造のプロセスにおける論理構造を明らかにする。

同一性が一性から生まれるということから言えば，父には一性が帰属

---

48) In *Ioh.* n. 564; LW III, 492, 5: verum autem est genitum, sed non gignens, habens principium ab alio.

49) In *Ioh.* n. 564; LW III, 492, 5-7: bonum autem est ab alio, habens principium, non genitum, tamen non gignens, sed creans, creata extra in esse producens.

50) Vgl. Boethius, *De institutione arithmetica*. Bibl. Teubn. 1867, II. 1, 77, 15-17: Ita igitur, quoniam ex aequalitas margine cunctus inaequalitatis species proficisci videmus, omnis a nobis inaequalitas ad aequalitatem volut ad quoddam elementum proprii generis resolvatur.

し，子には同一性が帰属する。同一性はその本性からして一性から発出するものであり，しかも同一性が一性のうちに留まり，一性が同一性のうちに留まるという仕方においてである。一性と同一性とのこうした関係性は，聖書において「私が父のうちにあり，父が私のうちにある」（ヨハ 14・10,11）と表現されている。しかし不等なるものは同一なるものではないのだから，不等性と同一性との関係性は，同一性と一性とのそれではない。この場合，不等なるものとは，それ自体としては，包括的に規定する同一なるものの一性において解消される多性・多様性を意味する。その意味においては，不等性は一性の否定である。その否定性は，創造が「天と地」という根源的二を媒介としての一性からの落下であるかぎり，被造物の本質的規定にほかならない。しかし，存在の始原としての一それ自体は，それ自体における論理構造すなわち「否定の否定」によって，すべての多様性を自己自身のうちに包含している。

　しかしだからと言って，不等性が一性それ自体から直接発出してくることは不可能である。「すべてのものはそれによって生じた。それによらずしては何も生じなかった」（ヨハ 1・3）という聖句からすれば，「それ」すなわち同一性である子の媒介によって，不等性は一性から生じてくるのである。しかし，不等性と同一性との関係は，同一性が形相的に不等性のうちに留まっている仕方においてではなく，また不等性が同一性のうちに留まっている仕方においてでもない。それではいかなる仕方であるのか。エックハルトは次のように述べる。

　「不等性は，しかしながら同一性のうちに潜勢として留まっている[51]。」

---

　51) In *Ioh.* n. 557; LW III, 486, 12: manet tamen haec in illa virtute.
　なお，テキストにおいては，haec を aequalitas, illa が inaequalitas を受ける指示代名詞とされている。つまり，テキスト通りに読むと，「同一性は不等性のうちに潜勢として留まっている」となる。これは，われわれが今まで考察してきたものとは，まったく逆の結果になってしまう。同一性はこの場合，子を意味し，不等性は被造物を意味する。したがって，不等性が同一性のうちに潜勢として留まっているというのは，被造物の理念が神の子のうちに存在していることを意味する。エックハルトが『創世記註解』第 77 節で，すべての事物における二重の存在，すなわち形相的存在と潜勢的存在において，確固とした恒常的な存在である潜勢的存在が神の言葉のうちにあると述べていることにも，この考えは同調する。したがって，ここではテキストの誤りと判断し，本文のように訳した。

2 一なる神

　この記述は，同一性が不等性の理念であることを意味している。つまり，不等性が同一性を媒介として一性から発出してくるということは，発出してくるものが生み出すもののうちにあるその理念にしたがって生み出されることを意味しているのである[52]。したがって，不等性と一性との関係は，不等性の理念である同一性が一性のうちに留まっているという意味において，一性は不等性の本質的始原である。つまり，不等性と一性および同一性との関係はアナロギア的である。それに対して，同一性と一性との関係は，同一性はある種の一性なのであるから[53]，同名同義的である。つまり，一性とアナロギア的にある不等性は，一性と同名同義的にある同一性の媒介によって，一性から発出してくるのである。一性・同一性・不等性における以上のような論理関係を神学的に言えば，被造物である人間はその本質的始原である父から子を媒介として生み出される，ということになる。

　以上われわれは，エックハルトにおける超範疇的概念の解釈を通して，神のうちにおけるペルソナ間の発出のプロセスと創造のプロセスにおける論理構造を明らかにしてきた。このことを踏まえてわれわれは，神における一性の意味について考えてみよう。

2.2　一性としての知性認識

　エックハルトはラテン語説教 29 において，一そのものである神の性格について，「単一性において無限であり，自らの無限性において単一である[54]」と定義している。さらにエックハルトは，一性あるいは一とは知性のみ本来的なものであり，固有であるように思えると述べている[55]。というのは，質料的存在者（entia materialia）は質料と形相とによって構成されている以上，一なるものではない。また非質料的存在者（entia immaterialia）たとえば精神的存在者（intellectualia）においても，

---

52) Vgl. In *Ioh*. n. 4; LW III, 6, 8-9: procedens est in producente sicut ratio et similitudo, in qua et ad quam producitur procedens a producente.

53) Vgl. In *Ioh*. n. 557; LW III, 486, 13: Ipsa enim aequalitas est quaedam unitas.

54) *Serm*. XXIX n. 296; LW IV, 263, 13: Deus simplicitate est infinitus et infinitate sua simplex.

55) Vgl. *Serm*. XXIX n. 300; LW IV, 266, 11-12: unitas sive unum videtur proprium et proprietas intellectus solius.

一なるものとは言えない。なぜなら，その存在と本質とが同一ではないからであり，したがってまた存在と知性認識とが同一ではないからである。神において存在と知性認識とが同一であるということは，エックハルト神学において，神が知性認識以外の存在をもたないこと，その全体が知性であることを意味する。この意味において神は「第一の知性」（primus intellectus）と言われる[56]。知性認識としての神が存在することが，エックハルトにとっては，本来の意味において「存在する」ことなのである。

　ところで，前にも述べたように，熱は太陽のうちにおいては形相としてあるのではなく，潜勢としてある。同様に，すべての事物は神のうちにおいては潜勢的に存在している。このことは事物の形相という観点から見るならば，事物の諸形相が神に形相としてあるのではなく，事物の理念と形相の理念が，事物の原因としてまた潜勢として存在していることを意味している[57]。形相が事物に種と名を与えるのに対し，理念は事物にけっして種や名を与えない。というのは，理念はただ理性的なものないしは知性的なもののみが把握することができるからであり，物体的な自然は理念を知ることはないからである。つまり理念は，形相のようにこの世の事物に直接関わるものではない。理念がただ知性的なもののみに関わるのであるから，知性認識以外の存在をもたない第一の知性としての神のうちには，本来的な意味において理念が存在するのである[58]。この場合，知性認識と理念とは神で内在的関係にあるのだから，父と子のペルソナ間の関係として把握される。したがって，エックハルトは次のように述べる。

　　「それ（第一の知性としての神，すなわち父）は現実態において知性認識しており，そのように知性認識することによって，理念を生んでいるからである。そして神の知性認識それ自体が生んでいる理念

---

56) Vgl. In *Ioh*. n. 669; LW III, 582, 8-9: in primo intellectu, qui se toto intellectus est, non habens esse praeter intelligere.

57) Vgl. In *Exod*. n. 121; LW II, 114, 7-9: nullo modo formae rerum sunt in deo formaliter, rationes autem rerum et formarum sunt in deo causaliter et virtualiter.

58) Vgl. In *Ioh*. n. 31; LW III, 24, 16-17: *In* ipso enim intellectu primo utique est ratio proprie.

それ自体は，神それ自身である。」[59]

　ここで『パリ討論集』第1問題の考察のなかで提起された問題に再び戻ろう。その問題とはすなわち，神のうちにおける「存在の純粋性」と神の知性認識との区別は何を意味し，そして後者が前者の基盤であることは何を意味するのか，であった。「存在の純粋性」が神のうちにあるかぎり，それは事物の原因としての理念であるとわれわれは理解できる。そしてその基盤としての知性認識は一性である父であり，したがってそこから生まれる理念は子であると理解できる。さらに，知性認識が「存在の純粋性」の基盤であるということは，父が子を生むことを意味し，すなわち一性としての父が本質的始原として「第一の流出の泉」(fons primae emanationis)であることを意味している[60]。

　神のうちにおいて父と子はペルソナとしては区別されるが，本性は一なるものであるから，父が子を生むという力動性をエックハルトは「自己自身の出産」(parturitio sui)と言う。それはまた「ある種の沸騰」(quaedam bullitio)とも言われるが，『出エジプト記註解』(*Expositio libri Exodi*)においては，「自己自身のうちで沸騰し，自己自身のうちへそして自己自身へ向かってあふれ出る[61]」神の存在性を意味する。さらにそれは，世界の創造の原像である。神の存在におけるこうした生命的力動性をエックハルトは「私は存在するところのものである」(ego sum qui sum)という聖句に見る。だからエックハルトは，『パリ討論集』第1問題の末尾において以下のように述べる。

　　「神はすべての事物の根源であり原因なのであるから，すべてを自己自身のうちに，純粋性において，完全性においてそして十全性において，広くそしてより大きく，あらかじめ有しているのである。そして神は『私は存在するところのものである』と語ったとき，こ

---

59) In *Ioh.* n. 31; LW III, 25, 1-3: Vel *apud* ipsum, quia semper actu intelligit, et intelligendo gignit rationem; et ipsa ratio, quam gignit ipsum intelligere suum, est ipse deus.

60) In *Ioh.* n. 564; LW III, 492, 9-10: unum fons est primo primae emanationis, filii scilicet et spiritus sancti a patre aeterna processione.

61) In *Exod.* n. 16; LW II, 21, 11-12: in se fervens et in se ipso et in se ipsum liquescens et bulliens.

のことを言わんとしたのである。」[62]

　さて，ただ神のみが知性によって事物を存在へともたらす。そのことは神が事物の本質へと自己自身をむき出しにして沈めることを意味する。そしてそれが可能になる根拠は，知が基づく一なる神の本来性すなわち単一性と無限性にある。神における一は本来においてすべての類を超越し，質料と形相という因果関係に拘束されないのであるから，神はその無限性にしたがって至る所に存在し，単一性にしたがって至る所で完全である。その完全性と無限性はまた，神の恩寵の溢れ出る豊かさを表示している。したがって，恩寵が本来において超自然的であると言われる根拠は，汚れを知らない神の純粋なる流出として，存在，内面的なるもの，最内奥，神のうちにおける神との一なる存在・生に関わるからである。神は一なるものとして個々のもののうちに降下しながらも，雑多なものに自己を譲渡することなく常に一を保ち，救済者として自らの根源的な力によって雑多なるものを一へともたらす。

　被造物における形相的存在に対する潜勢的存在は，「生じたものはそれ（言葉）のうちでは生命であった」（ヨハ1・3,4）という聖句から言えば，非被造的なるものとして生命であり，そして「生命は人間の光であった」（ヨハ1・4）という聖句から言えば，生命は人間においては光である知性を意味する。しかし人間の知性はこの世の存在者を対象とすることによって，存在者を自らの原因としている。そのかぎりにおいて，知性の本来性を人間は獲得できない。『デ・アニマ』第3巻第4章における「混じり気のない」また「共通のものをなにひとつもたない」という知性の性質をエックハルトが強調するのは，人間の知性が被造物の有する存在の本質的規定を脱して，知性のもつ本来性すなわち非被造性へと人間の知性を還帰させるためである。したがって，神の知性における存在否定性は，アナロギア的原因として，人間の知性が被造物に捕われることから脱することを促す，神自身の恩寵としてそれ自体において力なのである。

---

62) *Quaest. Par.* I, n. 11; LW V, 48, 6-8: deus omnia praehabet in puritate, plenitudine, perfectione, amplius et latius, exsistens radix et causa omnium. Et hoc voluit dicere, cum dixit: 'ego sum qui sum'.

認識することは，伝統的解釈によれば，自らに類似しているものを受け取ることである。人間の知性が神を認識することの前提条件は，神の知性における存在否定性をアナロギア的原因として，自らのうちに無限なる受動性が開かれることである。この受動性とは，人間が創造される以前に神から付与された人間の本性である。その本性にしたがって神のもつ固有性，すなわち存在・一・真・善が神の子を通して人間にもたらされる。したがって，理性的存在者としての人間は神の一なる全実体の像（imago totius unius substantiae dei）に即して造られているのであるから，人間は自らが発出してきた本質的始原としての一それ自体へと帰ることに満足をおぼえる。しかし，人間が一それ自体へと還帰することは，一性から発出してきた子である同一性の媒介が必要となる。それは，神の独子の受肉を通して獲得される同形姿性の恩寵を意味する。

おわりに

　エックハルトは「はじめに言葉があった」を解釈する際，「言葉」をギリシア語でロゴスと言い換えている。そしてロゴスとは，エックハルトにとって，イデア的理念と子であることの両義を意味する。これは，エックハルトにとっては，神学においてまた哲学において探求されるべき始原が「ロゴス」の概念内容において一致していることを物語る。神学と哲学とが一致することの証明，これこそエックハルトがその生涯をかけて挑んだ仕事であった。ギリシアの哲人プラトン，アリストテレス，そしてアウグスティヌスをはじめとする教父の伝統，ディートリヒを介しての新プラトン主義的思想，トマス神学等が醸し出す思想風景のなかで，そして自らドミニコ会士として説教活動をしながら信仰を深め，なおもキリスト教の奥義を探求することを通じて，エックハルトは自らの使命を深めていった。
　「神は知性認識なり」のテーゼはエックハルトの生涯を通じてその思想を支えている。次の第5章で扱われる命題「存在は神である」はエックハルトの思想が変化したことを物語るものではない。神における知性認識は神の一性を表示し，それは神における絶対的存在を最小限度に規

定する。本来において無限的・無差別である神の本質としての存在は一と規定されることによって，被造的であれ，非被造的であれ，すべての存在をその根源において発出させる力なのである。その力が神の知性認識それ自体にほかならない。そして神は知性認識それ以外にはその存在を有してはいない。その神の存在が真の意味においてすべての存在の始原なのである。ここに神の存在の形而上学が構築される。しかし神の存在はすべてのものにその存在を授与する恩寵それ自体なのであるから，神の存在の形而上学は同時に創造神学なのである。

第 5 章
神の存在と創造

はじめに

　第4章においてわれわれは，エックハルトの初期の著作である『パリ討論集』第1問題から，命題「神は知性認識なり」をとりあげ，その神学的意味を詳細に考究してきた。エックハルトがこの命題を提示するにあたって導き出されたもう一つの命題は，「神は存在でない」であった。しかしこの命題における「存在」概念は，エックハルト自身が「これこれの存在者」と呼んでいる事物の存在と同一視されている。概念としての「存在」を神と事物に適用することに伴う危険をいかに回避するのか，この問題は同時代人とともにエックハルトも頭を悩ませたことであったと推察する。
　そこでエックハルトは神の存在を事物の存在から区別するために，事物における存在概念は神の存在とのアナロギアとしてのみ語ることができるというスコラ学的公理に準拠しつつ，しかもアナロギアの論理における否定性の機能を徹底させていく。つまり，事物における存在の本質規定を神の存在に適用させることが断固拒否されることで，神における存在が否定されるわけある。したがって，エックハルトにおける「神は存在ではない」という否定命題を考察する場合，注意しなければならないことは，アナロギアにおけるエックハルト神学独自の使用法なのである。そして，神における存在を否定し，知性認識を強調することは，事物の存在と神の存在とのアナロギア関係に基づいて，エックハルトが

創造におけるメカニズムを描こうとしたことにその意義があると思われる。

しかしその一方でエックハルトは，前章においてもすでに述べたように，『命題集序文』において，「存在は神である」を第一命題として提示している。この命題で言われている「存在」は，前章においても少し触れたように，神の存在としての「絶対的存在」を意味しているが，これはまた，第 2 章において述べた超範疇的概念としての存在として理解される。ここにおいても注意しなければならないことは，やはりアナロギアが機能しているということである。つまり，「存在」が神に帰属するとき，事物の存在はもはや「存在」として語ることはできない。すなわち神が存在するならば，被造物としての事物は「無」なのである。

エックハルトは，この第一命題を第一聖句すなわち「創世記」冒頭の「はじめに神は天と地を造った」と連関させ，創造論を展開する。本来は無である被造物としての事物に存在を付与するということが創造の意味であるが，次にその創造における存在論的構造に注目してみたいと思う。そこで本章においてわれわれは，エックハルトの中期から後期の思想領域で展開される創造論の特徴を考えてみたい。そのさい，第一命題「存在は神である」に焦点を当てて，パルメニデス以来の哲学的存在概念をエックハルトがいかに受容し，そしてその受容を通して，自らの神学を形成していったのかということを検証してみたいと思う。

1　存在産出の三段階

エックハルトは三位一体の祝日の後の第 23 の主日において行なわれたラテン語説教 49 のなかで以下のように述べている。

> 「『像』について。注目されるべきことは，像は本来において裸のままの全本質の端的なる流出であり，形相的な移しかえである。形而上学者は，その本質を作用因と目的因を度外視して考察するが，自然学者の考察においては，本性はそれらの原因のもとに属する。したがって，像は，あらゆる外的なものが沈黙し排除されるなかで，

最内奥からの流出である。あたかもまだ噴出は考えられてない段階において自己自身から，そして自己自身において膨張し沸騰しているように解することができる生命，それが像である。」[1]

ここでは像は自己自身において膨張し沸騰している生命だと理解されている。沸騰している生命とは自己自身において沸き立っている状態であり，それは，なんらかのものが露な本性を形相として注ぎながら，自己自身によって，自己自身から，自己自身において他のなんらかのものを産出する[2]。これが存在産出の第一段階である。沸騰する生命はやがて外へと噴出する。これが存在産出の次の段階となる。この段階においては自己自身によって他のものを生み出すのであるが，しかし自己自身

---

1) *Serm.* XLIX, 3 n. 511; LW IV, 425, 14-426, 4: *Imago.* Nota quod imago proprie est emanatio simplex, formalis tranfusiva totius essentiae purae nudae, qualem considerat metaphysicus circumscripto efficiente et fine, sub quibus causis cadunt naturae in consideratione physici. Est ergo imago emanatio ab intimis in silentio et exclusione omnis forinseci, vita quaedam, ac si imagineris rem ex se ipsa et in se ipsa intumescere et bullire in se ipsa necdum cointellecta ebullitione.
トマスは『神学大全』第1部第35問題第1項主文において，あるものが像であるための二つの条件をあげている。一つは，事物の種において類似していること，もう一つは起源（origo）の関係の要求である。つまりあるものAが他者Bの像であるためには，単に種の類似や形態の類似だけではなく，AはBから種において類似したものとして発出するものであることが要求されるのである。そしてトマスによれば，神の場合，こうした起源とか発出を含意するのはペルソナ的名称であるから，「像」はペルソナ的名称であることが帰結する。
さらにトマスはつづく第2項主文において，子は父から言葉として発出するが，その言葉の概念には形象（species）がそこから発出する形象の類似が属するから，子は父の像であると結論している。しかし聖霊に関しては，聖霊が父との直接の関係を有していないことから，像であるとは言えないと述べ，カトリックの伝統を確認している。
エックハルトはこのトマスの見解を継承しながら，彼独自の像論を展開している。ここに引用したものもその一環であるが，『ヨハネ福音書註解』第23節から第26節にかけて見られるエックハルトの像論の特徴を要約してみる。①像は像であるかぎりにおいて，自らのいかなるものも，像がそのうちに存在している基体（subiectum）からは受け取らないのであり，その全存在をそれがその像であるところの対象（obiectum）から受け取る。②像は自らの存在を受け取るのは対象からのみである。③像が自らの全存在を受け取るのは，それによって対象がその範型（exemplar）であるそのすべてのものにしたがってである。④ある人の像はそれ自体としては，ただ一つのものであり，ただ一つのものの像である。⑤像はその範型のうちに存在している。⑥像と像がそれの像であるところのものとは，それ自体としては，一である。⑦像のそのような表出（expressio）ないし出生（gignitio）は，ある種の形相的流出（formalis emanatio）である。⑧像と範型とは同時的（coaevus）である。⑨範型のみが像を知っており，像以外の誰も範型を知ってはいない。なお詳細は第8章を参照されたい。
2) *Serm.* XLIX, 3 n. 511; LW IV, 426, 6-7 : quo quid producit a se et de se ipso et in se ipso naturam nudam formaliter profundens.

からではない。そして噴出の段階においてはじめて作出の観点と目的の秩序が導入され，二つの場合が考えられる。一つは他のなんらかのものから生み出す場合であり，もう一つは無から生み出す場合である[3]。前者が存在産出の第二段階であり「作成」(factio) と言われ，後者の場合が存在産出の第三段階すなわち「創造」(creatio) である。

　さて存在産出の第二段階すなわち「作成」の具体例としてあげられるのは，後述するように，たとえば大工が家を作るという場合である。つまりこの場合，家は大工自身によって造られるが，大工自身からではない。たしかに家は大工によって形成されるが，しかし形成されるさいの材料，たとえば木材や石は大工自身に由来するものではない。存在者という次元においては，大工と木材や石はあくまでも同じである。したがって大工は家を他のもの，すなわち木材や石から作り，これに対して第三段階である「創造」においては，大工の場合における木材や石が存在者として無から造られる。

　しかし，われわれがエックハルトにおける創造について考察するさいに注目されることは，上にあげた引用文にみられる沸騰 (bullitio) と噴出 (ebullitio) との関係である。次に，この関係に触れてみよう。沸騰が像の内での沸騰と言われているかぎり，それは神の三一構造に関わる。つまり沸騰の始原とはペルソナ的識標 (notiones)[4]の観点の下にみられている神である。それに対して噴出は外部世界への噴出として，被造物の産出に関わる。この噴出の始原とは，善の観点の下に見られた神である。したがって，沸騰から噴出が起こるというイメージからすれば，沸騰は噴出の原因という関係にある。つまり神的領域におけるペルソナの流出は創造に先行している。そうであるかぎり，ペルソナの流出は創造の原因でありかつ範型である[5]。より具体的に考えるならば，

---

　3) Serm. XLIX, 3 n. 511; LW IV, 426, 9-11 : Secundus gradus est quasi ebullitio sub ratione efficientis et in ordine finis, quo modo producit quid a se ipso, sed non de se ipso. Aut ergo de alio quolibet, et dicatur facio ; aut de nihilo, et est tertius gradus productionis, qui dicitur creatio.

　4) 「識標」とは神のペルソナを区別するしるしのことである。トマスによれば，父・子・聖霊というペルソナを区別する抽象的な名称，すなわち「父性」(paternitas) あるいは「子性」(filiatio) という固有性を表示するものが識標である。なお，詳しくは『神学大全』第Ⅰ部第 32 問題第 2 項主文を参照されたい。

　5) Serm. XXV, 1 n. 258 ; LW IV, 236, 4-8 : Rursus deus sub ratione boni est principium ebullitionis ad extra, sub ratione vero notionis est principium bullitionis in se ipso, quae se habet

三一構造内部における父からの子の出生（generatio）が，外部世界における創造の原因であり，範型であることを意味する[6]。

さて以上の考察を踏まえて，ここで神的領域内におけるペルソナの発出と外部世界への存在産出すなわち創造との関係を，神の固有性を表示する超範疇的概念の一と善との関係に即して考えてみよう。第3章と4章において既述したように，一は始原なしにあり，生まれざるものであるが，生むものであると規定され，それに対して，善は一と真とから発出するものとして他者に依拠しており，したがって自らの始原を有している。しかも善は，一から生まれる真とは異なり，生まれたものではなく，生むものでもない。すなわち善は創造するもの，すなわち被造的なものを外部の存在へと産出するものである[7]。

以上のことから，既述のように，一が第一の流出の泉，すなわち子と聖霊が永遠の産出によって父から流出する泉と呼ばれ，それに対して善は第二の流出の泉，すなわち被造物の時間的産出の泉と呼ばれる[8]。このようにしてエックハルトは，ペルソナの発出と創造という神の業を，超範疇的概念を駆使することによって，論理的に構造化している。

さて，先に引用したラテン語説教においてもエックハルトが語っていたように，三一構造内での存在産出すなわち父からの子の発出である出生においては形相因のみが関係していて，作出因および目的因は度外視されている。次にこのことに注目してみよう。これは父が子を生むのは父の意志からではなく，父の本性からであることが同時に意味されていることの表れである。エックハルトはしばしば，ダマスケヌスのテーゼ「出生は本性の業である」（generatio est opus naturae）を引きながら，このことを強調している。つまり出生というはたらきの始原は意志ではな

---

causaliter et exemplariter ad ebullitionem. Propter quod emanatio personarum in divinis est prior, causa et exemplar creationis.

6) 出生の場合，父と子の本性は同一であるから，両者は同名同義的関係（univocatio）にある。それに対して，創造の場合，たとえば創造者としての神の存在と被造物の存在とはアナロギア的関係（analogia）にある。なお，エックハルトにおける出生論に関しては，第7章を参照されたい。

7) In *Ioh.* n. 564; LW III, 492, 5-7: bonum autem est ab alio, habens principium, non genitum, tamen non gignens, sed creans, creata extra in esse producens.

8) In *Ioh.* n. 564; LW III, 492, 10-11: bonum autem fons est secundae, ut sic dicamus, temporalis productionis creaturae.

い。外部世界への噴出の段階においてはじめて，作出者とそのはたらきの目的が考えられ，作出者の意志と愛とが見出されることになる。意志と愛は，はたらきの目的として，はたらきそれ自体を引き起こす。したがって，神の創造行為には意志と愛とが伴うことになる。そしてこの段階において神は意志する者であり，善なる者であり，創造主である。

さてここで，形相因と作出因および目的因との関係に対するエックハルトの見解を検証してみたい。冒頭に引用したラテン語説教49の記述からも推察できるように，エックハルトは形相因を内在的，作出因および目的因を外在的と解している。ここで言われている形相因における内在性は，神的領域の範囲で考えれば，神的存在の超越性を意味する。これはエックハルトにおける「集会の書」第24章9節「はじめから，すなわちこの世が造られる前に，わたしは存在している。未来の世までわたしは止まることはない」（ab initio ante saeculum creata sum et usque ad futurum saeculum non desinam[9]）の解釈においても確認することができる。つまりエックハルトは「世が造られる前」とは作出する始原の欠如を意味し，「未来の世までわたしは止まることはない」は目的の欠如を意味していると解している[10]。というのは，エックハルトは，「存在は形相に属し，形相それ自体である[11]」と述べていることからも理解できるように，形相と存在とのいわば一体性を重視するからである。したがってエックハルトは，神的形相がすべての神的な行為の何故，目的，始原，静止であると考える[12]。

ここまでわれわれは，エックハルトの言う存在産出の三段階のうちの第一段階と第三段階，すなわち出生と創造における差異について述べてきた。つまり出生における存在産出は形相的な仕方での流出すなわち父から子の発出として考えられ，それに対して創造においては作出者とそ

---

9) この聖句は，エックハルトが使用している『ウルガタ聖書』においては，第24章14節に当たる。ここでは『新共同訳聖書』の章・節番号で表記する。

10) In *Ioh.* n. 342; LW III, 290, 12-14: Secundum hoc exponi potest illud Eccli. 24 ; 'ab initio et ante saecula creata sum', id est antequam saecula crearentur, propter carentiam principii efficientis ; 'usque ad futurum saeculum non desinam'.

11) In *Ioh.* n. 325; LW III, 273, 10-11: esse autem formae est et ipsamet forma.

12) In *Ioh.* n. 336; LW III, 285, 5-6: Forma enim sola essentiam solam respicit: ipsa dat esse, ipsa est esse, ipsa est quare, finis, principium et quies omnis operis divini.

のはたらきの目的が措定されることになる。また出生においては，それが父の本性から発する行為であり，その場合意志はただ付随するだけであるが，創造行為においては，神は意志する者として考えられている。両者の間にはこのような差異が認められるが，しかし共通点は，両者があくまでも存在に関わるということである[13]。われわれはこの点にこだわりたい。そして出生との関係を踏まえながら，創造について考えていきたい。

2 『創世記』冒頭における始原の問題

『創世記』を註解するにあたり，エックハルトはまず，その冒頭の一節「はじめに神は天と地を造った」（In principio creavit deus caelum et terram）について，神がそのうちで天地を造ったと言われている「始原」（principium）とは何かという問いを提起し，その解釈を試みている[14]。エックハルトの始原論は彼の創造論を考察するうえできわめて重要であると思われるので，われわれはまず，『創世記註解』において展開される始原に対するエックハルトの解釈を吟味することからはじめよう。そして聖書神学的基礎づけという観点から，エックハルトの創造論にアプローチすることにしたい。

エックハルトはまず，始原を三つの観点から解釈している。すなわち神がそのうちで天地を造った始原とは，第一に「イデア的理念」（ratio idealis）[15]であり，第二には「知性的本性」（natura intellectus）[16]であり，

---

13) In *Exod.* n. 18 ; LWII, 160, 1: Creatio enim sicut generatio esse respicit.
なお，出生と存在との関係については，第7章を参照されたい。
14) 『創世記』冒頭におけるこの「始原」とは何かという問題設定におけるモティーフは，「ヨハネ福音書」冒頭における「はじめに言葉があった」（In principio erat verbum）における「始原」とは何かという問題設定のそれと別のものではない。ここにエックハルト独自の始原論が展開されてくる。なおこれに関しては以下の文献を参照。中山善樹『エックハルト研究序説』創文社，1993，65-89。Waldschütz, E., *Denken und Erfahren des Grundes*, Wien/Freiburg/Basel 1989. 216-285. 岡安喜代「三位一体への問いとしての始原への問い」（『中世思想研究』第39号，1997, 87-98）。
15) In *Gen.* I, n. 3; LW I, 186, 13-14: principium, in quo *creavit deus caelum et terram*, est ratio idealis.
16) In *Gen.* I, n. 6; LW I, 189, 7-8: principium, in quo *creavit deus caelum et terram*, est

第三には「永遠の第一の単一の今」(primum nunc simplex aeternitatis)[17]である,と述べる。第一のイデア的理念に関してエックハルトは,「イデアを否定する者は神の子を否定する」[18]というアウグスティヌスの言葉を引用し,イデア的理念を子と解している。第二の知性的本性に関しては,『原因論』(Liber de causis)から「叡知体が自然を神的力によって統御している」[19]が引用され,知性が全自然の根源であることが始原を知性的本性であるとする根拠とされている[20]。

さて第三番目に解釈されている始原すなわち「永遠の第一の単一な今」とは,神がそのうちにおいて永遠に存在し,神的ペルソナの流出が永遠に行なわれる今のことである。その同一の今において神は天と地を造ったのである。この今をエックハルトは「絶対的第一の始原」(principium absolutum primum)とも呼んでいるが,その始原のうちでは神はいかなる媒介も間隙もなしに,自己自身において存在している[21]。ペルソナの流出と世界の創造の同時性はこうした永遠の今において成立している。つまり神がなす創造の業は過去や未来という時間を超越しており,つねに永遠の今という現在的瞬間だけが創造に関わっている。また創造の業におけるこうした超越性は,創造的根拠が事物の生成における形相と質料といった因果関係に作用するものではなく,事物の現存在の内奥に直接的に関わる根拠であることを表示している。

始原に対する以上のような考察からエックハルトは,トマスが『神学大全』第I部第44問題第2項において導いたように,「神の下にあるすべてのものはその存在を他のものから,ないしは他のところから有している」[22]という帰結を導き,したがって神の下にあるもの,すなわち被

---

natura intellectus.

17) In Gen. I, n. 7; LW I, 190, 1-2: principium, in quo *creavit deus caelum et terram*, est primum nunc simplex aeternitatis.

18) In Gen. I, n. 5; LW I, 188, 11: qui negat ideas, negat filium dei.
Vgl. Augustinus, *De divers. quaest.* LXXXIII q. 46 n. 2, PL 40,30.

19) Vgl. *Liber de causis*, prop. VIII (IX), ed. A. Pattin, in: *Tijdschrift voor Filosofie 28* 1966, 155: intelligentia est regens omnes res quae sunt sub ea per virtutem divinam quae est in ea et per eam retinet res.

20) In Gen. I, n. 6; LW I, 189, 9: Intellectus enim principium est totius naturae.

21) In Gen. I, n. 7; LW I, 190, 5: in quo deus ipse est, sine quolibet medio aut intervallo.

22) In Gen. I, n. 14; LW I, 197, 5-6: omne citra deum habet esse ab alio sive aliunde.

造物は「これこれの存在者」(ens hoc aut hoc) として，あるいはそれは自己のうちに自らの存在の根拠を有していない存在者として把握される。

　ところで神は存在それ自体として提示されるが，しかしその神が同時に創造的根拠でもあるということは，神的存在に第一に「一」が規定されることによって開示されるからである。つまり，前述のように，存在が根源的に発出させる力であるかぎりにおいて存在は一であって，その一のもつ力に基づいてすべての存在者は一なのである[23]。繰り返しになるが，あるものを存在させる力は，またあるものが真であること，あるものが善であることの根拠をなす力であり，その力はわれわれに人間理性の根源から真なる認識をもたらし，善における決心のための能力をもたせる力でもある[24]。このように真と善とを発出させる根源的にして創造的な存在の一性が神なのである。この一性が個々の存在者を宇宙の全体のうちに統一させるという創造の目的を成立させているのである。

　以上考察してきたことから言えることは，神の存在性が一性として開示されることによって，神が世界を創造した始原における三つの観点をあらためて問い直すことができるということである。すなわち始原を神的存在として捉え[25]，三つの観点を神の存在の三つの特徴として理解することができる。しかしそれは新たなる問題提起でもある。すなわち創造の始原としての神の存在とはいかなるものなのか。この問題こそが本章のテーマである。以下においてこの問題の解明に挑戦していこう。

---

　23) In *Ioh*. n. 517; LW III, 447, 5-11: Quarto habes quod filius unus est, non plures, eo quod pater se toto est in filio. Pari ratione et spiritus sanctus unus, secundum illud Athanasii : »uns pater, non tres patres« et cetera quae sequuntur. »Unus«, inquit, »pater«; eo enim pater quo unus, et e converso eo unus quo pater, et unitas paternitas est, ut supra dictum est. Adhuc autem omne creatum a patre uno unum est iuxta quod et nomen universi accepit, ut dicatur uni-versum; esse enim sive essentia dei cum sua proprietate patris, unitate scilicet, descendit in omnia a se quocumque modo procedentia.

　24) 超範疇的概念としての存在と一との関係および真，善との関係についてエックハルトがいかに解釈しているかについては，第3章及び以下の拙論も参照されたい。Die Analogie als ethisches Prinzip in der Theologie des Meister Eckhart, *Freiburger Zeitschrift für Philosophie und Theologie*, Bd. 44 Heft 3, 1997, S. 335-354.

　25) 神が世界を創造した始原は神自身であるとエックハルトは『三部作への全般的序文』第15節において述べているが，この解釈については次の節で詳細に論じたい。

3 創造の始原としての神的存在

エックハルトの主著となるべきはずであったいわゆる『三部作』(*Opus tripartitum*)[26]は『命題集』(*Opus propositionum*),『問題集』(*Opus quaestionum*) そして『註解集』(*Opus expositionum*) から構成されるはずであった。その序文『三部作への全般的序文』(*Prologus generalis in opus tripartitum*) 第11節には,これら三つの著作の内的連関について,『問題集』と『註解集』は,『命題集』がなければ,わずかの有効性しかもちえないというほどに,『命題集』に依存していると述べられている。というのも,エックハルトによれば,いかなる問題の説明であっても,あるいはいかなる聖句の註解であっても,それらはある一つの命題に基づいているからである[27]。

以上のような『命題集』への基礎づけが考究されるためには,エックハルトによれば,第一命題,第一問題,第一聖句が提示されなければならないとされ,それぞれ「存在は神である」(Esse est deus),「神は存在するか」(Utrum deus sit),「はじめに神は天と地を造った」(In principio creavit deus caelum et terram) とあげられる。そして,『命題集』に対する『問題集』と『註解集』の依存性は『全般的序文』の第22節すなわち最終節においていっそう先鋭化され,以下のように述べられている。

> 「最後に注目されるべきことは,神に関わる問題のすべてあるいはほとんどのものは,それらが正しく導出されるならば,前に述べられた第一命題から容易に解決されることであり,そして神について書かれていることが,たとえそれが不明瞭であり煩雑なものであっ

---

26) 現在われわれが目にすることができるのは,その全体の序文『三部作への全般的序文』(*Prologus generalis in opus tripartitum*),『命題集の序文』(*Prologus in opus propsitionum*) そして『註解集への序文』(*Prologus in opus expositionum*) だけであって,その内容に関しては,その存在すら疑われている。

27) *Prol. gener.* n. 11; LW I, 156, 4-7: opus secundum, similiter et tertium sic dependent a primo opere, scilicet propositionum, quod sine ipso sunt parvae utilitatis, eo quod quaestionum declarationes et auctoritatum expositiones plerumque fundantur supra aliquam propositionum.

ても，自然的論証によって明確に解明されるということである。」[28]

すなわち神の存在性，神性，創造，三位一体等の神的ことがらに関する諸問題は，命題「存在は神である」に集約され，この命題から解決されるということである[29]。ということは，この命題が理解されなければ，神に関する諸問題はその本質が永遠に隠され，不明のままでありつづけるとエックハルトは語っているように思われる。

さらにここで述べられている「自然的論証」(naturalis ratio) という言葉は『ヨハネ福音書註解』(*Expositio sancti evangelii secundum Iohannem*) 第2節の記述を思い起こさせる。すなわち，

「著者の意図は，彼のその他のすべての著作とおなじく，聖なるキリスト教信仰と両聖書の主張していることがらを，哲学者たちの自然的論証によって解釈することである。」[30]

---

28) *Prol. gener.* n. 22 ; LW I, 165, 9-12 : Postremo notandum quod ex praemissa prima propositione, si bene deducantur, omnia aut fere omnia, quae de deo quaeruntur, facile solvuntur, et quae de ipso scribuntur – plerumque etiam obscura et difficilia – naturali ratione clare exponuntur.

29) 「存在は神である」というエックハルトの命題はわれわれにひとつの嫌疑を抱かせる。というのは，第4章で述べたように，『三部作への全般的序文』の前に書かれたであろう『パリ討論集』(*Quaetiones Parisienses*) 第一問題「神においては存在することと知性認識することとは同一であるか」(Utrum in deo sit idem esse et intelligere) において，神は存在ではないことが強調され，命題「神は知性認識である」が堂々と肯定されているからである。エックハルトが「存在」を一義的な概念として理解しているとみなされるならば，少なくとも『パリ討論集』と『全般的序文』との間には論理的な矛盾があると思われるので，彼は「不明瞭な思想家」と批判されたり，また好意的な見方においても，エックハルトの思想が変化したのだとも評されたりした。しかしこうした批判は的はずれである。というのは，『パリ討論集』のなかで神への帰属が否定された「存在」とは，たとえば「10個のカテゴリーに分けられる存在者」(ens, quod dividitur in decem praedicamenta) あるいは「類と種への限定されるもの」(determinatum ad genus et speciem) として被造物の本質規定として理解されている存在概念であって，神的存在を意味しているわけではないからである。なお，エックハルトの命題「神は知性認識なり」の意味に関しては，第4章と以下のものを参照されたい。
Ruedi Imbach, *Deus est intelligere, Das Verhältnis von Sein und Denken in seiner Bedeutung für das Gottesverständnis bei Thomas von Aquin und in den Pariser Quaestionen Meister Eckharts*, Studia Friburgensia Neue Folge 53, 1976.

30) In *Ioh.* n. 2; LW III, 4, 4-6: intentio est auctoris, sicut et in omnibus suis editionibus, ea quae sacra asserit fides christiana et utriusque testamenta scriptura, exponere per rationes naturales philosophorum.

『全般的序文』第22節で述べられている「神に関する問題」と「神について書かれていること」はここでは「聖なるキリスト教信仰と両聖書の主張していることがら」として具体的に提示され，「自然的論証」には「哲学者の」が付加さている。つまり，神学的諸問題は人間知性による哲学的アプローチによって解明できるというのである。しかもそういった解明が自分自身の本来の意図であるとエックハルトは言う。であるならば，命題「存在は神である」を理解することはエックハルトの意図を理解することになろう。さらにエックハルトの意図を理解することが，エックハルト自身を取り巻く思想的連関とその歴史的背景を前提とすることを含むのであれば，エックハルト神学および哲学のもつ歴史的意義をわれわれは知ることになるであろう。というのは，その意図がエックハルト自身のいわば歴史的実存から発するものであると考えられるからである。

しかしここにはただたんに「神学」とか「哲学」という枠のなかには収まりきれない，あるいはそうした枠組みが形成される以前の歴史それ自体からの素朴な要求がエックハルト自身を貫いているように思われる。エックハルトにとって創造はもはやそれまでの既成の神学の領域だけに限定された問題ではない。したがって，われわれの考究の対象であるエックハルトにおける創造論を解釈することにしても，創造が無からの存在産出と定義されるかぎり，西洋哲学史におけるパルメニデス以来の存在論的系譜を視野に入れなければならない。

さて，われわれのここでの主要問題，すなわちエックハルトにとって創造とは何であったのかという問いは，命題「存在は神である」の理解なしには解き明かされない。しかもエックハルト自身が『註解集』の第一聖句として「創世記」冒頭の一節「はじめに神は天と地を造った」をあげていることからも，この第一命題と第一聖句との連関を知ることは，エックハルトにおける創造を解釈するうえで，決定的な契機をわれわれに与えてくれると思われる。

まずは，この第一命題の理解に専念することからはじめよう。

3.1 命題「存在は神である」の解釈

3.1.1 命題「存在は神である」の文法と意味　「存在は神である」。

3 創造の始原としての神的存在

美しい命題である。原文では《Esse est deus》，この命題を構成しているのは，わずか三つの単語にすぎない。しかしこの命題には，神がこの宇宙を創造したことすべてが語られている。たった三語によって構成されている文字列に，宇宙における時空の無限性と創造行為の永遠性が表示されている。

しかしこの命題からは，不協和音も響いている。この命題を構成している「存在」概念が何を意味しているのかが明確にならないかぎり，いかようにも解釈されうるからである[31]。「存在」を被造的事物の存在と理解し，その存在の総体である世界あるいは自然が「神」と述語されることで導かれる汎神論的解釈はその典型である。実際，教会はこの命題を異端の疑いがあるとして，異端審問の資料として提出される命題リストのなかに書き入れている。しかしながらこの嫌疑に対してエックハルト自身は以下のように弁明する。

> 「『存在は神である』と言われるとき，形相が内属している存在ではなく，絶対的存在という観点から言われるのであれば，これは真であると言わなくてはならない。」[32]

第一命題における「存在」とは『三部作への全般的序文』第 12 節においては「存在それ自体」(ipsum esse)[33] あるいは『命題集への序文』第 15 節においては「存在者それ自体，神」(ipsum ens, deus)[34] と表現されている。それは「絶対的存在」(esse absolutum)[35] の意味であり，

---

31) エックハルトが語る「存在」が誤解される責の一端は，大森正樹も指摘しているように，エックハルト自身にもある。つまりエックハルトが語る「存在」は一義的ではないのである。大森正樹「エックハルトにおける esse の問題」，『中世思想研究』第 19 号，中世哲学会，1977 年，115 頁。

32) Proc. Col. I, n. 117; LW V, 289, 7-8: Ad quintum cum dicitur: »Esse est deus«. Dicendum quod hoc verum est de esse absoluto, non de esse formaliter inhaerente.

33) Prol. gener. n. 12; LW I, 157, 8-9: Constat autem quod omnia habent esse ab ipso esse, sicut omnia sunt alba ab albedine.

34) Prol. op. prop. n. 15; LW I, 175, 13-14: Propter hoc de ipso ente, deo, nihil negari potest ipsi negatio‹ne› negationis omnis esse.

35) この「絶対的存在」という概念はいわゆる《分節化される以前の存在》として理解することも可能であるように思われる。この文脈で考えると「形相が内属している存在」は《分節化された存在》として理解できるであろう。このことは同時に「なぜ世界は無ではなく，

「形相に内属している存在」（esse formaliter inhaerens）ではないことが示されている。後者の存在は，形相と質料による複合的事物あるいは天使のような形相だけが構成要素である離存実体（substantia separata）ということができるであろう。そうだとしたら，この存在がこの命題の主語であるならば，ここには「神即自然」が成立することになる[36]。こうした汎神論的解釈が退けられることは，絶対的存在という概念が教義学的観点からも正統性をもっていなければならない。少なくともエックハルトはそう考えて，この概念を使用したにちがいない。

しかし命題「存在は神である」における「存在」が絶対的存在を意味していることを根拠として，この命題が神の存在を表示していることが理解されたとしても，当然われわれは次のように問わなければならないであろう。すなわち，その絶対性とはいかなるものであるか。まずは，この命題の文法的解釈を切り口として，この問いに挑戦していこう。

しかしその前に，われわれはここで注意しなければならないことがある。それは，表示することと知るということの差異である。つまり，命題「存在は神である」が神の存在を表示しているとしても，そのこと自体を知ることは，われわれ人間が神の存在を知ることにはならないということである。われわれに知れることはせいぜい「存在は神である」が真なる命題であるということにとどまる。今述べたことは，トマスが『神学大全』第Ⅰ部第3問題第4項において提出した見解のヴァリエーションであるが，トマスはそこで，「神がある」における「ある」には

存在であるのか」という形而上学的問いの観点から見ることも可能であろう。もちろんこの問いをエックハルト自身は意識していないが，しかし創造論を展開する過程においてエックハルトは存在と無という問題を考えざるをえなかった。そこで捉えられた《存在》はけっして静的なものではなく，《一》として規定されることによって，《分節化された存在》を形成する。しかし《存在》それ自体はいかなる産出能力をも有することなく，まったくの寂滅と言える。それは別の表現を用いれば，《砂漠》とか《荒野》である。

36）エックハルトがここでわざわざ「形相が内属している存在」（esse formaliter inhaerens）と弁明していることは，命題「存在は神である」にかけられた異端嫌疑の一つに汎神論的な解釈があったことを物語っていると言えよう。これに対してエックハルトは「絶対的存在」（esse absolutum）という概念をもって反論している。しかし，その後の審問過程そして教皇から直接出された宣告（In agro dominico）を見ると，彼の反論は成功しているとは思えない。たしかにエックハルトの異端審問には政治的な背景も考慮に入れなければならないが，少なくとも当時，「絶対的存在」という概念がエックハルトの考えているとおりには理解されてはいなかったように思われる。

二つの意味があるとして、一つは存在の現実態であり、もう一つは主語と述語の結合に見出される命題の合成であると述べている。そしてトマスによれば、「神がある」の「ある」が第一の意味であれば、われわれは神の本質と同じく神の存在を知ることはできない[37]。したがって、われわれ人間は、人間知性の思考方法の限界に基づくかぎり、間接的にしか神を知ることはできない。トマスのこの指摘をエックハルトは同じドミニコ会の後輩として十分に尊重していたと思える。しかしだからといって、トマスの見解に賛成しているわけではない。前に述べたように、「聖なるキリスト教信仰と両聖書の主張していることがらを、哲学者たちの自然的論証によって解釈すること」がエックハルトの意図だからである。以上のことをわれわれの考察の前提として、命題「存在は神である」の理解につとめなければならない。

　第一に、本命題《Esse est deus》を以下のように三様に規定してみる。

　① esse を主語、deus を述語、est をコプラとする。
　② deus を主語、esse を述語、est をコプラとする。
　③ deus, esse の両方を主語とし、est を述語とする。[38]

　①の意味は「存在であるすべてのものは本来において神に固有なものである」ということになる。②は命題「神は存在である」を形成することになるが、これは「ただ神のみが存在して、それ以外のなにものも存在しない」を意味することになる。③の est は「がある」であり、すなわち「存在」を表示する述語であり、全体の意味は「神である存在それ自体がある」ということになる。いずれにしてもここには、存在と神との同一性が表示され、しかも存在はただ神にのみ固有であることが意味

---

37) Thomas de Aquino, *Summa Theologiae I* qu. 3 art. 4 ad 2; Ed. Leo. Tomus IV, 42: *esse* dupliciter dicitur: uno modo, significat actum essendi; alio modo, significat compositionem propositionis, quam anima adinvenit coniungens praedicatum subiecto. Primo igitur modo accipiendo *esse*, non possumus scire esse Dei, sicut nec eius essentiam: sed solum secundo modo. Scimus enim quod haec propositio quam formamus de Deo, cum dicimus *Deus est*, vera est.

38) この三様の規定は『ヨハネ福音書註解』第377節において、「ヨハネ福音書」第4章第24節「霊は神である」(Spiritus est Deus) を註解するさいに用いられた規定のヴァリエーションである。この規定方法は本命題の理解にも十分なるヒントとなると思われる。

されている。
　ところで,「存在」あるいは「ある」はさまざまな仕方で語られる。たとえば「机のうえに本がある」,「椅子のうえに猫がいる」等, 日常においてよく耳にするフレーズである。エックハルトによれば, この「ある」は存在のみを表示している[39]。しかし存在は, 第1章で述べたように, 本来において神に帰せられるべきものなのである。つまり「ある」あるいは「存在する」は本来, 神にのみ述語されるべきである。したがって, 存在それ自体である神とこれとかあれとかの存在者について語り判断することは, 別様でなければならない[40]。
　「存在」を神にのみ限定使用することによって, ②の命題「神は存在である」が形成される。神における存在の固有性は, 別の側面から見れば, 神以外の存在者における存在が否定されることを意味する。つまり神のみが存在する, ということは神の外側は無でしかない。したがって, この観点から見れば, 被造物は単なる無であると帰結される。これが③の規定の意味である。つまり「神である存在それ自体がある」とは, 存在するのはただ存在それ自体であり, その存在それ自体が神であるということ, そしてその存在と比較されるものは存在しないということを意味している。したがって, 存在それ自体すなわち神が存在しなければ, 他のすべてのものは存在しない。

3.1.2 存在の絶対性
　命題「存在は神である」には, 以上のように, 神の固有性という観点から存在と神との同一性が語られている。しかしただそれだけを表示するのであれば,「神は存在である」という命題でも十分なのではなかったと思われる。では, なぜエックハルトは「神は存在である」を退け,「存在は神である」を第一命題としたのであろうか。しかもこの命題には, エックハルト自身が述べているように, 神に関することがらのすべてが語られている。しかし, 第一命題が神と

---
　39) *Tabula prologorum in opus tripartitum*, n. 3; LW I, 131, 2.
　Prol. op. prop. n. 2 ; LWI, 166, 7: ens solum esse significat.
　40) *Tabula prologorum in opus tripartitum*, n. 3; LW I, 131, 4-5: aliter loquendum est et iudicandum de ente et aliter de ente hoc.
　Prol. op. prop. n. 3; LW I, 166, 12-13: aliter sentiendum est de ente et aliter de ente hoc et hoc.

3 創造の始原としての神的存在

存在との同一性を表示しているだけであるならば，エックハルトが言うような神に関することがらのすべてが語られているとはとうてい思えない。したがって，上の問いを考察することによってエックハルトの発言の意味が少しでも明らかになれば，エックハルト神学の核心にわれわれを近づけることになるであろう。以下において，第一命題に隠されている意味を明らかにしてみたい[41]。

まずは，第4章において述べたように，命題「存在は神である」における存在が「絶対的存在」であることを確認しておきたい。また本章において述べたように，「絶対的存在」は「形相が内属している存在」す

---

[41] エックハルトは『三部作への全般的序文』第12節において，命題「存在は神である」が表示する存在と神との同一性に関する帰謬法的証明を以下の5項目にわたって行なっている。
① 存在が神と別のものであるなら，神は存在しないことになる。しかも神とは別のものが神より先在することになる。
② その結果，事物が神とは別物から存在を有していることになる。
③ 創造とは無から存在を付与することであるから，創造者は神とは別のものになる。
④ 存在と神とが別のものであるならば，事物は神がなくても存在することが可能になり，その結果，神は第一原因とは言えず，事物の存在の原因でもないということになる。
⑤ 存在以前は無であるから，存在が神とは別のものであるならば，神とは無であるか，それは神とは異なる別のものによってあるか，神より先なるものになってしまう。
さらにエックハルトは『命題集序文』第25節において，第一命題を考察するにあたり，あらかじめ七つの項目を挙げている。
① 存在者は存在のみを，一は一性を，真は真性を，善は善性のみを表示している。
② 存在者（エックハルトの言う「絶対的存在」と並立しているかぎりでの存在者）とこれこれの存在者（ens hoc aut hoc）に関しては別の仕方で語られなくてはならない。このことは一，真，善にも妥当する。したがって，存在者は一つであって，それは神である。
③ あるものが存在者であり，一であり，真であり，善であると言われるならば，それらはその命題の述語であるが，この存在者であり，この一なるもの，この真なるもの，これとかあれとかの善なるものと言われるならば，それは述語ではなくコプラであって，述語のさらなる規定である。
④ 神のみが本来，存在者であり，一であり，真であり，善である。
⑤ すべてのものはただ神のみから存在者であり，一であり，真であり，善である。
⑥ すべてのものは存在すること，一であること，真であること，善であることを直接神から有している。
⑦ いかなる被造物も存在性，一性，真性ないしは善性を付加し，授与することはない。
以上のことから理解されるように，第一命題の意味は神の固有性である超範疇的概念すなわち存在・一・真・善と密接な関わり合いがあることが指摘されている。しかし両者の関係の中身については，われわれが現在手にすることができるテキストには記述されていない。エックハルトは本文でそのことを論ずるつもりであったかどうかは定かではないが，われわれは両者の関係，とくに存在と一との関係を詳細に考察し，第一命題がもつ深遠な意味を明らかにしたいと思う。

なわち形相と質料との複合的事物や離存実体における存在ではない。しかしこの存在が神の固有性という観点から考えると，これまで述べてきたように，四つの超範疇的概念の存在が究極的には第一命題における存在を意味しているのではないかと考えられる。というのも，エックハルトが神の存在をここまでシャープな分析を通して語っている箇所はほかにないからであり，少なくともエックハルトは超範疇的概念としての存在を念頭において第一命題を作成したと考えられるからである。以下，命題「存在は神である」における存在を超範疇的概念としての存在と同定して考察をしてみたい。

したがってまず，この存在についての記述を『ヨハネ福音書註解』第512節から引用する。

> 「存在はしかし，内的なものと本質に関係し，あるいは絶対的なもの，限定されざるものであるから，その意味からすれば，いかなる産出の始原ではない。すなわち，区分されざるもの，限定されざるものからは何も発出しないのである。」[42]

存在が内的なものに関わるということは，第3章において述べたように，創造者の自由性によって存在者の現存在の内部に入り込むことを意味し，本質に関わるとは，後述するように，存在者の本質の内奥に沈み込むことを意味している。存在におけるこうしたはたらきを可能にしているのは，存在が絶対的なもの（absolutum）であり，限定されざるもの（indeterminatum）だからである。《絶対的》とは上に述べた「形相が内属している存在」や相対的意味におけるそれではなく，いかなる他者からも制限・制約を受けないこと，したがってそれ自体において自由であることを意味する。その意味では，存在はいかなる他者からも限定されることはない。つまり存在それ自体は，形相や質料，あるいは量や性質等によって限定されることはない。したがって存在は本質の内奥に沈み込むことによって本質と同一であり，本質と区別されることはな

---

42) In *Ioh.* n. 512; LW I, 443, 8-10: Esse autem, tum quia ad intus et essentiam respicit, tum quia absolutum et indeterminatum, nullius productionis principium est secundum sui rationem. Ab indistincto enim et inderminato nihil procedit.

い。その意味において，存在は区別されざるもの（indistinctum）である。

ここで言われている《絶対的》とは他者とのいかなる関係をもたず，それ自体として独立していることを表示している。したがって，存在を《すべてのものの始原》として定義づけることもできない。なぜなら，そこには《始原》と《始原によって生じたもの》という関係が成立してしまうからである。そして当然のことであるが，存在を原因づけるいかなる始原もありえない。したがって，存在は生むものでもなく，生まれるものでもない。

ここで第4章においても引用した同註解第564節の記述を確認しておきたい。すなわち，

「存在者ないし存在は生まれざるもの，生むものでもなく，生まれたるものでもなく，始原なしにあり，他のものに依拠していない。」[43]

《生む》というはたらきは《生むもの》と《生まれるもの》との間における関係を成立させる行為であるから，その関係によって存在を限定することになる。したがってその限定を回避させようとすれば，存在に対して《始原》も《生むもの》という述語づけが不可能になる。それどころか，存在をいかなる述語をもってしても定義することは不可能である。なぜなら，定義することは限界づける結果として生じるからである[44]。そうであるならば，存在を把握することは人間知性の限界を超え

---

43) In *Ioh.* n. 564; LW I, 492, 3-4: ens sive esse est ingenitum nec gignens nec genitum, sine principio nec ab alio.

44) 限界づけることは定義することであるという見解は，トマスの『分析論後書註解』(*Expositio libri Posteriorum Analyticorum*, I c. 10 lect. 19 n.5) に由来する。エックハルトは『出エジプト記註解』第107節において，アヴィセンナの『形而上学』第8巻第4章の記述に基づいて，限界づけられない神に対して，いかなる定義づけも不可能であることを述べ，その根拠として，トマスの見解を使用している。ちなみに，エックハルトが援用したアヴィセンナの見解の記述は以下の通りである。Avicenna, *Metaphysica* VIII, c. 4; *Avicenna Latinus Liver de Philosophia Prima sive Scientia Divina V-X* ed. S. Van Riet, 403, 65-70: Item intentio generis non potest esse quin veil sit neccesse esse, et tunc non cessabit quousque sit ibi differentia, vel non sit necesse esse, sed sit constituens ipsum necesse esse, quod est inconveniens; primus igitur non haet genus. Et ideo non habet differentiam; quia enim non habet genus, nec habet differentiam, ideo

ることであり，したがって存在に対して《存在》と言語化すること自体も本来，不可能なことになろう。つまり存在に対していかなる名称も付与することは許されない。

　だとしたら，存在はそれ自体としてはいかなるあり様においても世界に現出することはない。しかし世界が現存している事実は，世界が存在それ自体である神によって創造されたことを物語っている。ということは，いかなるものとも関係を有していない存在と世界の現存との間には無限の深淵が横たわっていることになろう。その深淵を越えるいかなる方法もわれわれはもち合わせていないのだろうか。少なくとも，われわれの知性にはそうした力はないように思われる。

　3.1.3　存在と《一》と関係　　しかしここで，存在の後の位置にある《一》についてのエックハルトの記述を思い出してみよう。第一に，もっとも直接的に存在に関わるものであり，最初にかつ最小限度に存在を限定するという《一》のはたらき[45]に注目してみよう。この点から考えれば，存在は《一》と限定されることによって，すべてのものの始原として現出してくると理解できる。換言すれば，本来において無限定であることにおいて，いわば《無》としか表現できない存在が《一》と限定されることによって，すべての存在者の始原すなわち究極的な《有》として顕現してくると理解できるのではないか。

　しかし，《一》が存在を限定することは理解できるにしても，両者の関係はまだはっきりしていない。次にこの関係について考えてみよう。ここで『ヨハネ福音書註解』第564節における《一》の記述をもう一度確認してみたい。

　　「一はしかし，始原なしにあり，生まれざるものであるが，生むものである。」[46]

---

non habet definitionem.
　45）In *Ioh.* n. 513; LW III, 444, 1-2: immediatius se habet ad esse, et primo et minimo determinat ipsum.
　46）In *Ioh.* n. 564; LW III, 492, 4-5: unum vero est sine principio, ingenitum, sed gignens.

3　創造の始原としての神的存在

ここで注目されるべきは《一》が始原を有していないということである。したがって《一》は生まれざるものである。ということはつまり，存在と《一》との関係は存在が《一》の始原ではないということである[47]。したがって，存在は《一》の上位に位置するものでもなく，《一》は存在の支配下にあるわけでもない。そうであれば，存在と《一》との関係を表現するとすれば，実在的には同一であり，ただ概念的に異なっていると言えるであろう。

3.1.3.1　新プラトン主義的《一者》に関するエックハルトの理解

存在と《一》とのこうした関係（「関係」という表現が適当でないかもしれないが）は，エックハルトが新プラトン主義における《一者》の思想をそのままで受容していないことを意味している。新プラトン主義的伝統においては《一者》は存在と同一なものとしてではなく，存在の上に君臨するものとして把握されているからである。

しかしこのことは，エックハルトが新プラトン主義的思想を正確に理解していないことを意味しているわけではない。たとえばドイツ語説教83において，第一原因（die erste sache）があらゆる表現と理解を超越していることを根拠として神が本来，「無名」（nameloz）であることが証明され，また神についてあらゆる述語づけが不可能であることを根拠として，「神は善である」（got ist gût）とも言えないことが明らかにされている。さらにエックハルトは次のように語っている。

> 「私がまた，『神は存在である』と言えば，——それは真ではない。神は存在を超えた存在であり，存在を超えた無である。」[48]

エックハルトがここで語っている神への存在否定の意味は，第4章で扱ったコンテキストで語られている存在否定のそれではない。ここでエックハルトは，おそらくアルベルトゥス，ディートリヒを通じて知ることができたであろうディオニシオス・アレオパギテスの思想を視野に

47）この帰結は存在がいかなる産出の始原でもないということからすれば当然の結果である。

48）*Pr.* 83; DW III, 441, 9-442, 2: Sprich ich och: ‚Got ist ein wesen'—es ist nit war: Er ist ein vber swebende wesen vnd ein vber wesende nihtheit.

入れて，否定神学的コンテキストで神に対して存在を否定している。つまりエックハルトには，新プラトン主義的コンテキストで語られる《一者》があらゆる存在を超越しているがゆえに本来，言語化不可能であることはすでに知られている。したがって，神に対して《存在》が帰属することは不可能であるから，《存在を超えた存在》，《存在を超えた無》という表現をエックハルトは使用したのだと思われる[49]。

しかしだからと言って，《一》と存在との同一性が表現され，しかも命題「存在は神である」が堂々と君臨しているかぎり，エックハルト神学が新プラトン主義的否定神学の領域に属しているとは言えない。つまりエックハルトは新プラトン主義的思想を正確に理解し受容しながらも，自らの神学の核心においては一線を画しているのである。

3.1.4 述語としての《神》　以上のことを踏まえて，命題「存在は神である」の解釈を試みてみよう。超範疇的概念の関係からすれば，《一》は《真》を生み，両者から《善》が発出する。存在を限定する《一》には，《真》と《善》との発出関係が内包されている。つまり，存在を《一》によって限定することは命題「存在は一である」を形成することになるが，エックハルトは《一》にそれがもつ発出関係を盛り込むことによって，すなわち《一》・《真》・《善》との発出関係における力動性を《神》として顕現させたのではないかと考えられる。つまりエックハルトは，本来，いかなる限定も拒否される存在に対して概念《神》と述語づけることによって，すべてのものを発出させる力すなわち《一》として存在を限定し，さらに《一》と《真》・《善》との発出関係において出生と創造を醸し出す神的生命として存在を限定しているのである。

ところで《一》は，第4章において述べたように，「第一の流出の泉」(fons primae emanationis) と呼ばれる。「第一」と言われるのは，《一》から子と聖霊が発出するからである。その意味で，《一》は《父》(pater) あるいは《父性》(paternitas) と同定される。つまり父からの子の出生，そして父と子から聖霊の霊発，すなわち神的領域内におけるペルソナの永遠の発出の始原が《一》として把握されるところに，《一》が「第一

---

[49] しかもエックハルトは，これら二つのディオニシウス的概念に，存在の無限定性を含ませていると考えられる。

の流出の泉」だと言われる理由がある。それに対して，超範疇的概念の4番目に位置する《善》は被造物の時間的産出に関わるものとして「第二の流出の泉」(fons secundae emanationis) と呼ばれる[50]。

　《一》と《善》という2つの始原は，本章第1節において述べた存在産出の第一段階と第三段階に関係している。つまり《一》は沸騰の，そして《善》は噴出すなわち創造の始原として理解できる。存在が《一》として限定されることは，必然的に神のはたらきが顕現することを意味する。神のはたらきとは，《一》からの《真》の発出，すなわち父からの子の出生であり，さらには世界の創造である。

　存在が《一》として限定されるならば，通常においては，命題「存在は一である」が形成される。しかし《一》から必然的に帰結する神の全はたらきを表示するために，エックハルトは「存在は一である」ではなく，「存在は神である」を第一命題として規定したのだと思われる。つまり存在は概念《神》として限定されることで，われわれの前でその神秘のベールを脱ぎ，名称《存在》が付与され，同時に命題「存在は神である」が形成されることになる。

　ところで，神の固有性としての存在・一・真・善は，第3章においても述べたように，相互に置換可能である。この置換可能性は言うまでもなく神的存在の一性に由来している。つまりこの4つは実在論的にはなく，存在と《一》との関係と同様，概念的に区分されたものにほかならない。次にその概念的区分に拘わり，存在と《一》との差異の意味を探ってみたい。

3.1.5　存在と《神》との差異性の意味

存在を《一》と限定することによって形成された命題「存在は神である」は主語と述語に大きく区分され，述語《神》はさらに一・真・善に区分される。ここで述語の方向から主語に到達するアプローチをイメージしてみよう。創造の始原である《善》を超えて《真》から《一》を眺めると，神的生命が滾々と湧き出ずる泉が見える。それが《一》である。すべての存在者の究極の始原である。次にその泉に思い切って飛び込んでみる。するとそこは意に

---

50) In *Ioh.* n. 564; LW III, 492, 10-11: bonum autem fons est secundae, ut sic dicamus, temporalis productionis creaturae.

反して静寂が支配する世界が広がっている。それが存在のイマージュである。

　その世界は《一》として限定されている場においては見えない。いわば闇に包まれている。その闇をエックハルトはたとえば「永遠なる神性の隠れた闇」(diu verborgen vinternisse der êwigen gotheit[51])というディオニシウス的概念で呼んでいる。ということは，存在と《一》との間には，厳然とした差異があることになる。換言すれば，その差異とは《神》と命名づけられる領域と《神》とも命名できない領域との差異を意味している。あえて概念《神》を使用するとすれば，《神》と《神であったところのもの》(was, daz er «got» was[52])という表現になる。この差異はエックハルト神学にとってはもっとも重要な構成要素の一つである。というのも，たとえばドイツ説教52に見られる「突破」(durchbrechen)というエックハルト独自の表現は《神》を突破して《神であったところのもの》へと到達することを意味しているからである。

　この場合の《神》とは被造物と相対的に関係している神を意味している。こうした《神》を突破したところに神の本来的な場所を見るということは，エックハルト思想にもっとも特徴的なことである。こうした特徴も神の固有性を超範疇的概念という観点から，命題「存在は神である」における存在と神の差異を考察することによって引き出されるのではないかと思える。

　3.1.6　二つのアスペクト　　以上の考察をここで整理してみよう。命題「存在は神である」は二つのアスペクトをもっている。すなわち，

　① 存在と神との同一性
　② 存在と神との差異性

　①のアスペクトにおいては，その同一性は被造的存在者の存在性すなわち「形相が内属している存在」と相対的位置にある。その場合その同一性は「絶対的存在」と呼ばれ，すべての存在者の創造的始原として機

---

51)　*Pr*. 22; DW I, 389, 7.
52)　*Pr*. 52; DW II, 492, 9.

能する。ここには創造者としての神と被造物との厳密な差異が支配し、神に《存在》が帰せられるならば、被造物は《無》である。この点から見れば、命題「存在は神である」は第4章で扱った命題「神は知性認識なり」と矛盾しない。というのは、神に《存在》が否定され、知性認識が帰せられることはやはり、神と被造物との差異が前提になっているからである。

それに対して、②のアスペクトにおいては、存在と神との同一性の内部への洞察によって、その同一性はその構成要素である存在・一・真・善に区分される。この場合、存在は狭義の意味での「絶対」すなわちいかなる他者からも限定されず、関係をもたない《無》あるいは《闇》として把握される。さらに存在と一との差異に基づいて、一・真・善は神の全はたらきとして理解され、いわば概念《神》によって統一される。その結果、概念を構成する人間知性には《神》の内奥にいわば《神が本来的に存在する場》が開かれてくる。

神のはたらきという観点から見ると、①においては神と世界とのアナロギア的差異が強調され、神の恩寵の意義が明らかとなる。そして恩寵の行為として世界の創造のメカニズムが語られる。②においては、神的存在の内部構造と神的生命の力動性が語られる。内部構造とは神の固有性としての一・真・善であり、それはすなわち父・子・聖霊というペルソナに適用される。したがって、神的生命の力動性とは父からの子の出生、聖霊の霊発という発出の力動性であり、さらには子の出生を模像として受肉が語られる。そして受肉は自然世界の範型として捉えられることによって、神的領域と自然世界との間のアナロギア的構造が構築されることになる。

3.2 神の「私」の自己同一性

①のアスペクトに関しては、存在は神に対して限定的に使用される。この限定使用に関して「出エジプト記」第3章第14節「私はあるところの者である」をめぐる解釈を敷延して考えてみたい。

「出エジプト記」第3章第14節で神自身がモーセに直接語った自己自身の名すなわち「私はあるところの者である」（ego sum qui sum）の美しさに魅せられたのはなにも中世の神学者・哲学者だけではない。現

代に生きるわれわれにあっても，この名はその不思議な魅力を漂わせながら，われわれを惹きつけてやまない。

エックハルトは『出エジプト記註解』(*Expositio libri Exodi*) だけではなく，すべての著作のなかで，またラテン語・ドイツ語の説教を通じて，この名の解釈を試みている。そこでわれわれはまず，『出エジプト記註解』第14節において展開されるエックハルトの解釈を吟味することからはじめよう[53]。

エックハルトによれば，この聖句を構成している三つの語，すなわち ego, sum, qui は本来，神にのみ最もふさわしいものである[54]。qui は，それが無限の実体を表示するとするプリスキアヌスの見解にしたがって解釈される。すなわち qui が表示する無限であることと測り知れないことは神にのみふさわしいとされる[55]。

さて，ego sum qui sum における二つの sum は両方とも述語であり，したがって「存在」を表示している。存在を神にのみ限定使用するというエックハルトの方法から言えば，このことは当然の帰結であろう。つまり述語 sum は主語が純粋にして露な存在であること，その存在それ自体が主語の本質であること，すなわち主語における存在と本質との同一性を表示しているからである[56]。それでは sum の主語である「私」 ego とは何であろうか。われわれは次にこの問いについて考えてみよう。

「私」は一人称の代名詞である。当たり前のことであるが，しかしこ

---

53) エックハルトにおける「私はあるところの者である」(ego sum qui sum) の解釈について，まず挙げなければならないのは，大森正樹の前掲論文である。この論文は，当時エックハルトのドイツ語著作の研究が全盛期という境位のなかで，エックハルトのラテン語著作にもとづいた研究としては先駆をきるものである。また，中山善樹の『エックハルト研究序説』(1993年，創文社) のとくに106頁，さらに同訳『エックハルト　ラテン語著作集 II』(2004年，知泉書館) に付せられている解説も参照されたい。エミリ・ツム・ブルン／アラン・ド・リベラ『マイスター・エックハルト──御言の形而上学と否定神学』(大森正樹訳，国文社，1985年) 118-132頁。田島照久『マイスター・エックハルト研究』(創文社，1996年) 28-47頁も参照されたい。

54) In *Exod*. n. 14; LW II, 20, 2-3: haec tria *ego, sum, qui* propriissime deo conveniunt.

55) In *Exod*. n. 14; LW II, 20, 9-10: li *qui* nomen est infinitum. Infinitum autem esse et immensum soli deo convenit.

56) In *Exod*. n. 15; LW II, 21, 1-4: li *sum* est hic praedicatum propositionis, cum ait : *ego sum*, et est secundum adiacens. Quod quoties fit, purum esse et nudum esse siginificat in subiecto et de subiecto et ipsum esse subiectum, id est essentiam subiecti, idem scilicet essentiam et esse, quod soli deo convenit.

3　創造の始原としての神的存在

の当たり前さを問うことは簡単なことではない。「私」は区別する代名詞（discretivum pronomen）である。「区別する」とは，「私は話すが，彼は話さない」と言われるように，他者から「私」を区別するということである。他者とは自己自身とは疎遠なすべてのものと捉えれば，「私」とは神の存在それ自体であるから，この場合の他者とは神にふさわしくないもの，神に由来しないものを意味することになる。したがって，代名詞「私」には自己自身以外のすべてのものから区別される自己自身の唯一性が表示されている。つまり「私」とは純粋なる実体（substantia mera）である。この純粋なる実体とは，いかなる付帯的なもの，いかなる性質，これとかあれの形相も有することがない。すなわち「これ」とか「あれ」というように名指すことができない実体である[57]。したがって，「私」は超範疇的概念である存在を表示するものとして，神にのみふさわしいことが帰結され，その結果として，神は類と種を超えていることが明らかとなる。

　しかも神の「私」がもつ意味はそれだけではない。すなわち，「ヨハネ福音書」第8章第23節「私はこの世からのものではない」（Ego non sum de hoc mundo）において神の「私」はキリストの「私」に置換され，形而上学的解釈によって，「私」の唯一性は超越性へと転換されている[58]。そもそも純粋なる実体はこの世界においては見出すことは不可能なのであるから，その概念自体には超越性が内包されていたと言える。

　しかしこの超越性は，単に形而上学的領域に留まるものではなく，人間の救済に関わる神学的領域においても有効性を発揮する。以下において，人間の「私」との差異という観点から，その一端を示したいと思う。

　もし日常生活において「私」を使用しなければ，われわれは社会生活を営むことはできないであろうし，それどころかわれわれの社会それ自体が成立しないであろう。たとえば，いま一冊の本を手にして読んでいるのは「私」であるし，その本はつい一時間前，駅前の本屋で「私」が

---

57) In *Exod.* n. 14; LW II, 20, 4-5: meram, inquam, sine omni accidente, sine omni alieno, substantiam sine qualitate, sine forma hac aut illa, sine hoc aut illo.

58) In *Ioh.* n. 450; LW III, 385, 8-9: li *ego* pronomen significat meram substantiam sine omni qualitate; talis autem non est in hoc mundo.

見つけ，店員が「私」に売ったものであり，いまやその本は「私」の本である。しかし「私」のこうした使用法は，代名詞「私」が表示するものがこの世界における存在者であるかぎり，「私」の本来のあり方ではない。「私」とはあくまでも神の代名詞だからである。

したがって，われわれ人間は，自己自身であると思い込んでいるわれわれの「私」を否定しなければならない。存在が神にのみ固有であることがそのまま被造物の存在の否定を意味したように，われわれの「私」も同様に，否定されなければならない。つまり純粋なる実体を表示する「私」をもつことができないというあり方が，この世界での人間のあり方なのである[59]。

しかしわれわれ人間は，われわれ自身である「私」が本来的ではなくても，「私」がなければ生活することはできない。非本来的な「私」につねに束縛され，また逆に「私」に執着して生きているのがこの世界の人間の生き方だと言える。人間の「私」におけるこうした非本来性の根拠は，「私」が帰属する世界が時間のうえに成立し，アウグスティヌスが言うように，時間における現在が留まることなく，つねに無に差し向けられているからである[60]。

それでは，人間はこのような「私」からいかに脱却できるのか。この問題の解明にあたり，ここで確認しておかなければならないことは，「私」が被造物としての人間の本性に由来すること，さらにこの「私」に束縛されて生きることは，いわば人間の自然的態度であるということである。したがって「私」からの解放は超自然的な力によってのみ可能だということになる。その力とはこの世界に属するものではない。つまりその力とは神の恩寵である。

この世界での「私」に束縛され「私」が欲するものに執着することから解放されるためには，われわれはこの世界に対して死んでいなければならない。この死を人間にもたらすのが恩寵にほかならない。すなわち

---

[59] *Serm.* XXII n. 213; LW IV, 199, 2: li 'ego' meram substantiam significat, et nihilominus ipsum oportet abnegare.

[60] Augustinus, *Confessiones* XI cap. 14 n. 17; PL 32, 816: Si ergo praesens, ut tempus sit, ideo fit, quia in praeteritum transit; quomodo et hoc esse dicimus, cui causa, ut sit, illa est, quia non erit, ut scilicet non vere dicamus tempus esse, nisi quia tendit non esse.

恩寵は人間に「私」を否定させ，自らの十字架を負わせることで，「私」にではなく神に従って生きることを可能にさせる[61]。この世界において人間が被造物として存在しているかぎり，人間はつねに無に差し向けられている。この被造物の本性がまさに恩寵を神から無償で (gratis) 受け入れる根拠なのである[62]。したがって，被造物においてはたらく神のすべての行為は恩寵である[63]。そして恩寵は「永遠の生命」として神の存在自体を意味するのであるから，神の「私」が表示する純粋なる実体は人間の「私」を否定させ，本来あるところのもの (id quod sum) を譲与する[64]。人間に本来あるところのものを与えることは，無から存在を与えることである。すなわち創造は神の恩寵として示される。

3.3 第一命題と第一聖句における存在論的連関

ここでもう一度，第一命題「存在は神である」に戻って，第一命題と第一聖句「はじめに神は天と地を造った」との存在論的連関を明らかにすることで，創造行為が第一命題からいかに導かれるかを検証してみたい。

第一命題の存在論的意味において第一に取りあげるべきことは，先の文法的解釈においても示唆したように，存在と神との同一性ということ

---

61) *Serm.* II, 2 n. 16; LW IV, 17, 11-12: Dat enim gratia homini abnegare se ipsum et tollere crucem suam et sequi deum, vivire deo, non sibi.
なおエックハルトによれば，「生きている人たちが，もはや自分自身のために生きているのではない」(2 コリ 5·15)「生きているのは，もはやわたしではありません」(ガラ 2·20) というパウロの言葉は恩寵による死を言い表している。

62) *Serm.* XXV, 1 n. 259; LW IV, 237, 8-9: Primum autem est ex nihilo, et ante ipsum est nihil, et sic sine merito, sine medio, sine dispositione, et per consequens gratis.

63) *Serm.* XXV, 1 n. 257; LW IV, 235, 2-3: Omne opus dei in creatura est gratia, et solius dei actus sive donum est gratia.

64) 「本来あるところのもの」(id quod sum) という表現はパウロの言葉「神の恩寵によって私は，私がそれであるところのものである」(1 コリ 15·10) に由来する。すなわち「私」を否定し，十字架を負わせ，この世界に死ぬことを可能にさせる神の恩寵の目的は，「私がそれであるところのもの」を与えることである。しかしこのことは，創造の観点からみれば，人間に存在を賦与することにほかならない。もう一つ注意しておかなければならないことがある。それは恩寵には，無償で与えられる，すなわち功徳 (meritum) なしに与えられる恩寵と，いわゆる「神に気に入られた恩寵」という二つがあるということである。もちろんこの二つの恩寵は神から発するものであることには違いがないが，しかし発出の観点と属性には違いがあると，エックハルトは述べる。これは創造とペルソナ的流出との差異に対応している。

である。しかしこれは単に「神が存在する」ことを表示しているわけではない。このことは本節冒頭でも述べたように,「神は存在するか」という第一問題が第一命題の基礎のうえに掲げられていることからも窺うことができる。すなわち第一命題が真であると論証されてはじめて,「神は存在するか」と問われることになる。というのは,第一命題の否定命題すなわち「存在は神ではない」は,存在と神とが別のものであることを意味するのであるから,「神は存在しない」あるいは「それは神ではない」という二者択一が必然的に帰結するが,しかしそうであっても「神は存在する」は真である可能性があるからである。つまりこの場合の「神は存在する」においては,神が他者によって存在せしめられていることが意味され,すなわち神が単なる一存在者として規定されるからである。したがって,神の存在の原因として神より先なるものが存在していることになり,神は神ではなくなってしまうことになる[65]。

　神が神であるということは,その本質である存在がすべての存在者を存在せしめる存在の原因であることを意味する。そうした存在が絶対的存在ということであり,そのことを第一命題は表示している。したがって,すべての存在者は神である存在を通して,存在から,その自己の存在と「何であるか」を獲得している[66]。これが第一命題から論証される第二の意味である。

　絶対的存在は自己自身の原因であり,すべての存在者の存在原因であるから,絶対的存在の外側あるいはそれ以前は無である[67]。さて,すべての存在者が現実に存在していることの第一原因は絶対的存在である。したがって,存在者が自己の第一原因から自己の存在を有していることの意味は,無から存在を譲与されていることである。このような存在譲与が創造であり,その行為者が創造者にほかならない[68]。これが第一命

---

[65] *Prol. gener*. n. 12; LW I, 157, 1-4: Aut si est deus, alio utique est, cum esse sit aliud ab ipso. Deus igitur et esse idem, aut deus ab alio habet esse. Et sic non ipse deus, ut praemissum est, sed aliud ab ipso, prius ipso, est et est sibi causa, ut sit.

[66] *Prol. gener*. n. 12; LW I, 157, 5: omne quod est per esse et ab esse habet, quod sit sive quod est.

[67] *Prol. gener*. n. 12; LW I, 157, 7: ante esse est nihil. なお,厳密に言えば,存在の外側も存在以前ということも,存在の反対は単なる無であるということであるから,考えることはできない。

[68] *Prol. gener*. n. 12; LW I, 157, 7-8: Propter quod conferens esse creat et creator est.

題から論証される第三の意味である。この意味を敷衍すれば，絶対的存在という概念には，創造者であることが同時に内包されている。というのは，存在者が存在それ自体に属しているように，被造物は，それが造られたものであるかぎり，すなわち自己の存在が他者から譲与されているかぎり，創造者に属しているからである。すべての存在者が自己の存在を有しているのは存在それ自体からであり，存在それ自体はすべての存在者にそれぞれの存在を譲与している，すなわち創造しているのである。このような存在それ自体が神であり，創造者である[69]。

　ここまできてようやくわれわれは，第一問題すなわち「神は存在するか」を問うことができる。以下はそのエックハルトの論証である。

　たとえば「白」が「性質」以外のなにものも表示していないとアリストテレスが述べているように[70]，存在者は存在以外のなにものをも表示していない。つまり白いものが「白」それ自体から性質「白い」を有しているように，存在者は存在それ自体からのみ存在を有している。ということは，もし「白」それ自体が存在しないならば，白いものも存在しないように，存在それ自体すなわち神が存在しないのであれば，いかなる存在者も存在することはないし，あるいは無が存在することになる。しかし「無が存在する」ことは偽である[71]から，前提である「神が存在しない」も偽である。したがって，「神は存在する」は真であるから，エックハルトによれば，第一問題「神は存在するか」に対してわれわれは「神は存在する」と言うべきである。

　さて，第一命題の論証にもとづいて，第一聖句すなわち「はじめに神は天と地を造った」が四つの観点から解釈される[72]。その四つの観点と

Creare quippe est dare esse ex nihilo.

69) In *Ioh*. n. 96; LW III, 83, 10-11: nihil tam proprium quam ens ipsi esse et creatura creatori. Deus autem esse est, ipse et creator est.

70) アリストテレス，『カテゴリー論』第5章 3b19。

71) なぜ命題「無が存在する」が偽であるのかに対する論証についてエックハルトは，それは自然，感覚そして理性によって証明されていると述べている。
Prol. gener. n. 13; LW I, 158, 9-10: Igitur si deus non est, nihil est. Consequentis falsitatem probat natura, sensus et ratio.

72) 以下にあげる四つの観点は，エックハルトが聖書註解を行なうさいの基本的態度を表している。エックハルトによれば，この四つの観点によって他の聖句も解釈され，その意味でこれらの観点はいわば註解と説教の取り扱い方法なのである。つまり一つの聖句を註解されるさいに，他の聖句がリンクされ同時に解釈される。しかしそれらの聖句の一つ一つも

は以下の通りである。

① 神が，そして神のみが「天と地を造った」，すなわち最高のものと最低のもの，したがってすべてのものを造った。[73]
②「神ははじめに造った」，すなわち自分自身において造った。[74]
③ たしかに神は過去において「造った」のであるが，しかし神はつねに創造の「はじめに」に存在し，創造しはじめている。[75]
④ 創造と神のすべての行為は創造のまさにはじめにあり，すぐに同時に完了しており，終極に達している。[76]

①について言うと，すでに述べられたことから明らかなように，「存在は神である」のだから，すべての存在者は神からのみ存在を受け取ることを意味している。したがって，神のみがすべての存在を造ったことが帰結する。

またすでに述べられたように，存在それ自体の外側あるいはそれ以前は無なのであるから，存在それ自体は第一に存在するものであり，すべてのものの始原である。こうした始原としての存在が神である。したがって，神が天と地を造った「はじめ」すなわち始原（principium）とは存在であり，すなわち神自身である。つまり神がすべてのものを造ったのは「始原から」ではなく，「始原のうちで」である[77]。これが②の意

―――――――――

また，それぞれの場所において詳細に註解される。こうした方法によって，エックハルトの著作全体は貫かれている。

Prol. gener. n. 14 ; LW I, 159, 7-14 : Notandum quod ex praemissa propositione prima auctoritas hic exponitur quantum ad quattuor, ex quibus etiam aliae auctoritates exponuntur. Et iste erit modus totius operis expositionum et sermonum, quod videlicet in unius auctoritatis expositione plurimae aliae breviter et incidenter exponuntur suis locis ex intentione et diffusius exponendae.

73) *Prol. gener.* n. 15; LW I, 160, 1-2: deus et ipse solus *creavit caelum et terram*, id est suprema et infima et per consequens omnia.

74) *Prol. gener.* n. 15; LW I, 160, 2: *creavit in principio*, id est in se ipso.

75) *Prol. gener.* n. 15; LW I, 160, 3-4: *creavit* quidem in praeterito, sed tamen semper est *in principio* creationis et creare incipit.

76) *Prol. gener.* n. 15; LW I, 160, 4-5: creatio et omne opus dei in ipso principio creationis mox simul est perfectum et terminatum.

77) *Prol. gener.* n. 17; LW I, 162, 2-3: significanter non ait a principio, sed *in principio* deum creasse.

3 創造の始原としての神的存在

味である。たとえば大工は家を自己自身において造らない。大工自身の外側は無ではなく，他の存在者があるからである。しかも大工が家を造るさいに材料として用いる木材や石は，その存在を大工自身から有しているわけではないからである。つまり大工は家の生成の原因であっても，家の存在の原因ではない。それに対して神は存在の原因であって，神の外側は無であるから，したがって神は自己自身の外側ではたらくことはない。存在の外が無であることは，エックハルトによれば，神は創造しなかったか，自己自身すなわち始原においてすべてのものを創造したかのどちらかであるという二者択一が必然的に帰結することになる[78]。しかし世界がこうして厳然と存在している以上，もちろん前者であることは不可能である。したがって，創造をはじめとする神が行なうすべての行為は，神自身においてなされる。そうであるかぎり，すべての被造物は創造の始原のうちに存在している[79]。

神が創造を始原においてなすということは，エックハルトによれば，存在として，存在において，存在に向けてである[80]。そして存在は，上にも述べたように，第一ものであり，すべての存在者の始原であるから，始原のうちでのはたらきはつねに新たなるものである。というのは，創造とは時間に先立ち，時間を超えているのであって，無時間的な行為だからである[81]。したがって，神はたしかに「造った」のであるが，たえず造りつつあるという仕方で「造った」のである[82]。これが③の意味である。つまり神は，アウグスティヌスが言うように，世界を「造って」そこから立ち去ったわけではないのである[83]。

さらに聖句「わたしはアルファであり，オメガである」（黙1·8）か

---

78) *Prol. gener.* n. 20; LW I, 164, 8-9: Rursus extra deum, utpote extra esse, nihil est. Igitur vel non creavit vel creavit in se ipso principio omnia.

79) *Prol. gener.* n. 21; LW I, 165, 4-5: Semper enim creaturae sunt in suae creationis fieri et principio.
被造物が始原のうちにすなわち神自身のうちにあるといっても，それはわれわれに現前している世界がそのままのかたちで神のうちにあるということではない。そうではなく，神のうちにおいて被造物は理念（ratio）としてある。

80) *Prol. gener.* n. 18; LW I, 162, 10-11: deus omne, utpote esse, agit in esse et ad esse.

81) In *Gen.* I, n. 73; LW I, 235, 8-9: creatio utique ante tempus, supra tempus et sine tempore est.

82) *Prol. gener.* n. 18; LW I, 162, 14-15: Sic ergo *creavit*, ut nihilominus semper creet.

83) Augustinus, *Confessiones* IV cap. 12 n. 18; PL 32, 700 : Non enim fecit atque abiit.

ら言えば，神は始原であると同時に終極でもある。エックハルトによれば，神がオメガすなわち終極である場合，神は「造った」のであり，アルファすなわち始原である場合，神は「造る」のである[84]。始原のうちにおける創造においては，始原それ自体が終極であり，「造った」は「造る」と同時である。したがって，③から必然的に④が帰結する。また聖句「わたしの父はいまもなお働いておられる。だから，わたしも働くのだ」(ヨハ5·17)によれば，「造った」ということは「造る」である。もしそうでなかったとしたら，神は世界を創造することはなかったであろう[85]。

③と④に関して，存在という観点から考えてみよう。始原と終極との同一性は，始原である存在が同時に生成の目的であることを意味している。終極が事物の存在であることは，変化あるいは運動において事物が存在を獲得することで終極に達することである。つまり事物における存在獲得はそれ自体事物の限界を意味する。存在しているものはそれ自体として生成することはないし，その可能性もない[86]。したがって，存在以前にはただ無があるのみであるように，存在の後も無でしかない。

ここで第一命題「存在は神である」に立ち返ってみよう。神は存在として事物の存在の始原であり，同時にすべてのものの終極である。そして存在は，生成の成立基盤である時間を超越している。したがって，神が存在である始原において世界を創造するということは，神が造ったすべてのものは始原において現存しているものとして造っているのであり，その一方で神が始原において今造っているものは同時に過去においては完了しているのである[87]。

すべてのものは始原において存在を譲与される，すなわち存在することになるが，同時にそれは「造られた」という完了形の仕方においてで

---

[84] In *Ioh.* n. 411; LW III, 349, 10: si finis, creavit, si principium, creat.

[85] In *Ioh.* n. 582; LW III, 510, 2-3: Unde deus nec mundum creasset, nisi creasse esset creare.

[86] 存在と生成との差異はエックハルトにとってはきわめて重要な問題である。この差異は同時に出生(generatio)と変化(alteratio)との差異をも意味する。生成との対比において捉えられる存在概念は，アリストテレスのそれよりもプラトン経由によるパルメニデスの存在概念にその淵源をもっているように思われる。

[87] *Prol. gener.* n. 20; LW I, 164, 12-13: Igitur omne quod creavit praeteritum, creat ut praesens *in principio*; quod creat sive agit nunc ut *in principio*, simul creavit in praeterito perfecto.

ある。しかし「完了」とはそこで創造行為が終わったことを意味するわけではない。もし事物が存在することが創造の終了を表示するのであれば，事物は自己自身によって存在していることになるからである。とすれば，神は大工となんら変わることのないものになってしまい，その結果神はもはや第一原因とは言えなくなってしまう。

また事物が創造されるということは始原から外に出ることではない。なぜなら始原の外は無なのであるから，始原の外に出るということは存在の消滅を意味するからである。したがって，事物は恒常的に始原のうちにあり，たえず存在を譲与されている。すなわち今においても創造行為はつねに完了しつつ，創造され続けている。

さて以上のことをふまえたうえで，創造神学の根本問題である「無からの創造」について考えてみたい。

3.4 無からの存在産出

創造神学において創造とは「無からの創造」(creatio ex nihilo) であってはじめて創造といえる。ちなみにトマスによれば，創造とは「神である普遍的原因からの存在者全体の流出」(emanatio totius entis a causa universali, quae est Deus)[88]と定義される。たとえば，人間の出生という場合，人間が人間ではないものから生ずるように，生じたものがその流出に前提されてはいない。自存する存在そのものとしての神すなわち第一始原からの存在者全体の普遍的流出においてはなおさら，いかなる意味においてもなんらかの存在者が前提されているわけではない。したがって創造とは「けっして存在者ではないもの」(nullum ens) という意味での無[89]からの流出[90]でなければならない。

しかし創造が存在者の存在の始原を問うものであるかぎり，神学は，存在であるかぎりの存在とは何かという形而上学の問いにも答える説明責任を負っている。エックハルトが哲学と神学との一致を目標とするか

---

88) Thomas de Aquino, *Summa Theologiae I* qu. 45 art. 1 co.
89) Thomas de Aquino, *Summa Theologiae I* qu. 45 art. 1 co.; Ed. Leo., Tomus IV, 464: Idem autem est *nihil* quod nullum ens.
90) Thomas de Aquino, *Summa Theologiae I* qu. 45 art. 1 co.; Ed. Leo., Tomus IV, 464: ita creatio, quae est emanatio totius esse, est ex non ente quod est nihil.

ぎり[91]，神学という館のなかでのみ創造を考究することは許されないであろう。しかも，この目標がエックハルト思想全体を形成する彼自身の意図であると理解するわれわれにとっては，パルメニデス以来の存在論の系譜を考慮しなければならないのは当然であろう[92]。

ここでパルメニデスが遺した哲学詩の冒頭の情景を思い起こしてみよう。馬たちに運ばれて哲学の館までやって来た，知を欲する若者に対して，女神は探求の道を告げる。すなわち「《ある》はある，そして《あらぬ》はない[93]」という道である。その理由を女神はこう告げる，

「思考することと《ある》ことは同じであるから。」[94]

この命題からは眼が眩んでしまうほどの強い光が発している。その眼くらましのなかで，「無があることはありえない」という必然性は，無を思考の対象にすることは不可能であることをわれわれに強制する。そして無は存在論の系譜から葬られる。

しかし，第一聖句「はじめに神は天と地を造った」は，神が宇宙のすべての存在者を産出したことを告げている。『マカバイ記2』第7章28節「神はこのものを無から造った」（ex nihilo fecit illa Deus）をまつまでもなく，すべての存在者を造ったということは，神が造る以前は無であったことを意味する。したがって存在概念は創造の観点から捉え直されることによって，もう一度，無と対峙させられることになる。つまり，パルメニデスの女神に出会う以前にさかのぼって，もう一度，存在

---

91) In *Ioh*. n. 509; LW III, 441, 10-11: Ergo concordant theologia et philosophia moralis et naturalis, quod fortassis in omnibus sollers inveniet indagator.

92) エックハルトはアリストテレス『自然学』を通じてパルメニデスを知っている。たとえば『命題集序文』（*Prologus in opus propositionum*）第5節には次のように書かれている。「ダマスケヌスは神の第一の名を『有るところの存在』（esse quod est）であるといっている。これに一致しているのが，『自然学』第一巻において，パルメニデスとメリッソスがただ一なる存在者だけを想定していることである。」

なお，エックハルトにおける創造論とパルメニデスの存在論を比較検討することは，本章の目的ではない。しかしこの問題は，西洋哲学史におけるエックハルトの位置を明確にすることにおいては注目すべき問題であると考える。

93) *Die Fragmente der Vorsokratiker*, Griechsch und Deutsch von Hermann Diels, hrsg. von Walter Kranz, 1985, 28B2. 以下 DK と略す。

94) DK28B3.

それ自体が語る言葉に耳を傾けることが求められている。これが哲学者エックハルトの存在探求への道における第一歩である。

たしかにエックハルトは，たとえばアリストテレスにおける形相・質料存在論を批判してトマスが存在を純粋現実態（actus purus）と理解したことを継承したが，トマスの存在論を無批判に受け入れたわけではない。つまり，純粋現実態として新たに捉えられた存在をエックハルトは独自の探求の道を歩みながら，いわばラディカルに解釈し直していくのである。それはいわば，けれん味を払拭し，存在の始原において存在それ自体と向きあう方法である。

しかし「無からの創造」はただ存在論の領域内だけの出来事ではない。存在概念がいわゆる超範疇的なもの（transcendentia）として理解されたことが大きな意味をもっている。すなわち存在は一（unum），真（verum），善（bonum）と置換可能なものとして理解されるようになり，存在の対極である無は多性，虚偽，悪の原因と捉えられる。とくに中世的ネオ・プラトニズム的傾向のなかで悪が存在の欠如とされることで悪の所在が明確になる。しかしその一方で，人間は被造物であるかぎり，たえず無に差し向けられていることが悪の行為に走る可能性として表示される。つまり「無からの創造」は倫理的意味をもっている。

しかしまた創造は神の恩寵の業である。そうであるかぎり，「無からの創造」は人間の救済の核心に位置する。つまり創造神学は，いかにしてわれわれ人間は神へと到ることができるのかという，人間的生の根本問題に取り組まなければならない。

人間は神が無から創造することによってこの世界に生を受けている。被造物である人間の存在は，神が一瞬でも眼を離したら，ただちに無に陥ってしまう[95]，いわば淡雪のようなものである。無はここでも思考の対象ではないが，しかし無は人間に死への不安をたえずかき立てるものとして，いわば気分として捉えられる。

さて以上のことを予備的考察として，「無からの創造」に関するエックハルトの解釈を検討してみよう。

---

95) *Pr.* 4; DWI, 70, 3-4: Kêrte sich got ab allen crêatûren einen ougenblik, sô würden sie ze nihte.

3.4.1　collatio esse としての創造　　エックハルトは創造を collatio esse すなわち「存在を運び集めること[96]」であると解釈する。「無からの創造」とはエックハルトにとって「無から存在を運び集めること」（collatio esse ex nihilo）である。まずはこの言葉にエックハルトが込めた意味を明らかにしてみよう。

さて神が天と地を造った「はじめ」すなわち始原とは神自身であって，「始原から」（a principio）ではなく「始原のうちで」（in principio）神が宇宙を創造したことはすでに述べた。この点に関してエックハルトは著作の数箇所で言及しているのだが，それは創造に関するいわば俗説を正すためである。この俗説は以下の二点に分けられる。

① 神は世界を自己の外で，無のうちで造った。
② 神は造って，かくして他の職人のように造ることから休んだ。[97]

②に関しては，『創世記』第2章2節「神は七日目にすべてのはたらきから休まれた」[98]の字面だけを追った通俗的解釈に由来するものであるとされ，しかしこういった解釈も「始原のうちで」が正しく理解され

　96）　この言葉をエックハルトは複数の個所で使用している。たとえば，以下の通りである。
　Prol. gener. n. 16; LW I, 160, 7-8: creatio est collatio esse, nec oportet addere 'ex nihilo'.
　Prol. gener. n. 17; LW I, 160, 14: creatio dat sive confert esse.
　In *Gen.* I, n. 14; LW I, 197, 8: Creatio autem est collatio esse.
　In *Sap.* n. 19; LW II, 340, 10-11: Creatio enim est collatio »esse post non esse«.
　In *Sap.* n. 182; LW II, 517, 5: omnis operatio dei in creatura est collatio esse ex nihilo.
　97）　*Serm.* XXIII n. 222; LW IV, 207, 15-208, 2: Imaginantur idiotae duo: primo, quod deus creavit mundum extra se in nihilo; secundo quod creavit et quievit a creando ad modum aliorum artificum.
　98）　この聖句に関してエックハルトはとくに『創世記註解』（*Expositio libri Genesis*）第142節から第179節にかけて詳細に解釈している。このなかでエックハルトは神の休息について，神のみが休息し，しかも自己自身のうちにおいて休息することを強調している。そして神のみが万物を休息せしめることができるが，それは万物に存在を譲与することによってであると述べられている。この場合の「休息」とは，神が自己自身のなかでのはたらき，すなわち存在譲与を意味するのであるが，これは一見矛盾であるように思われる。しかし，神にとっての存在が，存在譲与自体を意味していることを理解するならば，この矛盾は解消される。「休息」のもう一つの意味は，事物が存在を獲得することで，存在へといたる生成が終息することである。これは事物における存在と生成というギリシア以来の哲学の根本問題に関わる。

3 創造の始原としての神的存在　　　　　　　　　　181

るならば，①と同様，打ち砕かれるとエックハルトは述べている[99]。

　神が無から天と地を造ったということは，自己自身の外に造ったのではなく，またある種の無において自己自身のすぐとなりに天と地を造ったのではない[100]。さきほど引用した『マカバイ記2』の記述は「無から」(ex nihilo[101])であって，「無において」(in nihilo)とは言っていない。つまり神が世界を創造するということは，事物の存在を無のうちへと投げ出したのでもなければ，投げ落としたのでもない[102]。しかも神は被造物を自己自身の前に投げ出し，空虚のなかで事物を造ったのでもない[103]。

---

　99)　*Serm.* XXIII n. 222; LW IV, 208, 4: Utrumque eliditur per hoc: 'in principio'.

　100)　*Serm.* XXIII n. 223; LW IV, 208, 5-6: Non est ergo imaginandum quod deus creavit extra se et quasi iuxta se caelum et terram in quodam nihilo. なお，ここで quasi iuxta se caelum et terram in quodam nihilo（いわば自己自身のすぐ隣で天と地を造った）と言われているのは，たとえば大工が家を造るとき，大工が家に直接関わるように，神が天と地を造ったわけではないことを主張するためである。大工が造った家であってもそれは大工といわば並立的に存在しているのであって，神が天と地を自己自身のうちで造ったことと同じ意味ではない。すなわち，大工は家を自己自身のうちに造るわけではない。

　101)　「無から」(ex nihilo) と言われるとき，前置詞 ex の意味について確認しておかなければならないことがある。それは ex が表示しているのは，たとえば「青銅から彫像が作られる」(statua fit ex aere) と言われる場合のように，質料因（causa materialis）ではないということである。もし ex が質料因を表示していることになれば，無は存在者の質料にならないから，いかなる意味においても存在の原因ではありえない。ということは，「無からの創造」それ自体が不可能になってしまう。

　トマスは以上の異論に対して『神学大全』第Ⅰ部第45問題第1項第3異論解答において，ex はただたんに順序あるいは秩序（ordo）を表示しているにすぎないと述べている。つまり ex は，たとえば「朝から昼になる」(ex mane fit meridies) が「朝のあとに昼になる」(post mane fit meridies) を意味するように，「あとに」(post) という順序を表示しているにすぎないということである。しかしながらトマスは，「あるものが無から生ずる」と言われる場合，前置詞 ex が無という概念に含まれている否定を包み込んでいるのか，あるいは否定によって包み込まれているのか，を理解しなければならないことに，われわれの注意を喚起している。前者であれば，秩序は肯定され，存在するものの以前における，それの非存在への秩序が表示され，後者であれば，秩序の関係が否定されることになる。つまり，「無について語る」が「何も語っていない」を意味するように，「無から生ずる」は「いかなるものからも生じない」ことを表示するということである。これは，ex における質料因への関係を否定することになる。したがって，トマスはいずれの場合においても，「無からの創造」には有効であると述べている。以上の議論をエックハルトは踏まえたうえで自らの論を展開している。

　102)　*Serm.* XXIII n. 223; LW IV, 208, 9-10: Non ergo deus creando mundum proicit sive effundit esse rerum in nihilum.

　103)　*Prol. gener.* n. 17; LW I, 161, 10-12: Non ergo falso imaginandum est quasi deus proiecerit creaturas vel creaverit extra se in quodam infinito seu vacuo.

もし神が事物を無のうちへと投げ出したとするなら，それは事物ではなく無である。というのは，無が受容するのは無でしかなく，そもそも存在しないものがある作用の基体や境界や目的であることはない[104]。なぜなら，受容されるものは，それを受容するもののうちに，受容するものがそのうちにあるものの本性にしたがって存在しているからである[105]。さらには，『デ・アニマ』第2巻第2章の「作用を及ぼすものの現実態が属するのは，作用を受けるものである」という見解にしたがえば，無のうちで生ずるものは無であることはたしかである[106]。したがって，もし被造物が神の外で受容され生じるならば，それは存在から無へと産出されるのであって，それは事物を創造することではなく，事物の消滅にほかならない。エックハルトによれば，事物の消滅とは存在から非存在への，あるいは無への道である[107]。つまりあるものから無への産出あるいは無のうちであるものを産出することはありえないことであり，それはわれわれに対して何も語ってはいない[108]。

　それでは，「無からの創造」を「無から存在を運び集める」ことと理解するとはどういう意味なのか。エックハルトはこう語る。

「神は創造することによって全体を無から呼び出すのであり，すなわち無から存在へと呼び出すのである。」[109]

---

104) *Prol. gener.* n. 17; LW I, 161, 12-13: Nihil enim nihil recipit nec subiectum esse potest nec terminus esse potest nec finis cuiusquam actionis.

105) In *Ioh.* n. 61; LW III, 50, 11-12: omne receptum est in recipiente secundum naturam eius in quo est.
なお，エックハルトのこの記述は『原因論』(*Liber de causis*) 第9命題の以下の記述にもとづいている。
Liber de causis, prop. IX (X) ; Pattin, 160: Et similiter aliqua ex rebus non recipit quod est supra eam nisi per modum secundum quem potest recipere ipsum, non per modum secundum quem est res recepta.

106) *Serm.* XXIII n. 223; LW IV, 208, 6: Omne enim quod fit in nihilo, utique fit nihil.

107) In *Sap.* n. 122; LWII, 459, 6-7: Corruptio siquidem est via ab esse in non esse sive in nihilum. なお，この見解はアリストテレス『生成消滅論』第1巻第3章「端的な意味では有らぬものへの道は端的な消滅である」(318b10-11) の記述にもとづいているが，エックハルトはここに創造論の立場から「無への」(in nihilo) 道をつけ加えている。

108) In *Sap*. n. 122; LW II, 459, 8-9: productio ab aliquo quocumque in nihilum vel in nihilo esset et diceretur nihil.

109) *Serm.* XXIII n. 223; LW IV, 208, 11: creando vocat cuncta ex nihilo et a nihilo ad esse.

3　創造の始原としての神的存在

　すなわち呼ぶことは，パウロが「存在していないものを呼び出して存在させる」と述べているように，存在していないもの，外にあるものを，それら自身から神自身のうちへと呼ぶことを意味する[110]。呼ぶことは事物を存在させるために呼ぶのである。無から呼ぶことは事物を非存在から存在へと呼ぶことである。神が呼ぶことによって，すべてのものは神自身のうちに自らの存在を見出し，受け取り，もつことになる[111]。

　無からの創造とは事物を無から存在へと呼び出すことであり，それが無から存在を運び集めるということである。そして事物を無から自己自身のうちへと呼ぶのは存在それ自体である[112]。自己の力ですべてのものを無から自己自身のうちへと引きつけるのは，ただ存在のみである[113]。

---

110)　ここで引用したパウロの言葉は『ローマの信徒への手紙』第4章17節に書かれているが，前後の文脈を補って引用すると「死者に命を与え，存在していないものを呼び出して存在させる神を，アブラハムは信じ，その御前でわたしたちの父となったのです」となる。すなわちここでは，アブラハムが信仰による義によって，世界を受け継ぐ者となったことが強調されている。したがって，この聖句を創造論の文脈のなかで解釈することは神学的には不適切であることは否めない。しかしエックハルトの意図が神学と哲学との一致にあることを考慮すれば，哲学的議論を踏まえた創造論の立場からこのパウロの言葉を解釈する方法も納得できることになる。

111)　*Prol. gener.* n. 17; LW I, 162, 1-2: vocavit ex nihilo, ex non esse scilicet, ad esse, quod invenirent et acciperent et haberent in se.

112)　このエックハルトの見解は，ハイデガーの後期の思想とくに『ヒューマニズム書簡』(*Brief über den Humanismus*) における「人間は存在に呼び求められる」(vom Sein angesprochen wird; *Wegmarken*, S. 323) という表現をわれわれに想起させる。しかしエックハルトと決定的に異なるのは，「《存在》——それは神ではなく，世界の根底ではない」(S. 331) と言われているように，存在と神との同一性が否定されていることである。この差異は，「神が死んだ」世界すなわち近代末期のニヒリズムの体験の有無によるのかもしれない。それはまた「存在」に対する気分の差異としても現れてくるであろう。
しかしながら，この差異をただたんに歴史的時代のものとして，すなわち中世と現代との差異として片づけてしまってよいのだろうか。神がまだ「生きている」境位において，「存在」を語るとしたら，エックハルトが使用したような表現方法になるのではないだろうか。いやもしかしたら，「神の死」をも含めてこの両者には共通のものがあるのかもしれない。これは，現代における哲学的状況を考えるうえで非常に重要な点であると思われる。
なお，ハイデガーにおける『ヒューマニズム書簡』に見られる思索の意義については以下のものを参照されたい。
渡邊二郎「ハイデガーの思索と残された問題点」(『西洋哲学史の再構築に向けて』昭和堂，2000年，467-495頁)。
同，『ハイデッガーの「第二の主著」『哲学への寄与試論集』研究覚え書き——その言語的表現の基本的理解のために』理想社，2008年。

113)　In *Sap.* n. 177; LW II, 512, 10: esse, et ipsum solum, est quod sua vi trahit.

そしてそれ自身の力で他者を引きつけるものは甘美なものである[114]。こうした「呼び出す」,「運び集める」,「引きつける」というはたらきが存在のはたらきである。いやむしろ,こうしたはたらきが存在それ自体なのである。創造論においてよく耳にする「存在授与」,「存在譲与」あるいは「存在産出」という表現は使い慣れているがゆえに,かえって神が創造する現場をわれわれに覆い隠す。「呼び出す」,「運び集める」,「引きつける」という表現を使用することによってエックハルトは,神が今まさに世界を創造する現場を存在のリアリティーによって描写しようとしているように思われる。

前述したように,エックハルトは「存在するすべてのものは存在によって存在する[115]」と述べている。われわれがこの世界に存在しているのは,われわれが無から存在それ自体によって存在のうちへと呼び出されたからであり,運び集められたからであり,存在それ自体の力によって存在のうちへと引きつけられたからである。そしてその存在それ自体が神なのである。神に固有なすべてのものは存在それ自体に適合する。したがって,「存在」とは神の第一の名であり,神の固有名である[116]。

さて,すべてのものを存在へと呼び出すことは,神がすべてのものに語りかけることである。語りかけるという神のはたらきは,それ自体として神の存在にほかならない。すなわち言葉は存在である[117]。聖句「すべてのものがそれ(言葉)によって生じた。そしてそれなくしては,無が生じた」(ヨハ 1・3)によれば,この言葉によってすべてのものは存在

---

114) In *Sap*. n. 173; LW II, 508, 8: suave est iuxta nomen suum quod sua vi trahit. ここでは「甘美」(suave) がその名称からして「自分の力で」(sua vi) という意味を含んでいることが言われている。

115) *Prol. Gener*. n. 13; LW I, 159, 5: omne, quod est, per esse est.

116) In *Exod*. n. 163; LW II, 142, 13-14: hoc nomen esse est primum et magis proprium inter omnia nomina dei. なお,エックハルトは同註解 164 節で, esse という 4 文字には多くの固有性や完全性が隠れていると述べ,マイモニデスに依拠しながら,神が「存在」と呼ばれるのは神のはたらきからとられたものでもなく,さらには被造物との分有関係からとられたものではないことを強調している。つまり上で述べたように,「存在する」が本来において神に述語されるものであることが明かされている。

In *Exod*. n. 164; LW II, 144, 10-12: Ad litteram enim li esse habet quattuor litteras, multas proprietates et perfectiones latentes. Ipsum etiam non videtur »sumptum ab opere nec dictum a participatione«.

117) In *Ioh*. n. 226; LW III, 190, 3-4: Esse enim verbum est.

し，反対にこの言葉がなければ，すべてものは無である。さらにこの言葉は「始原における言葉」(verbum in principio[118]) である。したがって，神は語りかけることによってすべてのものを始原のうちへと，すなわち神自身へと導く。語りかけることは，すべてのものが神自身へと向きを変え，還帰するよう指示するためである[119]。

3.4.2　第一原因としての神　以上でわれわれは，エックハルトが「無からの創造」を，存在へと「呼び出す」あるいは「運び集める」，存在が「引きつける」という彼独自の表現で理解していることをみてきた。このことを踏まえて，以下で，人間を含む存在者における存在構造を神の創造行為がいかに形成しているのか，考えてみたい。そのさい鍵概念となるのが「第一原因」である。

これまでの考察からも理解できるように，すべての事物の存在は存在自体である神に直接由来する。そして，第一原因とは事物の存在の原因だと定義される。われわれはまず，この定義を足がかりとして第一原因に対するエックハルトの見解を検証してみよう。

3.4.2.1　第一原因とそれ以外の諸原因
第一原因が事物の存在の原因だとしても，存在の範囲をどこまで拡げるのか，という問題がまず提起される。エックハルトは『創世記註解』第 174 節で次のように述べている。

> 「神は純粋で，完全で，端的な存在であり，魂のうちあるいは外であろうと，技術あるいは自然においてであろうと，すべての存在の唯一の源泉である。」[120]

たとえば，魂のうちにある数学的なもののような概念，あるいは魂の外にある身体，さらには大工が作る家，あるいは海や山，それらが存在

---

[118]　In *Ioh.* n. 12; LW III, 12, 10.

[119]　In *Ioh.* n. 226; LW III, 189, 8-10: deus omnem creaturam creando ipsi dicit et indicit, consulit et praecipit, hoc ipso quod creat, sequi et ordinari, reflecti et recurrere in deum tamquam in causam primam totius sui esse.

[120]　In *Gen.* I, n. 174; LW I, 319, 2-3: deus est esse purum, plenum et simplex et fons unicus omnis esse, sive in anima vel extra, sive in arte vel in natura.

者であるかぎり，神にのみ直接由来している。

　エックハルトは「ヨハネ福音書」第1章第3節「すべてのものがそれによって生じた」を解釈するにあたり，存在者は自己の存在を第一原因である神からのみ有するのであるが，しかしそのことは他の諸原因を否定することではないと述べている[121]。それでは，第一原因以外の諸原因としてどのようなものが考えられるのか。たとえばすべての存在者の原型としてのイデアあるいは「何性」（quiditas）を考えることができよう。しかしこれらは「これこれの存在者」すなわち複合的事物の原因であって，事物の存在そのものの原因ではない。というのは，事物の「それによってあるところのもの」（quo est）と「それであるところのもの」（quod est）は被造物の存在の仕方における二つの原理だからである[122]。さらには形相と質料も「これこれの存在者」の存在の原因であって，存在そのものの原因ではない。つまりこれらの原理は事物の生成の原因であっても，存在の原因なのではない。この意味において，これらは第一原因に対して，第二原因と呼ばれる。

　ここで大工が家を作る場合を考えてみよう。大工の頭のなかにある家の形相あるいは大工自身による家を建てるというはたらきは，たしかに家を形成する原因ではあるが，しかしそれは家の存在の原因とはいえない。あくまでも家の生成の原因なのである。つまり，大工は自己自身によって家を作るが，神のように自己自身からかつ自己自身のうちにおいて家を作るわけではない。すなわち無からなにものかを造るものが第一原因と言われるからである。

　さらに家が建てられる過程においては，その建てるというはたらきの原因である大工が必要されるが，しかしひとたび家が完成してしまうと大工のはたらきはもはや必要ではない。家という存在者は，建てるというはたらきをその原因である大工から与えられるが，しかしつねにその原因を必要としているわけではない。しかし家は無から造られたものとして，たえず無に差し向けられている。創造主である神が不在になれ

---

　　121) In *Ioh*. n. 52; LW III, 43, 5-6: non negat rerum alias causas esse, sed hoc vult dicere quod a nulla aliarum causarum effectus habet esse nisi a solo deo.

　　122) In *Gen*. II, n.34; LW I, 502, 5-7: id est creavit duo principia, quo est scilicet et quod est, omnium entium quae creata sunt, hoc ipso quod creata sunt.

ば，その瞬間に家は無に帰する。したがって，家は自らの存在の原因である神から，つねに存在を授与されていなければならない。家が完成すれば大工が不在であっても家という存在者は存続するように，生成の原因である第二原因が不在であっても，存在のうちに産出された結果は存続するのである[123]。すなわちすべての存在者に存在を授与する創造的根拠である第一原因としての神は，同時に自己のうちにすべての存在者を包含し保持する始原にほかならない[124]。

さて以上のことから帰結することは，存在と生成との差異は決定的であるということである。すなわち，生成が時間的運動であるならば，存在は時間を超越しているということである。したがって被造物における神の活動は無からはじまり，存在で終わる[125]。というのは，存在は時間に従属することはないし，無が抵抗することはないからである。それに対して生成や変化は時間的な運動であり，その終極が存在である。存在が休息にたとえられるように，生成や変化は存在にまで達していないものとして，骨折り，困難，抵抗等が生じる。したがって，運動するものが「存在者」と言われるにしても，その《ある》の根拠はあくまでも存在であって，生成ではない。

被造物は，以上のように，第一原因と第二原因とに仕えている。エックハルトは第一原因への仕え方として専制君主への従属，第二原因への仕え方を，被造物がそれに抵抗する可能性を有しているゆえに，市民としての従属とたとえているが[126]，これは的を射た理解だと言えよう。

5.3.4.2.2. 内と外

事物の存在が第一原因としての神に由来しているという直接性は，存在と無との間にはいかなる媒介もないことを表示している。そうであるならば，無から存在へと呼び出す，あるいは運び出すということはどの

---

[123] In *Ioh*. n. 296; LW III, 248, 14-15: Propter quod effectus producti perseverant in esse causis absentibus.

[124] In *Sap*. n. 121; LW II, 458, 5-7: Vult ergo dicere sapiens quod bona omnia, sed et res omnes creatae non solum sunt a deo creante active, sed etiam sunt in deo contentive et conservative.

[125] In *Gen*. I, n. 160; LW I, 308, 3: termini actionis dei in creatura sunt esse et nihil.

[126] In *Gen*. I, n. 167; LW I, 313, 3-6: omne creatum oboedit deo despotice, nihil habens inclinationis sive iuris ad oppositum. Causis autem secundis oboediunt opera et operata non iam despotice, ut servus, sed politice, utopote habentia ex se ipsis inclinationem ad oppositum.

ようにイメージされるのか。ここでまず，この問いへのヒントとして考えられる記述を『創世記註解』から引用してみよう。

> 「あたかも存在が外からわれわれのうちへやって来ると想像してはならない。なぜならば，神は第一原因として，諸事物の最も内奥に存在しているからである。」[127]

事物がその存在を神から直接譲与されるということは，存在が自己の外から与えられることではない。そうではなく，存在は事物の内側からやって来るものなのである。それではその「うち」とはどの程度までの内なのか。エックハルトは『ヨハネ福音書註解』第238節には次のように述べている。

> 「神は存在であり，そしてすべての存在は直接神に由来している。したがって事物の本質に沈み込むのはただ神のみである。存在自体でないすべてのものは外側に立っており，他なるものであり，あらゆる本質から区別される。しかしながら存在はあらゆるものにとってはむしろその本質それ自体よりもさらに内奥にある。」[128]

神は事物の本質よりもさらに内側に沈み，そこに存在している。なぜなら，事物の内奥にあり，事物をそれ自らの全体において貫き，事物の本質に浸透しているものが存在であり，その存在が神だからである[129]。そして本質がそれ自体において求め，関係するのは存在以外にはない。

---

127) In *Gen.* I, n. 14; LW I, 197, 11-12: Nec tamen imaginandum est quod tamquam ab extra in nos veniat, eo quod deus, utpote causa prima, intimus sit entibus.

128) In *Ioh.* n. 238; LW III, 199, 4-7: Deus autem esse est, et ab ipso immediate omne esse. Propter quod ipse solus illabitur rerum essentiis. Omne quod non est ipsum esse, foris stat, alienum est et distinctum ab essentia uniuscuiusque. Adhuc autem esse intimius est unicuique etiam quam ipsa essentia illius.

129) In *Exod.* n. 105; LW II, 106, 3-7: Quarto sic: nihil minus alienum quam quod est rebus intimum et ipsas se toto penetrans. Hoc autem est esse, quod deus est, plenitudo esse.

Quinto sic: nihil minus alienum quam id quod illabitur rerum essentiis. Hoc autem est esse et ipsum solum. Essentia enim nihil aliud, secundum id quod est, respicit iuxta nomen suum nisi solum esse.

3 創造の始原としての神的存在

しかし，神が事物の本質よりもさらに内奥に存在しているということはいかなる意味なのか。それは神の創造行為が，繰り返し述べているように，類と種あるいは形相と質料という関係を超越していることを意味している。ここに超越性が創造行為における自由性の根拠であることが明らかとなる。これは同時に，第一命題「存在は神である」における存在が絶対的存在であることの意味でもある。つまり形相と質料との関係において把握されたアリストテレス的存在概念をエックハルトがいかに理解し，そして批判的に展開したのかを，大雑把ではあるが，ここから読み取ることができる[130]。

さらに神が存在として，事物の本質よりもさらに深く内在しているということは，存在が本質に先行しているということである。たとえばわれわれは自己自身を「人間」と捉えている。しかしそうして捉えられた人間としての自己自身のさらに深いところに存在が位置している。われわれが本質としての人間において自己自身を把握する以前に，神の創造行為があるということである。

しかし神が，われわれ人間をも含めた存在者の最内奥に存在しているからといって，それが人間と神との同一性を意味しているわけではない[131]。先に引用した『ヨハネ福音書註解』第238節において，存在自体すなわち神ではないものはすべて外側にあり，他なるものであり，本質からは区別されていると言われていることに注目されたい。また，第一

---

130) 「大雑把」と表現したのは，アリストテレス的存在概念と，それを批判して形成されてきた中世的存在論たとえばトマスにおける純粋現実態（actus purus）としての存在概念との関係をエックハルトがいかに理解していたのか，をわれわれは依然として詳細に述べていないからである。

131) この理解はエックハルト研究にとっては非常に重要な意味をもっている。周知のように，エックハルトは神と人間との同一性を説く「神秘主義者」（Mystiker）として捉えられてきた。しかしこうしたレッテル貼りはエックハルト研究にとって障害になると思われる。たしかにエックハルトは神との一性を主張しているが，しかし注意しなければならないことは，人間と神との関係を捉える出発点と，そこに到るプロセスをエックハルトがいかに展開しているかである。すでに述べたように，神は存在それ自体であり，その存在が不在であれば，すべての存在者は存在することはできないし，むしろ無である。存在と無との間に媒介がないということは，いかなる意味においても存在と無とは混合されることはないということである。すなわち，存在と無とは絶対に置換されることはない。存在と無との絶対的な差異性が無からの創造を考えるうえで必然的な前提である。こうした前提があってはじめて，人間がいかに神へと近づくことができるのかを考えることができるのである。

命題「存在は神である」において②の文法的意味を想起されたい。すなわち述語「存在する」を神にのみ限定使用することが，神以外の存在を否定するということである。つまり神と被造物との間には，われわれにとっては測り知れない深淵が横たわっている。

さらにわれわれの「私」が非本来的なあり方であると述べられたことを想起されたい。つまりわれわれが普段，自己同一性を表示するものとして理解している「私」は存在それ自体ではない。ということは，「私」は自己自身の本質の内奥に浸透しているものではなく，本質の外側あるいは以後にあり，そして本質とは他なるものにほかならない。「私」が自己自身であると思っている「私」の本質は，じつは自己自身ではない。したがって，神すなわち存在それ自体はわれわれの「私」の外側にあり，「私」を超越しているのである。存在それ自体は「私」を超越し，かつ「私」の本質の内奥に浸透し，被造物的存在者としての「私」を貫いている[132]。被造物における神の内在性は，同時に被造物における神の超越性を意味している[133]。こうしたあり方が第一原因としての神のあり方なのである。

以上のことを反対の側から見れば，存在それ自体にとって「私」は外にあるということになる。つまり「私」は存在の外側にあるのであるから，本来においては「無」ということである。したがって，存在を無から呼ぶ，あるいは運び集めるという創造行為は，「私」の虚無性を否定し，「本来あるところのもの」を譲与することにほかならない。

エックハルトは第一原因としての神のこうしたあり方を，「集会の書」第24章21節「わたしを食べる人は更に飢えを感じ，わたしを飲む人は更に渇きを覚える」（qui edunt me adhuc esurient et qui bibunt me adhuc sitient[134]）に対する説教のなかで，次のように表現している。

---

132) われわれの「私」に対する存在それ自体のあり方は，超越性がそのまま内在性を意味するというような，なにか矛盾的表現になる。しかし神と人間との関係はこうした矛盾的表現としてしか言い表すことができないのではないかと思われる。これはただたんに神と人間との関係における論理的に導出された帰結ではない。ここにはたとえば，三位一体論，恩寵論あるいは救済論が関連している。

133) *Pr.* 9; DW I, 143, 2-3: Daz selbe, daz er ist in allen crêatûren, daz ist er doch dar über.

134) この聖句はウルガタ聖書によれば第24章29節になっている。なお，日本語は『新共同訳聖書』による。

3 創造の始原としての神的存在

「神は存在として事物の最も内側に存在し，したがってすべての存在者は神を食べるのである。神はまた最も外側に存在している。というのは，神はすべてのものの上に，そしてすべてのものの外に存在しているからである。したがって，神は最も内側に存在しているので，すべてのものは神を食し，神は最も外側に存在しているので，すべてのものは神に飢えるのである。すなわち神は全体として内側に存在しているがゆえに，すべてのものは神を食し，神は全体として外側に存在しているがゆえに，すべてのものは神に飢えるのである。」[135]

存在者の本質の内側に神が沈んでいるといっても，あたかも神がたとえばホムンクルスのように，ミクロ化して居座っているということではない。エックハルトが言うように，神は存在者の内側に「全体として」存在しているのである。つまり神は存在者のある部分を占めてそこに存在しているわけではない。もし神が存在者の部分として内在しているのであれば，その存在者が消滅したときに神もいっしょに消滅することになってしまうであろう。それはありえない。ある存在者が消滅することで，存在それ自体が消滅することはありえない。つまり神は，存在者がいかに消滅しようとも絶対に滅びることはないし，存在者がいかに変化しようとも絶対に変化することはない。これが，神が全体として存在者の外側に存在しているということの意味である。存在それ自体は存在者をその最内奥から存在せしめ，しかも存在者の生成消滅からはまったく自由なのである。

神が存在者の内側に存在しているということは，存在者が神を食していることである。さらに神が存在者の外側に存在していることは，存在者が神に飢えていることである。しかし存在者はいくら神を食してもなお飢えるのだから，けっして満腹になることはない。これはいかなる事態を意味しているのだろうか。

神を食するということは存在を食するということである。ではなぜ食

---

[135] In *Eccli.* n. 54; LW II, 282, 13-283, 4: deus est rebus omnibus intimus, utpote esse, et sic ipsum edit omne ens; est et extimus, quia super omnia et sic extra omnia. Ipsum igitur edunt omnia, quia intimus, esuriunt, quia extimus; edunt, quia intus totus, esuriunt, quia extra totus.

するのか。それは存在者が自己の存在を自己において保持していないからである。だから存在者はつねに存在それ自体である神を食していなければならない。「つねに」とはけっして満腹にならないからである。つねに食していなければ，存在者は存在することができない。前述のように，「ある」あるいは「存在する」は本来神にのみに述語されるのであるから，神以外の存在者においてそれが存在者であるといえるのは，神から存在を与えられているからである。もし神が不在であれば，すべての存在者は無に帰する。したがって，存在者はつねに神から存在を受け取っているのである。存在者にとって食することは飢えることである。存在者は飢えることによって存在を受け取り，その存在を食することで存在している。

　すべての存在者は自らの存在を欲している。欲することが可能であるためには，欲しつつある当事者が存在していなければならない。しかし存在それ自体が不在であるならば，すべてのものは無なのだから，欲すること自体もできないことになる。したがって，存在者が存在に飢え，欲求することが可能であるのは，神の存在による[136]。存在それ自体がなければ，存在者は存在を欲することもできないのである。ここに，たえず無に差し向けられている存在者の被造性が，たえず存在を受け取るという，ただ受動する本性として明らかになる。すべての存在者は自己自身において，自己自身からして裸なるものである。たとえば質料がその本性からして形相それ自体を受容するように，存在者はその裸なる本性から自らの存在を受容するのである[137]。

　視点を換えて言えば，存在者の裸なる本性は存在それ自体を欲求する能力である。神の側から見れば，被造物が存在することを神が欲すること，また被造物が存在することを神がいかに欲しているかということ，それこそがすべての被造物の存在であり，本性なのである[138]。そして神

---

136) In *Sap*. n. 291; LW II, 626, 2-4: ex summa et excellentissima, singulari et unica perfectione dei procedit, quod sine ipso et eius essentiali praesentia nihil prorsus esse potest nec appeti nec appetere.

137) In *Eccli*, n. 45; LW II, 274, 9-10: Sic ergo sitit et appetit esse omne ens, utpote in se et ex se nudum, sicut materia formam.

138) In *Gen*. I, n. 148; LW I, 300, 4-6: hoc est omni creaturae esse et natura et summum bonum et sibi melius et dulcius et quietius, quod deus vult ipsam esse et quomodo vult ipsam esse.

にとって存在とはまさに存在を与えることにほかならない[139]。「第一原因」という聞き慣れた概念を存在授与というはたらきそれ自体として把握し直すことで、エックハルトは神的存在の新たな地平を開いたのである。

3.4.3 つねに新しくなる　すべての存在者はつねに存在に飢え、つねに存在を受容している。しかしわれわれは外部世界において、有限的個体として、すなわち身体をもちながら存在している。その存在のあり方は時間的世界において、つねに生成にさらされている。この世界に誕生して以来、われわれは年を重ねるという仕方で人生を歩んでいる。その人生は個人によって多様ではあるが、しかし人生の経験こそがわれわれにとっての現実ではないのか。時が流れるというのは意識されないほど自明なものであり、その自明性はわれわれにとって現実そのものを意味しているのはないだろうか。われわれは普段「生きている」ことも意識されないほどの自明性のなかで、生きているのである。その生の主体として「私」が存在することは、われわれにとって、なんの疑うことのない事実ではないのか。

しかしエックハルトは語る。

「現実に存在するものをも、神はあたかも『始原のうちにおいて』のごとく、つねに呼んでいるのである。」[140]

ここに述べられている「あたかも『始原のうちにおいて』のごとく」はどういうことを意味しているのか。ここで注意しなければならないことは、「現実に存在しているもの[141]」が「始原のうちに」は存在していないということである。始原が存在それ自体であるならば、始原のうちにないものは、神のこちら側にあるもの、すなわち「これとかあれとか

---

139) In *Gen.* I, n. 146; LW I, 299, 5: deo esse est dare esse.
140) *Serm.* XXIII n. 223; LW IV, 209, 6: Vocat enim etiam, quae actu sunt, semper ut 'in principio'.
141) ここでエックハルトが表現している「現実に」とは、われわれが普段使用している意味での現実のことである。

の存在者」であり，それは厳密な意味で存在しているものではない[142]。いわゆる「現実に存在しているもの」は質料をその存在の原因としているかぎり，区別されたものであり，その結果，不等性，多様性，多性へと落下したものである。落下とは始原，すなわち存在それ自体からの落下である[143]。

　被造物は，存在それ自体から落下したものとして，それ自体無である。落下したものには，始原すなわち存在自体は隠されている[144]。原因は結果のうちに潜勢的に存してはいるが，結果は自己の原因を知らない。自己の本質的原因を知らないということは，真理を真理として認識できず，その結果，間違った決心をしてしまうことにほかならない。なぜなら，存在を知らないということは，存在と置換しうる真および善に対しても無知であることになるからである。したがって被造物を愛することは無を愛することである[145]。しかしエックハルトは述べる。

　　「創造においては，光，神，力そして能力は，存在という終極点から照り返すように，出発点である無からも輝き，照り返すのである。」[146]

　創造は無からの創造であって，はじめて創造である。神の創造行為は無からも輝いている。すなわち「光は闇の中で輝いている」（ヨハ1・5）のである。光は言葉として輝き出る。そして言葉は被造物に対し語り，それが発出してきた始原へと呼び戻すのである。始原のうちで言葉はたえず生まれ出る。したがって言葉はたえず語りかけてくる。

　創造が無からの創造であるかぎり，すべての事物は存在を受容したとき，新しくなる。さらには存在それ自体によって，存在それ自体のうち

　　142）In *Ioh*. n. 52; LW III, 43, 11-12: Omne autem citra deum est ens hoc aut hoc, non autem ens aut esse absolute.

　　143）In *Gen*. I, n. 90; LW I, 248, 15-16: Binarius sive dualitas sicut divisio semper est casus et recessus ab ipso esse.

　　144）In *Ioh*. n. 75; LW III, 63, 1-2: principium universaliter in se ipso latet absconditum.

　　145）In *Sap*. n. 34; LW II, 354, 12: Qui ergo amat creaturam, amat nihil et fit nihil.

　　146）In *Ioh*. n. 81; LW III, 69, 8-10: in creatione lux, deus, virtus et potentia tantum lucet et relucet ex nihilo, termino a quo, quantum relucet ex termino in quem, qui est esse.

においては，すべての事物は新しくなる[147]。言葉はたえず語りかけてくる。「たえず」はけっして反復ではない。「たえず」は更新である。

　生成は消滅すなわち無へと向かうかぎり，古くなることである。しかしあるものが消滅するということは，別のものが生まれることである[148]。すなわち古くなることは新しくなるためである。したがって，変化には古くなることと新しくなることがあるが，聖句「自らは変わらずすべてを新たにする」（知7・27）から言えば，自然はそれ自体からして，新しくなることを目指している[149]。自然はつねに更新されている。神はつねに事物を始原へと呼び戻しているのである。

　生成の終極が存在であるならば，存在は時間を知らない。存在は過去も未来も知ることはなく，ただ現在的なものである[150]。つねに現在であることは，つねに新しいということである。

　神がつねに事物を始原のうちへと呼び戻すということは，神は事物を放棄することはありえないということである。であるならば，自らの存在の原因を忘れて生きることは，われわれ自らが神を放棄することにほかならない。つまり存在それ自体がわれわれに隠されているということは，じつはわれわれ自身が存在それ自体を隠しているのである[151]。われわれが日常において，非本来的な「私」に隷属していることは，自己自身の本来の原因である存在それ自体を自ら隠して生きていることにほかならない。それは被造物に執着することであり，自ら無を愛し無になっていく消滅の過程である。ますます古くなっていく過程である。

　われわれ人間は神からの呼び戻しに応え，被造物を愛することをやめ，神を愛することによって，非本来的な「私」から脱却できる。神を

---

147)　*Serm.* XLI, 1 n. 416; LW IV, 352, 2-3: Innovatur autem res omnis, quando accipit esse. Rursus per ipsum esse et in ipso esse innovantur omnia.

148)　アリストテレス，『形而上学』第2巻第2章，994b5。

149)　In *Sap*. n. 159; LW II, 495, 9-496, 1: Sic ergo in omni mutatione semper est inveteratio et innovatio, prius et posterius, et prius propter posterius, inveteratio propter scilicet innovationem. Quia igitur in mutatione semper est inveteratio, quae abicitur per innovationem, quam natura per se intendit, propter hoc signanter mutatio omnium et eorum mutabilitas in proposito innovatio dicitur : *innovat omnia*.

150)　In *Sap*. n. 162; LW II, 498, 4-5: Esse autem non novit praeteritum nec futurum, sed tantum praesens.

151)　In *Gen*. I, n. 206; LW I, 354, 6-8: deus neminem dimittit, nisi qui ipsum dimittit. Non ergo deus ipsum, sed ipse se ipsum abscondit.

愛することは神的形相を愛することである。というのは，前に述べたように，神的領域における存在産出は形相的流出を意味するからである。神においては，作出者および終極は神的形相それ自体であり，それは神の存在である。したがって，神的形相を愛するということは，作出者すなわち創造主としての神，あるいは終極としての神自身を知り，愛するということである[152]。そのときわれわれは存在それ自体を食し，存在の甘美を味わうのである。それは同時に，神による創造行為の醍醐味を味わうことにほかならない。

---

152) In *Ioh.* n. 338; LW III, 287, 5-8: Unde homo divinus, amator formae divinae, nescit nec amat ipsum deum, ut efficiens sive creator, nec ut finem, nisi in quantum efficiens et finis sunt in ipso deo ipsa forma et esse dei et unum cum illo.

第6章

受肉と人間本性

―――――

はじめに

　ドイツ・ボーフム大学のK・フラッシュ（Kurt Flasch, 1930−）は，序論においても示したように，論文「マイスター・エックハルトの意図」（Die Intention Meister Eckharts, 1974）のなかで，エックハルトが意図しているのは「哲学者たちの自然的論証による受肉の形而上学」（eine Metaphysik der Inkarnation per rationes naturales philosophorum）であると述べている[1]。この「哲学者たちの自然的論証」とは，先に引用した『ヨハネ福音書註解』第2節に出てくる言葉であるが，フラッシュはこれに関して，エックハルト思想全体を解く鍵概念であると見ている。すなわち受肉とは，ただ信仰者のためだけに解説される信仰箇条ではなく，すべての人間に明らかとなるべき形而上学なのである[2]。

　さらにフラッシュによれば，エックハルトは神が人となったというキリスト教信仰における最高の神秘を，哲学的根拠をもって描写しようとしている。しかしこのような試みをトマス（Thomas de Aquino, 1224/5-74）は拒否したのであるから，エックハルトの思想はトマス的文脈のなかでは考えることはできない[3]。したがって，知と信そして神学と哲学

---

1) Flasch, K., Die Intention Meister Eckharts, in: *Sprache und Begriff*. Festschr. B. Liebrucks, Meisenheim am Glan 1974, 297.
2) Ibid., 297.
3) Ibid., 298.

とにおける関係をエックハルトが論じるときには，彼はもはやトマスに従うことはないとフラッシュは述べている[4]。

なるほど受肉はエックハルトによって形而上学的根拠として捉えられていることは，本章の第2節において述べられるように，エックハルト思想の独自性を主張するものである。フラッシュの言うように，エックハルトはたしかに『ヨハネ福音書註解』第125節において，「言葉が肉になった」（Verbum caro factum est）という聖句における歴史的意味を注釈している[5]。この「歴史的意味」とは，言葉が肉になるという受肉の神秘が自然と技術のあらゆる場面においてなされるということである[6]。フラッシュは，受肉に対するエックハルトのこうした歴史的解釈の前提が，エックハルトが信仰箇条の権威を自らの論証の基本命題として了解していないことの証拠であると述べている[7]。

むしろ信仰箇条でさえも哲学的前提から解釈するのがエックハルトの方法であって[8]，受肉に関する信仰箇条からその歴史的意味を導き出すのではなく，あくまでも「哲学者たちの自然的論証」がエックハルトの基本的方法であると，フラッシュは述べる。

エックハルトをして神秘主義者（Mystiker）としてしか理解してこなかった，それまでのエックハルト研究に対して，フラッシュの以上の論文は，エックハルトを哲学者（Philosoph）・形而上学者（Metaphysiker）として理解しようとする，エックハルト研究の新たな世界を開いたこと

---

4) Ibid., 296.

5) In *Ioh.* n. 125; LW III, 108, 8-109, 2: Posset tamen convenienter dici [quod] totum quod hic dicitur: *verbum caro factum est* usque ibi: *plenum gratiae et veritatis* inclusive, supposita veritate semper historiae, continere et docere rerum naturalium, moralium et artificialium proprietates. Notandum ergo quod universaliter et naturaliter in omni opere naturae et artis verbum caro fit et habitat in illis quae fiunt sive in quibus verbum caro fit. Sic enim anima, spiritus, verbum fit caro, quando unitur carni in homine et quocumque animato, et ipsa anima habitat in carne sive in homine composito ex anima et carne. Et ipse homo videt gloriam, hoc est perfectionem omnem et proprietates ipsius animae quasi genitus et unigenitus ab ipsa anima, patre parente animati, in tantum quod idem sit esse per omnia hominis et carnis et ipsius animae.

6) In *Ioh.* n. 125; LW III, 108, 11-13. 前註を参照。

7) Flasch, K., Die Intention Meister Eckharts, in: *Sprache und Begriff*. Festschr. B. Liebrucks, Meisenheim am Glan 1974, 298.

8) この点においてエックハルトが信仰と哲学とを統一しようとしているとフラッシュは理解している。Ibid., 300.

で，非常に価値ある画期的な研究であることに疑いの余地はない。しかし，信仰と哲学，あるいは神学と哲学との関係において，哲学の優位性をこれほどまでに強調することに筆者は疑義を抱く。

なるほどエックハルトは『ヨハネ福音書註解』第13節において，聖書の聖句や福音記者の言葉それ自体が，自然的なものの属性においても真理として輝いていることを述べている。しかしこのことがわれわれに明らかになるのは，聖句や福音記者の言葉がわれわれの「信仰を強固にするかぎりにおいて」（dum fidem astruunt）であるとエックハルトは明言している[9]。すなわち受肉の形而上学を構築する際の基本的骨組みとして信仰の意義をエックハルトははっきりと認めているのである。

また本章においても述べられるように，受肉の業があらゆる領域に見出されるのは，神が救済者であることを人間に告げるためである。すなわち，受肉の形而上学構築の目的は人間の救済にある。この点は十分に考慮されなければならない。

「哲学者たちの自然的論証」がエックハルト的手法における重要な機能だとしても，信仰と救済とが受肉の形而上学の基本構造それ自体を形成しているならば，それはもはや単に《形而上学》と呼べるものであろうか。たしかにエックハルトは哲学と神学との一致をめざしているのであるから，受肉の形而上学といっても，それは同時に，受肉神学をも意味しているとも言えるであろう。しかしその一致を哲学優位の立場から受け取り，その立場からのみエックハルトの思想全体を見ていくのはやはり問題なのではないだろうか。この点でわれわれは，フラッシュの研究方法と視点に関しても疑義を抱かざるをえない。

以上のことに関してまず確認しておきたいことは，エックハルトが『ヨハネ福音書註解』第433節で「至福なる三位一体は，永遠なる真理の確実性である」と述べていることである[10]。すなわち神学的真理は，真理と言われるすべての真理が成立するその根拠なのである。

---

9) In *Ioh*. n. 13; LW III, 12, 12-15: iterum etiam quod ipsa verba evangelistae bene inspecta docent nos naturas rerum et ipsarum proprietates, tam in essendo quam in operando, et dum fidem astruunt, nos de rerum naturis instruunt.

10) In *Ioh*. n. 433; LW III, 370, 6-7: trinitas beata firmitas est et stabilimentum perpetuae veritatis.

受肉の真理をもっとも直接的に語っているのが神学であるが，その真理はなにも聖書のみに限られて語られているわけではない。それは，自然哲学，道徳哲学，実践的技術と理論的技術，さらには実定法の領域においても見出される真理である。あらゆる領域でのそうした真理発見の方法は，表面的には「哲学者たちの自然的論証」として遂行されているように見えるが，しかしその根底においては信仰が優位を占めている。つまり「哲学者たちの自然的論証」は信仰によって貫かれているのである。

　したがって哲学的概念や哲学的命題のすべての真理には，神による人間の救済が語られている。そのことが明らかになることによって，哲学的真理は神学的真理によって根拠づけられていることが開示される。すなわち哲学と神学との一致は，既成の学問どうしを表面的に統一することではない。哲学は神学に保証されていることが明らかになることによって，哲学は真の姿を現す。その一方で神学は，「自然的論証」が信仰によって貫かれていることが明らかになることによって，受肉や三位一体の真理が哲学の領域において人間知性の対象となることを保証する。すなわち，それほどまでに神学は開かれたものとしてその姿を現す。

　しかしその場合，神学が《学》(scientia) として成り立つその基盤は何であるのか。それは何といっても，人間知性をいかに解釈するかにかかっていることはいうまでもない。エックハルト神学において人間知性がいかに捉えられているのかはたいへん重要な問題であるが，ここで確認しておきたいことは，その人間知性が《経験》に呪縛されている現代の人間知性観をはるかに超え，神それ自体を見るといういわゆる《至福直観》(visio beatifica) を可能にするということである[11]。

　11）稲垣良典氏は，《学》としての神学を確立するための前提は，われわれの間でいまなお支配的である「理性」観の根元的転回であるとし，そして次のように述べている。「人間的理性（人間本性と言いかえてもよいが）は，自らに固有な自然本性的可能性を超えて，神的な認識（神的本性）に参与する受容能力を有するのであり，そのような「無限への能力」ないし「神を受容する能力・可能性」という自己超越的性格こそ人間的理性（人間本性）の本質的特徴にほかならないとする「理性」観である。」（『神学的言語の研究』創文社，2000 年，vii）。
　しかしここで気になるのは，エックハルトにおける信仰と《至福直観》(visio beatifica) との関係である。この問題はエックハルト神学における《学》の基盤を問う根本的なものである。

さてエックハルトの場合，本章においても述べられるように，人間は知性を有するかぎりにおいて《神の全実体の像》に即して創造されているのであるから，《至福直観》は厳密に言うと《父》を見ることを意味する。しかしながら，《父》を見ることができるのは父が生んだ《子》だけなのであるから，人間は神の子にならなければならない。したがって，われわれ一人一人が神の子になるために，神は受肉の業をこの世界において人間の前に提示したのである。

　だから，エックハルト神学にとって，キリストが受容した「人間本性はすべての人間に等しく共通であり固有なもの」(humana natura communis est, et aeque propria omnibus）でなければならない。そうなるとしかし，キリストのキリストたる所以すなわちキリストの唯一性があやふやなものとなってしまうという結果をもたらすことになり，当然，この解釈は異端嫌疑の対象となった。実際には，1329 年（この年にはエックハルトはすでに亡くなっていた）教皇ヨハネス 22 世は勅書『主の耕地にて』(In agro dominico) のなかで「父なる神が人間本性において自らの独子に与えたものは何であれ，すべてわたしに与えた。ここにおいてわたしは，一性であってもまた聖性であっても，なにも取り除くことはなく，神は独子に与えたのと同じようにすべてのものをわたしに与える[12]」というエックハルトの言葉を異端として断罪している。

　しかし，上記の命題が異端審議にかけられているとき，エックハルトはこの命題は真であると弁明し，さらにはこの命題を否定すること

　しかしここでは，『ヨハネ福音書註解』第 158-159 節のエックハルト自身の記述の紹介にとどめておきたい。エックハルトはこの箇所で，信仰している者は本来的な意味では神の子ではないと述べ，その根拠として，子には父を見ることと知ることが属しているからであると述べている。そして信仰とは子であることへの運動と生成のようなものであると述べている。つまりエックハルトは，「ヨハネ福音書」第 1 章 12 節「言葉は，自分を受け入れた人，その名を信じる人々には神の子となる資格を与えた」における「神の子になる」の「なる」(fieri) に注目し，この「なる」は信仰する者の不完全性を示していると解釈する。

　エックハルト神学において，信仰が知性を超越しているか否かという問題はそう単純なことがらではない。《至福直観》が信仰に対応する賜物であるという信仰箇条は，エックハルト神学の場合，どうも簡単に当てはまりそうにもない。《至福直観》はむしろ，信仰を超えた次元において成り立つと考えられる。なお，エックハルトにおける信仰論に関しては第 2 章を参照されたい。

　12)　Denzinger, H., *Enchiridion symbolorum definitionum et declarationum de rebus fidei et morum*, Ed. XXXVIII, Friburgi 1999, n. 961.

は「未熟」(rudis)であるとまで述べている[13]。そしてエックハルトはこの命題の真理性の根拠として二つの聖句を取りあげている。ひとつは「ローマの信徒への手紙」第8章32節「御子と一緒にすべてのものをわたしたちに賜らないはずがありましょうか」，もうひとつは「知恵の書」第7章11節「知恵と共にすべての善が，わたしを訪れた」である。エックハルトはとくに後者の聖句に語られている「共に」(pariter)に注目し，その語が《同時に》(simul)と《等しく》(equaliter)を意味していると解釈する[14]。したがって，神が人間のペルソナではなく，人間本性を受容したことによって，人間本性それ自体にまたそれを分有しているすべてのものに，神がキリストに与えたものすべてを与えることは真であると主張される[15]。

さらにエックハルトは，上記の命題が真であることの論証として，「すべての領域」から自然的領域を取り出し，火と木の関係において受肉の業がアナロギア的にはたらいていることを提示する[16]。木に火がつけられ，木自体が火を出しながら燃える現象において，それは火が自らの形相を木において産出することであり，その際，火は木に火の形相に固有なものをすべて与えるのである。したがって，この場合，火は父であり，火の形相は子であり，木は人間本性をアナロギア的に表示してい

---

13) *Proc. Col.* I, n. 139; LW V, 299, 9-10: Ad septimum cum dicitur: »Humana natura communis est et aeque propria omnibus hominibus«. Verum est, et hoc negare rude est.

14) これは言葉がキリストにおいて人間本性を受容したのと《同時に》，われわれにおいても人間本性を受容したと考えられると思われる。エックハルト神学にとって神から見られた受肉とは，神が人間本性に自らの子を生むという「神の子の誕生」を意味するが，それは本来において純粋なる《無》である被造物がはじめて《存在》を獲得することを意味する。エックハルトにとって《存在》とは「現在においてかつ現実的に存在するもの」(praesto et actu ens)であり，現在という《瞬間》である。この《瞬間》とは，線が点によって構成されているにもかかわらず線は点でないように，時間を構成しているにもかかわらず時間それ自体ではなく，かえって時間を超えたものとして永遠と捉えられる。
《等しく》とは，すべての人間に等しく共通であるという意味にとどまらず，受肉の業がすべての領域に見出されることを意味している。
総じて《simul》《equaliter》は神の恩寵の時間・空間的レベルにおける超越性の表示であると解せる。なお，このことに関しては第7章を参照されたい。

15) *Proc. Col.* I; LW V, 299, 10-12: Verum est enim quod deus assumendo humanam naturam contulit ipsi et omnibus participantibus naturam illam illa quae Christo contulit.

16) *Proc. Col.* I; LW V, 299, 14-15: In quantum enim ignis parit formam suam in ligno [in] tantum dat illi omnia quae formae ignis sunt.
なおこれは第2節で取りあげる，火と鉄との関係のヴァリエーションである。

る。

　エックハルトがこのような自然現象に受肉の業を見て取るのは，前にも述べたように，聖句がエックハルトの信仰を強固にするかぎりにおいてである。したがってこれとは反対に，これを見て取ることができないのは，エックハルトからみれば，それは信仰の《未熟》の結果なのである。

　さてふたたび，エックハルトの命題「人間本性はすべての人間に等しく共通であり固有なものである」に戻ろう。先にも述べたように，言葉が受容した人間本性が，すべての人間に等しく・共通・固有なものであるならば，すなわちその人間本性がキリストと同名同義的に等しく・共通であるならば，キリストの唯一性はいかに回復されるのか，という問題が生じてくる。つまり受肉神学は必然的にキリスト論（Christologie）へと展開されなければならない[17]。その際，キリストにおける魂と肉との関係，さらには《個体化の原理》（principium individuationis）等の事項が考究されなくてはならないであろう。

　しかしながら，さらにはトマスのキリスト論との連関も考慮されなくてはならない。エックハルトにとってトマスは同じドミニコ会の先輩にあたることからも，エックハルトはトマスを尊敬している。しかも『神学大全』（Summa Theologiae）を中心とするトマスの著作をエックハルトは自分なりに消化吸収している。エックハルトの著作にはトマスの著作からの直接の引用は多くはないが，エックハルトの思考プロセスはトマス神学が基礎となっていることは間違いない。

　トマスは『神学大全』第3部第2問題第2項において，「神の言葉が受容したのは，普遍のあり方にある人間本性ではなくて，アトム的な，すなわち不可分の個としての人間本性であった」というダマスケ

17）　エックハルトにおけるキリスト論を考えるうえで考慮しなければならないことは，キリストのうちには神的存在以外はないとエックハルトが考えていることである。このことについて以下参考となるべき資料をあげる。In *Sap.* n. 45; LW II, 369, 2-3: in ipso Christo homine non est aliud esse praeter esse divinum quo est filius dei. *Prol. op.* prop. n. 19; LW I, 177, 9-11: in homine assumpto a verbo concedimus unicum esse personale hypostaticum ipsius verbi, et nihilominus Christus vere fuit homo univoce cum aliis homonibus. *Quaest. Par.* V n. 9; LW V, 83, 7-10: in Christo dicendum quod illa forma, dato quod esset, non denominat, quia est in fieri, immo est per accidens; et si denominat, hoc est privative, quia pallidum [nihil ponit]; dato etiam quod esset, non assumitur, quia semper mansit esse suppositale et quia advenit post tale.

ヌス（Johannes Damascenus, ca. 675-749）の『正統信仰論』（De fide orthodoxa）第3巻の言葉を引用し，言葉が受容したのはすべての人間に共通に見出される人間本性ではなく，キリストに個別化されている人間本性であると述べて，キリストの唯一性を強調している[18]。ここで否定されている《共通性》は《類や種の共通性》（communitas generis vel speciei）であって，《原因の共通性》（communitas causae）ではない。すなわち受肉した神の子が有する共通性は，類や種を超えた人間の救済の普遍的原因としての共通性である。

　以上のことを踏まえたうえで，エックハルトが言う人間本性の共通性とはいかなる意味なのか。まずはこの問題を考えなければならない。エックハルト受肉神学を構築するうえでいわば要となるのは，やはりエックハルト独自の人間本性論である。キリストの受肉はわれわれ人間が神の子となるためであるという観点から，エックハルトは人間本性を理解していく。また受肉と創造との連関，すなわち受肉が創造に先行し，創造の範型であるとの洞察から，エックハルトは形而上学的原理として受肉を捉える。そしてエックハルトは受肉を恩寵として捉えるが，そこには何が意図されているのか，という問題を最後に考えてみたい。

1　肉と人間本性

「それゆえ神学と道徳哲学と自然哲学とは一致し，鋭敏な探求者はおそらくすべての領域にそのことを見出すであろう」[19]というエックハルトの言葉が，エックハルト思想の全体を解釈するうえでもっとも基本とすべきものであり，またその言葉は西洋精神史におけるエックハルトの位置を表明していることはすでに繰り返し述べてきたところである。

　したがって上記の言葉は，エックハルトの思想全体を性格づけるものとして理解されるべきであり，そしてその思想全体を通して奏でられる

18）　Summa Theologiae II qu. 2 art. 2 ad 3. なお，日本語訳は山田晶氏のものによる。『トマス・アクィナス 神学大全』第25分冊，創文社，1997年，84頁。

19）　In Ioh. n. 509; LW III, 441, 10-11: Ergo concordant theologia et philosophia moralis et naturalis, quod fortassis in omnibus sollers inveniet indagator.

通奏低音は，エックハルト独自の始原論である[20]。すなわちエックハルトは，先述したように，『創世記』冒頭の一句「はじめに神は天と地を造った」，『ヨハネ福音書』冒頭の一句「はじめに言葉があった」における「はじめに」（in principio）の《はじめ》（principium）を同一のものとして理解する。このことをもってエックハルトは，神の創造の業とキリストの受肉を通して展開される救済とが神における存在と恩寵という蝶番によって，密接不可分の関係にあると述べている。

創造が《無からの創造》（creatio ex nihilo）であるかぎり，また《始原》（principium）が世界の創造的根拠であるかぎり，それは必然的に古代ギリシア以来問われ続けられてきた《万物の根源》としての《アルケー》（ἀρχή）と同定されることになる。つまりエックハルトにとって始原への問いは哲学的問いであることも意味する。さらに始原は神の存在と洞察されることによって[21]，すべての存在者の《はじめ》であると同時に，すべての存在者が目指すべき《目的》（finis）として把握される。

神の存在におけるこうした時間レベルを超越した絶対性は，神が自らの存在のうちにすべての存在者を包含しているという，空間レベルを超越した絶対性においても保証される。ここに，神の存在における絶対性を根拠として，神の存在の形而上学が構築されるのである。

しかしながら，本節冒頭にあげたエックハルトの言葉からみれば，神の存在の形而上学は同時に神学でなければならない。すなわち神の存在とは，すべての被造物に存在を授与するという，恩寵の業として理解されなければならない[22]。恩寵は，その空間的普遍性においてすべての存在者を超越的に包み，さらに時間レベルでの絶対性を根拠として，すべての存在者における存在それ自体へと垂直に切り込む。すべての存在者

---

20) エックハルトの始原論に関しては，以下の文献を参照されたい。中山善樹『エックハルト研究序説』（創文社，1993, 65-89頁）E. Waldschütz, *Denken und Erfahren des Grundes*, Wien/Freiburg/Basel 1989. 216-285. 岡安喜代「三位一体への問いとしての始原への問い」（『中世思想研究』第39号，1997, 87-98頁）

21) Vgl. *Prol. gener.* n. 17; LW I, 161, 2-3: Creavit enim omnia in esse, quod est principium, et est ipse deus. なお，このことに関しては，中山，前掲書，77-81頁を参照。

22) Vgl. In *Gen.* I, n. 146; LW I, 299, 5-6: deo esse est dare esse, quia universaliter ipsi agere sive operari est esse.

を貫く恩寵のこうした超越と内在における相関性は，神の子の受肉としてイエス・キリストという主体（suppositum）の具体的姿において時間的・歴史的規定のもとに結晶化される。

しかしその受肉それ自体は，われわれ自身が神の子になるための恩寵であるとエックハルトは述べる。というのも，恩寵がわれわれ人間の現存在をその根底から貫く神の存在に由来しているからである[23]。受肉の恩寵はわれわれ人間において，神が自らの存在それ自体を授与するという恩寵を享受する根拠として《人間本性》（natura humana）を新たな地平のもとに開示する。

さて，「ヨハネ福音書」第1章第11節「彼は自分のところへ来た」（In propria venit）という聖句を解釈するにあたってエックハルトは，その『ヨハネ福音書註解』（Expositio sancti evangelii secundum Iohannem）第102節において，言葉が来た自分のところとは「人間と，人間の本性に固有なところ[24]」であると述べている。人間にとって固有なものすなわち肉を言葉が受け取るということは，この世界での死と苦難を言葉が受け入れたことを意味するのであるが，いうまでもなくそれは言葉が肉に伴う欠陥すなわち罪の贖いを受け入れることであって，罪それ自体を受け入れることではない。ここで言われている肉とは比喩的に人間に対して用いられているのであって，福音記者の真の目的はしかし，人間の魂のみならず肉をも取った神の慈愛（benignitas dei）を推奨することに存しているとエックハルトは理解する。

この神の慈愛を説明するためにエックハルトは次のような騎士の物語を述べる。

「（ある騎士の）妻が，一つの眼を失い，醜くなってしまった。その妻はこのように醜くなったので，しばしば悲嘆にくれ，嘆息を繰り返しているので，その騎士は，彼女の嘆息の原因は何であるのかと尋ねた。彼女は，こんなにも醜くなった自分を彼が愛するとはとても思えないので，心を悩ましていると答えた。そこで騎士は，自分

---

23) Vgl. Serm. XXV, 2, n. 264; LW IV, 240, 7: gratia est a solo deo pari ratione sicut et ipsum esse.

24) In Ioh. n. 102; LW III, 88, 7-8: propria scilicet homini et naturae humanae.

が彼女をこのうえなく愛していると繰り返し述べたが，彼女はそれにもかかわらず，彼の言うことを信じないで，悲嘆にくれたままであった。そこで騎士は，その妻を嘆息と悲嘆から解放するために，自ら一つの眼をくり抜き，こうしてその妻に醜さにおいて等しいものとなったのである。」[25]

　この物語において語られている神の慈愛は人間の救済における愛だといえよう。こうした観点から言えば，エックハルトはあくまでも救済の根拠を，聖書においてまた伝統的神学においてテーマとなっているキリストの受難の歴史に沈められている受肉から読み取ろうとしていることが理解される。
　エックハルトはしかしながら，『ヨハネ福音書註解』第106節において，神の子の受肉の第一の果実を，「人間は養子になるという恩寵によって，キリストが自然本性的にはそれであるところのものであるということ」[26]であると解している。そしてこの解釈の根拠は，神の子すなわち永遠なるロゴスが人間のペルソナではなく，人間本性を受け取ったというキリスト教信仰の正統性に存していることは言うまでもない。このことは《恩寵のための恩寵》(gratia pro gratia) であり，すなわち言葉が肉になったという恩寵は，すべての人間が神の子になるという恩寵のために存在する恩寵なのであるということになる。
　そしてエックハルトは，『ヨハネ福音書』第1章第14節「言葉は肉となった。そしてわれわれのうちに住んだ」(habitavit in nobis) における in nobis を人間の内面性を指向するものとして，いわば実存的に解釈することによって，神の言葉，永遠なるロゴスが人間の本性を取り，人間の魂のうちに住み，そこではたらくという受肉解釈の新たなる地平を開いたのである[27]。
　しかし，この解釈をエックハルトはただ単に恣意的に，あるいは独断

---

　25) Vgl. *In Ioh*. n. 683; LW III, 598, 4-10. なお，この物語はドイツ語説教22でも見られる。*Pr*. 22; DW I, 377, 5-378, 1.
　26) In *Ioh*. n. 106; LW III, 90, 11-12: fructus incarnationis Christi, filii dei, primus est quod homo sit per gratiam adoptionis quod ipse est per naturam.
　27) Vgl. In *Ioh*. n. 116-131; LW III, 101, 1-113, 11.

的に導き出したのではない。それは聖書自体から，たとえば「あなたの意志が天におけるのと同様に，地においても行なわれますように」という『マタイ福音書』第6章第10節における人間の主に対する祈りの聖句を神の慈愛という観点から解釈したことの結実なのである[28]。

つまり「天」において，すなわち三位一体構造において本性的に子を生むという，神的ペルソナである父の意志が，「地においても」すなわちイエス・キリストにおける受肉という歴史的事実を通して，すべての人間の救済に父の意志が実現されることを，エックハルトは聖書から読み取ろうとする。

さてエックハルトは，『ヨハネ福音書註解』第289節において，永遠なる神の言葉が取った人間本性について，さらにそのことに関連することがらについて，以下の5点にわたって特徴をあげている。

① 人間としての本性は，われわれすべてにとって，キリストと同名同義的に等しく，共通 (aequaliter communis cum Christo univoce) なものである。[29]

② 人間の本性はすべての人にとって，その人自身よりも，よりいっそう内的なものである。[30]

---

28) Vgl. In *Ioh*. n. 117; LW III, 101, 12-102, 15: Secundo notandum quod, sicut supra dictum est, primus fructus incarnationis verbi, quod est filius dei naturaliter, est ut nos simus filii dei per adoptionem. Parum enim mihi esset *verbum caro factum* pro homine in Christo, supposio illo a me distincto, nisi et in me personaliter, ut et ego essem filius dei. Nam 'si filius, et heres'. Et fortassis hoc est quod oramus hortante domino, Matth. 6: 'fiat voluntas tua sicut in caelo et in terra', id est sicut in Christo, 'caelo', voluntas patris facta est, ut esset filius － voluntas enim patris ut pater naturaliter est generare et habere filium － , sic et 'in terra', id est in nobis terram habitantibus, fiat voluntas patris, ut simus filii dei, Rom. 8: 'accepistis spiritum adoptionis filiorum dei'; et infra: 'si filii, et heredes: heredes quidem dei, coheredes autem Christi'; et iterum infra: quos 'praedestinavit conformes fieri imaginis filii eius, ut sit ipse primogenitus in multis fratribus'. Et hoc est quod hic dicitur: *verbum caro factum est*, in Christo scilicet primogenito, *et habitavit in nobis*, quando generamur filii dei per adoptionem. Unde infra sexto decimo dicitur: 'iterum videbo vos, et gaudebit cor vestrum, et gaudium vestrum nemo tollet a vobis'. Vidit quidem nos deus factus homo pro nobis in Christo, iterum autem videt nos in filios adoptando et in nobis tamquam pater in filiis inhabitando. Et hoc est:*verbum caro factum est et habitavit in nobis*.

29) In *Ioh*. n. 289; LW III, 241, 7-8: Primo quidem quod natura est nobis omnibus aequaliter communis cum Christo univoce.

30) In *Ioh*. n. 289; LW III, 241, 14-15: Secundo notandum quod natura humana est cuilibet homini intimior quam ille sibi.

③ 神の子になり，肉になった言葉が自分のうちに住むことを欲する者は，隣人をあたかも自分自身のように，しかも自分自身についてと同じだけ多く愛さなくてはならないのであり，個人的なものを拒絶し，自分自身のものを拒絶しなくてはならない。愛をもつ者は，いかなる仕方においても，自分自身よりも隣人をより少なく愛するということはない。というのは，彼はすべての人々のうちに一なる神を，すべてのものを神において愛しているから。しかし一においては，いかなる差別もない。[31]
④ すべてのものの本性そのものは，すべてのものを超えて，自分自身よりもいっそう神を愛している。[32]
⑤ 肉になった言葉がそのうちに住んでいる生は，どんなに甘美なものであり，喜ばしきものであるかということである。というのは，そのような人々は，神のみをすべてのものにおいて愛し，すべてのものを神において愛するのであり，これゆえに彼らは，すべてのものにおいて，かつすべてのものについて，たえず等しく喜んでいるのである。[33]

人間本性がキリストと同名同義的に等しく共通であるということは，人間本性が非被造的なものの性格を帯びていることを意味する。すなわちエックハルト神学においては，人間本性は被造的な存在として人間における固有性を表示する肉に対して超越的関係にあると理解される。人間本性におけるこの超越性が，エックハルトがいわゆる《魂における神の子の誕生》(partus dei in anima; Gottes Geburt in der Seele) として実存的に解釈する根拠なのである。すなわち人間本性は，神が自らの独子

---

[31] In *Ioh*. n. 290; LW III, 242, 4-9: Tertio docemur quod volens filius dei fieri, verbum caro factum in se habitare debet diligere proximum tamquam se ipsum, hoc est tantum quantum se ipsum, abnegare personale, abnegare proprium. Diligit enim habens caritatem in nullo minus proximum quam se ipsum, diligit siquidem unum deum in omnibus et omnia in ipso. In uno autem nulla est distinctio nec Iudaei etiam nec Graeci, in uno neque magis neque minus.

[32] *In Ioh*. n. 290; LW III, 242, 10-11: Quarto: natura ipsa cuiuslibet amat deum super omnia et plus quam se ipsam.

[33] *In Ioh*. n. 291; LW III, 242, 13-15: Ubi quinto notandum quam deliciosa et gaudiosa est vita in quibus habitat verbum caro factum. Isti enim amant deum solum in omnibus et omnia in ipso et propter hoc gaudent in omnibus et de omnibus semper et aequaliter.

を遣わし，そこで自己自身を生む，いかなる被造物も近づくことができない純粋なる魂（anima munda）として把握される。

人間本性におけるこの純粋性は，神の子を受容する能力の本質であって，その受容能力はその純粋性を根拠としてその全存在を受容する対象すなわち神から受け取る。したがって人間本性は，第3章において述べたように，存在のうちにまた被造的存在者としての人間の現実化以前に被造的存在者としての人間存在を証明するための条件として，この世における人間の主体的可能態であり，創造が現実化する以前から創造されるべきものに帰属している，恩寵を享受するための本性なのである[34]。

さて人間における被造的存在と本性すなわち肉と人間本性とにおける超越的関係性は，エックハルトがアナロギア的差異を同一のものの「存在様相」（modus）の差異であると理解していることからも窺われるように，厳密に言えば，アナロギア的関係における超越性であるということができる[35]。人間を含めた被造物にとって，神とのアナロギア的関係から導かれる，最内奥にして最も外という神における顕現のあり方は，人間の被造的知性にとっては理解不可能である。この理解不可能性は，すべてのものへの存在授与という神の恩寵がもつ愛の深淵性に由来する。たとえば，先に挙げた騎士の物語で，騎士が眼を失った妻に自らの愛を示したにもかかわらず，彼女はそれを信じることができなかったように，神の愛を人間知性は理解することができないのである。

ところで，キリストと同名同義的に等しく共通であることによって，人間の被造的存在を超越する可能性を有するものとして開示された人間本性が，同時に，その人自身よりもいっそう内的であると言われるのは，最内奥にして最も外であるという，被造的存在者に対する神の顕現

---

34) しかしながらエックハルトはここで，被造的存在者としての人間存在と人間本性という超越的関係を主題としているわけであって，被造物の限界を止揚するという人間の神化を問題にしているわけではない。第3章において述べたように，エックハルトが神と人間とのもっとも内的な一性を考え教示しえたのは，彼が同時に神と人間との間に横たわる虚無性をもまた承知していたからである。

35) エックハルトのアナロギア論に関しては，第3章及び以下の文献を参照されたい。
B. Mojsisch, *Meister Eckhart. Analogie, Univozität und Einheit*, Hamburg, 1983; 42-56. 中山善樹，前掲書，100-102頁。田島照久『マイスター・エックハルト研究』1996;年，69-173頁。拙論 Die Analogie als ethisches Prinzip in der Theologie des Meister Eckhart, in: *Freiburger Zeitschrift für Philosophie und Theologie*, Bd.44, 1997, 335-354.

1 肉と人間本性

のあり方に相応している。というのは，神がすべてのものに存在を授与する場がその人間本性だからである。恩寵はその超越性の性格からして，魂の能力にではなく，その存在自体に関わるのであるから，その意味において自然を超越するのであるから，被造物における恩寵の理解不可能性は同時に，被造物にとって自らの存在の真の意味とそれの由来する始原が理解できないことを物語っている。

人間はアナロギア的原因からつねに自らの存在を食していなければならない。したがって，第3章においても述べたように，人間が自らの存在を自己自身から所有しているという考えは妄想であり，そしてその妄想は高慢につながる。この妄想は神から落下したことの証明であり，したがってそれは不等性を愛している空虚なる自己愛なのである。人間はこの自己愛に囚われているかぎり，神も隣人も愛することはできない。それは，前章においても述べたように，被造的「私」の虚構性に捕らわれている非本来的生き方にほかならない。

こうした隣人愛の解釈の神学的根拠をエックハルトは，神の子が受容した人間本性がすべての人間に共通していることに求める。人間本性においては異質なるもの，離れているもの，そして近くにあるものも存在しない。つまりエックハルト神学においては，人間本性のそのような在り方に実践的に相応するかたちで，隣人愛が語られるのである。だから人間は自らのつくる共同体においても，自己自身を他者より近くにあると見てはならない[36]。

ところで，被造物における存在は本来的意味における存在すなわち神的存在とのアナロギア的関係において語られなければならないのであるから，先述のように，人間は自らの存在の《ある》を，神の固有性を表示する《存在あるいは存在者》(esse vel ens)，《一》(unum)，《真》(verum)，《善》(bonum)，すなわち超範疇的規定 (transcendentia) に関

---

36) Vgl. *Pr.* 5a; DW I, 79, 2-8: Ach, daz verstand! wer zů diser spend kommen wil, daz er disz gůt glych empfoch und gemeine und menschlich natur allen menschen glych noche, also als in menschlich natur nùt frömbdes noch vërrers noch nëhers nit ist, also mûsz es ouch von not sin, daz du gelich syest in menschlicher gemeinsamkeit, dir selber nit nëher denn einem andern. Du solt alle menschen dir gelich liebhaben und gelich achten und halten; waz einem andern geschicht, es sy bösz oder gůt, daz sol dir sin, als ob es dir geschehe.

係づけなくてはならない[37]。なぜなら，すべてのものの存在は，これらの四つのものが置換しうる神の存在の無差別性に，その被造的根拠を有しているからである。したがって神の言葉が人間本性を取ったということは，神の固有性を表示するこれら四つのものを，恩寵として，言葉それ自身から，神の子から有するということを意味する[38]。

　受肉という神の恩寵によってのみ，被造物は自らの存在の超越的根拠が開示されることを知らされ，子がもつ父との同名同義的同一性を媒介として，自らの存在における不等性が解消されることになる。その不等性の解消はしかしながら，「地においては」隣人を自己自身のように愛する隣人愛の実践に必然的に結びつく。それは神の存在における一性を根拠として，すなわち否定の否定（negatio negationis）という肯定の横溢性[39]を根拠として，人間が自らの被造物の存在構造を規定している否定性をさらに否定することによって，神的人間（homo divinus[40]）とし

---

37) Vgl. *Prol.* op. prop. n. 4; LW I, 167, 9-10: solus deus proprie est ens, unum, verum et bonum.

38) Vgl. In *Ioh.* n. 99; LW III, 85, 2-6: nec entia nec quae unum sunt aut vera et bona, non habent ex se nec quod sunt nec quod unum sunt nec quod vera et bona – et hoc est quod hic dicitur: *sui eum non receperunt* – , sed habent hoc ab ipso verbo, dei filio – et hoc est quod sequitur: 'quotquot autem receperunt eum, dedit eis potestatem'.

39) Vgl. *Quaest.* Par. I, n. 12; LW V, 48, 4-5: Quae negationes secundum Damascenum primo libro habent in deo superabundantiam affirmationis.

40) Vgl. *Serm.* IV, 1 n. 21; LW IV, 22, 12: deus, et per consequens homo divinus, non agit propter cur aut quare. *Serm.* IV, 1 n. 28: LW IV, 28, 1-2: homo in deo deus est. In *Ioh.* n. 112; LW III, 97, 3-4: homo, divinus ut sit et deiformis, debet esse ubique et in omnibus uniformiter se habens. Nam et 'deus unus est', a quo uniformis nomen trahitur. n. 224; LW III, 187, 11-12: in homine divino, in quantum divinus, idipsum est esse et noscere, venire et videre. In *Gen.* II, n. 37; LW I ,504, 8-9: homo divinus et virtuosus primum debet intendere duem et caelestia, secundario et quasi per accidens temporalia.
このほかにも『ヨハネ福音書註解』338, 381, 284, 394, 397節にも《homo divinus》の表現がみられる。なお，この《homo divinus》は当然のことながら，異端嫌疑の対象となり，最終的には1329年に出された教皇勅書（*In argo domino*）に以下のようなかたちで掲載された。
(12) Quicquid dicit sacra Scriptura de Christo, hoc etiam totum verificatur de omni bono et divino homine.
(13) Quidquid proprium est divinae naturae, hoc totum proprium est homini iusto et divino; propter hoc iste homo operatur, quidquid Deus operatur, et creavit una cum Deo caelum et terram, et est generator Verbi aeterni, et Deus sine tali homine nesciret quidquam facere. *Denzinger*, n. 962-963, 401.
また，これより先，この異端嫌疑に対するエックハルト自身の弁明については以下のものを参照されたい。

て神の愛の行為に参与することである。

またすべてのものが求めてやまないものは存在であり，そして前章で述べたように，その存在は本来，神のみに固有なのであるから，すべてのものが存在を求めること自体，すべてのものが非存在としての自己自身を憎み，すなわち自己自身における否定性を否定し，存在すなわち神を愛している証拠なのである。そして「生は生けるものにとっては，存在である」というアリストテレスの『デ・アニマ』(De anima, 415b13)の言葉からすれば，人間は存在を生として神から有しているのであるから，生は生けるものによって愛され，甘美なものなのである。

2 受肉の形而上学的解釈

エックハルトは，『ヨハネ福音書註解』第185節において，『ガラテアの信徒への手紙』第4章から「神は女から生じた自らの子を遣わした」，「われわれが神の子らとして受け入れられるためであった」という聖句を引用し，受肉そのものが神のペルソナの発出と被造物の産出の中間的なもの (media inter divinarum personarum processionem et creaturarum productionem) であるとし，それらの両者の本性を帯びていることを明らかにする[41]。このことによって，エックハルトは，受肉について「永遠なる流出の模造」(exemplata ab aeterna emanatione)，「下級なる自然全体の範型」(exemplar totius naturae inferioris) と性格づけることに基づいて[42]，受肉における形而上学的解釈を試みる。この解釈の根拠とし

Proc. Col. II, n. 30; LW V, 325, 1-9: Dicendum quod totum verum est, morale et devotum, emphaticum tamen, sicut supra dictum est de lacrima. Quod autem dicitur quod talis »homo et deus non sunt duo, sed unum«, patet ex eo quod Ioh. 17 salvator pro nobis orat patrem. Homo enim humilis in quantum humilis non est duo cum humilitate. Duo enim divisionem dicit et est radix divisionis. Quomodo autem esset quis unus divisus ab [unitate, humilis divisus ab] humilitate, albus, divisus ab albedine et sine albedine? Quapropter ubicunque in inferno esset humilis, necessario esset humilitas. Constat etiam quod eodem quo deus est deus, homo est divinus analogice. Nec enim quis est divinus sine deo, sicut nec albus sine albedine.

41) Vgl. In *Ioh.* n. 185; LW III, 154, 11-13: dei sapientia sic caro fieri dignata est, ut ipsa incarnatio quasi media inter divinarum personarum processionem et creaturarum productionem utriusque naturam sapit.

42) Vgl. In *Ioh.* n. 185; LW III, 154, 13-14: incarnatio ipsa sit exemplata quidem ab aeterna

てエックハルトは,

> 「聖書のうちには,哲学者たちが自然的なものとそれらの固有性について書いていることが共鳴している。とくに真理の一なる泉と一なる根から,聖書と自然において,存在することによってあるいは,認識することによって,真であるすべてのものが発出するからである。」[43]

と述べている。しかもこの解釈には,『ヨハネ福音書註解』第2節において述べられている「聖なるキリスト教信仰と両聖書の主張していることがらを,哲学者たちの自然的論証によって解釈する (per rationes naturales philosophorum) [44]」という,エックハルト自身の意図がもっともよく反映されているのである。

エックハルトが『創世記譬喩解』(*Liber parabolarum Genesis*) 第52節において,創造的ロゴスを「認識と知との始原」(principium cognitionis et scientiae) であると同時に「自然において外在的に存在している事物の存在の始原」(principium foris in natura rerum exsistentiae) と理解していることからも明らかなように[45],エックハルトは創造と存在のロゴスを具体的に存在するものにも見出そうとしている。すなわち繰り返し述べているように,エックハルトにとって,形而上学とは自然哲学でもあり,同時に創造神学でもある。

さて,肉となった言葉は人間本性に住むことによって,人間は神的なものとして形成され,換言すれば,神に対して等しい形のものとして形

---

emanatione et exemplar totius naturae inferioris.

43) Vgl. In *Ioh.* n. 185; LW III, 154, 14-155, 2: Secundum hoc ergo convenienter valde scriptura sacra sic exponitur, ut in ipsa sint consona, quae philosophi de rerum naturis et ipsarum proprietatibus scripserunt, praesertim cum ex uno fonte et una radice procedat veritatis omne quod verum est, sive essendo sive cognoscendo, in scriptura et in natura.

44) In *Ioh.* n. 2; LW III, 4, 4-6: In cuius verbi expositione et aliorum quae sequuntur, intentio est auctoris, sicut et in omnibus suis editionibus, ea quae sacra asserit fides christiana et utriusque testamenti scriptura, exponere per rationes naturales philosophorum.

45) Vgl.In *Gen.* II, n. 52; LW I, 520, 7-10: Graecus habet 'logos', quod sonat ratio sive verbum – haec, inquam, similitudo, verbum et ratio in causa analoga ad duo respicit, ut principium scilicet cognitionis et scientiae et iterum ut principium foris in natura rerum exsistentiae.

2 受肉の形而上学的解釈　　　　　　　　　215

成され，それにかたどって形成される。エックハルトは，『ヨハネ福音書註解』第 120 節において，

「われわれの上に到来する同じ聖霊によって，われわれはみな聖なるものとされるように，同様にわれわれのうちに住んでいる，かつわれわれを恩寵によって自分と等しい形のものにするキリストのうちで，「肉となった言葉」である神の同じ子によって，われわれはすべて，義なる者，神の形をした者（deiformes）は，神の子と名づけられ，またわれわれは神の子なのである（1ヨハ 3・1）」[46]

と述べている。

そうした神の言葉の業をエックハルトはアナロギア的に火が鉄を熱するという自然現象に見る[47]。すなわち，火は連続的に熱することによって，鉄に浸透し，あたかも鉄の形相になったかのようになり，鉄のうちに住むようになる。というのは熱は，火の形相から流出するものとして火の本性を醸し出すものであり，したがって，火の力においてはたらき，その結果，鉄は火の業をなすようになるからである。

さらにエックハルトは，分離した実体である能動知性（intellectus agens）が，もろもろの表象像のうちで，かの能動知性の光を媒介にしてわれわれに結合され，その能動知性はわれわれの表象能力を照らし，照らすことによって浸透するという哲学的主張においても，受肉における業をアナロギア的に見出し，

「このことが反復されると，多くの知性認識によって，ついに能動知性はわれわれと一致し，形相になり，その結果，われわれはかの

---

46) In *Ioh.* n. 120; LW III, 105, 5-7: sicut eodem spiritu sancto superveniente in nos sanctificamur omnes, sic eodem filio dei omnes iusti et deiformes, qui *verbum caro factum* in Christo habitante in nobis et nos sibi per gratiam conformando nominamur et sumus filii dei.

47) Vgl. *In Ioh.* n. 155; LW III, 128, 10-129, 3: Sic etiam videmus sensibiliter de igne, qui ex continuata calefactione ferro imbibitur et quasi forma factus inhabitat. Calor enim, utpote fluens a forma ignis, naturam sapit illius et agit per consequens in virtute illius adeo, ut ferrum operetur opera ignis. Unde et carbo ignitus species ignis dicitur a philosopho et operatur opera ignis: splendet, lucet et relucet in ipso esse et forma ignis, secundum illud Matth.5: 'luceat lux vestra coram hominibus, ut videant opera vestra bona et glorificent patrem vestrum, qui in caelis est'.

能動知性の実体に固有なはたらきをなすようになり，たとえば，かの能動知性と同様に，［身体から］分離された存在者［霊魂］をわれわれは知性認識するようになるのである。そしてこのような知性は，かの哲学者たちによれば，われわれのうちにおける獲得された知性（intellectus adeptus）である。」[48]

と述べている。

　自然的領域あるいは精神的領域において，以上のように，受肉の業がアナロギア的に見出されるのは，神が救済者であることをこれらの領域においても人間に告げるためである。したがって，本来において神的領域に固有なる受肉における業をいわば形而上学的根拠として，自然・精神・道徳的領域に適用させるというエックハルトの解釈の手法は，先述のように，神の永遠なる言葉の受肉への，深く疑いなき信仰心をもつ神学者エックハルトが受肉を神における人間の救済的根拠と把握した結実なのである[49]。

　だから受肉論は，救いを受け入れようとする魂はいかにあらねばならないのかという魂の態勢づけの問題すなわち信仰生活における実践的側面と切り離して考えることはできない。したがって，前にも述べたように，人間本性論は隣人愛の実践と必然的に関連しているのである。

3　最高の恩寵としての受肉

　永遠なる神の言葉が肉を取り，人間本性すなわち魂自身の本質に神が自己自身を沈め，そこで神がはたらくことは，エックハルトによれば，先述のように，《恩寵のための恩寵》，《最高の恩寵》（summa gratia）である。しかしそのことを実践的に自覚するための必要条件は，魂が被造

---

48) In *Ioh.* n. 155; LW III, 128, 8-10: multiplicato ex multo intelligere tandem nobis unitur et fit forma, ita ut operemur opera propria illi substantiae, puta quod intelligamus entia separata, sicut et illa, et iste est in nobis secundum ipsos intellectus adeptus.

49) 　しかしながら，第3章でも述べたように，エックハルトは，受肉を真理によって基礎づけるためには，理解と思索の絶え間なき努力が要求されることを真なるものの認識への情熱によって承知している哲学者なのである。

物的なものから解放されることであるが，そのためには実践面で従順，清貧，謙遜という厳しき修行が要求されることをエックハルトは神学者として承知している。魂がそのように態勢づけられることによって，イエスは到来する。

　しかし人間本性に神が到来するということは，キリストの業をなすためにキリストによって形成されることを意味する。したがって，ここではイエスはいかなる業をなすのかが最大の問題となる。エックハルトは，『ヨハネ福音書』第20章19節「イエスが到来して，弟子たちの真ん中に立ち，彼は彼らに言う，あなたがたに平和を」の聖句を解釈することでその問いに答える。すなわちイエスが弟子たちの「真ん中に立つ」(stare in medio) とは，キリストが恩寵によって魂の本質それ自体のうちに住み，そこではたらくことを意味しているのであり，そこで魂に神的存在を与えることによって，魂それ自体を豊かにするという業をなしている[50]。

　魂に神的存在が与えられ魂が豊かになるということは，恩寵によって人間が被造物としての自分自身より高いあるものになるということである。そのことを『コリントの信徒への手紙1』第15章10節「神の恩寵によって，私は私がそれであるところのものである」(gratia dei sum id quod sum) とのパウロの言葉が表明している。使徒が自らの信仰確信を表明した言葉にエックハルトは，神の創造の業における形相・作出者・目的を読み取る。「恩寵によって」(gratia) すなわち形相にしたがってあらゆる事物にその価値と美とがもたらされ，「神の」(dei) すなわち恩寵の作出因である神の高貴性が示され，「私は私がそれであるところのものである」(sum id quod sum) すなわち神のうちにおける神的存在が神から授与されるという創造の目的が示される[51]。

　さらにエックハルトはこのパウロの言葉をテーマとしたラテン語説教の冒頭において，「すべてのものは『何であるか』(quod quid est) に応

---

50) Vgl. *In Ioh*. n. 709; LW III, 621, 6-9: primo quidem *stat in medio* discipulorum, quia per gratiam inhabitat et fecundat ipsam essentiam animae quae medium est et quasi centrum omnium potentiarum, conferendo ipsi esse divinum, Cor.15: 'gratia dei sum id quod sum'.

51) Vgl. *Serm*. XXV, 1, n. 254; LW IV, 232, 8-10: Ex forma est rei cuiuslibet pretiositas et speciositas, ex efficiente generositas, ex fine fructuositas.

じて，自らの『それによってあるところのもの』（quo est）とほめ，賛美する[52]」と語り，哲学的概念である《quo est》を『ローマの信徒への手紙』第 11 章 36 節「神から，神によって，神に向かって」との聖句と関連させながら，そこに父・子・聖霊の神的ペルソナにおける作出・形相・目的という観点からの業を読み取り，この哲学的概念が神の恩寵に根源的に由来しているものであると理解する。

　エックハルトは，以上のように，創造の目的を表示する「私は私がそれであるところのものである」に恩寵の豊饒性とすぐれた結実が存することを理解する。そして被造物において神がなす業はすべて恩寵であり，恩寵はこの世界における唯一神の行為であり，神からの賜りものなのであるから，人間は恩寵によって神と等しく形成されることになる。というのは，恩寵がそれ自体として付与するものが神的存在にほかならないからである[53]。したがって，「私は私がそれであるところのものである」（sum id quod sum）は『出エジプト記』第 3 章 14 節でいわれる「私は存在するところの者である」（ego sum qui sum）という神の存在性を表示する神自身の固有名に関連づけられることによって，その真の意味が開示されるのである。なぜなら前にも述べたように，神にとって存在は，存在を授与するというはたらきそれ自体であるからである。

　「私は存在するところの者である」は，エックハルトによれば，神において存在が自己自身へと向かい自己自身へと還帰するという，存在それ自体に固有な力動性を表示している。エックハルトは，前述したように，『出エジプト記註解』（Expositio libri Exodi）第 16 節において，この力動性を「ある種の沸騰ないしは自己自身の出産」（quaedam bullitio sive parturitio sui）と言い表し，さらに「存在とは自己自身のうちで沸騰し，自己自身のうちへ，そして自己自身へ向かって溢れ出る」[54]と述べている。子は神の最内奥である父の心胸から生まれ出る永遠なるロゴス（言葉，理念）であるが，エックハルト神学においては，前述のよ

---

52) *Serm.* XXV, 1, n. 251; LW IV, 230, 1: Omne quod quid est id quod est laudat et praedicat suum quo est.

53) In *Ioh.* n. 521; LW III, 450, 3: Gratia igitur per se dat esse divinum.

54) In *Exod.* n. 16; LW II, 21,11-12: in se fervens et in se ipso et in se ipsum liquescens et bulliens.

うに，外へ《噴出》(ebullitio)する前，すなわち被造物が産出される前の，自己自身において沸騰する生命であると理解される。したがって神におけるペルソナの発出は創造の原像ないしは範型として創造の根拠なのである。つまり神の存在は善であるかぎり，すなわち創造者であるかぎり，《噴出》の始原であり，父すなわち一であるかぎりにおいて，《噴出》の原像・原因としての《沸騰》(bullitio)の始原なのである。

ところでエックハルトは，当時の神学的理解にならって，恩寵を二つの概念に区別する。すなわち第一の恩寵は，功績なしに与えられる創造の恩寵であり，第二のそれはいわゆる神の気に入る者にする恩寵（gratia gratum faciens）である。第一の恩寵はすべての被造物に共通して与えられ，存在あるいはむしろ善が神に固有であるかぎりにおいて神から出てくる恩寵であるが，第二の恩寵は知性認識ができるものと善なるものだけに与えられるものであって，ペルソナ的識標（personalis notio）という根拠と本来性に基づいて神に由来する[55]。

この第二の恩寵に関してエックハルトは，知性認識するものにおいて本来の意味における三一性の像が輝いていると解している。その解釈の根拠は次のことのうちに存している。すなわち人間の知性が自然的なものではなく，神的存在を分有することによって超自然的なものとして神的本性を味わうものであるかぎりにおいて，そのような知性をもつ人間が神の似姿（similitudo dei）にしたがってではなく，神の一なる全実体の像（imago totius unius substantiae）に即して造られていることである[56]。

---

55) Vgl. *Serm*. XXV, 1, n. 258; LW IV, 235, 5-236, 8: Gratia dicitur quasi gratis data, gratis adverbialiter vel gratis nominaliter. Prima usitate dicitur gratia gratis, id est sine meritis, data, secunda dicitur gratia gratum faciens. Prima est communis bonis et malis et etiam omnibus creaturis, secunda est propria tantum intellectivis et bonis.

Prima procedit a deo sub ratione et proprietate entis sive boni potius, Augustinus: »quia bonus est, sumus«. Essentia enim ut sic non generat, sed nec creat nisi in supposito. Secunda gratia procedit a deo sub ratione et proprietate personalis notionis. Propter quod ipsius capax est solum intellectivum, in quo relucet proprie imago trinitatis. Rursus deus sub ratione boni est principium ebullitionis ad extra, sub ratione vero notionis est principium bullitionis in se ipso, quae se habet causaliter et exemplar ⟨iter⟩ ad ebullitionem. Propter quod emanatio personarum in divinis est prior, causa et exemplar creationis.

56) Vgl. *In Ioh*. n. 549; LW III, 479, 1-4: unum, ut iam saepe dictum est, appropriatur patri. Sciendum ergo quod omnis creatura citra hominem facta est ad similitudinem dei et idea alicuius in

したがって，子における同一性に基づいて，父の一性すなわち《沸騰》の始原に還帰することが知性それ自体のはたらきとして提示され[57]，神の気に入る者にする恩寵における真なる意味は神への立ち帰り，神への還帰に存する。だから恩寵とは「子の出生のある種の噴出であり，その根源は父の心胸の最内奥にある[58]」とエックハルトは解釈するのである。

　神の固有性を表示する真は，神学的に言えば子であり，哲学的に解釈すれば，認識するものと認識されるものとの間に生じるものである。善は神学的に言えば，聖霊であり，父が子を生むことによって呼吸する愛である。この真と善がお互いに置換されるということは，そのうちにキリストがはたらく者にとっては，認識するはたらきが必然的に愛を伴うことを意味する。したがって子は，前述のように，人間の認識に二重の溢れる豊かさを贈与する。すなわち第3章で述べたように，一なるものの認識における《沸騰》と愛の《噴出》である。

　以上のことはこの文脈においても重要なので再説する。すなわち，認識の《沸騰》においてその最内奥にて規定された霊的本性は，われわれの本性と神的本性とが一致することによって，神を通じて神へと至る。一・真・善の根本成就において，われわれに贈与された神的本性を開示するために，子は受肉において，われわれの人間本性の根底に自己を沈め根拠づけたのである。

　つまり，エックハルト神学においては，「私は存在するところのものである」という神の存在性は，恩寵という神学的概念を通して，神的生命の力動性として理解される。この力動性は，エックハルトの言葉を借りれば，沸騰すなわち神的領域において父が子を生むという出生に由来するものであるが，しかるに沸騰は神的生命が外へ流出することすなわち噴出の根拠となる。その噴出が恩寵にほかならない。つまり恩寵は神

---

deo. Homo autem creatus est ad imaginem totius substantiae dei, et sic non ad simile, sed ad unum. 'Deus autem unus est', Deut. 6 et Gal. 3, ideae vero plures sunt.

　57) Vgl. *In Gen.* I, n. 185; LW I, 328, 14-329, 1: Sic ergo quia intellectus, quem deus inspirat, est quo deum videmus et quo deus nos videt.

　58) *Serm.* XXV, 2, n. 263; LW IV, 239, 10-11: gratia est ebullitio quaedam parturitionis filii, radicem habens in ipso patris pectore intimo.

の生命それ自体である[59]。

　しかし恩寵は神の人間へのはたらきかけでもある。それでは，恩寵が神の生命を意味するのであれば，それは人間の生命といかに関わるのか。この点に関してエックハルトは，「形相的に」(formaliter)という言葉を使用する。すなわち恩寵は形相的に生命である[60]。この場合，生命とは，魂の本質，すなわち魂の「何」に関わるものである。したがって，恩寵は魂の能力や外的なはたらきや内的なはたらきに関わるものではない[61]。ましてや恩寵は，その本来において，奇跡ないしは外的な業をはたらくことはない[62]。

　さらに本質は存在に直接的に関わるのであるから，また「生きることは生ける者にとっては存在である」(vivere viventibus est esse)というアリストテレスに発する古典的命題にならえば，恩寵は魂の存在それ自体に関わる。したがって「神の恩寵によって，私は私がそれであるところの者である」という使徒の言葉は，「神の恩寵」すなわち神的生命によって，われわれの存在が形相づけられることを意味している。つまりわれわれは神の恩寵を受けることによって，自己自身の存在をはじめて確立することができる。それがすなわち，われわれの魂が神において神と等しいものとなること，むしろ神へと変容することである[63]。

　しかし神の受肉は十字架上での死が必然的に伴う。神の恩寵によって本来の自己自身になるとしても，それが神と等しいものになるということは，十字架を自らに背負うことが不可欠である。すなわち使徒が「神の恩寵によって，私は私がそれであるところのものである」と語ることができたのは，「一人の方はすべての人のために死んでくださった。そ

---

[59] *Serm*. II, 2 n. 16; LW IV, 17, 6:（gratia）sit vita et vita aeterna.

[60] *Serm*. XVII, 5 n. 179; LW IV, 167, 10: *gratia* est *vita* formaliter.

[61] *Serm*. XVII, 5 n. 179; LW IV, 167, 12-13: Hinc est quod vita ⟨dicitur⟩ respicere essentiam, id quod est, non potentiam animae, non opus extra, sed nec intra.

[62] In *Ioh*. n. 521; LW III, 450, 1:（gratia）non operatur proprie nec immediate per se miracula vel opera exteriora.
なお本質と能力との関係に関して，エックハルトは同箇所において，火の形相はそれ自体として直接に熱するわけではなく，形相から流出した熱を媒介にしてのみ熱する，という例を用いて説明している。

[63] *Serm*. XXV, 2 n. 263; LW IV, 240, 2-3: Item respectu suscipientis gratiam gratia est confirmatio, configuratio sive potius transfiguratio animae in deum et cum deo.

の目的は，生きている人たちが，もはや自分自身のために生きるのではなく，自分のために死んで復活してくださった方のために生きることなのです」（2 コリ 5・15）また「わたしはキリストと共に十字架につけられています。生きているのは，もはやわたしではありません」（ガラ 2・20）と語ることができたからである。エックハルトはこの使徒の言葉を受けて，

> 「恩寵は人間に自己自身を拒絶させ，自らの十字架をとらせ，自己にではなく神にしたがって生きることを授ける。」[64]

と述べている。自己自身の十字架を背負い，自己自身を拒絶するということは，人間的行為という観点から見れば，本章第 1 節において述べた，神が取った人間本性に関する意義の第 3 項目，すなわち隣人愛の実践に相当する。

神が人間本性を取るということは，われわれ一人ひとりが神の子になることを知らせるという意味において最高の恩寵である。その恩寵とは，神の子の父からの出生から噴出する神的生命であり，その生命はわれわれの魂の本質として魂の存在を形相づける。このプロセスは神の一性が子を意味する同一性を介してわれわれの魂を始原として根拠づけることにほかならない。しかしこのプロセスはわれわれに自己否定を促し，神に従順に生きるという倫理的意義をも有している。しかもこのプロセスは，われわれが同一性を介して一性へと還帰するベクトルを教示する倫理的原理でもある。というのは，神の存在の一性こそがすべての流出の第一の始原だからである[65]。このことを提示することにエックハルト受肉神学の意義が存するのである。

---

64) *Serm*. II, 2 n. 16; LW IV, 17, 11-12: Dat enim gratia homini abnegare se ipsum et tollere crucem suam et sequi deum, vivere deo, non sibi.

65) In *Ioh*. n. 562; LW III, 489, 10-11: unum sive unitas est post 〈ens〉 primum principium omnis emanationis.

第7章
出生の神学的意味

───────

はじめに

　発出（processio）あるいは流出（emanatio）という新プラトン主義的概念がラテン・ヨーロッパ世界においてどのように受容され，理解されたかを知ることは，中世の哲学・神学研究にとってきわめて重要であることはいうまでもない。とくにキリスト教的ドグマの中世的形成過程においては，発出論は必然的役割を演じている。
　知性の一者からの発出は，父から子が発出することにおいて，三位一体のドグマを知性論的に構成する契機となる。さらに，一者から世界が流出するメカニズムは，神が世界を創造する作業における論理体系の美をきわだたせる。
　本章においてわれわれは，エックハルト神学が発出論をいかに受容していったのかということを探ってみたいと思う。しかし，その受容の仕方は，他の思想家と同様，エックハルトにおいてもそう単純ではない。ほかでもないアリストテレスが鳴り物入りで登場してきているからである。新プラトン主義とアリストテレス，この両者をキリスト教神学の基盤のうえでいかに統一していくのか，これは自らが置かれている精神史的境位のなかでエックハルト自身が自覚した課題であった。
　しかしこの課題を背負ったのはエックハルト一人だけではない。彼の前には，彼と同じドミニコ会士である先駆者たちがいた。エックハルトの師アルベルトゥス・マグヌス，彼の先輩フライベルクのディートリヒ

とトマス・アクィナスである。エックハルトは彼らの業績を自分のなかにすべて飲み込み、消化しながら、自らの道を見出し歩んでいく。

以下、われわれは、出生論の観点から、エックハルトが独自の道を歩んでいるドキュメントのワンシーンをかいま見てみたい。そのさい、エックハルトの独自性を演出してもらうために、先輩の一人としてトマスに登場してもらおう。

1　予備的考察：トマスによる出生の定義

トマス（Thomas de Aquino, 1224/5-74）は『神学大全』第1部第27問題第1項「神において発出が存するか」において、アリウスとサベリウスの発出論がいずれも内から外への発出と解されているとして批判している。すなわち、アリウスは結果が原因からの発出という観点から、子における神性を認めないという誤謬を犯し、またサベリウスは原因は自らの類似性を結果のうちにしるしづけるかぎりにおいて原因が結果に発出することを主張するが、その結果、ペルソナ間における実在的差異を認めないという誤謬に陥ることになる。トマスがこのように両者を批判するのは、神における発出とは、発出がはたらくもの自身のうちにとどまるはたらきに即して考えられるという確信を抱いているからである。こうした、いわば内的発出がもっとも明らかとなるのは、トマスによれば、知性の場合である。つまり、知性（intellectus）のはたらき、すなわち知性認識（intelligere）は、知性認識を行なうもの（intelligens）の内にとどまっている[1]。この知性認識によって知性認識を行なっているものの内部に発出するのは知性認識の力から生じ、その知から発出したもの、すなわち「知性認識されている事物の観念」（conceptio rei intellectae）である[2]。トマスによれば、音声が表示するのはこうした

---

1) Thomas de Aquino, *Summa Theologiae* I, qu. 27 art. 1 co.; Ed. Leo., Tomus IV, 305: secundum actionem quae manet in ipso agente, attenditur processio quaedam ad intra. Et hoc maxime patet in intellectu, cuius actio, scilicet intelligere, manet in intelligente..

2) Thomas de Aquino, *Summa Theologiae* I, qu. 27 art. 1 co.; Ed. Leo., Tomus IV, 305: Quincumque enim intelligit, ex hoc ipso quod intelligit, procedit aliquid intra ipsum, quod est conceptio rei intellectae, ex vi intellectiva proveniens, et ex eius notitia procedens.

観念であり，それが，語られる言葉によって表示される「心の言葉」（verbum cordis）と呼ばれるものにほかならない[3]。

ところで，被造物に対する神の超越性を確保しながら神に関することがらをそれ自体として表現することは，それがいかなる場合であっても，不十分にならざるをえない。しかし，被造物はアナロギアによる作用者の形相的類似性を分有している[4]。そうであるかぎりにおいて，神がなんらかの仕方で表示される場合，われわれは神のうちの発出を物体の様相にしたがってではなく，被造物の最上位に位置する知性的諸実体との類似にしたがって解さなくてはならない。それゆえに，神における発出は，語る者から，その者自身に内にとどまる知的言葉の知的流出（emanatio intelligibilis）を意味する[5]。

こうした知的発出は，外への発出の場合とはちがって，発出の仕方が完全であればあるほど，発出するものはその発出するものの始原と一になる。したがって，存在と本質とが本来において一である神においては，その知性認識はそのまま神の存在それ自体なのであるから，神の言葉はそれが発出してきた始原と完全なる一なのである。

以上見てきたように，トマスは神における発出が知的流出の意味で用いられるべきであると述べたあと，同問題第2項で，神における出生の定義づけを試みる。まずトマスは，ラテン語で「出生」・「生成」を意味する generatio を二つの意味に区分する。ひとつは，すべての生成するもの（generabilia）と消滅するもの（corruptibilia）に共通して提示される場合であり，もうひとつは，本来的に生命あるもの（viventia）において提示される場合である。前者はアリストテレスの定義に基づくもの，すなわち非存在から存在への変移（mutatio de non esse ad esse）を意味する。後者は，生命あるものの，そのものと結びついて生きている始原からの起原（origo alicuius viventis a principio vivente coniuncto）を意味し，厳密に言えば，「生誕」（nativitas）と呼ばれるものである。し

---

3) Thomas de Aquino, *Summa Theologiae I*, qu. 27 art. 1 co.; Ed. Leo., Tomus IV, 305: Quam quidem conceptionem vox significat, et dicitur *verbum cordis*,significatum verbo vocis.

4) Thomas de Aquino, *Summa Theologiae I*, qu. 4 art. 3 co. 参照。

5) Thomas de Aquino, *Summa Theologiae I*, qu. 27 art. 1 co.; Ed. Leo., Tomus IV, 306: secundum emanationem intelligibilem, utpote verbi intelligibilis a dicente, quod manet in ipso.

かしこうした発出すべてが「生まれたもの」という性格を有するものではなく、そこには「類似という規定」(ratio similitudinis) がなければならない。したがって、頭髪や毛は「生まれたもの」(genitum) とか「子」(filius) であるとかは言われない。しかし、それ以外であればいかなる類似でもよいというのでもなく、「同じ種の本性における類似性の規定」(ratio similitudinis in natura eiusdem speciei) に基づくものでなければならない。したがって、たとえば動物のうちに生まれる蛆は、動物という同じ類という観点における類似であるから、「生誕」とは言えない。しかし、たとえば人間から人間が生まれ、馬から馬が生まれるという同じ種の類似性に基づいている場合、それは「生誕」と呼ばれる。

さて、ある生命あるものが可能態から現実態への発出のプロセスを有する場合、その発出には上にあげた generatio の二つの意味が含まれているが、しかし可能態から現実態へのプロセスを有しない発出の場合は、それは生けるものに固有な意味での generatio であると言うことができる。

ここで generatio についてのいままでの議論を整理しておこう。トマスはまず、generatio を二つに区分し、その二つの意味とはすなわち「生成」という意味と「生誕」という意味である。ここで、これ以降の議論をわかりやすくするために、「生成」という意味に基づくものを generatio A としよう。しかし「生誕」という意味に基づくもの generatio はトマスによってさらに二つの意味に区分されている。すなわち可能態から現実態へのプロセスを有する場合と有しない場合とにである。前者すなわち可能態から現実態へのプロセスを有する場合の方を generatio B とし、後者すなわちそのプロセスを有しない場合のほうを generatio C としよう。

以上の整理に従うならば、トマスが「出生」という意味で generatio という概念を用いるのは generatio C に限られる。神はもちろん生けるものであるが、しかし「純粋現実態」(actus purus) であって、いかなる可能態も含んでいないのであるから、神のうちにおける発出を性格づけるとしたら、それは generatio C というほかにはないのである。

そしてトマスは神における言葉の発出 (processio verbi) が出生であることに関する根拠を四つあげている。すなわち、

①　言葉は生命の業である知的活動であること
②　言葉は自らと結びついている始原からのものであること
③　言葉は類似という規定に従っていること
④　言葉は自らと同一なる本性のうちに存在していること

である。そして発出する言葉それ自体は御子（Filius）と呼ばれる。神の場合その知性認識は神の存在それ自体なのであるから，言葉は同一の本性の自存者として発出する。したがって，出生は本来の意味において神の場合に適合するのであって，「生まれたもの」とか「御子」も本来の意味において神の場合に限って使用される。このゆえに，その知性認識のはたらきが自らの存在と同一でない人間の場合には，出生はその本来の意味においては適合しないのである[6]。

以上見てきたように，トマスは出生を神固有のものと述べるのであるが，それは神の完全性の表示の補強も意味している[7]。これを確認したうえで，われわれは以下，エックハルトにおける出生の意味について考察しよう。

2　出生における超越性と永遠性

前節でわれわれが仮に表示した generatio C が神の出生を意味するというトマスの解釈をエックハルトは否定しない。しかし，トマスがあまり積極的には認めなかった人間における知性認識の場合にも，エックハルトは積極的に「出生」という意味で generatio という概念を使用する[8]。さらには，生成と消滅と言われる場合の生成，すなわちアリ

---

[6] *Summa Theologiae I*, qu. 27 art. 1 ad 2. 参照。
[7] *Summa Theologiae I*, qu. 27 art. 1 ad 3. 参照。
[8] たとえば，エックハルトは次のように述べている。「認識は，子としては，完全に同一のスペキエスないし像であり，それによって可知的対象が認識され，それによって見るものないし能力としての視覚が現実に見るのである」（In *Ioh*. n. 505）。つまり，スペキエス（species）を子と理解している。エックハルトは，トマスとは違って，対象とスペキエスとの関係それ自体に注目し，対象をスペキエスの父であると解する。このような解釈は，エックハルトにおける人間知性論に由来する。すなわち，エックハルトは人間知性をまったくの受動的なものと捉える。なお，エックハルトのスペキエス論に関しては第8章を参照されたい。

ストテレス的な意味における生成に関しても，「出生」という意味でgeneratioを使用する。つまりgeneratio Aであっても，エックハルトはそれに「出生」という意味を含ませるのである。このことについて少し触れておかなくてはならない。

アリストテレスの『生成消滅論』（De generatione et corruptione）第1巻第3章における「端的にあるものへの道は端的なgeneratioである」という記述を，エックハルトは，「より多く形相的なものがより少なく形相的なものから生まれるとき，端的な意味での generatioが存在する」[9]と述べ，generatioの目的が「端的な意味での存在」（esse simpliciter）であると理解する。それに対して，火と土の生成と消滅の例でアリストテレスが語る火の消滅としての土のgeneratioすなわち「ある意味でのgeneratio」（generatio secundum quid）を表示するとき，エックハルトはfieriあるいはalteratioという言葉を使用する。

以上のことを踏まえてわれわれは，次のことを確認しておきたい。すなわち，エックハルトが使用するgeneratioをすべて「出生」と訳し，fieriを「生成」そしてalteratioを「変化」と訳すことである。こうした訳出とくにエックハルトの場合generatioがどうしてすべて「出生」と訳すことができるのか，その根拠を明らかにすることが本章の基本モティーフである。以下，われわれはまず，エックハルトによる出生の聖書神学的基礎づけを見てみよう。

2.1　出生の聖書神学的基礎づけ

エックハルトは『ヨハネ福音書註解』（Expositio sancti evangelii secundum Iohannem）第433節において，

「至福なる三位一体は確実なものであり，またあまねく行き渡る真理を強固にするものである。」[10]

---

9)　In *Gen.* I, n. 55; LW I, 225, 1-2: cum generatur magis formale ex minus farmali, est generatio simpliciter.

10)　In *Ioh.* n. 433; LW III, 370, 6-7: trinitas beata firmitas est et stabilimentum perpetuae veritatis.

と述べている。これは，繰り返し述べてきたように，エックハルトが「信仰を強固にする」(fidem astruere)[11]ことによって到達した確信である。エックハルトが上の命題で表現しようとしていることは，神学における真理と教説，自然哲学と道徳哲学における真理，実践的技術と理論的技術における真理，さらには実定法における真理はすべて，同一の水脈から流れているということである[12]。すべてのものは神的なものを真似ており，神的なものに由来している。そしてエックハルトが聖書の言葉，とりわけキリストの言葉を解釈する場合，そこに二重の意味を読み取る。すなわちひとつは言葉の表面的なものによって明らかにされる意味，もうひとつは文字という「樹皮の下に隠れている意味」(sensus qui latet sub cortice) である。したがって，聖書の表面的な言葉を介しながら，そこに潜んでいるいわば霊的な，あるいは生き生きとした意味を読み取ることによって，その意味が由来するところの真理を開示すること，これがエックハルトの聖書解釈学の特徴である。

三位一体のドグマはこうして開かれる真理を直接に語るものであり，その真理の確実性はすべての真理の成立根拠である。したがって，神における父と子との出生的関係は，神を範型（exemplar）とする被造物のすべての父と子においてもアナロギア的に理解されることになる[13]。

さて前述のように，エックハルトは神におけるペルソナの流出が創造に先行しているという意味において，子の受肉を仲介とすることによって前者は後者の範型であると理解している。ところで，ペルソナの流出と創造との関係性は，エックハルトによれば，そのまま新約と旧約との関係性に相応する。つまりペルソナの流出の記載が旧約にはないことで新約とは区別されるのであるが，しかし「創世記」冒頭の一節「はじめに神は天と地を造った」では，ヴェールで覆い隠されているという仕方で子の父からの出生が記されているとエックハルトは述べる[14]。すなわち，モーセは「神」の名称によって父のペルソナを表示し，「はじめに」

---

11) In *Ioh*. n. 13; LW III, 12, 14.
12) *In Ioh*. n. 444; LW III, 381, 5-6: ex eadem vera descendit veritas et doctrina theologiae, philosophiae naturalis, moralis, artis factibilium et speculabilium et etiam iuris positivi.
13) In *Ioh*. n. 470; LW III, 403, 7-8: verum est sicut in deo exemplari, sic et in omni patre et filio in creaturis exemplatis a deo.
14) In *Ioh*. n. 56; LW III, 46, 13-47, 15.

(in principio) における「始原」(principium) によって子のペルソナを表示しているのである。そしてエックハルトは「すべてのものはそれによって生じた。そしてそれなくしては、無が生じた」という「ヨハネ福音書」第1章第3節の聖句と先ほどの『創世記』冒頭の一節との連関を論じる。すなわち、「すべてのものはそれによって」における「それ」が子のペルソナであると解される。「それなくしては」すなわち子なくしては「無が生じた」のであるから、ここには子を媒介することによって創造がなされたことが読み取られる。したがって、「始原において」(in principio) すなわち子において、「父は天と地を造った」と解釈される。さらに、神的領域におけることがらをすべての領域における真理の基準とするというエックハルト独自の思惟態度に則り、この解釈を通してエックハルトは、子の出生がすべてのはたらきに必然的に先行していることを明らかにするのである。

それではエックハルトはそもそも出生をそれ自体としてどのように理解しているのか。われわれはこの問題に取りかかろう。エックハルトは、『ヨハネ福音書註解』第8節において、「ヨハネ福音書」冒頭の一節「はじめに言葉があった」(in principio erat verbum) をあらゆる観点から多様に解釈しているが、そのひとつとして次のように述べている。

> 「われわれがここで語っている発出 (processio) ないし産出 (productio) そして流出 (emanatio) は、本来的には、第一にそしてほとんどの場合、出生において起こる。出生とは運動に付随しているのでもなく、時間のうちにあるのでもなく、運動の目的および終極であって、それは事物の実体と存在に関わるものである。」[15]

ここで言われている発出ないし産出そして流出は、子である言葉が父から生まれるという連関に基づいて使用されている概念である。ところで、エックハルトは上に引用された箇所の前で、発出するものすなわち子と、生み出すものすなわち父との関係性について8項目にわたって

---

15) *In Ioh.* n. 8; LW III, 8, 10-13: processio sive productio et emanatio, de quibus loquimur, proprie, primo et maxime locum habet in generatione, quae non est cum motu nec in tempore, sed est finis et terminus motus, substantiam rei et esse respiciens.

2　出生における超越性と永遠性　　　231

述べている[16]。まずは，それをここで簡潔に整理してみよう。

① 発出するものは，生み出すもののうちに存在する。
② 発出するものは，生み出さすもののうちでは，言葉が語る者のうちに存在するように，存在する。
③ 発出するものは，生み出すもののうちでは，理念（ratio）として存在する。
④ その理念のうちで，かつ理念によって生み出すものから生み出されるものが発出する。
⑤ あるものが他のものから発出することによって，前者は後者から区別される。
⑥ 発出するものは生み出すものの子である。
⑦ 子ないし言葉は，父ないし始原であるものそれ自体である。
⑧ 外部の存在へと発出する，ないしは生み出されたものは，生み出したものそれ自体のなかに存在し，留まり続ける。

　①と②は，発出するものが生み出すもののうちに，より卓越した仕方で，かつより先に存在していることを意味しており，生み出されたものは一般的にはそのものの言葉であって，言葉は自らを生み出したものを語るということを意味している。この解釈は，第2章でも述べたように，エックハルトがドミニコ会の先輩フライベルクのディートリヒ（Theodoricus de Vriberch, ca.1250-1318/20）から受け継いだ本質的原因論（die causa essentialis-Theorie）に基づいている[17]。つぎに，エックハルトは「言葉」をギリシア語の「ロゴス」（logos）に換言することで，発出するものが理念であることを理解する。その理念とは『創世記註解』（*Expositio libri Genesis*）第3節では，第5章で述べたように，「イデア的理念」（ratio idealis）と言われているが，それは宇宙の範型

---

16) In *Ioh*. n. 4-7; LW III, 5, 1-8, 9.
　実際にはエックハルトは全部で15項目にわたって記述しているが，本章に関係する8項目をあげた。

17) ディートリヒにおける本質的原因論に関しては，第1章と第4章及び以下の拙論を参照されたい。「エックハルトにおける causa essentialis 論の受容とその変容」（『ネオプラトニカ II，新プラトン主義の原型と水脈』昭和堂，2000年所収）参照。

（exemplar）という意味である。それが③と④で表現されている。

⑤と⑥においては，父と子の同名同義（univocatio）的関係における差異性と同一性が述べられている。或るものが他のものから出生することで，前者は生み出されるもの，後者は生み出すものという差異が生じるのである。しかし，すぐに前者が子であると定義されることによって，これら両者の関係がペルソナにおいては区別されるが，本性においてはお互い他なるものではないことが理解される。つまり，ここで言われている関係性は，前者が後者に対してより劣った，不完全で同一ではないものというアナロギア関係のそれではない。両者の間に同一本性の分有関係が見出されるのではなく，両者がつねに同一のもの同士であり，生み出されるものはその本性と存在を，自らを生み出した始原から直接に受け取る内在的関係がここには支配している。

したがって，⑦で言われるように，生み出されるものはその始原自体であるという結論が導かれる。⑧では，その反対に，発出するものと生み出すものとのアナロギア的関係が言及されている。外部へ発出するということは，始原の下に（sub principio）発出することを意味する。したがって，それは始原と「ともに」（apud）あるということではない。それにもかかわらず，そのように発出したものが生み出したもの，すなわち始原に留まっているといえる根拠は，「生じたものは，それのうちでは，生命であった」という聖句にある。たとえば，職人の精神のなかにある箱は，まだ実際の箱ではなく，職人の生命としてあり，知性認識であるように，始原に対してアナロギア的関係にあるものであっても，その理念は始原のなかにあり，そこでは両者は同名同義的関係にある。以上われわれは発出するものと生み出すものの関係についてのエックハルトの記述を見てきた。そこでは，アナロギア的発出の場合であっても，発出するものが生み出すもの，すなわち始原のうちに理念として存在していることが述べられ，全体として，同名同義的発出論が展開されている。

さてここで，先に引用した『ヨハネ福音書註解』第8節の記述に戻って，その内容を吟味してみよう。まず第一に注目されるべきことは，同名同義的発出論が出生に典型的に見られるということである。第二に注目されるべきことは，出生が運動に付随するものではないということ，

すなわち出生は時間のうちにないこと，かえって運動の目的であり終極であるということである。そして第三に注目されるべきことは，出生が事物の実体と存在に関わるものということである。

とくにこの第三点は，エックハルトの出生論を理解するうえでもっとも重要なことである。というのは，出生を神的領域だけに限定しないからである。しかしだからと言って，神的領域における出生とその他のすなわち被造物の領域に見られる出生とが無条件で同一であるということではない。つまり，神と被造物との間を支配する関係性は同名同義的ではなくアナロギア的なものなのであるから，神における出生が被造物の領域にアナロギア的に見られるということである。たとえば，事物の存在における構造的原理，すなわち形相（forma）と質料（materia）との相関関係においても，父から子が発出するという出生が見られるのであるが，その出生における関係それ自体は同名同義的であっても，神における出生に対しては，アナロギア的関係にあるということである。

さて，出生は，神の場合であっても被造物の場合であっても，上に述べたように，時間的なものではない。それは，出生が「瞬間的」（instantanea）であることを意味する[18]。エックハルトによれば，点が線ではないように，瞬間（instans）は時間ではない[19]。瞬間には拡がりがない。ということは，瞬間においては始まりも終わりもないことを意味する。出生が時間のうちに起こる運動の終極であることは，かえって，時間が終わるところ，そして時間が始まるところが瞬間それ自体であることを意味する。そして出生が事物の実体と存在に関わるということは，存在は時間のうちにおいて考えられるものではなく，瞬間において考えられるものであるということを意味している。

出生とは反対に，生成（fieri）あるいは変化（alteratio）は時間的なものに関わる。ということは，それらは存在に直接的に関わるものではない。なぜなら，両者は欠如（privatio）を始まり（principium）としているからである[20]。したがって，生成と変化は事物の存在にではなく，付帯性（accidentia）に関して，かつ付帯的なものによってのみ事物に

---

[18] *Prol.* op. prop. n. 14; LW I, 174, 8: generatio est instantanea.
[19] In *Ioh.* n. 475; LW III, 408, 11: nes punctus est quantitas nec instans est tempus.
[20] In *Ioh.* n. 440; LW III, 378, 2: quia fieri quod principiat terminatur ad esse.

影響を及ぼすのである[21]。しかし存在それ自体に関わる出生は実体形相（forma substantialis）によって事物に影響を及ぼす[22]。むしろ出生は存在それ自体なのである[23]。

しかしながら，生成と変化が自らの始まりとして有している欠如が存在の欠如であるかぎり，そして両者の目的が存在を有することにおいて，生成と変化は間接的に存在に寄与している[24]。ここから，出生に対する生成および変化の関係が，後者は前者のためにあることが結論として導かれる。エックハルトはこの関係をキリストに対する洗礼者ヨハネの関係にたとえている[25]。エックハルトはヨハネがキリストについて証言したことに歴史的出来事の真理性を見出すだけではなく，自然的なものの諸々の真理，それらの諸属性を探求していく。すなわち，ヨハネにおいて，事物が生成し存在へと発出する変化の本性が表示され，ヨハネがキリストについて行なう証言において，質料における実体形相と魂における道徳的習慣とその属性が表示されていることをエックハルトは読み取る。ヨハネが自然の救済者から，キリストとキリストの世のうちへの到来のために遣わされたように，生成と変化は自然の創造者から実体形相とその出生のために遣わされたものである[26]。ヨハネが時間的にキリストよりも先なるものであるように，生成と変化は出生よりも時間的に先なるものである。しかし創造者の意図は創造の業によって事物を存在させることにあるのだから，そのかぎりにおいては，出生は生成と変化に先んじている。

2.2　生み出すものと生み出されるものとの差異性と同一性

以上われわれは，エックハルトの出生論におけるいわば外観を眺めて

---

21) In *Ioh.* n. 146; LW III, 122, 1-2: alteratio afficit passum tantum secundum accidentia et accidentibus.

22) In *Ioh.* n. 146; LW III, 122, 2: generatio vero afficit passum forma substantiali.

23) In *Exod.* n. 52; LW II, 56, 2-3: Secus autem est de fieri rerum, quod stat citra esse et citra generationem, quae est ipsius esse et ipsum esse.

24) 註20を参照。

25) In *Ioh.* n. 142 - 150; LW III, 119, 13-124, 10.

26) In *Ioh.* n. 147; LW III, 122, 15-123, 2: Sic ergo alteratio missa est ab auctore naturae propter formam substantialem et eius generationem, Iohannes missus a redemptore naturae propter Christum et eius adventum in mundum.

2 出生における超越性と永遠性

きた。これからは，建物のなかに実際に入ってみたいと思う。すでにわれわれは，エックハルトの出生論が同名同義的発出論として特徴づけられることに言及したが，ここではその同名同義的関係性それ自体を考究のテーマにしてみたい。

先に述べたエックハルトの発出論における⑦の性質，すなわち《子ないし言葉は，父ないし始原であるものそれ自体である》と同じ趣旨をエックハルトは像（imago）論に即して次のように述べている。

「像とそれの像であるところのもの（すなわち像の範型）は，それ自体としては，一である。」[27]（カッコ内は筆者）

これに続いてエックハルトは聖句「私と父とは一なるものである」（ヨハ 10・30）に言及し，「である」（sumus）と「一」（unum）に注目する。《sumus》と複数形で表示されているのは，範型と像との差異性を示すためである。すなわち，範型すなわち父は形成する者（exprimens）あるいは生む者（gignens）であるのに対し，像すなわち子は表出された者（expressa）あるいは生まれた者（genita）である[28]。それに対して，「一」においては，一方の全存在が他のもののうちにあり，そこには異質なものが存在しないことが表示されている[29]。つまりここでエックハルトが意図していることは，識標（notio）に基づく父と子とのペルソナ的差異性と，本性と実体における同一性である。

したがって，神的な領域におけるペルソナ的差異性は，本性と種と実

---

27) In *Ioh*. n. 24; LW III, 20, 1-2: imago et cuius est imago, in quantum huiusmodi unum sunt.

28) In *Ioh*. n. 24; LW III, 20, 2-4: 'Sumus' inquit, in quantum exemplar exprimens sive gignens est, imago vero expressa sive genita est.
エックハルトはまた，《sumus》はサベリウスに反対していわれているものであると解している（In *Ioh*. n. 511）。なお，生む者すなわち父を意味するラテン語 pater，および生まれた者すなわち子を意味するラテン語 filius はともに男性名詞であることから，両者の差異性は男性的差異と言われる。それに対して，父と子との「一」を意味するラテン語 unum は中性名詞であることから，両者の一性は中性的一と言われる。

29) In *Ioh*. n. 24; LW III, 20, 4: 'unum', in quantum totum esse unius in altero est, et nihil alienum ibi est.
エックハルトはまた，《unum》はアリウスに反対していわれているものであると解する（In *Ioh*. n. 511）。

体の観点からの差異すなわち中性的意味において（neutraliter）ではなく，男性的意味において（masculine）言われるものである[30]。そうすると，出生における生み出す者と生み出される者との差異は男性的な意味における差異であることがわかる。こうした男性的意味における差異性と中性的意味における同一性が何を表示しているのか，以下，詳細に考察してみよう。

　トマスは，神の発出における諸々の関係は神のうちではそれ自体として実在的なものであると述べているが[31]，識標が神において表示される場合，それは表示の仕方にしたがってペルソナがそれによって認識される概念としてであると述べている[32]。そしてトマスによれば，神におけるペルソナ間の差異を表示する際には，本質的差異を意味する「異他性」（diversitas）や形相的差異を意味する「相違」（differentia）ではなく，もっとも広い意味で用いられる「区別」（distinctio）を使用すべきだと述べている。

　このように述べられる根拠は，言うまでもなく，神においては本質と形相は一つだけだからである。したがって，子が父に対して「他のもの」（aliud）と中性的な意味においてではなく，「他者」（alius）と男性的な意味において言われるのは，父と同一の神的本性を有する「主体」（suppositum）としての差異を意味していることになる[33]。父と子は両者に共通の神的本性における形相的に限定された主体を表示するものであるが，それに対して，中性は「形相の限定を含まないもの」（informe[34]）を表示する。したがって，神においては中性的な意味での差異が存在しないということは，かえって，ペルソナ間における同一本性の存在が表示されていることになる。

　　30）In *Ioh*. n. 133; LW III, 114, 11-13: in divinis in prima productione procedens non est aliud neutraliter, quod naturam, speciem et substantiam respicit, sed est alius masculine.
　　31）Thomas de Aquino, *Summa Theologiae I*, qu. 28 art. 1 co.; Ed. Leo., Tomus IV, 318: necesse est quod relationes quae secundum processiones divinas accipiuntur, sunt relationes reales.
　　32）Thomas de Aquino, *Summa Theologiae I*, qu. 32 art. 2 ad 2; Ed. Leo., Tomus IV, 352: rationes significantur in divinis, non ut res, sed ut rationes quaedam quibus cognoscuntur Personae.
　　33）Thomas de Aquino, *Summa Theologiae I*, qu. 31 art. 2 co.; Ed. Leo., Tomus IV, 345: hoc autem nomen *alius*, masculine sumptum, non importat nisi distinctionem suppositi.
　　34）informe を「形相の限定を含まないもの」と訳すことに関しては，『神学大全』第3冊（1967年，創文社，90頁）の山田晶氏の訳出による。

2 出生における超越性と永遠性

トマスのこうした見解をエックハルトは継承している。父と子のペルソナは，生み出す者と生み出される者という，はたらく主体として異なっているものである。ソクラテスがソクラテスを生むことができないのと同様に，父は父を生み出すのではない。したがって，出生はペルソナ間における主体としての差異に関係している[35]。しかしもし子が父と同一の本性を有していないならば，子はすでに子ではない。つまりその同一の本性とは神の本性（natura divina）にほかならないのであるから，出生の始原は父のペルソナに属するものではなく，父が有する神の本性それ自体にある。しかしながら，神の本性それ自体，すなわち中性的なものの次元においては，父と子とのいかなる差異も存在しない。つまり，そこにおいては，ペルソナとしての主体が存在しない。したがってはたらきとはたらく者が主体に固有な者である以上，神の本性ははたらく者ではない。つまり中性的なものは生み出すこともしないし，生み出されることもない[36]。

ところで，トマスは「出生は本性の業である」(generatio est opus naturae) というダマスケヌスの命題を解釈するに際して，「それは生み出す者の業ではなく，生み出す者がそれによって生み出すところのものの業である[37]」と述べている。したがって，生む能力は神の本性あるいは本質を表示するものであって，単なる関係を表示するものではない。だから「父性」(paternitas) とは，トマスによれば，ペルソナ的固有性，すなわち生むところのもののペルソナを構成するものであり，それに対して父はそれによって生むところのものではない[38]。しかしながら，生み出す者と生み出される者とは区別されるが，生み出す者がそれによって生むところのものは生み出す者と生み出される者とに共通している。神における出生は最高度に完全なるものである以上，これら三つは神に

---

[35] In *Ioh.* n. 161; LW III, 132, 8-10: pater enim et filius semper distincti sunt supposito, cum nihil se ipsum gignat, quod ad masculinum pertinet et ad generationem.

[36] In *Gen.* II, n. 14; LW II, 484, 14-15: Neutrum non gignit nec gignitur, utpote masculinum nec femininum.

[37] Thomas de Aquino, *Summa Theologiae I*, qu. 41 art. 5 co.; Ed. Leo. Tomus IV, 430: generatio est *opus naturae*, non sicut generantis, sed sicut eius quo generans generat.

[38] 註 36 を参照。

おいてはまったくの同一なるものである[39]。したがって,「神の本質が生む」ということも可能なのである[40]。

要するに,神においては男性的差異と中性的同一性,これら両者は,それ自体としては,ただの概念的なものにすぎない[41]。エックハルトも「父のうちにおける出生の能力は父性よりもむしろ本質である」[42]と述べている。父が子を生み出すことは,エックハルトによれば,《父であること》を子に与えるのではなく,《ただ関係上 (relatione) 父に相対している子であること》を与えることを意味している[43]。つまり,エックハルトがここで述べている《関係上》とは,トマスにおいては《識標として》あるいは《概念上》に相応している。したがって,出生における神の本質とペルソナの関係に関しては,「出生の能力は直格において (in recto) 神的本性を表示しているが,斜格においては (in obliquo) 関係を表示している[44]」というトマスの見解にエックハルトも同調している。

ただ,エックハルトは上で言及したダマスケヌスの命題を被造物の領域にも適用し,義 (iustitia) と義人 (iustus) との相関関係に言及しつつ,そこに存する神的領域に対するアナロギア的関係に注目する。エックハルトは,ラテン語・ドイツ語著作を問わず,自らの著作のいたるところで義と義人について述べているが,一貫していることは,義人は義の子であるという理解である。義人はたしかに,人間であるかぎりにおいて,人間から生まれる。しかし義人とその人間としての父との関係においては,両者が同一の本性を有しているとは限らない。したがって,不義なる父から義なる子が生まれることがありうるし,またその反対もありうる。また,義なる父から義なる子が生まれたとしても,その子

---

39) Thomas de Aquino, *Summa Theologiae I*, qu. 41 art. 5 ad 1 を参照。
40) 註 38 を参照
41) Thomas de Aquino, *Summa Theologiae I*, qu. 41 art. 5 ad 2; Ed. Leo., Tomus IV, 430: sic est idem in divinis potentia generandi cum generatione, sicut essentia divina cum generatione et paternitate est idem re, sed non ratione.
42) In *Exod*. n. 28; LW II, 34, 1: potentia generandi in patre est essentia potius quam paternitas.
43) In *Exod*. n. 28; LW II, 34, 3-4: Dat filio esse dei, esse patris, sapere et posse patris, non tamen quod sit pater, sed quod sit filius, relatione oppositus patri.
44) Thomas de Aquino, *Summa Theologiae I*, qu. 41 art. 5 co.; Ed. Leo., Tomus IV, 430: potentia generandi significat in recto naturam divinam, sed in obliquo relationem.

は義という本性を父から受け取ったわけではない。このことに関して，エックハルトは「地上において誰もあなたがたの父と呼んではならない」（マタ 23・9）の聖句を常用する。すなわち，義人が義人であるかぎりにおいて，義人の父は人間ではなく，義それ自体である。義人の父が義それ自体であるかぎりにおいて，父と子とは同一の本性を有するということができる[45]。

2.3 出生の存在論的構造

2.3.1 同名同義とアナロギア

義と義人とのこうした関係は同名同義的出生（generatio univoca）の関係であるといえる。したがって，前に述べた同名同義的発出論の性質がそのまま義と義人との関係に適合する。すなわち，

① 義人は義のうちに存在している。
② 義人は義のうちにおいては，言葉が語るもののうちに存在するように，存在する。
③ 義人は義のうちにおいては，理念として存在する。
④ その理念のうちにいてかつ理念によって義から義人が発出する。
⑤ 義人が義から発出することによって，義人は義から区別される。
⑥ 義人は義の子である。
⑦ 義人は義それ自体である。
⑧ 外部への存在へと発出する，ないしは生み出された義人は，生み出した義それ自体のなかに存在し，留まり続ける。

義と義人とのこうした同名同義的関係をエックハルトはしばしば「義人は義のみを表示する」（iustus solam iustitiam significat）と端的に述べる。しかしここでわれわれは問いたい，この言葉でエックハルトは何を意図しているのか。

このことを説明するためにエックハルトは石のスペキエス（species）

---

45) In *Ioh.* n. 471; LW III, 404, 1-3: Pater enim iusti, ut iusti, non est homo, sed sola iustitia, et propter hoc qualis pater, puta iustitia, talis et filius, eiusdem naturae utique. この意味から言えば，《generatio B》すなわち「生誕」をエックハルトは出生とは見なしていない。

の例を用いる。石のスペキエスによってわれわれが認識するものは，石以外のなにものでもない。さらに，石のスペキエスそれ自体は石以外のあるものについてわれわれに教示しているのでなく，またそのスペキエスによってわれわれが人に教示するのは石以外のなにものでもない。つまり自然界においては，或るものが石であることは，石のスペキエスないしは形相（forma）によってである。この例からエックハルトは次のように論証する。

「義人であるかぎりの義人の形相とスペキエスは義それ自体であって，他のいかなるものでもない。」[46]

エックハルトによれば，形相とりわけ実体形相は，その本質によっていかなる媒介もなしに，質料のうちで質料を形相化することによって存在を受け取る。そしてこの形相化することが形相にとって存在なのである[47]。形相化とは，形相としての存在を，それ自体として存在しない質料に与えることである。質料と形相との間にいかなるものも介在しないのであれば，存在はただ形相のみに属するものであり，さらに端的に言えば，存在は形相それ自体である[48]。形相は事物の内奥いわば質料の裸の実体（nuda materiae substantia）に関わることによって，事物の内在的原因と言われる[49]。

さて，以上のことを明確にするために，エックハルトが形相と質料との関係をいかに理解しているのかを考えてみたい。エックハルトは『創世記比喩解』（Liber parabolarum Genesis）において，「創世記」冒頭の一節「はじめに神は天と地とを造った」における「天」と「地」の関係を形相と質料との関係の比喩であると解している。そのさい，エックハルトは形相と質料は二つの存在者ではなく，被造的存在者の二つの始原

---

46) In *Ioh.* n. 426; LW III, 362, 2-3: iusti, in quantum iustus est, forma et species est ipsa iustitia, nihil aliud.

47) In *Gen.* I, n. 24; LW I, 204, 4-5: forma per essentiam nullo medio accipit esse in materia et per informare, et informare est sibi esse.

48) In *Ioh.* n. 325; LW III, 273, 10-11: esse autem farmae est et ipsamet farma.

49) In *Exod.* n. 52; LW II, 55, 12-13: forma est causa intrinseca rei.

(duo entium creatorum principia) であると理解している[50]。そして，両者の関係は質料が形相のためにあるのであって，けっしてその逆ではない[51]。さらに質料は本来，受け取る能力であり，形相は本来，現実態であるが，両者は或る実体に付加されるものではなく，むしろ質料と形相はそれ自体において裸の実体（nuda in ipsis substantia）なのである[52]。

上にも述べたように，質料がそもそも「地」の名称で表示されるのは，地がすべての存在者のなかで最低のものであり，非有あるいは無に近いものだからである[53]。この意味において，質料は存在を付与する形相に対してアナロギア的な仕方でなければ名づけられない。すなわち，《「有ること」なしにある》（quod est sine an est）としか表現することができない[54]。つまり，質料はそれ自体としては名づけられないのであるから，存在を有していないし，認識不可能である。こうした性質をもつ質料が第一に，そして自己自身によって本質的に秩序づけられているのが実体形相にほかならない。実体形相はいかなる媒介による態勢づけもなしに，存在に向けて存在のために質料と一つになる。そして，質料は形相の存在と本質を熱望しているのである[55]。

以上のことから言えることは，質料が形相を受容する能力は質料それ自体の裸性（nuditas）によるということである。したがって，端的に露で純粋である第一質料（materia prima）は，存在あるいは形相である第一現実態（actus primus）を端的に獲得する[56]。

---

50) In *Gen.* II, n. 28; LW I, 497, 13-14: materia et farma non sunt duo entia, sed sunt duo entium creatorum principia.

51) In *Gen.* II, n. 28; LW I, 498, 1-2: materia est propter formam, non e converso.

52) In *Gen.* II, n. 30; LW I, 498, 9-11: materia est ipsa sua potentia passiva, et forma est ipse suus actus, et potentia hinc inde activa et passiva non est quid additum substantiae, sed materia et forma sunt nuda in ipsis substantia hinc inde.

53) In *Gen.* I, n. 29; LW I, 207, 4-6: ipsa materia primo vocatur nomine terrae, eo quod inter omnia entia infimum est terra et proximum non enti sive nihilo.

54) In *Gen.* I, n. 29; LW I, 207,3: Inane enim est quod est sine 'an est'.

55) In *Gen.* II, n. 31; LW I, 499, 9-12: omnis forma substantialis, quam materia primo et per se respicit et se ipsa per essentiam respicit, sine omni medio et dispositione addita unitur materiae ad esse et propter esse et materia talis formae, substantialis scilicet, essentiam respicit et appetit, nihil aliud extra essentiam et esse formae.

56) In *Gen.* II, n. 32; LW I, 501, 4-6: materia prima, cum sit simpliciter nuda et pura inter potentias passivas susceptivas, meretur primum actum simpliciter qui est esse sive forma.

以上のことを義人の例で考えてみよう。義人の形相である義それ自体は，義人の存在の内在的原因として義人に義人としての存在を与える。そしてそれ以外のなにものも義人には与えないし，義人は義人としての存在を義以外のなにものからも受け取らない。したがって，命題「義人は義のみを表示する」とは，義人の存在は義それ自体の存在に直接に由来するものであることを表示し，義人の行為は義それ自体の業であることを表示している。

　さて，形相と質料の間にはいかなる媒介も存在しないのであるから，存在に関しては形相因と質料因のみが関わる。つまり，作出因と目的因の場合，この両者はその実体に即して自己自身を与えるわけではなく，また質料も両者の実体を熱望しているわけではない[57]。その意味で，作出因と目的因は事物の外在的原因（causae extrinsecae）と言われる[58]。たとえば，木材において火の形相に先行する熱は，火の形相の前では不完全であり，それは火の熱ではなくて，存在へとそして火の形相へと向かいつつある火の熱なのである[59]。しかし，木材が火の形相を手に入れると，木材はその形相によって形相において十分なる熱を獲得し受け入れる。その熱は火の形相に先行するものでもないし，火の形相のために準備されたものでなく，かえってむしろ，火の形相それ自体から生じたもの，発出したものである[60]。ここでは，もはや「木材が火を自己自身に変容する」段階から「火が木材を自己自身に変容する」段階にすでに移行している[61]。

　この場合，火の形相に先行する熱は外在的原因に，火の形相は内在的原因にたとえられている。さらには，この関係はヨハネとキリストとの

---

　　57)　In *Exod.* n. 52; LW II, 55, 12-56, 1: Propter quod forma est causa intrinseca rei. Secus de agende et fine, quae non dant se ipsa substantialiter nec illa respicit materia nec appetit ipsorum substantiam nec per ipsam sui, materiae, esse, naturam.

　　58)　In *Exod.* n. 52; LW II, 56, 1-2: Propter quod agens et finis causae sunt extrinsecae rerum materialium.

　　59)　In *Exod.* n. 52; LW II, 56, 11-13: calor praecedens formam ignis in ligno imperfectus est ante formam ignis, nec est calor ignis, sed est calor igniti tendentis ad esse et ad formam ignis.

　　60)　In *Ioh.* n. 129; LW III, 110, 15-111, 3: Sed postquam lignum adeptum est formam ignis, tunc perfecte assequitur et accipit per formam et in forma plenum calorem: non iam praecedentem et disponentem ad formam ignis, sed potius consequentem et procedentem ab ipsa foma ignis.

　　61)　*Pr.* 6; DW I, 114, 6-115, 1: Daz holz daz verwandelt daz viur in sich niht, mêr: daz viur verwandelt daz holz in sich.

関係，すなわち生成と出生との関係に相応する。木材が自己自身を火に変容させるためには，木材の外部に作用するもの，すなわち外在的な原因（作出因）およびその目的（目的因）を必要とする。しかし火の形相に先行する熱は，木材という基体の存在を前提することによって，付帯的なものとして時間的な生成の原因にすぎない。それは，「火が木材を自己自身に変容する」ためにあるから，その目的は火の形相それ自体に付随する火の出生である。その出生によって火の形相から生み出されるのが火の形相の子，すなわち火の存在である[62]。火がもっているものはすべて，出生によってすべての生成と変化が静まり，火の形相と存在を受け取る者すなわち子だけに，完全な仕方で伝授される[63]。

しかしながら，ヨハネがキリストに遭えるというように生成が出生に遭えるということは，生成が出生に対してただ不完全であるということであって，けっして無益なものであることを意味しない。その生成における不完全性とは，生成が時間的なものであり，はたらくものとそのはたらきを受けるものの不等性に由来する。上にあげた例で言えば，火と木材における不等性である。火は木材と同じではないから，火が木材を温めるには，すなわち木材が火の形相を受け入れるために態勢づけるには，時間が必要であるし，その過程において煙が出てパチパチと音をたてる。しかし，木材が熱をもてばもつほど，だんだん静かになり，さらには，木材が火と同一になればなるほど，落ち着いてくる。

存在が出生に関係し，生成が変化するもの・付帯的なものに関係し，そして出生が生成と対立しているのであれば，変化するものは存在と対立関係にある。上の例でいえば，木材のもつ不等性が原因となって，煙りを出し，パチパチと音を立てる。それは変化するもの・付帯的なもの，すなわち存在と対極にあるものである。エックハルトは，それを端的に表現して，「ないそれ自体」（daz selbe niht）という[64]。

以上のことをもう少し詳細に考えてみよう。エックハルトはアリスト

---

[62] In *Sap*. n. 100; LW II, 435, 8-10: Forma autem ignis et esse ipsius sunt per generationem; terminus enim generationis est esse et forma generantis sive parientis et parturientis. Gentium autem et partum proles est et filius.

[63] In *Sap*. n. 100; LW II, 436, 3-5: Nunquam omnia sua nec perfecte communicat nisi illi quod accipit formam et esse ignis per partum et generationem post omnem motum et alterationem.

[64] *Pr*. 5b; DW I, 89, 3-4: Sehet, daz selbe niht brennt mich.

テレスのカテゴリー論における，いわゆる第一実体と付帯的なものとの関係について次のように述べている。

> 「これら九つのカテゴリーはすべて直格的な意味での存在者（entia in recto）ではなく，斜格的な意味での（in obliquo）存在者である。」[65]

　存在者における《in recto》と《in obliquo》とのアナロギア関係をエックハルトは徹底させる。その徹底化の基準は神と被造物とのアナロギア関係である。エックハルトにとって，神が存在であるならば，被造物は「純粋なる無」（ein lûter niht）である[66]。存在と無との関係は神と被造物の関係に相応する。すなわち，神的領域と自然的領域とのアナロギア関係をエックハルトは，自然的領域における実体と付帯的なものとのアナロギア関係にアナロギア的に見るのである。

　つまり，神と被造物とのアナロギア関係は，出生と生成，存在と付帯的なもの，形相と質料との関係に相応する。したがって，上にも述べたように，神のうちの同名同義的関係も自然界にアナロギア的に適用されることになる。すなわち，父と子との関係は，範型と像，義と義人，実体形相とそれに付随する存在との関係に相応する。

　以上見てきたように，神のうちの同名同義的関係が自然界においても見出され，さらに神と被造物とのアナロギア関係が自然界それ自体のうちにおいても見出されることになる。したがって，自然界に見出される出生は，神のうちの子の父からの出生に対するアナロギア関係にある。そして出生は，それが事物の場合であっても人間の場合であっても，存在を与えるものとして，事物と人間の最内奥に関わる。

2.3.2　出生としての存在

　トマスは，存在それ自体はすべてのもののうちでもっとも完全なものであり，現実態としてすべてのものに関わっているという観点から，「存在それ自体はすべての事物の現実性で

---

[65]　In *Exod*. n. 54; LW II, 58, 14-15: omnia huiusmodi novem praedicamenta non sunt entia in recto, sed in obliquo.

[66]　*Pr.* 4; DW I, 69, 8: Alle crêatûren sint ein lûter niht.

あり，かつ形相それ自体の現実性でもある」[67]と述べている。エックハルトも

「存在それ自体は，すべてのものの現実態そして完成態のようにすべての事物に関わっており，すなわち，存在それ自体はすべてのものの現実性であり，形相の現実性でもある。」[68]

と述べて，存在が形相の現実態であるとするトマスの見解を承認している。エックハルトによれば，存在それ自体は自ら存在することを或るものにおいて受け取るものでもなく，或るものから受け取るものでもなく，或るものによって受け取るものでもない。また，存在自体は，或るものに来るものでもなく，或るものを超えて行なってしまうものでもない。存在それ自体とは，すべてのものに先行しており，すべてのものより以前のものである[69]。したがって，すべてのものの存在は第一原因および，すべてのものの普遍的な原因に直接に由来している[70]。その意味で，存在はすべての事物の最内奥に位置する。

エックハルトによれば，存在のこうした性質が，神固有のはたらきである[71]。すなわち，はたらくことが神にとっては存在することである[72]。

---

67) Thomas de Aquino, *Summa Theologiae I*, qu. 4 art. 1 ad 3; Ed. Leo., Tomus IV, 50: ipsum esse est actualitas omnium rerum, et etiam ipsarum formarum.

68) *Prol. gener*. n. 8; LW I, 153, 7-8: Ipsum enim esse comparatur ad omnia sicut actus et perfectio et est ipsa actualitas omnium, etiam formarum.

ちなみにこの箇所は後に異端的なものと見なされた。それに対して，エックハルトは，トマスとアヴィセンナの言葉によっても真実であると弁明している。

Proc. Col. I, n. 115; LW V, 288, 16-289, 2: Ad tertium cum dicitur quod »esse est ipsa actualitas etiam omnium formarum« et quod »esse est quod desiderat omnis res« etc. Dicendum quod verum est. Primum est verbum sancti Thomae, secundum est verbum Avicennae, sicut hic in articulo ponitur.

69) *Prol. gener*. n. 8; LW I, 153, 2-4: Ipsum enim esse non accipit quod sit in aliquo nec ab aliquo nec per aliquid, nec advenit nec supervenit alicui, sed praevenit et prius est omnium.

70) *Prol. gener*. n. 8; LW I, 153, 4-5: Propter quod esse omnium est immediate a causa prima et a causa universali omnium.

71) In *Ioh*. n. 304; LW III, 253, 5-6: creatura foris est, deus autem intimus et in intimis est. Patet hoc in effectu deo proprio, qui est esse, intimus omnibus, in intimis omnium.

72) In *Gen*. I, n. 166; LW I, 312, 14-313, 1: operari est sibi (deo) esse. なおカッコ内は筆者による。

はたらくとは，前述のように，存在を与えることにほかならない[73]。存在を神固有のはたらきとする観点から，エックハルトは形相と存在との関係を次のように見る。

> 「本質だけに関わるのはただ形相のみである。それは存在を与え，それは存在であり，それはすべての神的業の何故であり，終極であり，始原であり，休息である。」[74]

　神はすべてのものの始原であり，目的なのだから，神それ自体には始まりも目的もない。したがって，神のはたらきには理由・何故がない。そして神のはたらきは存在を与えることにおいて休息する。この場合，休息とは，神のはたらきである存在に即して言われることであって，存在における不動性，不変性を意味している[75]。

　この存在における不動性と不変性は，火と木材の例でいえば，木材が煙りを出さなくなり，パチパチと音を立てなくなることを意味する。つまり，そこは生成・変化を脱した次元，すなわち始まりも終わりもない次元，むしろそれ自体が始まりであり終わりである次元である。そこは時間を超越した次元の世界である。エックハルトにとって，存在は時間を超越している。そして，存在は瞬間である。

　過去は《もはやない》(iam non esse)。未来も《まだない》(nondum esse)。すなわち存在は「現在において，かつ現実的に存在するもの」(praesto et actu ens)[76]である。その現在という瞬間は，神が世界を創造した永遠の第一の今（primum nunc aeternitatis）であり，その今において神自身が存在し，神が神なのである[77]。神はあくまでも永遠性それ自体である。永遠において子は父から出生し，子の出生を範型として世界

---

73) In *Gen.* I, n. 146; LW I, 299, 5: deo esse est dare esse.

74) In *Ioh.* n. 336; LW III, 285, 5-6: Forma enim sola essentiam solam respicit: ipsa dat esse, ipsa est esse, ipsa est quare, finis, principium et quies omnis operis divini.

75) In *Gen.* I, n.164; LW I, 311, 6-8: Adhuc autem quarto sic exponitur litteraliter: requiescit deus *ab universo*. Esse enim et ipsum solum quiescit, quietum est, immobile, immutabile et invariabile.

76) In *Sap.* n. 167; LW II, 498, 5.

77) In *Ioh.* n. 216; LW III, 181, 8-9: Creavit enim mundum in primo nunc aeternitatis, quo ipse deus et est et deus est.

は時間的なるものとして創造される。しかも，その神のはたらきは同一である。

しかし，創造は時間的な業ではない。エックハルトにとって，第5章で述べたように，創造とは存在を運び集めること（collatio）である[78]。運び集めるとはすべてのものを無から呼び出すこと，すなわち無から存在へと呼び出すことである[79]。その神のはたらきは時間的なもののうちにも見出される。しかし神は時間的なものに対して，永遠なるものと同様に，非時間的に（intemporaliter）はたらくのである[80]。

神が存在を運び集めるはたらきは非時間的になされる。存在それ自体が非時間的なのである[81]。出生の結果生まれる存在はこうした存在である。したがって，出生それ自体も瞬間的なものとして，時間を超越している。

出生が時間のうちにあるのではないといわれるとき，エックハルトはそこに，神における非時間的なはたらきを見ている。エックハルトによれば，出生としての存在は光である[82]。その光は自然界の存在の理念として輝いている。その理念は神が世界を創造する範型である。そしてその理念は，家の理念が職人のうちに職人の生命，知性認識として存在し

---

78) In *Sap.* n. 19; LW II, 340, 10-11: Creatio enim est collatio »esse post non esse«.

79) *Serm.* XXIII n. 223; LW IV, 208, 9-11: Non ergo deus creando mundum proicit sive effundit esse rerum in nihilum, sed e converso creando vocat cuncta ex nihilo et a nihilo ad esse.

80) In *Ioh.* n. 216; LW III, 182, 3-5: unica scilicet et eadem simplici operatione, et in aeternitate et in tempore operatur, sic temporalia ipse intemporaliter sicut aeterna.

81) 存在が非時間的であるということは，存在が瞬間としての永遠の今だけに関わっていることを意味する。本来の意味における存在は，すでに述べたように，「現在においてかつ現実的に存在するもの」である。したがって，過去と未来は本来的には存在しないことになり，したがってそれらの認識は本来，不可能である。このことに関してエックハルトは次のように述べる。「また，過去のものと未来のものは存在においては輝くものでもなく，また存在に属するものでもないのだから，両者が今ここに存在していない以上，存在において，あるいは存在によって両者についての知は存在しないのである。つまり，無知において知られることが非存在者の固有性である。というのは，非存在者に関しては，《知らない》ということしか知られないからである。つまり，過去のものと未来のものは《存在していない》というふうに存在している」(In *Eccli.* n. 23)。過去のものと未来のものが《存在していない》としてのみわれわれに知られるということは，これらの両者が永遠の今としての存在にアナロギア的に還元されてはじめて意味をもつということである。

82) In *Ioh.* n. 94; LW III, 81, 11-12: cum omnis perfectio, praecipue ipsum esse, lumen sit et radix omnis perfectionis lucentis.

ているように，神のうちに生命，知性認識として存在している[83]。時間的世界における事物の存在と神のうちの理念としての存在が，実はアナロギア関係にある。つまり，時間的世界において移ろい行く事物の《ある》は，理念としての存在それ自体における《ある》とのアナロギアとして表示される。

　事物の存在は，そうであるかぎり，神の存在を表示する。エックハルトはこのことを「事物の存在は神の本性を味わう」[84]と表現する。自然界の存在者は，自らの存在が出生によって受け取られたものであることを知ることによって，神の本性を味わっているのである。

---

83) In *Sap*. n. 32; LW II, 353, 4-6: Sed in ipso nondum sunt, ut sunt, puta leo, homo, sol et huiusmodi, sunt autem in ipso non sub ratione esse talium rerum, sed sub ratione vivere et intelligere.

84) In *Exod*. n. 52; LW II, 55, 10-12: esse rerum sapit naturam dei, 'primi et novissimi', propter hoc forma substantialis omnis, cum sit esse et dans esse, unitur materiae et ipsum perfecit immediate se ipsa.

第 8 章

スペキエスの実現とその始原

―――――――

は じ め に

エックハルトは『ヨハネ福音書註解』(*Expositio sancti evangelii secundum Iohannem*) 第 57 節において,

「われわれのすべての感覚的あるいは理性的能力においては,第一に,スペキエスすなわち対象の子が生まれなくてはならない。」[1]

と述べている。ここで語られているスペキエスの概念にはいわゆる「可感的スペキエス」(species sensibilis) と「可知的スペキエス」(species intelligibilis) という二つのスペキエスが内包され,しかも両者がともに「対象の子」(proles obiecti) であると言われている。また同註解第 505 節には,

「したがって認識は,子としては,完全に同一なるスペキエスないしは像なのであって,それらによって可視的対象が認識され,それらによって見るものあるいは視覚が能力によって現実的に見るのである。」[2]

---

1) In *Ioh*. n. 57; LW III, 47, 17-48, 1: in omni potentia sensitiva vel rationali nostra primo omnium necesse est gigni speciem, prolem obiecti.

2) In *Ioh*. n. 505; LW III, 436, 2-4: Est ergo proles notitia species sive imago eadem prorsus

と述べられ，スペキエスが像（imago）と並列的に置かれている。さらにこの後すぐに，アリストテレス『デ・アニマ』第3巻第2章の記述に基づいて，現実態における可視的なものと現実態における視覚とは一であると述べられることによって，スペキエスないしは像が，それが感覚的なものであるにせよ，知性的なものであるにせよ，認識の原理であると指摘されている。それにひきつづきアヴェロエスにしたがって，認識するものと認識されるものとが一であることは，質料と形相とが一であることよりもいっそう一であることが指摘され，その理由をエックハルトは

「父すなわち対象，子すなわち生まれた子孫とは，スペキエスないしはたらき，すなわち見ることそれ自体は，視覚と見る者のうちにおいては一なるものであるから」[3]

と述べている。つまりここでは，質料と形相という実在的存在者（ens reale）あるいは魂の外なる存在者（ens extra anima）に関わる本質規定と，スペキエスあるいは見るというはたらき，すなわち魂の内なる存在者（ens in anima）に関わる本質規定が対置され，一であることにおいて後者が前者を卓越していることが明示されているわけである。

以上のエックハルトの見解を踏まえて，以下においてわれわれは，二つのポイントすなわちエックハルトにおける関係概念と認識構造のメカニズムを明らかにすることによって，スペキエス論がおもに彼のドイツ語著作において見られる，いわゆる「魂における神の子の誕生」の思想にいかに連結していくのか，という問いを考えてみたい。しかしその前にまず，スペキエスが像であると指摘されていることに注目し，予備的考察として，エックハルトにおける像に関する理論を検証することからはじめたい。次に関係概念について扱うのは，スペキエスがその対象が生んだ子であると解釈されていることから，スペキエスと対象との相関性における論理構造を明らかにしなければならないと考えたからであ

---

qua visibile obiectum cognosciur et qua videns sive visus potentia videt actu.

[3] In *Ioh.* n. 505; LW III, 436, 7-8: quia pater, obiectum—, filius, proles genita,— species sive actus, visio ipsa — in visu et vidente unum sunt.

る。とくに，スペキエスの存在が対象に絶対的に依存していることの意味を中心に解明していきたい。さらに，スペキエスと対象との関係が父と子の関係にアナロギア的に見られることを示すことによって，人間知性における認識構造のメカニズムを明らかにしてみたい。そして最後にエックハルトにおける神秘主義的色彩を帯びている中心的モティーフ「魂における神の子の誕生」に迫っていこうと思う。

1　像が有する九つの性格

エックハルトは『ヨハネ福音書註解』第 23 節から 26 節にかけて，像のもつ性格を次の九つの観点にしたがって示している。

① 像は像であるかぎりに，自らのいかなるものも，像がそのうちに存在している基体（subiectum）からは受け取らないのであり，その全存在をそれがその像であるところの対象（obiectum）から受け取る。
② 像が自らの存在を受け取るのは対象からのみである。
③ 像が自らの全存在を受け取るのは，それによって対象がその範型（exemplar）であるそのすべてのものにしたがってである。
④ ある人の像はそれ自体としては，ただひとつのものであり，ただ一つのものの像である。
⑤ 像はその範型のうちに存在している。
⑥ 像と像がそれの像であるところのものとは，それ自体としては，一である。
⑦ 像のそのような表出（expressio）ないし出生（gignitio）は，ある種の形相的流出（formalis emanatio）である。
⑧ 像と範型とは同時的（coaevus）である。
⑨ 範型のみが像を知っており，像以外の誰も範型を知ってはいない。[4]

---

4) In *Ioh*. n. 23-26; LW III, 19-21.

①と②は一見して理解できるように相互に関連している。つまり，像は自らの固有性を対象からのみ受け取るということは，すなわち基体から受け取らないということである。これは，像とその対象とが「関係」（relatio）していることを意味している。関係概念については次節で詳論するが，ここでエックハルトが強調するのは，関係が，たとえば性質（qualitas）の付帯性がその基体の存在に依存している存在様相とは異なるということである。

　次に③の性格に関しては，⑤の性格と関連しているが，ここでは範型は像の本質的原因（causa essentialis）であることが意味されている[5]。つまり像はその範型のうちではより卓越した仕方で存在しているのであり，範型からの流出の仕方も範型の仕方に従っているということである。④⑤⑨の3つも互いに関連している。すなわち④においては，像が子であるという観点[6]から，像は対象の独り子であることを意味している。子は父の一なる存在に全面的に依存しているのであるから，像は対象である父のみを表出するただ一つの像である。子が子であるということは，父から生まれ出た者であることを意味し，同時に，像が像であることは像がそれの像であるもの，すなわち範型の表出であることがアナロギア的に意味されている。つまり子と父，像と範型とは，それぞれ生み出す者と生まれ出る者，表出する者と表出される者という存在様相において異なっている。しかし⑥において語られていることは，両者が本性においては一であるということである[7]。したがって，範型が一であり，像が一であることが前提となって，性格⑨が成立することになる。

　さて⑦において，まず注意しなければならないことは形相（forma）

---

5) 前章ならびに拙論「エックハルトにおける causa essentialis の受容とその変容」（『ネオプラトニカⅡ 新プラトン主義の原型と水脈』2000年，昭和堂，所収）を参照されたい。

6) この観点の範型は三位一体論における父と子の関係である。したがって，子は独り子である。像が一なる範型を表出することは，言い換えれば，像は一なる範型から生じるものであるということであるが，エックハルトはこの「一」を超範疇的概念（termini generales, transcendentia）である神的「一」に帰する。これに関するエックハルト自身の記述としては次のものを参照されたい。Serm. XXIX, n. 302; LW IV, 268, 11-13: Iuxta praemissa nota quod omnia consequentia unum sive unitatem, puta aequalitas, similitudo, imago, relatio et huiusmodi, universaliter non sunt proprie nisi in deo sive in divinis.

7) ⑤と⑥との関連は第3節において詳論するが，⑤は男性的差異，⑥は中性的一を指示している。このことに関しては，第7章を参照されたい。

の意味である。エックハルトによれば，ここで言う形相とはその本性からして全体としての自己を伝達し，生み出されたものにおける全存在の始原ないし原因である[8]。つまり形相と生み出されたものとの関係は，形相がその本性からして全体としての自己を伝達すると言われているかぎり，同名同義的（univocatio）であると理解される[9]。この同名同義的関係が成立するのは，像とその範型とが本性的に一であるということである。ここでは像はある種の生命であり，それは自らのうちにおける膨張であり，沸騰である[10]。ここにおいては像と範型とは，存在，生，そして知性認識とはたらきにおいて一である[11]。

ここで言われる沸騰は，先述のように，神的領域においては，子の父からの流出を意味する。その流出と創造との連関から言えば，沸騰する生命が外に噴出（ebullitio）する段階が創造（creatio）である。ここにおいてはじめて時間的なるものが入ってくる。したがって形相的流出は超時間的になされるわけであるから，像とその範型は超時間的関係にあり，両者の間には前後ということは考えられない。性格⑧はこのことを意味している。

以上，エックハルトが解釈する像に関して概略してきたが，以下，われわれはスペキエスとその対象との関係が子と父のそれに相応していることに注目し，その関係構造を問うてみたい。

2　関　係　概　念

以上述べてきたように，認識対象が父と言われ，そのスペキエスが子と言われていることには，父と子との関係が前提になっている。すなわ

---

[8] In *Ioh*. n. 343; LW III, 291, 14-15: forma ipsa ex sui proprietate se totam communicat et est principium sive causa totius esse in producto.

[9] このことに関しては，前章を参照されたい。

[10] *Serm*. XLIX, 3, n. 511; LW IV, 426, 2-4: Est ergo imago emanatio ab intimis in silentio et exclusione omnis forinseci, vita quaedam, ac si imagineris rem ex se ipsa et in se ipsa intumescere et bullire in se ipsa necdum cointellecta ebullitione.

[11] In *Ioh*. n. 343; LW III, 291, 15-292, 1: Et propter hoc iterum in formali emanatione producens et productum sunt unum in substantia simpliciter, in esse, vivere et intelligere et operari.

ち父は子に対して父であり，子は父に対して子であるということはいわば自明のことであるが，しかし両者の関係における論理構造を問うことは，エックハルトにおける認識プロセスを明らかにするために必然的なことであると思われる。というのは，ここで言われる父と子という関係概念は三位性における父と子のペルソナにまでその視圏を広げ，そこではたらいている関係がじつは認識の論理構造を支配する関係にアナロギア的に適用されているからである。つまり関係概念適用の範囲が神の領域と人間の領域にまたがっていることが，人間知性による認識プロセスにおける関係の機能を徹底させることによって人間知性が神の認識にまで到達できるという可能性を開く根拠となる。

さて，周知のように，中世の神学が三位性を明証化するさいに使用する概念装置としての関係概念は，その起原をアリストテレスのそれにもっている。まずはアリストテレス的関係概念をエックハルトがいかに捉えているかを彼の初期の著作『パリ討論集』（*Quaestiones Parisienses*）第1問題「神において存在と知性認識は同一であるか」（Utrum in deo sit idem esse et intelligere）から抜き出してみよう。

「関係（relatio）はしかし，そのすべての存在を魂から所有しており，このようなものとしてそれは実在的カテゴリー（praedicamentum reale）であるが，それはちょうど，時間がその存在を魂から有しているとはいえ，それにもかかわらず実在的カテゴリーとしての量の一種であるのと同様である。」[12]

ここで注目されるべきことは，関係の存在が，時間の存在と同様に，魂に由来しているということである。ちなみにトマス（Thomas de Aquino, ca. 1225-1274）は，『神学大全』（*Summa Theologiae*）第1部第28問題第1項主文において，関係を二つに区分している。すなわち，一つは事物の本性それ自体のうちに存しているものであり，実在的関係（relatio realis）と呼ばれ，もう一つは理性の把捉のうちにのみ

---

12) *Quaet. Par.* I n. 4; LW V, 40, 12-41, 2: Relatio autem totum suum esse habet ab anima et ut sic est praedicamentum reale, sicut quamvis tempus suum esse habet ab anima, nihilominus est species quantitatis realis praedicamenti.

存する概念的関係（relatio rationis）である[13]。エックハルトが，上の引用文のように，概念的関係にこだわることの背景として考えられることは，エックハルトと同じくドイツ・ドミニコ会に属していたフライベルクのディートリヒ（Theodoricus de Vriberch, ca. 1250-1318）の構成的知性論[14]の影響である。その知性論が展開されているディートリヒの初期の論考『カテゴリー的実在の起原について』（De origine rerum praedicamentalium）第5章第57節においては次のように述べられている。

「同様に相対的状態（relativa habitudo）なるものは，たとえその関係（relatio）が実体に関する概念のうちに含まれる基礎にもとづいて自然的存在者（ens naturae）にも属するものであっても，理性（ratio）によって規定されるその固有の始原から構成される（constituitur）ものなのである。」[15]

『パリ討論集』には，ディートリヒのこうした構成的知性論の影響が比較的強く表れている。エックハルトはしかし，『集会の書 第24章23-31節に関する説教と講解』（Sermones et lectiones super Ecclessiastici c. 24, 23-31）第10節において次にように述べている。

「しかし関係のみは，基体（subiectum）のうちにも，基体からも，その存在を有していないのであり，むしろそれは対象から，かつそれと対立しているものから（a suo opposito），その存在を有しているのであって，したがって実体（substantia）へと移行することはないのである。」[16]

---

13) Thomas de Aquino, *Summa Theologiae I* qu. 28 art. 1 co.
14) ディートリヒの構成的認識論の入門的論考については以下のものを参照されたい。
　Flasch, K., Kennt die mittelalterliche Philosophie die konstitutive Funktion des menschlichen Denken? Eine Untersuchung zu Dietrich von Freiberg, in: *Kant-Studien* 63（1972）S.182-206.
15) Theodoricus de Vriberch, *De origine rerum praedicamentalium*, cap. 5 n. 57, *CPTMA.* Tom. II. 3, 198, 596-599: Similiter relativa habitudo constituitur ex sibi propriis principiis determinatis a ratione, quamvis et ipsa relatio pertineat ad ens naturae ratione sui fundamenti, quod in intellectu suo importat circa substantiam.
16) In *Eccli.* n. 10; LW II, 239, 7-9: Sed quia sola relatio non habet esse in subiecto nec a

上にあげたエックハルトからの二つの資料を通じて注目されることは，エックハルトが関係の存在にこだわっていることである。つまり『パリ討論集』第1問題においては関係の存在が実在的なものではないことが指摘され，『集会の書 第24章23-31節に関する説教と講解』においては，関係の存在が基体のうちにも，基体から獲得されるものではなく，ましてや関係それ自体に固有なものでもないことが示され，かえって対立しているものに由来することが示されている。

　しかしたとえば，そもそもアリストテレスが『形而上学』第7巻第1章において，付帯的なるものは本来それ自体で存在しているものでもなく，また実体（基体）から離れて存在できるものでもない，と述べているのであるから，エックハルトはそれほど関係における存在の依存性にこだわる必要はないと思われる。

　しかしエックハルトは，たとえば『出エジプト記註解』(Expositio libri Exodi) 第54節においても，存在者あるいは事物とその存在に関して語り考えることは，事物のカテゴリーと事物の述語づけに関して語り考えることとは別様でなければならないと警告し，その理由としてこのことを考慮しないために，困難に陥っている人たちがいるからであると述べている[17]。エックハルトが，カテゴリーのうちで真に存在者と言われるものは実体だけなのであって，関係を含むほかの9つのカテゴリーはそれ自体としての存在が自己に由来しないものであるという，いわばアリストテレス以来の自明なことがらにあえて言及する理由は，付帯的なるものが《存在者》であると語られるのは，端的に存在者と語られる実体とのアナロギア関係においてのみであることを強調するためである[18]。

---

subiecto, sed potius ab obiecto et a suo opposito, non transit in substantiam.
　なおこれと同じ記述はエックハルトとディートリヒの共通の師（トマスもそうなのであるが）アルベルトゥス・マグヌス（Albertus Magnus, ca. 1193-1280）の『形而上学』第5巻第3論考第7章にもみられる：「関係は存在を有するが，なんらかのものに対立している相対的なものにおいてのみ存在を有している」(relatio habet esse, sed non habet esse nisi in relativo, quod est ad aliquid.)。

　17) In *Exod*. n. 54; LW II, 58, 3-5: Primum est quod aliter loquendum est et sentiendum de entibus sive de rebus et ipsarum esse, aliter de praedicamentis rerum et ipsarum praedicatione. Hoc enim quidam non considerantes difficultates in pluribus patiuntur.
　18) In *Exod*. n. 54; LW II, 58, 9-10: reliqua vero non sunt entia, sed entis proprie — ex VII

2 関係概念

　ところで伝統的神学においては，たとえばボエティウスが『三位一体論』のなかで「実体は一性を保持しているが，関係は三性を生み出す」と述べているように，神においては二つのカテゴリーすなわち実体と関係が存するというテーゼがいわば権威として君臨していた。神学者エックハルトはこのテーゼの正当性の根拠を示そうとする。この問題を解決するにあたりエックハルトはまず，いわゆる第一実体以外の9つのカテゴリーのなかで関係と他の8つのカテゴリーを比較することからはじめる。すなわち関係を除く他の8つのカテゴリーの場合，それらの存在はそれらが属する基体のうちにあり，あるいは基体に依存していることにその存在性の根拠が存する。

　しかしその存在が対立するものに由来しているという関係の本質規定にしたがえば，関係の存在は基体内存在を意味するわけではなく，他者から出てそして他者へ向かっていくものであって，他者において生じ，他者において消滅するものであり，他者によって本性的に同時であり，概念的にも他者と同一であることを意味する[19]。つまりただ関係においてのみ，カテゴリーとしての類を受け取るのは自己が属する基体からでもなく，またその基体への関わりによってでもなく，むしろ自己に対立するものとの関わりによってなのである。

Metaphysicae — entia solum analogice ad unum ens absolute, quod est substantia.

　なお，アリストテレス哲学においては自明なことをエックハルトがこれほどまでにこだわる背景として，聖体（eucharistia）論をめぐってディートリヒがトミストを批判したことが考えられる。つまりディートリヒは，聖餐の秘跡においてパンとワインの実体がキリストの身体と血に変化する際に，付帯性だけがパンとワインには残っているという全実体変化（transsubstantiatio）は哲学的には，すなわちアリストテレス的にはありえないと指摘する。なぜなら，付帯的なるものは基体なしに存在できないことは哲学的には当たり前だからである。したがってディートリヒは，トマスおよびトミストの付帯的なるものは《他者において》（in alio）存在するというあいまいな表現を使用せずに，《他者によって》（per aliud）存在していることを強調する。ディートリヒはこの点においてトマスおよびトミストを「ありきたりのことしか言わない連中」（communiter loquentes）という蔑称で呼んでいる。なお，聖体論に関するディートリヒのトマス批判およびシュトラスブルクのニコラウス（Nikolaus von Strassburg）によるディートリヒ批判については以下の拙論を参照されたい。「聖体に関して哲学することは可能か——中世における聖体論をめぐる哲学と神学との論争」，『東洋哲学研究所紀要』第 20 号，東洋哲学研究所，2004 年，264-292 頁。

19) In *Exod*. n. 64; LW II, 68, 8-11: Relatio igitur secundum genus suum et secundum id, quod est relatio, non ponit aliquid prorsus in subiecto nec dicit aliquid esse nec inesse, sed id quod est ex altero et ad alterum est, ibi oritur, ibi moritur, illi est et illo est et per illud est »simul tempore, natura et intellectu«.

したがって，たとえば知恵ある者とか善なる者として神を述語する性質は，神においてはそもそも付帯性はまったくないのであるから，実体へと必然的に移行する。つまり付帯的なるものが存在を有するのは，自己が付帯する実体の存在によってのみなのであるから，神においてはその存在は自己の本質あるいは実体と同一である以上，神においてはすべての付帯的なるカテゴリーは，それらが自己の基体から，またその基体への関係に基づいて受け取る類と表示の仕方にしたがって，実体へと移行するわけである。したがって，神が知恵ある者，あるいは善なる者と語られるのは，神の内にある付帯性としての性質の存在を表示するのではなく，神は実体によって知恵ある者であり，善なる者であるという意味である。アウグスティヌスの言葉を借りて言うならば，神は質なく善い者であり，量なき偉大なる者であり，位置なく現前する者であり，質なく，すべてのものを包括する者であり，時間なく常住する者なのである。

　それに対して関係は，上に述べられたように，対立するものがその始原であるという関係の本質規定からして，神のうちにおいては実体へと移行するものではなく，いわば実体の外に留まっている。関係のカテゴリーとしての本質規定は存在ではなく，さらに関係それ自体が関わるのは存在や実体ではない。つまり他の8つのカテゴリーは基体や実体に付着しているものの様相にしたがって表示されるが，関係が表示されるのはしかし付帯的なるものの様相にしたがってではない。関係が関わるのはただ対立するものだけなのであるから，関係は存在も本質も区分することはない。だから神においては，父の存在と本質の存在は同一なのであって，この原理は子と聖霊においても適用される。つまり関係は神の内においては，互いに向き合っているペルソナ同士を区分することに関わっているのである。したがって，神が父であることの根拠と神が実体であることの根拠は同一なる根拠なのではない。エックハルトは，トマスが『神学大全』第1部第28問題第2項において証明したように，関係を《他者へのかかわり》という観点から解することによって，神の一なる本性を保ちながらペルソナの三位性を説明することに成功したわけである。

　以上で解明された関係のもつ本質規定をエックハルトは，「ヨハネ福

音書」第7章16節「わたしの教えは，自分の教えではなく，わたしをお遣わしになった方の教えである」というイエスの言葉の義解に適用する。子は父といういわば他者によって存在している以上，子が子として有する子の固有性は，徹頭徹尾父に関係しているのであって，父によってあるのであり，父のうちにあるのである。そのことを神の子として表示したのが，上にあげたイエスの言葉にほかならない。すなわち神の子が語る教説は，彼が子であるかぎりにおいて，彼自身のものではなく，彼自身に属するものでもなく，彼自身を遣わした父に属するものということになる。

　要するに，関係的なものが有している自己に固有なものと思われるものは，それ自体において実在的なものではない。その固有なものとは自己にとって存在するものでもなく，自己のために存在するものでもなく，むしろ自己にとっては存在しないのであって，かえって他者にとって存在するものであり，他者に属するものであり，他者のために存在するものなのである。自己にとって存在するものは，自己にとって本来，存在しないということであり，それどころか，自己が存在するということそれ自体も他者に属しているということである[20]。

　子は父から発出することにおいて存在する者であるという，受動の本性における純粋性は，子を発出させる本質的原因がもたらすもの以外は発出する者はなにももたないことを意味する。発出する者が自己に固有なものと見るものはすべて，自己がそこから出てきた本質的原因に基づいているのであれば，それを自己のものであると主張することは本来ありえないことであろう。それはかえって発出する者にとっては害になるものであって，存在と善の欠如を意味する。それらはすべて，したがって，悪であり，虚偽あるいは「無」それ自体である[21]。ここから，本来，自己のものは存在しないのであるから，それらに固執することは，自己が発出してきた本来の自己自身の原因を忘れて生きることになる。したがってエックハルトは，自己のものから離脱（abegescheidenheit）することをわれわれに要求する。

---

[20] In *Ioh.* n. 425; LW III 360, 11-12: Propter quod quo magis non suum, tanto magis suum, et quo magis suum, tanto minus suum; sibi enim esse et suum esse est sibi non esse, sed alius esse.

[21] *Pr.* 4; DW I, 69, 8: Alle crêatûren sint ein lûter niht.

エックハルトはこうした関係概念を認識構造においても見出す。しかしそうはいっても，三位性を区分する原理としての関係概念はあくまでも神の内においてはたらくものなのであるから，その関係はいわゆる超範疇的関係（relatio transcendentalis）としての実在的関係であることが確認されなければならない。したがって，人間知性による認識プロセスにおいて，そこに父と子という関係が見出されるとしても，それは神の内にはたらく関係との同名同義的同一性にあるのではなく，あくまでもアナロギア的に適用されているにすぎない。

エックハルトはさらに，『形而上学』第5巻の「知識は関係としては，知る者に属するのではなく，知られうるものに属する」といわれる根拠を示している。すなわち，知識はそれ自体の存在をもたないのであって，知識の存在は関係の特質からして知る者と知られうるものに依存しているのであるから，いわば両者から生まれた子なのである。だから知識の存在とは，現実に知られうるものの存在にほかならない。このことによって認識するものと認識されるものとが一と言うことができる[22]。

以上，われわれはエックハルトにおける認識メカニズムを支える論理構造としての関係概念に触れてきたが，以下，認識プロセスにおけるスペキエスの機能の考察にとりかかろう。

3　人間知性における認識構造のメカニズム

3.1　非存在者としてのスペキエスの意味

周知のようにエックハルトはさきに引用した『パリ討論集』第1問題で，神は存在（esse）ではなく知性認識（intelligere）であるという命題を提示している。このかなりエキセントリックとも思える命題に対するエックハルト自身の真意はどこにあるのかという問題はいままで頻繁

---

22) In *Gen.* I n. 199; LW I, 346, 6-11: Et in »V Metaphysicae dicit quod scientia, ut relatio, non est scientis, sed scibilis«. Nam ut sic nullum esse habet scientia nec accipit a quocumque nec aliud esse accipit nisi id ipsum quod est esse scibilis actu sciti. Et hoc ipsum esse dependet ab utroque, scilicet a sciente et scito, proles est utriusque; in ipso tamquam *carne una* cognoscens et cognitum unum sunt.

3 人間知性における認識構造のメカニズム

に議論されてきた[23]。しかしながら，ここで提示されている存在と知性認識との乖離性が人間知性の場合にも妥当することに関しては，それほど多く論じられてきたわけではない。われわれはこの問題に取り組んでみよう。まずは人間知性における認識のプロセスが存在とは異次元の世界の出来事であることを検証することからはじめよう。

エックハルトは第1問題第7節において，「知性認識そのものと，知性に関連しているものは，存在そのものと異なる境位の下にある」[24]と述べ，魂の内なる存在者と魂の外なる存在者との差異を明らかにしている。この差異性は，いま引用した後に「付帯的なるものによる存在者は，原因を有していないのであるから，存在者ではないのと同様である」と述べられていることから，アナロギア的関係であることが理解される。

エックハルトはこれに引き続く第11節において，たとえば「健康である」という述語が，本来，生物に帰属されるものであって，食物や尿が「健康である」と言われるのはアナロギア的に語られるべきであるというアリストテレス以来の古典的例示に，食物や尿に健康がないのは，「石のうちに健康がないのと同様である」と付け加え，アナロギア的原因と原因づけられたものの差異性を強調している[25]。エックハルトが「魂の内にある存在者は，それが魂の内にあるかぎり，存在者の本質規定（ratio entis）を有していない」[26]と語るのは，以上のような観点から理解されるべきであろう。ここで言われる「存在者の本質規定」の「存在者」（ens）とは，同じく『パリ討論集』第2問題「天使の知性認識は，それが活動を意味するかぎり，その存在と同一であるか」

---

23) この問題については，第4章を参照されたい。

24) *Quaet. Par.* I n. 7; LW V, 43, 6-7: ipsum intelligere et ea quae ad intellectum pertinent, sunt alterius condicionis quam ipsum esse.

25) アナロギア的関係にあるもの同士の差異性をエックハルトが強調するのは，実体と付帯性との差異性に関してディートリヒがアナロギア概念を使用し強調したことの影響があることはたしかに否定できない。しかしそれだけであるとも言えない。というのは，エックハルトはアナロギアの論理を神と被造物との間ではさらに際立たせているからである。すなわち「神は存在である」と言われるとき，それに対して被造物の存在は，本来，「無」を表示することになる。

26) *Quaet. Par.* I, n. 7; LW V, 43, 13: Ens ergo in anima, ut in anima, non habet rationem entis.

(Utrum intelligere angeli, ut dicit actionem, sit suum esse) 第5節において，「10個のカテゴリーに分けられる存在者」(ens, quod dividitur in decem praedicamenta) あるいは同問題第7節の「類と種へ限定されるもの」(determinatum ad genus et spciem) と表現されているところからみれば，実在する被造的存在者であることが理解される。したがって魂の内にある存在者は，10のカテゴリーに分けられ，類と種によって限定されているという本質規定を有する存在者とは「反対に」(contra) 形成されている。ここで言われている「反対に」とはすなわちアナロギアの観点からのものであって，存在者と「反対に」形成されているものは存在者ではないことが表示されているわけである。要するに魂の内にある存在者は「存在者」ではなく，したがってスペキエスが魂の内にあるものであるかぎりにおいて，それは「存在者」ではないことが帰結される。

　もしスペキエスが存在者であるならば，それは実体ではないから付帯的なるものであろう。しかし上にも述べたように，スペキエスがその対象の子であるかぎり，基体を有しているわけではない。したがってスペキエスは付帯的なるものでもないので，存在者ではないことが証明される。しかしスペキエスが魂の外の存在者でないことが明らかになったとしても，魂の内にあるということは否定できない。そこで魂の内におけるスペキエスのあり方が問題になるが，エックハルトは『デ・アニマ』第3巻第4章の記述にならって，魂を，厳密に言えば知性をスペキエスの場所（locus）であると理解している。すなわちスペキエスの魂の内でのあり方は実在的なものではないということである[27]。

　またもし，スペキエスが存在者の本質規定を有していたならば，そのようなスペキエスによって，そのスペキエスがそれのスペキエスであるところの事物の認識は不可能になる[28]。われわれが道端に転がっている

---

27) *Quaet. Par.* II, n. 5; LW V, 51, 8-13: Item: si species sit ens, est accidens; non enim est substantia. Sed species non est accidens, quia accidens habet subiectum, a quo habet esse. Species autem habet obiectum et non subiectum, quia differunt locus et subiectum. Species autem est in anima non sicut in subiecto, sed sicut in loco. Anima enim est locus specierum, non tota, sed intellectus. Constat autem, si haberet subiectum species, quod anima esset eius subiectum. Quare species non est ens.

28) *Quaet. Par.* I, n. 7; LW V, 44, 2-5: Similiter, sicut alias dixi, si species quae est in anima, haberet rationem entis, per ipsam non cognosceretur res cuius est species.

石を石として認識するということは，石の実体が眼のなかにあるからではないというアリストテレスの言葉をまつまでもなく，そもそもスペキエスは事物をよりよく表現することに秩序づけられているのであるから[29]，そうであるためにはスペキエスは非存在者でなければならない。もしスペキエスが一個の存在者として規定されるのであれば，われわれが認識するものはスペキエスそれ自体だということになる。しかしスペキエスは事物と知性との媒介者であり，あくまで事物の認識をわれわれに導くものである。したがって，スペキエスが存在者であれば，われわれはスペキエスが由来するところの事物の認識から遠ざかってしまうわけである[30]。

さて以上述べられたことを『出エジプト記註解』第124節ならびに第125節に見られる例示を使って具体的に考えてみよう。たとえば私が白い壁を見ることにする。この場合，白という色のスペキエスが私の眼のなかにないならば，私はその色を見ることはできない。したがって，視覚が可能になるためには，色はスペキエスとして私の眼のうちに存在していなければならない。その一方で，色が壁にないならば，壁は有色ではないことになり，当然のことだが，私の眼はその壁に色を見ることはない。したがって，色は私の眼のうちにあり，そして壁にあることによって，私は壁が白いことを知覚するわけである。

しかし，色が壁にあるあり方と色が眼のうちにあるあり方とではまったく異なる。すなわち壁にある色は，壁を限定する形相としてあるのに対し，眼のうちにある色は形相としてではなく，スペキエスとしてある。形相は存在に関わるものであるが，スペキエスは，先ほどから繰り返し述べられてきたように，存在者の本質規定を有していないのであるから，存在のためにあるわけではなく，見ることと認識することのためにある[31]。つまり壁には色があるが，壁はその色を見ることはなく，そ

---

29) *Quaet. Par.* II, n. 6; LW V, 52, 8-10: Cum igitur finis speciei sit repraesentare rem intellectui, debet esse secundum quod melius repraesentat rem. Melius autem repraesentat, si sit non-ens, quam si esset ens.

30) *Quaet. Par.* I, n. 7; LW V, 44, 4-5: quia si haberet rationem entis, in quantum huiusmodi duceret in cognitionem sui et abduceret a cognitione rei cuius est species.

31) In *Exod.* n. 125; LW II, 116, 9-15: Rursus nisi esset color in pariete, non diceretur paries coloratus. Id ipsum igitur, scilicet color, est in pariete et in oculo ; sed parietem afficit et in ipso est

の反対に，眼のうちには壁にある色のあり方すなわち形相として色があるわけではないが，しかしそうであるからこそ，眼は色を見ることができるのである。したがって，眼が色を見るためには，自己のうちにいかなる色も有していてはならない。眼は色がついていなければいないほど，眼はいっそう色をよく見ることができるのである。

3.2 スペキエスと認識対象との一性

ところでスペキエスには，本章の冒頭で述べたように，可感的スペキエスと可知的スペキエスがあり，これら二つのスペキエスをエックハルトは区分することにそれほどこだわっていないことに気づかされる。この二つの区分については，たとえばトマスは周知にように非常に繊細に論じている。すなわちトマスによれば，人間は事物を認識するさい，はじめに感覚（sensus）によって可感的スペキエス（species sensibilis）を受け取り，それを表象（phantasmata）に変える。能動知性（intellectus agens）はその表象を抽象し，すなわち表象における質料性が捨象され，その結果，可知的スペキエス（species intelligibilis）の実現をもって可能知性（intellectus possibilis）を形相づける。これが人間における知性認識の仕方である。

しかしながら，可知的スペキエスはそれ自体として可能知性の認識対象にはならない。可知的スペキエスによって現実態となった可能知性は，表象像へと「立ち返る」（reflexio）ことによって，可知的スペキエスをいわば間接的に認識するのである。この「立ち返り」は人間知性の固有の仕方が「継起的」（successive）であることを意味するのであるが，この性格によって，人間知性には時間観念が生じ，その時間の前後に適合する仕方で命題が形成されることになる。したがって知性の固有の対象とは事物の「何性」（quiditas）である[32]。この何性は，『存在者と本質について』（De ente et essentia）第1章によれば，事物の定義（difinitio）

---

ut forma, in oculo autem est non ut forma, sed ut intentio sive similitudo. Et quia forma est ad esse, intentio sive similitudo non est ad esse nec propter esse, sed ad cognoscere et propter cognoscere et videre, propter hoc paries est coloratus et non videt colorem, oculus autem e converso non est coloratus, sed videt colorem.

32) Thomas de Aquino, *Summa Theologiae I* qu. 85 art. 6 co.; Ed. Leo., Tomus V, 343: Obiectum autem proprium intellectus est quidditas rei.

に関わるものであり，人間知性における事物の判断のさいに機能するものである。

エックハルトも『創世記比喩解』(*Liber parabolarum Genesis*) 第62節において，何性が事物について肯定・否定されるものの根源であり原因であると述べている[33]。『神学大全』第1部第75問題から第89問題にいたる，いわゆるトマスの人間本性論の議論はすでにエックハルトは研究しつくしていると思われる。トマスによる議論の繊細なる展開をエックハルトはときどき「美しい」(pulcher) という形容詞をもって表現している[34]。

しかしエックハルトの関心は，可感的スペキエスと可知的スペキエスによる差異それ自体や，前者から後者へのプロセスにあるのではなく，両スペキエスに共通な関係構造に見られる対象との一性に関心があると思われる。たとえ両者の差異が論じられていたとしても，その主要なる関心は両者の一性における度合いにある。というのも，後述するように，一性は最終的には神と人間の魂との一性にまで至るからである。

さてエックハルトは『パリ討論集』第2問題第3節において，基体がその基体に属するものに存在を与えているように，対象もまた，それがその対象となるところのものに対して，すなわち能力とはたらきに対して存在を与えていると述べている[35]。このことは像の有する前述の性格②に一致する。ただここで注目されるべきことは，対象が可視的なものであるにせよ，可知的なものであるにせよ，対象が存在を与えるとすれば，それは基体が付帯的なるものに存在を与える仕方にしたがってではなく，視覚あるいは知性という能力とそれらのはたらきに対してなのだということである。たとえば冒頭にあげた，感覚と感覚されうるものは現実においては一であるというアリストテレスの命題が意味するもの

---

33) In *Gen.* II, n. 62 LW I, 529, 3-5: Quiditas enim rerum, quae et ratio est, radix et causa prima est omnium, quae de re quacumque vel affirmantur vel negantur.

34) たとえば，『出エジプト記註解』第161節，quod ipsum est primum nomen dei, cuius tres rationes pulchras assignat Thomas p. I q. 13 a. 11. エックハルトがトマスを批判している箇所も見られるが，トマスからの引用は大部分肯定的に扱われている。この点においては，エックハルトはディートリヒのトマスに対する態度とは一線を画している。

35) *Quaet. Par.* II, n. 3; LW V, 50, 7-8: Sed subiectum dat esse ei, cuius est subiectum. Ergo et obiectum dabit esse ei cuius est obiectum, scilicet potentiae et operationi.

は，感覚されうる物体的対象とそれを感覚する眼とが存在者であるかぎりにおいては，感覚のはたらきに存在を与えるわけではないということである。先ほども述べたように，眼が色を見るためには，眼はあらゆる色から自由になっていなければならないのであって，その能力がいわば自然本性的に受動的であることが前提となって，またその受動性に徹することによって，対象に属するのと同一の存在すなわちスペキエスを眼は感覚として受け取るのである。

　本章の冒頭において，認識するものと認識されるものとが一であることは，質料と形相とが一であることよりもいっそう一であることを指摘した。いま認識するものと認識されるものとの一は，両者がスペキエスを介して結合される行為的一であることが理解される。こうした行為的一に関してエックハルトはドイツ語説教48において「眼と木材」の比喩をもって説明している。

　　「私の眼が開けられているとき，それは私の眼である。私の眼が閉じられているときも，それは同じ眼である。見ることによって木材になにかが欠けるとか，なにかが付加されるということは一切ない。ここで私の言うことを正しく理解してほしい！　私の眼がそれ自体において，一なるものであり，単純なものであって，開かれ，見つめることによって木材に向けられても，眼はそれであるところのものである。しかしそれにもかかわらず，両者は見つめるという現実的行為においては，《眼－木材》と言われるほどに一なるものとなる。そして木材は私の眼である。」[36]

　眼と木材は実在的存在者であるという観点から見れば，それぞれ異なっているもの同士である。眼が開けられても，眼は眼のままであるし，木材は木材のままである。しかし感覚的行為においては両者は一な

---

36) *Pr.* 48; DW II, 416, 4-10: wirt mîn ouge ûfgetân, sô ist ez ein ouge; ist ez zuo, sô ist ez daz selbe ouge, und durch der gesiht willen sô engât dem holze weder abe noch zuo. Nû merket mich vil rehte! Geschihet aber daz, daz mîn ouge ein und einvaltic ist in im selben und ûfgetân wirt und ûf daz holz geworfen wirt mit einer angesiht, sô blîbet ein ieglîchez, daz ez ist, und werdent doch in der würklicheit der angesiht als ein, daz man mac gesprechen in der wârheit: ouge—holz, und daz holz ist mîn ouge.

るものとなる。このとき眼は木材を見つめる眼であり、木材はその眼によって見つめられる木材である。この「見つめる」という行為によって両者は一なるものである。眼は「見つめる」主観、木材は「見つめられる」客観と言えよう。したがって主観と客観とはそれぞれ独立した存在者ではない。両者の間にはスペキエスが介在している。むしろスペキエスの実現をもって主観と客観が構成される。その意味において、スペキエスは認識の原理であるといえよう。

　さて、スペキエスの実現に話しを戻そう。対象の方から見るならば、対象それ自身としてそのスペキエスを認識する能力のうちに生むのであり、したがって、そこに生まれるスペキエスは認識される対象と認識する能力に共通なる子であると言える[37]。ここに、認識される対象と認識する能力という相対的なものに生じる関係の存在がスペキエスとして表現されていることが理解される。すなわちスペキエスの存在の始原は認識する能力なのではない。しかしだからと言って、対象それ自身の存在がスペキエスの存在であるとも言えない。そうは言っても、認識する能力の方から見るならば、自己のはたらきがスペキエスの存在なのであるから、認識能力は対象からそのスペキエスの存在を受け取るという表現になるのである。しかしそれではこの一性はいかなる性格を有しているのか。

　エックハルトは『ヨハネ福音書註解』第194節において次のように述べている。

「もし事物がそれによって見られ、認識されるスペキエスあるいは像がその事物と他のものであるならば、それによってもあるいはそれにおいても、その事物はけっして認識されることはないであろう。さらに、スペキエスあるいは像が、完全に事物と分離されないならば、その像は認識のためには、無益であろう。したがって、スペキエスあるいは像は〔その事物と〕一でなければならないが、一なる者であってはならない。一であるというのは、それによっても

---

37) In *Ioh*. n. 109; LW III, 93, 9-11: obiectum, cognitum scilicet, gignit se ipsum vel speciem suam et parit in potentia cognoscente, et species genita est proles una communis obiecto cognito et potentiae cognoscenti.

のが認識されるためであり，一なる者であってはならないというのは，それが認識のために無益であり，無用にならないためである。」[38]

　認識対象とそのスペキエスとがまったく別のものであるということはどういうことなのか。たとえば認識対象としての石のスペキエスがりんごのものであれば，われわれは石を認識することはできない。しかし認識対象としての石とそのスペキエスがまったく同一であるならば，すなわちスペキエスが実在する石と同一のあり方を有していたならば，上に述べたように，スペキエスはスペキエスとしての機能を果たさない。上の引用文におけるスペキエスが〔もの〕と「一なる者」であってはならないという表現はこのことを意味している[39]。つまり認識対象とそのスペキエスとがお互いに存在者の本質規定を有する主体として異なっている他者同士であることを意味している。しかし両者は「一」でなければ認識は成立しないと言われている。それではその「一」の意味内容について吟味してみよう。

　スペキエスと対象との関係は，上にも述べたように，神的領域における子と父との関係においてアナロギア的に語られている。また像の有する性格④⑤⑥が示しているように，父と子は本性としては一なのであるが，両者の存在様相すなわち父は生み出す者であり，子は生み出される者であるという点において区別される。つまり両者は男性的差異すなわち«pater»と«filius»としてペルソナにおける区別であって，しかし聖句「わたしと父とは一である」（ego et pater unum sumus）に基づいて言えば，両者の本性としては中性的一（unum）なのである。

　さて，アリストテレス以来の認識論的原理「似たものは似たものによって認識される」[40]における類似性をエックハルトは，両者の端的な

38）In *Ioh.* n. 194; LW III, 162, 8-12: si species sive imago, qua res videtur et cognoscitur, esset aliud a re ipsa, nunquam per ipsam nec in ipsa res illa nosceretur. Rursus si species vel imago esset omnino indistincta a re, frustra esset imago ad cognitionem. Oportet ergo et unum esse et non unus esse : unum, ut per ipsam cognoscatur, non unus, ne frustra et inutilis ad cognitionem.

39）ここでの「一なる者」（unus）とは実在論的観点から言われている表現である。つまり，スペキエスをいわゆる「魂の外なる」存在者であると見なすことである。

40）simile simili cognoscitur.

る一に根拠づける。しかし，その一は神的領域としての父と子との本性的一のアナロギア的意味である。したがって，認識論的類似性は，その根拠である一をいわば超越的に有していると言える。

エックハルトは，前述のように，『ヨハネ福音書註解』において「同一性それ自体は一性から生まれる」[41]と述べ，さらにアウグスティヌスやトマスにならって，一性（unitas）を父に，同一性（aequalitas）を子に帰属せしめている[42]。父と子とのこうした関係を認識対象とスペキエスとの関係にアナロギア的に見ることによって，認識対象とスペキエスの一性が根拠づけられることになる。

われわれが赤いりんごを見るとき，そのりんごはその全体において赤いものであるかぎり，父が子を生むように，われわれの視覚のうちへとスペキエスを生む。そのスペキエスは，子が父を全面的に語るように，自己自身に属するもの，スペキエスそれ自体が有する固有のものではなく，自己自身と本性的に同一の対象であるりんごの存在のすべてを語る。したがって，赤いりんごのスペキエスが語るのは，赤いりんごそれ自体にほかならない。赤いりんごとそのスペキエスは，本性においては同一のものであり，その存在様相すなわち生む者と生まれる者という様態においてのみ異なるのである。知覚にしても，知性認識にしても，いずれにせよ，スペキエスが認識の原理であるといわれるのは，認識対象とそのスペキエスとの類似性が中性的な意味での一性に根拠をもつということにある。

4　神のスペキエス

以上の議論を踏まえ，「神のスペキエス」という概念に注目してみよう。まず，エックハルトはラテン語説教40「三位一体の祝日の後の第18の主日において」の最後で次のように述べている。

---

41) In *Ioh.* n. 556; LW III, 485, 12: ipsa aequalitas ab unitate nascitur.

42) In *Ioh.* n. 556; LW III, 486, 1-2: Hinc est ergo quod, sicut sancti et doctores appropriant patri unitatem, sic filio aequalitatem.

「魂は，木霊を生む山のように，神のスペキエス (species dei) が生まれうるためには，あらゆるところで堅固であらゆるところから閉じ込められていなければならない。したがって魂は娘だけではなく，生む者でなければならないのであって，その結果，さらに大いなる神との類似性 (assimilatio) に達するのである。」[43]

いままでわれわれが考察してきたことの終極はこのエックハルトの解釈を理解することにある。エックハルトはここで「神のスペキエス」という概念を使用し，それが魂の内に生まれるという表現をしている。また魂は生み出す者とされ，その生むという能動的な行為によって魂はさらに大いなる神との類似性に達すると言われている。以下において，神のスペキエスが生まれるとされる魂の根底について，さらにエックハルトの言う「さらに大いなる神との類似性」とは何を意味しているのか，を考えてみたい。

4.1 魂の根底

これまでの議論のなかで言われてきたように，スペキエスはそれが発出してきたところの対象の子である。であるならば，「神のスペキエス」とは「神の子」と言い換えられるであろう。さらに，神のスペキエスが生まれるということは，ドイツ語説教においてよく眼にする「魂の内における神の子の誕生」という表現に連関しているように思われる。

眼が赤いものを見るためには，純粋に受動的でなければならず，そのために眼はいかなる色からも解放されていなければならないように，神のスペキエスが生まれるためには魂は純粋に受動的でなければならず，そのために魂はいかなる被造的なものからも解放されていなければならない。上にあげた説教のなかでは

「もし魂が時間を超えて自己自身を高めたならば，どんなに多くの

---

43) *Serm.* XL, 3, n. 405; LW IV, 345, 7-10: Oportet enim quod anima sit solida et clausa circumquaque, ut in ipsa gignatur species dei ad modum montis gignentis ipsum echo, ut sic non solum sit filia, sed ⟨pariens sive parens propter⟩ maiorem assimilationem ad deum.

神との類似性と神の子であることが魂には属するか。」[44]

と述べられ，魂の内に神のスペキエスが生まれる可能性が開かれていることが告げられている。

しかし神のスペキエスが生まれるためには，魂が時間を超えて自己自身を高めなければならないことが条件である。それでは魂が時間を超えて自己自身を高めるということはどういうことなのか。そしてそれを超える力とは何か。以下このことを考察してみよう。

魂が時間を超えて自己自身を高める力は，エックハルトによれば，魂自身がもつ能力としての知性である[45]。『デ・アニマ』第3巻の「思惟することは何らかの作用を受けることである」に基づいてエックハルトは，知性認識を「ある種の受動」(quoddam pati) であると解している[46]。この受動性の形相がもつ固有性は「裸であること」(nudum esse) であり，それはすべての色を受容するために眼はいかなる色からも解放されていなければならないように，知性が知性認識するためには，知性はいかなるものであってもならない[47]。

また先に考察してきたように，知性は魂のうちなる存在者であるかぎり，類と種に限定された存在者ではない。知性はつまり，「今ここに」あるという存在者ではない。しかし知性が「今ここにはない」ということは，知性が無であるということではない。「今ここにはない」という無限定性に，エックハルトは知性が魂の本性的な能力であることを読み取る[48]。であるからこそ，知性は事物をその始原において把握することができる[49]。その始原が事物の理念であり「何性」である[50]。知性が事

---

44) *Serm.* XL, 1, n. 404; LW IV, 344, 7-8: quanta similitudo et filiatio sit animae ad deum, si se ipsam supra tempus extulerit.

45) In *Gen.* I, n. 211; LW I, 358, 10-11: intellectus enim, per quem homo est homo, abstrahit ab hic et ubi, a nunc et a tempore.

46) In *Ioh.* n. 100; LW III, 86, 16-87, 1: Intelligere enim quoddam pati est.

47) In *Ioh.* n. 100; LW III, 86, 14-16: Propter quod intellectus nihil est omnium, ut intelligat omnia. Intelligit autem se sicut alia. Unde nihil sui, nihil suum habet, antequam intelligat.

48) *Quaet. Par.* II, n. 7; LW V, 53, 5-6: Cum dices: si intellectus est 〈nec〉 hic nec nunc nec hoc, ergo penitus nihil est, dico quod intellectus est potentia naturalis animae.

49) In *Ioh.* n. 9; LW III, 10, 1-3: Decimo notandum quod proprium intellectus est obiectum suum, intelligibile scilicet, accipere non in se, ut totum quoddam, perfectum et bonum est, sed accipere in suis principiis.

物の始原（principium）である何性を把握できることは，知性が時間的なものを超えることの証左となる。

知性が事物の始原に向かっていくことは，事物の外部から内部へと進んでいく知性の本性に由来する。事物の内部へと進んでいくことは，すべての外的なものに付加されたものから引き離していくことであり，その知性のはたらきをエックハルトは「上昇」（ascensus）と呼ぶ[51]。

それでは以上のことを踏まえて，知性が自己認識する場合を考えてみよう。知性はその本性からして自己自身の内部へと進入し，自己の始原に達する。しかしその過程は，自己に付加された外的なものすなわち時間的ないし身体的なものを引き離していくというはたらきにほかならない。知性のこのはたらきが魂の自己超越のはたらきである。このはたらきによって魂は上昇し，自己自身の上に還帰する。そこはかえって自己自身の内奥であり，そこで魂は神のスペキエスを見ることができる[52]。つまり魂がその本性的能力である知性のはたらきによって還帰する自己自身の内奥において，神のスペキエスが生まれるのである。

魂自身の内奥という概念に関して言えば，おもにドイツ語説教においてエックハルトは「魂の根底」（der grunt der sêle）という名称を使って表現している。そのほかにもたとえば，「魂の内にあるなにものか」（aliquid in anima），「魂の閃光」（vünkelîn），あるいは「魂の内にあって創造されずまた創造されえない光」（ein liehte, daz ist in der sêle, daz ist ungeschaffen und ungeschepfelich）などさまざまな名称で表現している。魂が時間を超えて自己自身を高めることができるのであれば，それは自己自身の内奥すなわち自己自身の根底から差してくる非被造的な閃光に照らされるときであろう。

さて，ここで「魂の根底」というエックハルトの言葉に注目してみよ

---

50) 註33を参照。

51) *Serm.* XXIV, 2, n. 248; LW IV, 227, 1-4: cum intellectus iuxta nomen suum intra procedat et ab extra, e converso voluntati, et secundum naturam suam abstrahat ab omni foras addito, eius ascensus est introitus in primam radicem puritatis omnium, quae est in verbo.

またドイツ語説教71においては，「求める知性」（die vernünfticheit, diu dâ suochende ist）と呼ばれている。

52) *Serm.* LIV, 2, n. 532; LW IV, 448, 7-8: Item eximi a corpore et materia, ut possit super se redire et deum intus in se ipsa invenire.

う。このようなことを表現するものは，なにもエックハルトだけとはかぎらない。たとえばディートリヒには「魂の実体を根拠づける始原」(principium causale ipsius substantiae animae) という言葉がある。そしてディートリヒの場合，第 1 章でも述べたように，それは能動知性 (intellectus agens) を指す[53]。能動知性はディートリヒにとってはもはや魂の能力ではない。能動知性はいまや魂の根源なのである。これはプシューケーの始原にして原因としてのヌースを教示する新プラトン主義への回帰を意味する。ディートリヒはその知性論の主著ともいえる『至福直観について』(De visione beatifica) の冒頭において，ディオニシオスが描く新プラトン主義的コスモロジーにおける秩序を人間における魂と知性との間に存在する秩序の範型としている。そしてディートリヒは，下位のものがその上部において自己よりも上位のものに触れていることによって，下位のものは上位のものの存在のあり方にしたがって，上位のものから原因づけられるという本質的原因論を展開するのである。こうしたコスモロジーと本質的原因論をもってディートリヒは，第 1 章でも述べたように，知性論を展開し，可能知性の本質的原因として能動知性を捉えるわけである。

たしかにディートリヒを通じて新プラトン主義的思想，とくにディオニシオスとプロクロスの思想がエックハルトに流れてきていることは否定できない。しかしエックハルトにとって，魂の根底はディートリヒのそれとはちがって，被造的なものではない。この点でエックハルトはディートリヒと袂を分かつ。しかもエックハルトにとって決定的なことは，魂の根底が神の子が誕生する場であるということである。

またディートリヒにおける可能知性と能動知性との連関性は，エックハルトにとってはもはや決定的に機能しているとは言えない。ただディートリヒの能動知性論において，魂のあり方が根本的に見直されたことは確実であろう。エックハルトは魂を「魂」という名称をもって表現すること自体にも躊躇する。あるラテン語説教には，アヴィセンナにならって「魂とは，その本質それ自体の名称ではない」[54]と述べている。

---

53) Theodoricus de Vriberch, *De intellectu et intelligibili*, II 2, CPTMA II, 1; 147, 50-51.: intellectus agens est principium causale ipsius substantiae animae.

54) *Serm.* LV, 4, n. 547; LW IV, 458, 5: secundum Avicennam non est (anima) nomen

魂がまだ「魂」と言われているかぎりにおいては，魂はその本質には達していない。その理由は，この段階における魂には純粋性と単一性と離脱が欠如しているからである[55]。魂の本質はまだ名づけられないが，それでも仮に名づけるとしたら，上にあげられた表現すなわち「魂の内にあるなにものか」という表現を使用するしかないであろう。

魂が自己自身を高めるということは，魂が自己の本質である純粋性と単一性へ離脱によって還帰することを意味する。魂は被造的存在者としての自己自身を超えることで自己自身に帰るのである。それは，上に論じてきたように，関係の論理によって自己自身の存在それ自体が否定されることですでに魂の内に神のスペキエスが生まれる可能性は開かれていたと言えよう。知性が，それが可能知性であっても，また能動知性であっても，魂の能力であると言われている段階においては，スペキエスは人間の被造的知性における認識論の域を出ない。「魂」という名称はもはやその本質を表現していないという次元が開かれてくる段階において，スペキエスは被造的世界を超越して魂の根底の世界に存在することになる。

4.2 さらに大いなる神との類似性

神のスペキエスが生まれるということは，その出生においてその反響も生み出されるということである[56]。ラテン語説教40においてエックハルトが語る「木霊」とは神のスペキエスの出生の反響という意味である。山に向かって「おーい」と叫ぶと，「おーい」とかえってくる。木霊は行為の反響である。魂の根底に自らの子を生むという神の行為と同じ行為を魂が行なうということである。それは魂が神の子を生むということにほかならない。こうした行為における一性が，ここでいわれてい

---

essentiae in se. なお，カッコは筆者による。

Avicenna, *De anima* I cap. 1, *AVICENNA LATINUS, Liber De Anima seu Sextus De Naturalibus I-II-III*, 15, 78-79: imponimus ei nomen «anima». Et hoc nomen est nomen huius rei non ex eius essentia.

55) S*erm*. LV, 4, n. 547; LW IV, 458, 6: propter absentiam suae puritatis et simplicitatis et abstractionis.

56) S*erm*. n. 404; LW IV, 344, 8-10: Pertracta haec omnia et habes exemplum in potentiis animae, in quibus gignitur species obiecti, et iterum in generatione ipsius echo.

る「さらに大いなる神との類似性」という意味である[57]。

さてここで，神のスペキエスが生まれるためには，魂は「あらゆるところで堅固で，あらゆるところから閉じ込められていなければならない」と言われていることに注目してみよう。神が自らの子を生む魂の根底とは，一切の被造的なものから離れ去った魂の純粋性それ自体であろう。「堅固で閉じ込められている」という表現はその魂の純粋性を意味していることになろう。魂の純粋性はまた「城壁」(bürgelîn) とも言われている[58]。それは一切の被造物をシャットアウトすることのメタファーだと考えられる。

神のスペキエスが生まれるということは魂が神に似るということである。神に似ていることは，一切の被造物に似ていないということである。魂の根底は「城壁」によって被造物の侵入を免れている。

その城壁の内側に神は独り子を生む。そのための準備を魂はしなければならない。その準備とは一切の被造物から自己を解放することであり，魂は自らの純粋性に立つことである。すなわち魂は「娘」(juncvrouwe) でなければならない。しかし魂は自らの純粋性に立って神の子を受け入れることが終極ではない。魂は「女」(wîp) となって，神の子を父の心のうちに生むのである[59]。

スペキエスは像の性格②によってその存在を対象から受け取る。魂が神のスペキエスを受け取るということは，魂の存在がそのスペキエスによって形相づけられるということである。それは，神がわれわれに吹き込んだ知性によってわれわれが神を見るということであり，しかし同時

---

57) 第3節においてわれわれは「眼-木材」の比喩を引用し，行為的一について考察した。エックハルトは同説教において，眼と木材という質料を伴った存在者であっても，行為によって一なるものとなるのであるから，これが精神的存在者の場合はなおさら一なるものとなろうと語っている。

58) たとえばドイツ語説教 2。DWI, 42.

59) *Pr.* 2; DW I, 27, 1-9: Daz nû der mensche iemer mê juncvrouwe wære, sô enkæme keine vruht von im. Sol er vruhtbære werden, sô muoz daz von nôt sîn, daz et ein wîp sî. Wîp ist daz edelste wort, daz man der sêle zuo gesprechen mac, und ist vil edeler dan juncvrouwe. Daz der mensche got enpfæhet in im, daz ist guot, und in der enpfenclicheit ist er maget. Daz aber got vruhtbærlich in im werde, daz ist bezzer; wan vruhtbærkeit der gâbe daz ist aleine dankbærkeit der gâbe, und dâ ist der geist ein wîp in der widerbernden dankbærkeit, dâ er gote widergebirt Jêsum in daz veterlîche herze.

に，その知性によって神がわれわれを見るということである[60]。ここでは，生む者と生まれた者はもう一つの自己である。自己はもう一つの自己のうちに自己を見出すのである[61]。神のスペキエスを媒介にして魂と神は，「生む」という行為において一なるものである。しかし神のスペキエスは，スペキエスであるかぎり神それ自体ではない。しかし先にも述べたように，スペキエスは同一性に帰せられる。そして同一性は一性から発出してくる。そのかぎりでは，神とそのスペキエスとは中性的に一であるけれども，しかしこの次元においては，その存在様相すなわち生む者と生まれる者として男性的に異なっている[62]。したがって，スペキエスは一性に還帰することにその完全性が存しているのだから，神のスペキエスがその完全性を見出すところは，一性にほかならない。そうであるならば，神のスペキエスに形相づけられた魂は，一性へと還帰していく。だから魂は神のスペキエスといえども，それを超えていかなければならない。

　魂が神のスペキエスを超えていくことは，神のスペキエスが神の像あるいは神の子であるかぎり，子と父との関係性すなわち男性的差異をも超えていくことである。ということは，三位性という関係それ自体をも超えていくことである。それでは，三位性をも超えさせていく力とは何か。それこそが魂の閃光である[63]。この閃光は，三つのペルソナがその固有性にしたがって存在しているかぎりにおいては満足しない[64]。この閃光は神のスペキエスをも含めて一切のスペキエスをも超えていくので

---

60) In *Gen.* I, n. 185; LW I, 328, 14-329, 1: Sic ergo quia intellectus, quem deus inspirat, est quo deum videmus et quo deus nos videt.

61) *Serm.* XLIX, 2, n. 510; LW IV, 425, 5-8: Septimo, consequenter oportet quod in sola intellectuali natura sit imago, ubi redit idem super se »reditione completa« et pariens cum parto sive prole est unum idem in se altero et se alterum invenit in se altero.
　とはいっても，「もう一つの自己」という表現はまだその自己が「像」であるという意味合いを含んでいるように思われる。それが像であるかぎり，魂はそれを「突破」（durchbrechen）しなければならない。

62) 男性的差異および中性的一に関しては，第7章の註28を参照されたい。

63) 先ほど述べられたように，魂の閃光は魂の根底と同一視されている。魂の「根底」という表現からすると，なにか静的な存在というイメージがするが，それが閃光と表現されることは，エックハルトが魂の根底を一つの「はたらき」と見ていることが理解できる。

64) *Pr.* 48; DW II, 420, 1-3: Im engenüeget noch an vater noch an sune an heiligem geiste noch an den drin persônen, als verre als ein ieglîchiu bestât in ir eigenschaft.

4 神のスペキエス　　　　　　　　277

ある。しかもこの超越は閃光自身の始原への超越でもある。それでは閃光が満足すべきその始原とはどこなのか。エックハルトは「静寂なる砂漠」(die stille wüeste) と呼ぶ[65]。

しかしここにきてわれわれには疑問がある。すなわちスペキエスはいったいどうなってしまったのか。

このことに関してドイツ語説教16aのなかで語られている比喩に注目してみたい。エックハルトはまず魂の像に関して、それは意志や認識なしに自己自身を表現するものであると述べ、一つの比喩を語る。

　「私の前に一つの鏡が置かれるとしよう。すると私が望むと望まざるとに関わらず、私自身の意志もなく私自身の認識もなしに、私は自分を鏡のなかに映し出す。この像は鏡に由来するものでもなく、また像それ自身に由来するものでもない。むしろこの像は、それが自らの存在と本性をそこから有するもののなかに根拠づけられている。もしその鏡が私の前から取り去られたならば、私は自分をもはやその鏡のなかに映し出すことはないであろう。というのは、私はこの像それ自身だからである。」[66]

この比喩における像とは、エックハルト自身によれば、「父の子」であり、「私自身」であり、「知恵」である[67]。鏡を前に置き、そこに自らの像を映し出すのは自己を認識するためである。しかし、その像の存在の始原は鏡にあるのではなく、またその像自身にあるのでもない。鏡を

---

65) *Pr.* 48; DW II, 420, 5-10: ich spriche ez bî guoter wârheit und bî der êwigen wârheit und bî iemerwernder wârheit, daz disem selben liehte niht engenüeget an dem einvaltigen stillestânden götlîchen wesene, daz weder gibet noch nimet, mêr: ez wil wizzen, von wannen diz wesen her kome; ez wil in den einvaltigen grunt, in die stillen wüeste, dâ nie underscheit îngeluogete weder vater noch sun noch heiliger geist; in dem innigesten, dâ nieman heime enist, dâ genüeget ez *jenem* liehte.

66) *Pr.* 16a; DW I, 259, 2-14: ⟨men⟩ houde enen spieghel vor mi : ic wille of ic en wille, sunder wille ende sunder bekentenisse mijns selfs beeldic mi in d⟨en⟩ spiegel. dit beelde en es van den spiegele niet, en es oec van hē seluen niet, maer dit beelde alremeest es in dien, van wien tsijn wesen heeft ende sine nature. wanneer die spiegel van vor mi es, sone beeldic mi niet langher in den spiegel, want ic ben dit beelde selue.

67) *Pr.* 16a; DW I, 259, 26-29: Dit beelde es die soned⟨es⟩ ⟨v⟩ad ς , ende dit beelde benic selue, ende dit beelde es die ⟨*wisheit*⟩.

取り去ったとき，その像はもはや映されることなく，その存在の始原に還帰することになる。その始原とはその像の範型，すなわち像が像であるところのものにほかならない。子は自らが発出してきたところの父に還帰する。魂も自らが生まれでたところに還帰する。そこが「砂漠」と言われているところであろう。

　そうであるならば，「砂漠」では認識はすでに認識ではなくなっている。なぜなら魂は自己を表現する像をそこではもっていないからである。ひたすら認識のために実現してくるべきスペキエスはそこでは消滅している。自己自身を映し出すべき像が存在していないのであるから，命名行為もそこでははたらいてはいない。したがって，そこでは魂には名づけられるべき名がない。魂はもはや「魂」とも名づけられない。太陽が曙光を自らに吸収し，曙光が消えてしまうように，魂は自らの始原すなわち神それ自身に吸収され，無になる[68]。神もそこでは三つのペルソナでもって表現されることはない。第5章で述べたように，エックハルトはそこを「永遠なる神性の隠れた闇」(diu verborgen vinternisse der êwigen gotheit[69]) と呼ぶ。ここは神と魂との中性的一が成立するところであり，したがって一切の像，スペキエスの始原である。

　ところで《そこ》が始原と言われるのは，スペキエスが還帰していく方向からのアスペクトに基づいているからである。すなわち，《そこ》がスペキエスにとって始原と捉えられることはスペキエスと《そこ》との間に原像と似像の関係が存在していることを意味している。しかし始原と言われている《そこ》が，それ自体としては「砂漠」であり「闇」であると表現されているのは，《そこ》が実は始原として限定できない《なにものか》であることを意味している。そして《そこ》こそが第一命題「存在は神である」における《存在》にほかならない。

---

68)　*Von der abegescheidenheit*; DW V, 427, 8-428, 3: Und sô diu sêle da zuo kumet, sô verliuset si irn namen und ziuhet sie got in sich, daz si an ir selber ze nihte wirt, als diu sunne daz morgenrôt an sich ziuhet, daz ez ze nihte wirt.

69)　*Pr.* 22; DWI, 389, 7.

第 9 章
何故なしの生

はじめに

　前章において明らかになったように，スペキエスあるいは像が出現してくる始原は，それらが一切，消滅する場である。また第 2 章においても述べたように，神の本質直観はいかなる媒介もなく神を認識することであり，そして同時にそれは，われわれに永遠の生命を授与する至福直観にほかならない。しかし哲学と神学を区分けする伝統的な慣習によれば，人間知性の認識構造が表象像の媒介なくしてはいかなるものも認識できないことを哲学はわれわれに語り，その一方で，至福直観がこの生においては不可能であることを神学はわれわれに教示する。
　エックハルトは，哲学と神学との不可侵的関係をアルベルトゥスから，そしてアリストテレスを批判的に継承し人間における知性認識の緻密なる分析をトマスから学んだ。さらにエックハルトは，本質的原因論に基づく新プラトン主義的コスモロジーの世界と魂の始原に関する解釈の新たなる地平をディートリヒから学んだ。しかし第 2 章においても述べたように，ディートリヒが神学を二つに分けたこと，すなわち「哲学者たちの神学」と「われわれの聖者たちの神学」に分けたことに対してエックハルトは疑義を抱いている。その疑義は，ディートリヒが依然としてわれわれ人間の身体を基準として生と死を理解していることに対する不満の表れでもある。エックハルトにとって絶対の基準は三位一体

の永遠なる真理にほかならないからである[1]。したがって、エックハルトはキリストにおける受肉と十字架上の死をわれわれ人間の生と死の基準に定めるのである。

身体における生と死が本質的な生と死でないならば、哲学の勢力範囲を「この生」に限定させることも、至福を「あの生」に限定する神学の特権も、そしてそれがたとえ不可侵的関係であっても哲学と神学との分離ももはや意味をもたなくなる。であるならば、生に「この」と「あの」を付加することは本来的には意味はなく、神の本質直観を不可能であるとする根拠もなくなるのではないだろうか。もしエックハルトがこのように考えたのであれば、彼は神の認識を根本的に考え直さなければならない。そして実際、神の認識はわれわれの魂と神との一性において実現することをエックハルトは結論として導く。

以上のことを踏まえて、エックハルトにおいて神の認識が神との一性へと至る思惟のプロセスと神との一性を彼独自の表現「何故なしの生」（leben âne warumbe）に関連づけて考察してみよう。

1　生の本質的規定

「君は何故食べるのか」と問われたならば、「生きるため」と答えるであろう。また、「君は何故眠るのか」と問われたならば、やはり「生きるため」と答えるであろう。しかし「君は何故生きるのか」と問われたならば、「まったくわからない。しかし私は喜んで生きる」と答えるしかないとエックハルトは語っている[2]。つまりここには、生きることとはそれ自体において、その目的もその理由もないことが提示されている。さらにあるドイツ語説教においてエックハルトは、たとえ生それ自体が「君は何故生きるのか」と千年の間問い続けられたとしても、「私は生きるゆえに生きる」と語る以外にはないであろうと述べている。その理由をエックハルトは次のように述べている。

---

1) In *Ioh.* n. 433; LW III, 370, 6-7: trinitas beata firmitas est et stabilimentum perpetuae veritatis.

2) *Pr.* 26; DW II, 27, 9-10: ‚war umbe lebest dû ?'—‚triuwen, ich enweiz! ich lebe gerne'.

「なぜなら，生が自ら固有な根底から生き，自らの固有なるものから湧き出でているからである。したがって，生は，生がそれ自身を生きるまさにそこにおいて何故なしに生きているのである。」[3]

　生が本来何故なしであるのは，生が自らの固有な根底から湧き出でているからである。生が自らの固有な根底を有しているということは，生が生自体の外にその理由をもってはいないことを意味し，生きるということが内面から自己自身から動かされることを意味している[4]。食べることや眠るという行為は「生きるため」であって，それ自体に理由を有しているわけではない。すなわち，それらの行為は「生きる」という目的を自己自身の外に有している。それに対して，生きることは内からものであり，いわば内的行為である。生は本来，内的原因しか有していない。それは第2章においても述べたように，生成と存在とのアナロギア的関係を考慮していえば，存在が外的関係を有していないということに対応している。エックハルトによれば，生のそうした内的行為は時間の下においてなされるものではなく，たえず生まれており，何かに妨害されることはない[5]。

　内的な始原から動かされることが本来的意味において生きていることを意味するのであれば，その反対に，外部のあるものによって動かされるものは本来の意味において生きているものとは言えない。つまり，自らを動かす原因が自分に先立ち，自分の外にもち，あるいは目的を自分の外に有するすべてのものは本来，生きているものとは言えない[6]。エックハルトによれば，人間を含めた被造物はそのようなものである[7]。

　さてここで，以上述べてきたことを要約してみよう。

---

3) *Pr.* 5b; DW I, 92, 1-3: Daz ist dâ von, wan leben lebt ûzer sînem eigenen grunde und quillet ûzer sînem eigen; dar umbe lebet ez âne warumbe in dem, daz ez sich selber lebet.

4) *Pr.* 5a; DW I, 80, 19: waz ist min leben? daz von innen bewegt wirt von im selber.

5) In *Ioh.* n. 585; LW III, 512, 8: actus interior non cadit sub tempore, semper nascitur, non intercipitur.

6) In *Ioh.* n. 62; LW III, 51, 9-11: Ex quo patet quod proprie non vivit omne, quod habet efficiens ante se et supra se, sive finem extra se vel aliud s se.

7) In *Ioh.* n. 62; LW III, 51, 11: Tale est autem omne creatum.

① 生は自己のうちにその始原を有している。
② 生きることは，生の自らの固有な根底から湧き出るという内的行為である。
③ 内的行為としての生は時間の下になされるものではない。
④ 自分の外に何故あるいは目的を有しているすべてのもの，すなわち被造物は本来の意味において生きているものではない。

　ここで注目されるべきことは，内的行為としての生は被造的なものではない，すなわち神によって創造されたものではないということが帰結することである。そして生が被造的ではないことの根拠は，生が自己のうちに有している始原にある。ここから一つの問題が生じる。すなわち，生の始原とは何か。さらには，内的行為としての生が時間的なものではないにしても，われわれはこの時間的世界に生きているという事実から考えるならば，もう一つの問題が提起されなければならない。すなわち，生の始原はわれわれの実生活といかなる関係にあるのか。以下，この二つの問題に答えることで，エックハルトの生解釈の特質を明らかにしてみよう。まずはエックハルトの聖書解釈から見ていくことにする。

2　生に関する聖書神学的基礎づけ

　エックハルトは「ヨハネ福音書」第1章第3節から4節，すなわち「万物は言によって成った。成ったもので，言によらずになったものは何一つなかった。言の内に命があった」（Omnia per ipsum facta sunt et sine ipso factum est nihil quod factum est. In ipso vita erat.）を，アウグスティヌス以来の伝統に基づいて以下のように読む。

　「万物は言によって成った。言なくしては無が生じた。成ったものは，言のうちにおいては，生命であった。」（Omnia per ipsum facta sunt et sine ipso factum est nihil. Quod factum est in ipso vita erat.）

世界が神の言葉によって創造された事実に関しては、両者は共通のこととして認識している。しかし後者においては、創造されたものが神の言葉のうちにおいては生命として存在していることが述べられている。エックハルトはさらに『知恵の書註解』(*Expositio libri Sapientiae*) において次のように述べている。

> 「神によって造られたものはそれ自身において存在を有しているがしかし、神のうちにおいては、生命としてあったのであり、それは神自身が非被造的であると同様に、生命としては非被造的であったのである。」[8]

エックハルトのこの解釈によれば、神によって創造されたすべてのものはこの世界において自らの存在を有しながらも、神のうちすなわち神の言葉のうちでは非被造的な生命として存在していることになる。ということは、被造物は二重の存在を有することになる。つまり世界における被造的存在と神のうちにおける生命としての存在である。ここで第4章で取りあげた事物における二重の存在にもう一度言及してみたい。

エックハルトは、『創世記註解』(*Expositio libri Genesis*) において、神の言葉のうちの生命としての存在を潜勢的存在 (esse virtuale)、世界における被造的存在を形相的存在 (esse formale) と名づけている。潜勢的存在とは確固とした恒常的な存在であり、形相的存在とは外的なものの世界における事物の存在、すなわち事物がその固有の形相において有する存在である[9]。しかし被造物が二重の存在をもっているといっても、二つの別々の異なった存在をもっているわけではない。

神によって創造されたすべての事物は、神の言葉のうちに潜勢的存在としてある。すべての事物は神のうちでは神の生、そして神の知性認

---

8) In *Sap*. n. 24; LW II, 344, 10-345, 1: ipsum factum a deo, quod est quidem in se ipso, in deo vita erat et ut vita increabile, sicut deus ipse increabilis.

9) In *Gen*. I, n. 77; LW I, 238, 2-6: Nota quod omnis creatura duplex habet esse. Unum in causis suis originalibus, saltem in verbo dei; et hoc est esse firmum et stabile. Propter quod scientia corruptibilium est incorruptibilis, firma et stabilis; scitur enim res in suis causis. Aliud est esse rerum extra in rerum natura, quod habent res in forma propria. Primum est esse virtuale, secundum est esse formale, quod plerumque infirmum et variabile.

識として存在している。この存在は事物の理念（ratio）として理解される。この理念にしたがって神は世界の事物を創造する。したがって，被造物における潜勢的存在は，神が創造する以前に神のうちにすでに先在していた，神自身の知性認識であり神自身の生なのである。だから，潜勢的存在としての生は非被造的であり，この世界における時間性を超越した永遠なる存在にほかならない。

以上で明らかになったことは，エックハルトは「ヨハネ福音書」第1章第4節の聖句に基づいて，神によって創造された事物は，この時間的世界において形相と質料との複合的存在者として存在しているが，創造以前には神の言葉のうちに神の生命として存在していたと解釈しているということである。

自己の魂の内的方向に開かれる生の始原が同時に神の生命として捉えられるというエックハルトの見解を以下に詳しく見てみよう。

3　精神の最内奥

聖句「神は，独り子を世にお遣わしになりました」（1ヨハ4・9）の義解において，この聖句を精神の最内奥あるいは内的世界に関わることとして理解しなければならないとエックハルトが述べていることは第2章で触れた。さらにエックハルトはドイツ語説教5bでこの精神の最内奥を「根底」と呼び，次のように述べている。

> 「ここでは神の根底は私の根底であり，私の根底は神の根底である。」[10]

この一節は，エックハルトが神と人間との神秘的一性を語る代表的フレーズとして，これまで頻繁に採り上げられてきた。ここで言われている「ここ」とは，これまでの文脈から判断して，「精神の最内奥」であり，そこは「神の根底」であり，「私の根底」であるというふうに，一

---

10) *Pr.* 5b; DW I, 90, 8: Hie ist gotes grunt mîn grunt und mîn grunt gotes grunt.

応は理解できる。そして「根底」は，神と私とが一である場を意味するものとして理解できる。

しかしその「根底」が，神のものと私のものとしてわざわざ別々に表示されているのはどうしてであろうか。しかも初めの文では「神の根底」が主語となり，続いての文では「私の根底」が主語となっている。エックハルトはどうしてこのような言い換えを行なったのだろうか。「根底」が神と私との合一する場として考えられているだけであれば，初めの文すなわち「神の根底は私の根底」と述べるだけで十分ではないだろうか。要するに，神と人間とが「根底」において融合するというようなイメージがエックハルトの語る一性であるならば，「根底」を「神の」と「私の」という別々の所有格を用いる必要はないし，主語を言い換える必要もなかったはずである。つまり神と人間との共通の存在基盤として「根底」を捉え，そこで両者が合一するイメージとして「一性」と理解することは誤解を招くのではないかと思われる。そこでわれわれは改めて問いたい，ここで語られている一性とはどのようなものなのか。解決のヒントは上の一節に続いて述べるエックハルトの言葉にある。

「ここでは神が自らの固有なるものから生きるように，私は私の固有なるものから生きる。」[11]

「ここ」すなわち精神の最内奥で，私は私の固有なるものから生きる。それは，神が固有なるものから生きる仕方と同一であることを意味している。ここにおいては，神と私との区別はないように思われる。それでは，神の固有性とは何か。ドイツ語説教 29 では次のように述べられている。

「比類なきものであり，誰にも等しくはないことが神の固有性であり，神の本性である。」[12]

---

11) *Pr.* 5b; DW I, 90, 8-9: Hie lebe ich ûzer mînem eigen, als got lebet ûzer sînem eigen.
12) *Pr.* 29; DW II, 89, 6-7: Wan daz ist gotes eigenschaft und sîn natûre, daz er unglîch sî und niemanne glîch sî.

神に等しいものあるいは類似しているものは何一つない。なぜなら，たとえば二つの事物が等しい，あるいは類似していると言われるのは，両者が種あるいは類において一致しているからであるが，神は類や種を超えているからである[13]。その超越的性格によって，かえって神は存在それ自体として被造物の本質よりも内奥に滑り込めるのである。だから，神と被造物の間にはいかなる関係も類似性も見出すことはできない。

　そうだとすると，私が私の固有なるものから生きるということは，神が比類なきものとして生きるように，私がいかなる他者にも似ることなく生きるということではないのか。換言すれば，いかなる他者にも似ていないことが，神に似ていることを意味する。したがって，「根底」は神と私との合一が可能になる共通の場ではなく，「私の根底」とはそこにはただ私のみしかない根底であり，「神の根底」とはそこにはただ神のみしかない根底という意味になるだろう。つまり，私が本来の私として生きることが神と同様の生き方なのであって，その「生きる」の本来のあり方において一致すること，それが神との一性を意味するように思われる[14]。では，その一性にいかにして至ることができるのか。

　たとえば事物 A 事物 B が類似の関係にあるとき，その前提は A と B とが区別されていることである。さらに区別されることの前提条件は，A は A であって B では《ない》，B は B であって A では《ない》という否定性が存していることである。したがって，この世界における被造的存在者は自己のうちにこうした否定性を含んでいる。この否定性を有しているかぎり，それは自己と他者を分断する契機としてはたらき，つねに他者と何らかの関係をもつことになる。そうであるかぎり，私は私の固有性から生きるという，比類なき生き方は不可能である。したがって，その生き方が可能になるには，自己のうちにある否定性をさらに否

---

13) In *Exod*. n. 39; LW II, 44, 17-45, 1: comparatio omnis similitudo est eorum quae conveniunt in specie vel saltem in genere. Deus autem, utpote extra genus, cum nullo convenit nec specie nec genere.

14) しかしこの「一性」を語るにはこれまでの考察ではまだ不十分である。エックハルトはこの一性に関してさまざまな側面からアプローチを試みている。本章においては，後述するように，「私の根底」という概念のもとに考察を続けることになるが，しかしそれでも満足されるものではない。

定しなければならない。われわれは《ない》(nihtes)から脱却していなければならない[15]。われわれは自らを殺し、完全に死に切り、自分自身において無でなければならない[16]。このように、被造的な《私》を否定し、本来の固有性から生きること、すなわち死を通して本来の生を回復することを可能にするのが、これまで繰り返し述べてきたように、受肉の恩寵にほかならない。以下、この恩寵と人間における本来的な生と死との関係について述べてみよう。

4 恩寵と本来的生死

　本性的に神の子である言葉の受肉の第一の結実は、エックハルトによれば、われわれ人間が神の養子になることによって、神の子になるということにある[17]。われわれが神の子になるということは、神自身が自らの子をわれわれの魂の最内奥に生むということにほかならない。しかしこの出産は、たとえば一年に一回起こるというものではなく、時間を超えて起こる。つまりは、人間の自然本性をも超越し、人間の思惟をも超

---

　15) *Pr.* 5b; DW I, 88, 7-8: Ze dem dritten mâle solt dû nihtes blôz stân.
　エックハルトは引きつづき次のように語っている。「『地獄で燃えているものは何か』という問いがよく提出される。師たちはよく我意が燃えていると答えている。しかし私は真理にしたがって地獄で燃えているのは《ない》であると言う。さてここで一つの比喩を用いることにしよう。燃えている炭が私の手の上に置かれたとしよう。このとき、炭が私の手を焼いていると言うならば、私は炭に対して不適切なことを言ったことになるだろう。しかし適切に言うならば、私を焼くもの、それは《ない》である。というのは、私の手がもっていないものを炭はそれ自身のうちにもっているからである。見よ、まさにこの《ない》が私を焼くのである。しかし私の手が炭であるものおよび炭が成し遂げられるものをすべて自分自身のうちにもっているのであれば、私の手は火の本性を完全にもっていることになるだろう。次にある人がかつて燃えていたすべての火をとり、私の手の上に注ぎ入れたとしても、それは私を痛めることはできないだろう。同様に私は言う、神と見神のなかにいる人々は自分自身のうちに、神から離れた人々がもっていないものをもっているのであるから、地獄にいる魂たちを苦しめているのは、我意や何らかの火というよりもこの《ない》なのである、と。私はまことに言う、この《ない》が君に付着しているかぎり、君は不完全である、と。このゆえに、完全でありたいのであれば、君たちは《ない》から脱却していなければならない。」

　16) *Pr.* 29; DW II, 89, 4-5: Dar umbe mouz der mensche getœtet sîn und gar tôt sîn und an im selben niht sîn.

　17) In *Ioh.* n. 117; LW III, 101, 12-14: primus fructus incarnationis verbi, quod est filius dei naturaliter, est ut nos simus filii dei per adoptionem.

えている[18]。すなわち魂における神の子の誕生は永遠の出来事なのである。

　エックハルトのアナロギア解釈についてこれまで考察してきたことからも理解できるように，人間は被造的存在者であるかぎり，自己の内に生の始原を有しているわけではない。したがって，人間がこの世界において生きるということ自体は，自己の外からすなわち「神から」つねに与えられていることを意味する。

　しかしその一方で，人間は潜勢的存在としては「神のうちに」生の始原を有している。このことが神との一性を思考しうる根拠になるわけであるが，しかしそうは言っても，被造的存在者と神との間には，被造的存在者には超えることのできない虚無が横たわっていることはけっして無視されてはならない。すなわち神は，被造的存在者にとって，《最も外に》存在している。しかし，生の始原が神から与えられているかぎり，神は被造的存在者にとって，《最内奥に》存在している。《最内奥にして最も外にある》という緊張においては，前述のように，神はこの世の存在者には予測もできない，自由にもならない深淵なのである。

　しかしすでに述べたように，人間の歴史が救済史と捉えられることは，恩寵が時間的世界においてはたらいていることを意味している。この意味で，恩寵は深淵からの人間へのはたらきかけとして理解できる。

　そのはたらきは人間に対する神の自己犠牲的な愛の証明でもある。イエス・キリストの受肉は神の愛の顕在であり，そしてその愛は十字架上の苦と死という歴史的出来事として結実する。だから，この世界に示された神の生と死は，神の愛という観点なしに理解することは許されない。さらには，われわれ人間の生と死に関する経験知を基準にして神の生と死を理解することは許されない。キリストの受肉と十字架に示された神の恩寵の秘密が明かされるとき，生と死の神秘ははじめてわれわれ人間に解き明かされる。エックハルトは語る，すなわち生とは神の子として生まれ生きること，死はこの世界に死に被造物に対して死ぬことで

---

　18) *Pr.* 37; DW II, 219, 4-6: Diu geburt engegeschihet niht eines in dem jâre noch eines in dem mânôte noch eines in dem tage, mêr: alle zît, daz ist obe zît in der wîte, dâ noch hie noch nû enist, noch nature noch gedanke.

ある[19]，と。ここに生と死の真の意味が明らかになる。

さて，受肉それ自体が，われわれ人間が神の子になるための恩寵であることは，すでに述べた。その根拠は，恩寵がわれわれ人間の現存在を根底から貫く神の存在に由来しているからである[20]。受肉の恩寵は，われわれ人間に神が自らの存在それ自体を与えるという恩寵を受け取る場として人間本性（natura humana）を新たな地平のもとに開示する[21]。

---

19) *Pr.* 29; DW II, 84, 1-3: War umbe ist got mensche worden? Dar umbe, daz ich got geborn würde der selbe. Dar umbe ist got gestorben, daz ich sterbe aller der werlt und allen geschaffenen dingen.

20) *Serm.* XXV, 2, n. 264; LW IV, 240, 7: gratia est a solo deo pari ratione sicut et ipsum esse.

21) エックハルトの受肉論を理解するうえで，人間本性論を無視することはできない。エックハルトにおける人間本性論の特徴が見られる資料の一つとして，ドイツ語説教24から次の文を引用する。
「師たちは，人間本性は時間とは関わりがなく，まったく触れることができず，人間が自己自身であるよりもいっそう内的であり，いっそう自己自身に近い，と言っている。それゆえ神は人間本性を受け入れたのであり，神のペルソナと一となったのである。そこで人間本性は神となった。なぜなら，神が受け入れたのは人間本性であって，人間ではないからである。それゆえ，君が同じキリストに，神になりたいのであれば，永遠なる言葉が受け入れなかったすべてのものを放棄しなさい。永遠なる言葉は人間を受け入れなかった。それゆえ，人間から君に付着しているもの，君であるものを放棄し，人間本性に従って純粋に自己を受け入れなさい。そうすれば，君は永遠なる言葉のうちにある人間本性であるものと同じものなのである。なぜなら，君の人間本性と永遠なる言葉の人間本性には，なんら差異はないからである。それは同一である。なぜなら，キリストのうちにある人間本性であるもの，それは君のうちにある人間本性だからである。」（DW I, 420, 1-11）
なお，この引用文の冒頭にある「師たち」の一人として，ドイツ語著作の校訂・編集者クィヴィント（Josef Quint, 1898-1976）はトマス・アクィナスをあげ，『存在者と本質』（*De ente et essentia*）第2章から次の文を引用している。
「したがって明らかなことは，名称《人間》（homo）と名称《人間性》（humanitas）が人間の本質（essentia）を意味していることである。しかしすでに述べたように，異なった仕方においてである。というのは，名称《人間》は質料（materia）の表示を除外せず，類（genus）が種差（differentia）を含んでいるとすでに述べたように，質料の表示を暗黙のうちに不明瞭な仕方で含んでいるかぎり，名称《人間》は全体としての人間の本質を意味しているからである。したがって，名称《人間》は個々の人間に述語されるのである。一方，名称《人間性》は部分としての人間の本質を意味している。というのは，《人間性》はその意味においては，人間であるかぎりの人間に属するものしか含んでおらず，すなわちあらゆる表示を除外しているからである。したがって，《人間性》は人間の個々については述語されない。」（Thomas de Aquino, *De ente et essentia*, cap.2; Ed. Leo., Tomus XLIII, 373.）
トマスのこの引用文から判断すると，《人間性》という名称には質料の表示が含まれていない点にエックハルトは注目し，《人間性》が時間的限定を超越しているという理解に基づいて，人間本性論を展開している。

エックハルトにおける人間本性論の特徴に関しては，第6章において6項目にわたって述べたが，ここで第1と第2番目の特徴を確認しておきたい。

① 人間としての本性は，われわれすべてにとって，キリストと同名同義的に等しく，共通なものである。[22]
② 人間本性はすべての人にとって，その人自身よりも，よりいっそう内的なものである。[23]

　第一のテーゼは，人間本性が非被造的であることを意味している。すなわち，エックハルト神学においては，人間本性は被造的な存在としての人間における固有性を表示する肉に対して超越的関係にあると理解されるわけである。この超越性が，エックハルトが《魂における神の子の誕生》を語ることができる根拠にほかならない。すなわち人間本性は，神が自らの独り子を遣わし，そこで自己自身を生む純粋なる魂として把握される。

　人間本性におけるこの純粋性は，前述のように，神の子を受容する能力の本質である。したがって人間本性は，創造が現実化する以前から創造されるべきものに帰属している恩寵を享受する本性なのである。

　こうした人間本性が，その人自身よりもいっそう内的であると言われるのは，《最内奥にして最も外にある》という，被造的存在者に対する神の存在の仕方に相応している。というのは，神がすべての事物に存在を授与する場が人間本性だからである。この人間本性は，人間の本質よりもさらに内奥のものである[24]。というのは，前述したように類と種という存在規定は神には適用されないのであるから，創造的能動者としての神は，人間の本質を規定する類と種，質料と形相といった因果関係

---

　　22) In *Ioh.* n. 289; LW III, 241, 7-8: Primo quidem quod natura est nobis omnibus aequaliter communis cum Christo univoce.

　　23) In *Ioh.* n. 289; LW III, 241, 14-15: Secundo notandum quod natura humana est cuilibet homini intimior quam ille sibi.

　　24) *Serm.* XXIX, n. 296; LW IV, 264, 1-3: Deus solus illabitur omnibus entibus, ipsorum essentiis. Nihil autem aliorum illabitur alteri. Deus est in intimis cuiuslibet et solum in intimis, et ipse solus *unus est*.

や関係構造のうちではたらくのではなく，自由なものとして定められ創造されたものは，根源的にして創造的な能動者の影響範囲にのみ存立できるように，現存在の内部へと自由に分け入りそこではたらくからである。

　すべての事物に存在を授与するという神のはたらきが恩寵である以上，その超自然的性格のゆえに，被造的存在者は恩寵の神秘を理解することはできない。こうした恩寵の理解不可能性は，被造的存在者が自らの存在の真の意味とそれの由来する始原が理解できないことを物語っている。ここから明らかになることは，この世の存在者は本来の自己自身を見失っていることである。ふだん自己自身と思われている《私》は，第5章においても述べたように，被造的存在者が措定した主体であるかぎり，否定されなければならない。

　エックハルトによれば，純粋な実体を表示する《私》を有しているのは，「私はある」を固有名とする神のみであって[25]，この世界において人間は純粋実体としての《私》を有する資格がない。しかし人間は《私》を使用することなしに生活することはできない。昨日，《彼》と《彼女》の結婚祝いについて《あなた》と相談したのは《私》であるし，いま深煎りの珈琲を飲みながら，バッハのカンタータに浸るという，この世界において唯一と思える至福を味わっているのは，《彼》でも《あなた》でもなく，まさにこの《私》である。われわれはこの世界に《私》をもつことによって，はじめて他者と向き合うことができるのである。このように，いわば虚仮なる《私》を指定せざるをえないあり方が，この世界での人間のあり方なのである[26]。

　この世界での《私》に束縛され《私》が欲するものに執着することから解放されるためには，われわれはこの世界に対して死んでいなければならない。しかしこの死は，人間自身によってもたらされるものではない。換言すれば，《私》は《私》自身を殺すことはないし，殺すことは

---

25) In *Exod*. n. 14; LW II, 20, 3-7: Li *ego* pronomen est primae personae. Discretivum pronomen meram substantiam significat; meram, inquam, sine omni accidente, sine omni alieno, substantiam sine qualitate, sine forma hac aut illa, sine hoc aut illo. Haec autem deo et ipsi soli congruunt, qui est super accidens, super speciem, super genus. Ipsi, inquam, soli.

26) *Serm*. XXII n. 213; LW IV, 199, 2: li 'ego' meram substantiam significat, et nihilominus ipsum oportet abnegare.

できない。なぜなら，《私》は自己の外にあるものをつねに求めている被造的存在者として措定されたのであるから，つまり自己の外に自己の存在根拠を求め続けることが自らの存在理由なのであるから，自己自身の消去はその存在原理からして不可能なことなのである[27]。したがって，《私》の消去が可能であるならば，それは超越的次元からのものでなければならない。

　そしてこの死を人間にもたらすのが恩寵にほかならない。すなわち恩寵は人間に《私》を否定させ，自らの十字架を負わせることで，《私》にではなく神に従って生きることを可能にさせる[28]。この世界において人間が被造物として存在しているかぎり，人間はつねに無に差し向けられている。この被造物の本性がまさに恩寵を神から無償で（gratis）受け入れる根拠なのである[29]。したがって，被造物においてはたらく神のすべての行為は恩寵である[30]。そして恩寵は「永遠の生命」として[31]神

---

　27)　《私》に関するこのような解釈は，斎藤慶典氏の著作『知ること，黙すること，遣り過ごすこと——存在と愛の哲学』（講談社，2009 年）の第 6 章「言葉が紡ぐ夢——不可能な愛」で指摘されている享受と自己の関係からヒントを受けている。すなわち，この世界において自己（私）を成立させる画期的な出来事が享受であり，それは現象の世界を統べる根本原理である。そしてエゴイズムが主体としての自己の構成原理であり，したがって自己保存がすべてに優先する絶対的命令（定言命法）である。自己は「存在」の「過剰」としてこの世界に現象する「何か」であるが，エックハルトの場合，《私》は存在それ自体としての神から「噴出」した被造物としての「これこれの存在者」（ens hoc et hoc）として規定される。《私》のこのような出自からして，《私》は自己の外にあるやはり被造物としての「何か」を求める主体として考えられる。しかし斎藤氏による見解がそのままエックハルト解釈に適用されるわけではない。エックハルトは，神学者的観点から，神の恩寵による《私》の消去を念頭においているからである。

　28)　*Serm.* II, 2 n. 16; LW IV, 17, 11-12: Dat enim gratia homini abnegare se ipsum et tollere crucem suam et sequi deum, vivire deo, non sibi. なおエックハルトによれば，「生きている人たちが，もはや自分自身のために生きているのではない」（2 コリ 5・15）「生きているのは，もはやわたしではありません」（ガラ 2・20）というパウロの言葉は恩寵による死を言い表している。

　29)　*Serm.* XXV, 1 n. 259; LW IV, 237, 8-9: Primum autem est ex nihilo, et ante ipsum est nihil, et sic sine merito, sine medio, sine dispositione, et per consequens gratis.

　30)　*Serm.* XXV, 1 n. 257; LW IV, 235, 2-3: Omne opus dei in creatura est gratia, et solius dei actus sive donum est gratia.

　31)　*Serm.* II, 2 n. 16; LW IV, 17, 6: Tertio animam vere et perfecte vivificat, cum （gratia） sit vita et vita aeterna. なお，カッコは筆者による。

　　Serm. XVII, 6 n. 179; LW IV, 167, 10-168, 4: Ioh. 10: 'ego veni, ut vitam habeant'. Nota: *gratia* est *vita* formaliter. Quid enim tam formale quam vita? »Vivere viventibus est esse«. Nihil est ipso esse formalius. Hinc est quod vita 〈dicitur〉 respicere essentiam, id quod est, non potentiam

の存在自体を意味するのであるから，神の《私》が表示する純粋なる実体は人間の《私》を否定させ，本来あるところのもの（id quod sum）を譲与する。人間に本来あるところのものを与えることは，無から存在を与えることである。すなわち創造は神の恩寵として示される。恩寵としての受肉がもたらす救済とはしたがって，被造的存在者としての人間を本来の自己に還帰させることにある。

5 本来の自己への還帰

　恩寵によってわれわれが本来の自己に還帰できることは，「神の恩寵によって，私は私がそれであるところのものである」（1 コリ 15・10）というパウロの言葉によって表明されている。使徒が自らの信仰確信を表明した言葉にエックハルトは，神の創造の業における形相・作出者・目的を読み取る。「恩寵によって」（gratia）すなわち形相にしたがってあらゆる事物にその価値と美がもたらされ，「神の」（dei）すなわち恩寵の作出因である神の高貴性が示され，「私は私がそれであるところのものである」（sum id quod sum）すなわち神のうちにおける神的存在が神から授与されるという創造の目的が示される[32]。

　エックハルトによれば，創造の目的を表示する「私は私がそれであるところのものである」に恩寵の豊饒性とすぐれた結実が存している。その結実とは，被造的世界において神がなす業はすべて恩寵であり，その恩寵は神からの賜りものなのであるから，人間が恩寵によって神と等しく形成されることである。なぜなら，恩寵がそれ自体として授与するものが神的存在だからであり[33]，神にとって存在とは存在を与えることだ

---

animae, non opus extra, sed nec intra. In cuius figura Iohannes, 'gratia', id quod est, 'signum nullum fecit', Ioh. 10. Et hoc est quod dicitur Cor. 15: 'gratia dei sum id quod sum' – gratia enim esse respicit – divinum, deiforme. Unde gratia subiectum habet ipsam substantiam animae secundum doctores.

32) *Serm.* XXV,1 n. 254; LW IV, 232, 7-10: Secundum hoc gratia dei in verbis praemissis laudatur et praedicatur a forma, quia *gratia*, ab efficiente: *dei*, a fine: *sum id quod sum*. Ex forma est rei cuiuslibet pretiositas et speciositas, ex efficiente generositas, ex fine fructuositas.

33) In *Ioh.* n. 521; LW III, 450, 3: Gratia igitur per se dat esse divinum.

からである[34]。したがって，使徒の言葉「私は私がそれであるところのものである」は「私はあるという者」という神の存在性を表示する神自身の固有名に関連づけられることによって，その真の意味が明らかになる。

　本来の自己に還帰することは生の始原に還帰し，そこで神の生を生きることである。こうした生き方が「何故なし」に生きるということである。しかし何故なしに生きることは，たとえば永遠の至福を祈念し，法悦や忘我の状態に入ることではない。さらには，神のために生きることでもない。エックハルトは，前に引用した説教 5b において，次のように説教する。

>　「私は本当に言いたい。君が天国のために，あるいは神のために，あるいは自らの永遠なる至福のために，すなわち外からはたらきをなすならば，君は真実には正しくはない。たしかに君は受け入れられるであろうが，それは最善のことではない。というのは，もしかまどの火のそばや家畜小屋のなかにいるよりも内面性，礼拝，甘美なる忘我，そして神の特別な恩寵に浸ることのほうがより多くのものを獲得できると信じ込んでいるならば，君は神を捕らえ，神の頭にマントを巻きつけ，神をベンチの下に押し込むようなことをしていることにほかならない。」[35]

　何故なしの生は，生きることの目的を自己の外にもつ被造的存在者としての生を否定することに成り立つ。しかしその生はこの現実性から離れて，いわば「あの世」に生きることではない。何故なしの生はむしろ，「かまどの火のそばや家畜小屋のなかに」すなわち実生活のなかに開かれるのである。それは，神を離れて自己自身を知ることができる生

---

34) In *Gen.* I, n. 146; LW I, 299, 5: deo esse est dare esse.
35) *Pr.* 5b; DW I, 90, 12-91, 7: Ich spriche wærlîche: al die wîle dû dîniu werk würkest umbe himelrîche oder umbe got oder umbe dîn êwige sælicheit von ûzen zuo, sô ist dir wærlîche unreht. Man mac dich aber wol lîden, doch is ez daz beste niht. Wan wærlîche, swer gotes mê wænet bekomen in innerkeit, in andâht, in süezicheit und in sunderlîcher zuovüegunge dan bî dem viure oder in dem stalle, sô tuost dû niht anders dan ob dû got næmest und wündest im einem mantel umbe daz houbet und stiezest in under einen bank.

き方にほかならない[36]。

5.1 《私》の消去

しかし神を離れて自己自身を知ることは，それ自体，増上慢ではないのか。これは当然提出される疑問であろう。「神を離れる」ことが我意に発しているならば，それは増上慢以外の何ものでもない。しかし，ここで想い起こしていただきたいのは，この段階においては，我意はすでに脱却させられているということである。生の始原から生きることは，すでに述べたように，我意に基づいている被造的な《私》が神の恩寵によって否定されてはじめて可能になるからである。そして神が自らの固有性から生きるように，私は私の固有性から生きる，このことが神との一性を意味していることはすでに述べた。神の生を生きるとはその一性を生きることにほかならない。

その一性は「私の根底」において成り立つ。そこに存在しているのはただ私ひとりのみである[37]。そこは神すら存在できない。しかし，そこに至るまでの過程として，《私》を否定し「私の根底」にまで導く力はいわば絶対他力としての恩寵である。その力は，その力が発する始原すなわち神自身に達するまで，われわれの魂を引き揚げていく。これは必然的かつ強制的である。必然的とは，恩寵によって《私》が否定されたときから神なき「私の根底」にまで到ることが実は恩寵の完成だからで

---

36) このことに関して『ルカ福音書』に出てくる二人の姉妹マルタとマリアの話に関するエックハルトの説教から次の箇所を引用してみたい。

「マルタは，マリアがマルタを知っているよりもマリアをよく知っていた。なぜなら，マルタは長くそしてよく生きていたからである。なぜなら，生は最も高貴な認識を与えるからである。生きることは喜びや光よりもよく認識する。この世界において神を除いて，知ることができるすべてのものを，生はまさに与えるのである。つまり，生は何らかの仕方で永遠の光が与えるよりも鮮明な認識を与えるのである。永遠の光はつねに自己自身と神を認識させることができるが，神なしに自己自身を認識させることはできない。しかし，生きることは神なしに自己自身を認識させることができるのである。」(*Pr.* 86; DW III, 482, 17-483, 2)。この説教はそれ自体の真偽問題も含めて，エックハルト研究においてはよく議論される。最近の研究の成果としては，次のものを挙げておきたい。

Mieth, D., Predigt 86 'Intravit Iesus in quoddam castellum' in: *LETURA ECKHARDI II, Predigten Meister Eckharts von Fachgelehrten gelesen und gedeutet*, hrsg. von Georg Steer und Loris Sturlese, 2003 Stuttgart, S.139-175.

37) 言うまでもないことであるが，「私ひとり」の「私」は被造的存在者として措定された《私》ではない。「私」は《私》が構成される以前，すなわち創造以前から存在する。

あり，強制的とは，その力に《私》を含めていかなるものも逆らうことはできないからである。そこでは，われわれは被造的な《私》に引き返すことはもはや不可能である。われわれが歩むべき道は，究極へと辿り着く道しかない。その究極とは「私の根底」である。すでに述べたように，そこは私ひとりが存在する場であり，そこには神も存在できない場である。では，それは一体いかなることを意味するのか。まずはそこに至るまでの過程としての《私》の消去について具体的に考えてみよう。

　被造的な《私》が消去されるということは，意志という点から考えると，《私》に発するいかなる意志をももち合わせないことを意味する。たとえば，自らが義人にならんがために夜を徹しての祈る場合，そこにその祈りの代償として神に何か好ましいことを期待するならば，そこには我意が残っている。したがって，自らの意志をけっして充たそうとするのではなく，神の最愛の意志を充たそうとつとめて生きなければならないことが当然ながら帰結される。

　しかしエックハルトは，この段階においても満足することはない。なぜなら，神の意志を充たそうとする意志をわれわれがもっているかぎり，それは依然として自分の意志だからである。自らの意志を放棄し，神の意志を充たそうとする生き方においても，そこには自らが神の意志に服従している意識があり，それはいつでも増上慢に転ずる可能性が十分に含まれている。この場合，被造的な《私》から脱却しているように思えるが，ここでは一度は否定された《私》がより高慢なものとして甦っている。それは神をも自分を飾るための装飾品として利用する，より強力なエゴイズムにほかならない。では，どうすればよいのか。エックハルトは語る，人間はいまだ存在していなかったときにそうであったように，自らの被造的な意志から完全に自由でなければならない[38]，と。つまり創造される以前の状態に戻ることである。創造以前の状態への還帰は，必然的に創造者としての神を超えることを意味する。すなわち被造物に相対する神の位置を，エックハルトの言葉で表現すれば，《突破》（durchbrechen）することによって開かれる境地にほかならない。

　さて次に，知という観点から《私》の消去について考えてみよう。何

---

[38] *Pr.* 52; DW II, 491, 7-9: Wan, sol der mensche armout haben gewærlîche, sô sol er sînes geschaffenen willen alsô ledic stân, als er tete, dô er niht enwas.

5　本来の自己への還帰

故なしの生は，そもそも《私》の消去を必要条件として築かれているのだから，自分自身のために生きることではない。しかし，自分自身のための生を否定して，真理のためにあるいは神のために生きることも何故なしの生ではない。というのも，真理のため，あるいは神のために生きるということを知っているかぎり，その知の所有者は《私》だからである。したがって，われわれは真理のためあるいは神のために生きることもしないというあり方で生きなければならない。

　では，こうした生き方が何故なしの生であると言えるのか。考えてみよう。この生の段階においては，自分自身のために生きることが否定され，真理あるいは神のために生きることがさらに否定されている。真理のために生きることは崇高であり，神のために生きることは敬虔であるように一般に思われている。この生の段階では，こうした崇高かつ敬虔な生き方が否定されていることに，崇高あるいは敬虔という周囲の評価を度外視した態度を窺うことができる。ただし，この態度は二つの意識を伴っている。ひとつは，たんに神のために生きることは有限なる人間の認識に基づくものであるし，その認識を放棄することで一段上の生を生きるという意識である。ふたつ目は，神のために生きるという敬虔な生き方は罪深い自分にはできないという，自己卑下の意識である。しかしいずれにしても，こうした意識があるかぎり，《私》を完全に消去したとは言えない。なぜなら，その意識の所有者はやはり《私》だからである。

　この一連の流れを考えてみると，《私》の消去は，自分自身のために生きるという生が否定され，その否定のうえに神のために生きるという生がさらに否定されることにおいて，二回の否定を通っている。しかし神のために生きることを放棄した生き方においても，それの反省をもっているかぎり，そこには《私》が再度甦っているのである[39]。それでは，どうすればよいのか。エックハルトは言う，自分自身のためにも，真理

---

[39]　この甦りは，《私》の側から見るならば，自己崩壊の危機に対する根強い抵抗として考えられる。自己卑下の意識においても，いかなる他者よりも低いという意識を有するかぎり，そこには反省があり，その反省の主体として《私》が依然として存在している。すなわち自己卑下という態度をとることによって，《私》に課せられた自己保存という至上命令を全うしようとしているとも考えられる。

のためにも，神のためにも生きているのではないこともけっして知らないように生きなければならない[40]，と。さらに彼は言う。

「神が自分のうちにいることも知らない，あるいはそのことを認識していないし，気づいてもいないというように，すべての知から脱却していなければならない。しかも自分のうちに生きているあらゆる種類の認識から脱却していなければならない。」[41]

《私》の消去はあらゆる知からの脱却を含み，その知においては「自分のなかに神が生き，はたらいている」という知も例外ではない。知からの脱却は，自分がいまだ存在していなかったとき，すなわち《私》が形成される以前に立ち返ることである。

5.2 魂のうちにおける《あるもの》

しかし，ここには一つの問題が生じてくる。それは人間の行為としての認識と愛に関する問題である。すなわち，神に由来する至福が行為であると見なされてきた認識と愛をエックハルトは否定しているということである。したがって，エックハルトには，認識と愛のどちらに至福が存しているのかという神学的問題も視野に入れて，この問題に答える義務がある。エックハルトの答えは，認識と愛そのどちらにも至福が存していないとし，至福は別のものから発することを明らかにする。それは魂のうちにある《あるもの》（einez in der sêle, aliquid in anima）であり，認識も愛も実はそこから流出しているのであるが，その《あるもの》自

---

40) *Pr.* 52; DW II, 494, 7-8: der sol leben alsô, daz er niht enweiz, daz er niht enlebe in keiner wîse weder im selben noch der wârheit noch gote.

41) *Pr.* 52; DW II, 494, 8-495, 1: er sol alsô ledic sîn alles wizzennes, daz er niht enwizze noch enbekenne noch enbevinde, daz got in im lebe; mêr: er sol ledic sîn alles des bekennennes, daz in im lebende ist. なお，ここで言われている認識からの脱却は，彼のドイツ語論考『離脱について』（*Von abegescheidenheit*）のなかでも言及されている。すなわち「離脱が最高に達すると，離脱は認識するものから認識なきものとなり，愛から愛なきものとなり，光から闇になる」（DW V, 428, 7-9: Und sô diu abegescheidenheit kumet ûf daz hœhste, sô wirt si von bekennenne kennelôs und von minne minnelôs und von lieht vinster）。エックハルトはしばしば，この説教においても同様に，人間の固有な行為として認識と愛をあげているが，離脱の最高の段階においては，認識それ自体が不可能になってしまう。こうしたことを主張するには，その前提として，人間の認識行為におけるプロセスと構造を理解していなければならない。

5 本来の自己への還帰

体は認識することも愛することもない[42]。

この《あるもの》は被造的存在を超えており[43]，いかなる被造物もそれに触れることはできない。というのも，被造物はそれ自体において無だからである。たとえ非質料的な存在者である天使であっても，それに触れることはできない。それは神と親縁なるものすなわちそれ自体において一であり，共通なものをなにひとつもってはいない[44]。この魂のうちにある《あるもの》は仮に《あるもの》と言われているだけであって，何らかの存在者として現象しているわけではない。もちろんそれは質料を有しているわけではないし，そのものの形相が存在しているわけでもない。したがって，《あるもの》は名づけることもできないゆえに，概念化することも不可能である。エックハルトは次のように言う。

「それは異郷であり，砂漠であり，一つの名前をもっているというより無名であり，知られるというよりは知られないものである。」[45]

もとより《あるもの》は，すでに述べたように，認識を超えているの

---

42) *Pr.* 52; DW II, 496, 2-4: Aber wir sprechen, daz si niht enlige an bekennenne noch an minnenne; mêr: einez ist in der sêle, von dem vliuzet bekennen und minnen; daz enbekennet selber niht noch enminnet niht alsô als die krefte der sêle.

43) この《あるもの》に関しては，1329年に教皇ヨハネス22世によって提出された勅書『主の耕地にて』(*In agro dominico*) のなかで，異端として断罪されている。しかし，それ以前にエックハルト自身よって提出されたいわゆる『弁明書』には，魂の内には非被造的な《あるもの》があるという記述があるが，しかし魂全体が非被造的なのではないとエックハルトは主張している。

In agro dominico, in: Heinrich Denzinger, *Enchiridon symbolorum definitionum declarationum de rebus fidei et morum*, hrsg. von Peter Hünermann, 38., aktualisierte Auflage, 1999 Freiburg i. Br., Basel, rom, Wien, S. 403: Aliquid est in anima, quod est increatum et increabile; si tota anima esset talis, esset increata et increabilis, et hoc est intellectus.

Proc. Col. I, n. 137; LW V, 298, 12-14: Ad sextum cum dicitur: »Una virtus est in anima, si anima esset talis, ipsa esset increata et increabilis«. Falsum est et error. Nam, sicut dicit alius articulus, supremae potentiae animae »sunt creatae in anima et cum anima«.

44) *Pr.* 28; DW II, 66, 2-5: Ez ist etwaz, daz über daz geschaffen wesen der sêle ist, daz kein geschaffenheit enrüeret, daz niht ist; noch der engel enhât ez niht, der ein lûter wesen hât, daz lûter und breit ist; daz enrüeret sîn niht. Ez ist ein sippeschaft götlîcher art, ez ist in im selben ein, ez enhât mit nihte niht gemeine.

45) *Pr.* 28; DW II, 66, 6-7: Ez ist ein elende und ist ein wüestenunge und ist mê ungenennet, dan ez namen habe, und ist mê unbekant, dan ez bekant sî.

であるから，それを知ること自体が不可能なのである。では，どうすればよいのか。エックハルトはつづけて言う。

「一瞬でも，まさに私は言うが，一瞬間よりも短い間ですら，君が君自身を無にすることができるのであれば，それがそれ自体においてあるものがすべて君の固有なものになるだろう。」[46]

　自己自身を無にするとは《私》の完全なる滅却を意味する。《あるもの》はそもそも被造物には触れることができないのであるから，この世界において被造的存在者として措定された《私》から完全に脱却していなくてはならない。そうすることによって，《あるもの》はわれわれに固有なものになる。つまり，《あるもの》はそれが自己に固有なものになることによってはじめて知られるのである。この場合「知られる」とはそれが「固有なものになる」ということである。そこでは対象的認識はもはや有効ではない。というのは，人間の認識作用に媒介機能としてはたらく，可感的スペキエス (species sensibilis) も可知的スペキエス (species intelligibilis) も一切生じてこないからである[47]。

　しかし《あるもの》において神の「何であるか」(waz got ist) が知られるとエックハルトは語っている[48]。神の本質が知られるのはしかし，神をいわば客観的対象として認識することではない。エックハルト自身も述べているように，そこは「砂漠」であって，そこは見渡すかぎり私ひとりしか存在しない場すなわち「私の根底」である。しかもそこは被造的な《私》にとっては「異郷」なのである。しかし，この場に立つことが神を知ることにほかならない。むしろここでは，われわれは神になっていなければならない。その意味は，神と私とがひとつの《ある》(ist) になること，この存在性 (istikeit) において一つの永遠なる業を

---

　46)　*Pr.* 28; DW II, 66, 7-9: Kündest dû dich selben vernihten einen ougenblik, ich spriche, joch kürzer dan einen ougenblik, sô wære dir allez daz eigen, daz ez in im selben ist.

　47)　このことに関しては第8章を参照されたい。

　48)　*Pr.* 28; DW II, 66, 9-11: Die wîle daz dû dich selben iht ahtest oder dehein dinc, sô weist dû als wênic, waz got ist, als mîn munt weiz, waz varwe ist, und als mîn ouge weiz, waz smac ist: als wênic weist dû und ist dir bekant, waz got ist.

なすことである[49]。神との一性とは，神の存在のあり方を自らの存在のあり方となし，ひとつのはたらきをなすことを意味する。そこでは，われわれはそれぞれの《私》から完全に脱却し，神の「私」に滑り込み，そうすることによって，ひとつの〔わたし〕になっていなければならない。そこでわれわれの魂は，神の生成することのない存在性と神の名づけられない無を永遠に認識するという仕方によって，神の本質を認識するのである[50]。

5.3 「私の根底」

以上の考察を通して，先に指摘した「神の根底」と「私の根底」との相即関係が完全とは言えないが，ある程度は判明したのではないか。つまり，神も存在していない「私の根底」において，私は自己自身の固有性によって存在し，生きること，それがかえって，神との一性を意味するわけである。ということは，私は神なき場において神と一になるということになる。さらにそこでは，私は神となっていなければならない場であって，そうすることによって神を真に認識することができる。ということは，神の真の認識は神なき場において可能になるということである。しかしこの結論は矛盾しているように思われる。この矛盾が解消されないかぎり，上に指摘した相即関係は完全に把握されることはない。そこで，「私の根底」における私しかいないという私の唯一性あるいは孤立性に着目し，「私の根底」についてさらに考えてみよう。

われわれの考察の出発点はエックハルトにおける「何故なしの生」の解明にあった。それは自己自身の外に生きることの根拠・目的をもたない生き方を意味する。被造的な《私》に発する意志および知から脱却し，神のために意志することも，神が自己自身のなかに生きていることも知らないで生きることである。「何故なしの生」は，いわば被造物に

---

49) *Pr.* 83; DW III, 447, 3-6: Dv solt in bekennen ane bilde, ane mittel vnd ane glichnis. Sol aber ich also got bekennen ane mittel, so mûs vil bi ich er werden vnd er ich werden. Me sprich ich: Got mvs vil bi ich werden vnd ich vil bi got, alse gar ein, das dis ‚er' vnd dis ‚ich' Ein ‚ist' werdent vnd sint vnd in dér istikeit ewiklich éin werk wirkent.

50) *Pr.* 83; DW III, 443, 5-7:Dv solt alzemal entzinken diner dinisheit vnd solt zer fliesen in sine sinesheit vnd sol din din *und* sin *sin* éin min werden als genzlich, das dv mit ime verstandest ewiklich sin vngewordene istikeit vnd sin vngenanten nitheit.

も神にも仕えないというほどに，自由な生である[51]。この自由性と神との関連についてエックハルトは次のように述べている。

「私が私の第一の始原に立っていたとき，私は神をもっていなかった。そのとき私は私自身の始原であった。そのとき私は何も欲していなかった。そこでは私は何も求めなかった。なぜなら，私は脱却したあり方であったからであり，真理を享受しながら私自身を認識するものだったからである。そのとき私が欲したのは私自身であり，ほかには何もなかった。私が欲したもの，それは私であった。私が私であったところのもの，それを私は欲した。そしてここに私は神からもすべての事物からも脱却して立っていた。しかし，私の自由なる意志から出て，私の被造的なあり方を受け取ったとき，私は神を獲得した。というのは，被造物が存在する以前は，神は神でなかったからである。むしろ神は神であったところのものであった。しかし被造物が生じ，その被造的なあり方を受け取ったとき，神はもはや神自身における神ではなく，被造物における神であった。」[52]

私の「脱却したあり方」は神からも脱却したあり方でありながら，「私が私であったところのもの」を欲する。そのとき私がもっていたものは，神からも拘束されない「自由なる意志」である。その自由意志の

---

51) *Pr.* 28; DW II, 62, 3-4: der gerehte mensche endienet weder gote noch den crêatûren, wan er ist vrî.

52) *Pr.* 52; DW II, 492, 3-493, 2: Dô ich stuont in mîner êrsten sache, dô enhâte ich keinen got, und dô was ich sache mîn selbes; dô enwolte ich niht, noch enbegerte ich niht, wan ich ein ledic sîn und ein bekenner mîn selbes nâch gebrûchlîcher wârheit. Dô wolte ich mich selben und enwolte kein ander dinc; daz ich wolte, daz was ich, und daz ich was, daz wolte ich, und hie stuont ich ledic gotes und aller dinge. Aber dô ich ûzgienc von mînem vrîen willen und ich enpfienc mîn geschaffen wesen, dô hâte ich einen got; wan ê die crêatûren wâren, dô enwas got niht ‚got', mêr: er was, daz er was. Aber dô die crêatûren gewurden und sie enpfiengen ir geschaffen wesen, dô enwas got niht ‚got' in im selben, mêr: er was ‚got' in den crêatûren.

なお，この部分の翻訳に関しては，以下の文献に掲載されているフラッシュの現代ドイツ語訳を参考にした。Flasch, K., Predigt Nr. 52 'Beati pauperes spiritu' in: *LECTURA ECKHARDI I, Predigten Meister Eckharts von Fachgelehrten gelesen und gedeutet*, hrsg. von Georg Steer und Loris Sturlese, 1998 Stuttgart/Berlin/Köln, S.163-199.

なかで私は私自身を認識する。それが本来の自己を認識することにほかならない。しかし，私が被造物としてこの世界に存在するときはじめて，神をもつことになる。しかし，その神は被造物における神であって，神自身における神ではない。後者の神は「神であったところのもの」であり，創造以前の神の本来のあり方である。それに対して前者の神は被造的世界における神，すなわち被造的存在者に相対する神である。エックハルトによれば，神が《神》であるかぎり，神は被造物の究極の目的ではない[53]。神を《神》として意志しあるいは《神》に対する知をもつことは，その相対的存在者として《私》の存在を物語っている。だから，われわれは《神》から脱却しなければならないのである。

神が「被造物における神」と「神自身における神」とに分類されることは注目に値する。これまで考察してきた「私の根底」において成立する神との一性は，「神自身における神」との一性であることがここに明らかになる。したがって先に述べた「潜勢的存在」はこの一性を志向するものとして，そして「形相的存在」は「被造物における神」に相対する存在として理解することができるだろう。

最後に一つの問題が生じる。すなわち，恩寵をいかに考えるかである[54]。ここで，「被造物における神のすべてのはたらきは恩寵である」という先述のエックハルトの見解と，「恩寵は子が出生する際の，ある種

---

53) *Pr.* 52; DW II, 493, 3-4: Nû sprechen wir, daz got nâch dem, als er ‚got' ist, sô enist er niht ein volmachet ende der crêatûre.

54) 恩寵と《あるもの》との関係に関して，フラッシュはディートリヒ（Theodoricus de Vriberch, ca. 1250-1318）における知性論に関連づけて論じている。すなわち恩寵は可能知性（intellectus possibilis）に，《あるもの》は能動知性（intellectus agens）に関連づけている。こうした図式的構図は，フラッシュの方法論である「歴史的読み」（historische Lektüre）によって導き出される。たしかにエックハルトは《あるもの》を「知性」とも言い換えているので，概念史的にはフラッシュの図式は意味があるように思われる。しかし，ディートリヒがたとえ能動知性を「魂の実体を原因づける根源」（principium causale ipsius substantiae animae; *De intellectu et inteligibili* II 2, 147）と表現しているにしても，それが被造的である点で，エックハルトの言う《あるもの》とは異なる。さらには，《あるもの》は神が子を生む場として神学的に理解されていることは，学としての神学に対するディートリヒとエックハルト解釈の違いをも表しているように思われる。

Flasch, K., Predigt Nr. 52 'Beati pauperes spiritu' in: *LECTURA ECKHARDI I*, S. 196-197. なお，フラッシュが指摘しているディートリヒの当該著作は次の通りである。

Dietrich von Freiberg, *De visione beatifica* 1. 1. 1.（1）- （6）, Opera omnia I, ed. B. Mojsisch, S. 15f. *De intellectu et inteligibili* II, 31（7）, Opera omnia I, ed. B. Mojsich, S. 170.

の噴出であり，その根源を父自身の最内奥の心胸に有している」[55]というエックハルトの言葉に注目しよう。恩寵が被造的世界での神のはたらきであるならば，その神は「被造物における神」ということになるだろう。さらに，先に述べたように，神の生命の噴出が創造の根拠なのであるから，その噴出の根源が善としての神はやはり「被造物における神」として理解されるであろう。そして「私の根底」においては「被造物における神」はすでに脱却されているのであるから，ここにおいてはもはや恩寵は必要なくなっている。むしろ「私の根底」に達することは恩寵の完成を意味するのである。そこは恩寵も機能しない「砂漠」である。そこは生が行き着いた場であり，そこはむしろ「生」という概念がもはや無意味になってしまう場である。そしてその場の自己限定が《一》であり，それが生の始原なのであり，その始原から生きることが何故なしの生なのである。

---

55) *Serm.* XXV, 2 n. 263; LW IV, 239, 10-11: gratia est ebullitio quaedam parturitionis filii, radicem habens in ipso patris pectore intimo.

一応のまとめ，そして今後の展望

　ディートリヒから提出された神学の主題としての神的存在は，すべての存在者が発出してくる始原である。神の存在に対するこうした理解は，当時のスコラ学にとってはなにも特異なことではない。しかしディートリヒはすべての存在者の範型として能動知性を位置づけることによって，神の存在への新たなアプローチを開示した。第1章で述べたように，ディートリヒの言う「哲学者たちの神学」は彼独自の知性論がその基礎となっている。さらに彼は能動知性を魂の能力ではなく，魂の実体の始原と解することで，人間知性をまったく新たな光のもとで見ることに成功したと言える。

　ディートリヒの哲学がエックハルトに少なからぬ影響を与えたことは，エックハルトのテキストから窺うことができる。しかしエックハルトは，ディートリヒ哲学において中核的であった能動知性の概念に対してあまりにも素っ気ない。つまり，彼のテキストには能動知性に言及している箇所が，ディートリヒから影響を受けたわりには，あまりにも少ないのである。たしかにエックハルトも，ディートリヒと同様，魂の始原なるものについての記述はある。たとえば第8章で述べた《魂の内にあるなにものか》(aliquid in anima)・《魂の閃光》(vünkeîn der sêle) があげられる。しかし，このようにいわば感覚的に表現されているものは，既述のように，ディートリヒの能動知性と違って，被造的なものではない。これらを表現にもたらすことも実は不可能なことである。この点はディートリヒの能動知性とはまったく異なる。

　ディートリヒが提示した神的存在に関しても，エックハルトはそのまま受容しているわけではない。彼は神的存在を神の固有性として四つの超範疇的概念すなわち存在・一・真・善に区分した。この作業は「哲学

者の自然的論証」をもって神的存在を解明することを意味する。しかしこの作業は単なる哲学的解明ではない。神学的には父を意味する一への還帰こそがわれわれ人間の至福であることがこの解明によって明示される。

　われわれ人間が真理と称するものの根源が三位一体の真理であること，このことをエックハルトは生涯を通じてけっして揺るがすことはなかった。ここに彼の信仰心の強さを筆者は感じ取る。しかしエックハルトは，ときには冷徹とも思える「哲学者の自然的論証」といういわばメスをもって，三位一体の真理が神的存在に内包されていることを証明し，しかも三位一体の論理構造を分析することで，神的存在の力動性を明らかにする。

　エックハルトはさらに，神と存在との同一性という伝統的神学の理論を独自の立場から解釈し，命題「存在は神である」を形成する。これには神に関するすべてのことが語られているゆえに，第一命題と呼ばれるが，この命題がエックハルト神学の背骨となる。

　第一命題における存在は「絶対的存在」と称されながらも，二つのアスペクトをもつことによって，《絶対性》には二つの意味が付与される。すなわち被造世界に相対する神的存在の絶対性と，一・真・善が表示する《神》と相対する無限定性としての絶対性である。第5章で述べたように，第一命題が神に関するすべてのことを語ることができるのは，こうした二つのアスペクトをもっているからにほかならない。第一のアスペクトから神の創造行為におけるメカニズムが語られ，第2のアスペクトから神的ペルソナの発出における生命的力動性が語られる。

　神の創造行為はそれ自体，神の恩寵であり，そこに創造原理であるロゴスが救済原理として語り出す。そのとき，神と人間との存在論的アナロギアは倫理的原理として機能しはじめる。神的ペルソナの発出は神の生命の沸騰として描かれ，受肉は父からの子の出生を模像として，自然世界の範型として規定される。ここに受肉の形而上学が成立するが，しかし受肉解釈はもう一つの側面をもち，《恩寵のための恩寵》として捉えられる。受肉とはすなわち，魂の根底に神の子が誕生するための最高の恩寵として理解される。

　さて，ディートリヒを通してエックハルトに流れているアナロギアの

論理は，自然世界の真理と絶対的真理としての三位一体の真理との関係構造を語るさいの方法として機能する。このアナロギアの方法に基づいて，神的生命は無限の世界へと自己を展開していく。父からの子の出生は，事物が生成から存在へと至るプロセスのアナロギア的原因として捉えられる。さらには，父と子との同名同義的関係は，認識対象とスペキエスとの同名同義的関係のアナロギア的原因として捉えられる。神学的真理はこのようにして哲学的領域における存在原理と認識原理を基礎づける究極の真理として現前してくる。

　神の直観に対するディートリヒ的展開はエックハルト神学において批判的に継承され，神のスペキエス論として展開していく。すなわち，エックハルトは魂の内奥に非被造的根底を見て，そこに神が自らの子を生むという魂の内における神の誕生論として展開していく。この誕生こそが生の本来性であるが，しかしその前に人間は自らの被造性を放棄しなければならない。この放棄が死の本来性であり，すなわち死の意義は新たな生を生きることに存する。ここに子であることへの生成としての信仰の意義が明らかとなる。

　神的存在の構造をなす《一》はすべてのものの第一の始原であるかぎり，人間の完成と至福は《一》への還帰として捉えられる。《一》から《真》の直接的発出は神学的には父から子の出生を意味する。同名同義の論理によって基礎づけられる父と子との一性は，神の恩寵によって被造的世界に死して神の子の誕生という本来の生を生きるという，われわれ人間を至福へ導く道標なのである。子になることによってはじめて父を見ることができる。しかし《一》への還帰は子のペルソナを超えることが必然的に求められる。しかしそこは「静寂なる砂漠」（die stille wüeste）と称される場である。これらは本来無限定である存在に対するぎりぎりの表現として理解できる。

　さて，ペルソナを超えるということは，エックハルトの表現を借りれば，神を「突破する」ということである。この突破の力を実はエックハルトは《知性》と呼んでいる。しかしこれはディートリヒにおける能動知性の意味で使用されているわけではない。これは，魂の始原が非被造的と見られることによって開示されたエックハルト神学独自の知性論である。たとえばドイツ語説教69には次のように語られている。

「さて私の言うことをよく聞いていてほしい！　知性は内を覗き込み，神性の隅々を突破し，父の胸のなかで，そして根底で子を捉え，子を自らの根底に据える。知性は突き進み，善性にも知恵にも真性にも神それ自体にさえも満足しない。まさにまったくの真実において言うが，知性は一つの石や一本の木と同じように神に満足しないのである。知性は休むことなく，善性と真性とが噴出する根底にまで突き進み，それ（校訂者のクヴィントにならって，《神的存在》と取る）を始原において（in principio），善性と真性とが外へと出る始原において，すなわち神的存在が何らかの名前を獲得する以前，神的存在が噴出する以前，神的存在が善性や真性であるよりもはるかに高い根底で捉えるのである。」[1]

　ここには神の子の誕生と突破とが知性の躍動性を通して語られている。知性が内に覗き込むとは，われわれの考察に即して考えるならば，被造性を超え神的存在の内，すなわち《一》を前にして《真》を捉えることと解せる。子を自らの根底に据えるとは，魂の根底における神の子の誕生と理解できる。この誕生は《最高の恩寵》であるが，知性はこの神のはたらきにも満足せず，《善》にも《真》にも，そして神にも満足することがない。この次元においては，神の恩寵はもはや超えられている。

　知性は《善》と《真》とが発出する始原（principium），すなわちエックハルトの上の言葉で言えば《根底》（grunt）に到達する。ここが《一》，すなわち《第一の流出の泉》，非被造的・被造的を問わず，すべての存在者の究極的な始原である。《真》も《善》もその泉から湧き出てくる。しかしまだ湧き出る以前，すなわちその泉の中にいわば潜勢的に留まっ

---

1) *Pr.* 69; DW III, 178, 3-179, 7: Nû merket mich rehte! Vernünfticheit diu blicket în und durchbrichet alle die winkel der gotheit und nimet den sun in dem herzen des vaters und in dem grunde und setzet in in irn grunt. Vernünfticheit diu dringet în; ir engenüeget niht an güete noch an wîsheit noch an wârheit noch an gote selber. Jâ, bî guoter wârheit, ir engenüeget als wênic an gote als an einem steine oder an einem boume. Si engeruowet niemer; si brichet in den grunt, dâ güete und wârheit ûzbrichet, und nimet ez *in principio*, in dem beginne, dâ güete und wârheit ûzgânde ist, ê ez dâ deheinen namen gewinne, ê ez ûzbreche, in einem vil hœhern grunde, dan güete und wîsheit sî.

ているとき，それらには名前が付せられていなかった。そこでは概念《神的存在》もなく，すなわち《神》という名称すらなかった。そこでは神は《神》ではなかった。しかし，そこは神をより高く捉えることができる根底なのである。そしてここには，無限定としての存在が語られていると理解できるだろう。

さらに突破に関して，ドイツ語説教 52 では次のように語られている。

「私が神から流出したとき，すべての事物は《神はある》と言った。このことはしかし，私に至福をもたらすものではない。というのは，そのとき私は自分自身を被造物であると認識するからである。しかし，私は自分自身の意志，神の意志，神のすべてのはたらき，そして神自身にも拘束されない突破においては，私はすべての被造物を超えており，私は《神》でもなく，被造物でもない。私はむしろ，私があったところのもの，私が現にあり，これからも絶えずあり続けるところのものなのである。そのとき私は，私をすべての天使を超えさせる一つの飛躍を受ける。この飛躍において私は，神が《神》であるところをすべてもってしても，神的はたらきをすべてもってしても，私を満足させることができない大きな豊かさを受ける。というのは，私はこの突破において，私と神とが一であることを受けるからである。そのとき，私は私があったところのものであり，そしてまた私はそのとき減りもしないし増えもしない。というのは，私はそのとき，すべての事物を動かす不動なる原因だからである。」[2]

この説教でエックハルトは，流出と突破とを比較し，流出においては

---

2) *Pr.* 52; DW II, 504, 5-505, 6: Dô ich ûz gote vlôz, dô sprâchen alliu dinc: got der ist; und diz enmac mich niht sælic machen, wan alhie bekenne ich mich crêatûre. Mêr: in dem durchbrechen, dâ ich ledic stân mîn selbes willen und des willen gotes und aller sîner werke und gotes selben, sô bin ich ob allen crêatûren und enbin weder got noch crêatûre, mêr: ich bin, daz ich was und daz ich blîben sol nû und iemermê. Dâ enpfâhe ich einen îndruk, der mich bringen sol über alle engel. In disem îndrucke enpfâhe ich sôgetâne rîcheit, daz mir niht genuoc enmac gesîn got nâch allem dem, daz er ‚got' ist, und nâch allen sînen götlîchen werken; wan ich enpfâhe in disem durchbrechen, daz ich und got einz sîn. Dâ bin ich, daz ich was, und dâ nime ich weder abe noch zuo, wan ich bin dâ ein unbewegelîchiu sache, diu alliu dinc beweget.

被造物である自己を認識するのに対し，突破において被造物を超越し神との一をもたらすゆえに，流出よりも突破のほうが高貴であると語っている。自らの被造性を超えることは，被造物と相対的位置にある《神》をも超えることである。したがって，神との一が成立する場は，私一人のみが存在する場，私が私であったところである。このような表現は，《一》において神との一の言語化の結果であると考えられる。そこは概念としての《神》を超え，その概念が発出する始原，しかも《真》と《善》が発出する始原すなわち《第一の流出の泉》，そこに立っている《私》はすべてのものを動かす不動の原因なのである。

しかし《一》は存在の一側面である。《一》に立つことは，存在の無限定性にいわば埋没することである。そこはしかし，《私》一人の場でありながら，なにものも存在しないむしろ《砂漠》なのである。

砂漠は神との究極的な一性の場であるが，第9章において明らかになったように，私自身の固有の場である。そこは神ですらいない，私一人しかいない場である。つまり神から離れることが神との一性を意味するという逆説が成り立つことになる。しかしこうした神との一性は，実生活という観点から考えると，先に引用したドイツ語説教5bにおいてエックハルトが語っているように，礼拝等によって神の特別の恩寵に浸るとか，またいわゆる忘我状態に沈潜することによってもたらされるわけではない。一性はむしろ，「何故なしの生」としてかまどや家畜小屋において開かれる。

神との一性がかまどや家畜小屋において開かれるという表現は，いわゆる unio mystica と言われる状況をエックハルトが実践的生との連関のなかで解していることを示している。しかしながら本考察においては，その連関の詳細に論述することはできなかった。テキストとしてはドイツ語論稿『離脱について』(*Von abegescheidenheit*) そしてルカ第10章の「マリア・マルタ・ペリコーペ」に関するドイツ語説教86を取り上げることを考えていた。しかし両テキストとも真偽問題を抱えており，その問題に対して一定の見解を提示しなければならないが，本書ではその作業を十分に行なうことができなかった。

しかしながら本考察を通して，エックハルト研究における課題のいくつかがより明白になったと思われる。その一つは，ラテン語著作とドイ

ツ語著作との連関の研究である。前者に見られる超範疇的概念としての「存在」と後者に見られる「砂漠」との連関は，本書においてある程度鮮明になったと思われるが，前者における神学的手法と後者において展開される実践的教示との連関はいまだ詳細に研究されていない。エックハルト思想の全貌を描くためには，この研究は不可欠であろう。二つ目は，タウラー（Johannes Tauler, ca. 1300–1361）やゾイゼ（Heinrich Seuse, 1295–1366）を代表とするいわゆる「ドイツ神秘主義」（deutsche Mystik）の流れとの連関である。エックハルトを神秘主義者とは見なさないことが本稿の出発点であったとしても，むしろそうであるからこそ，とくにドイツ神秘主義の成立にエックハルトの思想の影響があったのか，あったとしたら，それはどのようなものか等の問題が生起してくる。

そして三つ目は，二つ目の課題と関連しているが，ドイツ・ドミニコ会におけるエックハルト思想の影響と継承の問題である[3]。これは，第3章の註14でも言及したが，モースブルクのベルトルトの『神学綱要註解』の詳細な研究が必要となる[4]。とくにストアレーゼも指摘しているように，《神的人間》の概念的な意味の解明を通してエックハルトの思想がいかに継承されたのかがある程度は明らかになるのではないかと考えられる。そのほかにも，イスラーム哲学の影響，とくにアヴィセンナ思想との連関も最近注目されている[5]。

---

3) もちろん，エックハルトの思想の継承は考えられないと見る立場もある。モイジッシュは，エックハルトの異端宣告が1329年に提出されて以来，エックハルトの思想を公けにすることはたいへん危険なことであったとして，その後のドイツ・ドミニコ会にはエックハルト思想の影響はないと見ている。

4) ベルトルトとエックハルト以降の問題に関しては以下のものを参照。拙論「ベルトルトにおける『神学綱要』受容の問題――ディートリヒ知性論との連関を中心に」（『新プラトン主義研究』第10号，2010年，31–44頁）

また，ベルトルトとは別に，アウグスチノ修道会の修道士であったクエトリンブルクのヨルダン（Jordan von Quedlinburg, ca. 1300–1380/70）はエックハルトの影響を強く受け，彼の著作にはとくにエックハルトの『ヨハネ福音書註解』から多くの引用がなされている。ヨルダンについては以下のものを参照。*Jordan von Quedlinburg, Opus Postillarum et Sermonum de Evangeliis dominicalibus, Opus Ior,* ed. Nadia Bray, *CPTMA* Bd. VII,3, Miscellanea, 2008. Jeremiah Hackett, The Reception of Meister Eckahrt: Mysticism, Philosophy and Theology in Henry of Friemar (the Elder) and Jordanus of Quedlinburg, *Miscellanea Mediaevalia* Bd. 32: Meister Eckahrt in Erfurt, 2005, 554–586.

5) フラッシュはエックハルトとアラビアの思想，とくにアヴィセンナとの思想史的連

これらの課題のもつ意義は，今後のエックハルト研究がより広い視野のもとでなされるべきことであり，それがエックハルト研究をさらに深めることになり，エックハルト思想の全貌をより明らかにすることであると考える。

関に関する研究を発表している。Vgl. Flasch, K., *Meister Eckhart: die Geburt der "Deutschen Mystik" aus dem Geist der arabischen Philosophie*, München, 2006.

あ と が き

　ニュートンが自らの甥に，自分は海辺で遊びながら，美しい貝殻を見つけて楽しんでいただけであって，しかし自分の目の前には真理の大海が広がっていた，と語った。これは学生時代に恩師から聞いたエピソードであるが，今になってニュートンの言葉の意味の一端が理解できたように思う。

　筆者が歩んできたエックハルト研究を形にしてみると，さまざまな想念が浮かび上がってくる。学部生のときに読み始めたドイツ語著作，修士課程に入ったときから読み始めたラテン語著作，両著作を読み解くことはけっして平易なことではなかった。エックハルトの文章の難解さに圧倒されながらも研究を続けてこられたのは，エックハルトが眺めていた真理の大海を彼と並んでこの眼で眺めてみたいという願望があったからである。その岸辺にやっと辿り着いたというのが現在の心境である。

　エックハルトの足跡を辿りながら，歩み続けた果てにエックハルトの後ろ姿を垣間見ることができたように思える。彼に近づいていくと，その足音に気づき後ろを振り返り，優しい笑みを湛えている。今はエックハルトの語る言葉が，自らの魂から湧き起こる感動と喜びに包まれて，ただただ美しく見える。

　真理の大海を前にしてエックハルトと語り合うことはまさに至福の時間である。しかしこの大海に自らの船を浮かべ，航行していくところに哲学研究の醍醐味があるのではないだろうか。波打ち際から自らの手でオールを漕ぎ次第に沖に行くにつれ，エックハルトの姿もやがて視界から消え，海の色はその青さを増していくだろう。その青さとは，自らの生命の色なのかもしれない。

　本書において基本的テキストとして使用したのは，批判的校訂版全集である。この版は1936年に発刊されて以来，今日に至っている。この

版を繙くたびに驚嘆させられたのは，校訂者の血の滲むようなそして気も遠くなるほどの地道な校訂作業である。こうした校訂者のとてつもない労苦の上に，われわれのエックハルト研究は成り立っている。このことにまずは感謝の念を表したい。

特筆すべきことは，第2次大戦という不幸のさなかに，3人の校訂者が犠牲になっていることである。カール・クリスト（Karl Christ）は1943年12月16日のベルリン空襲で亡くなり，ハインリヒ・ラマーズ（Heinrich Lammers）はロシアで，そしてエルンスト・レフケ（Ernst Reffke）はボヘミアでそれぞれ行方不明のままである。われわれのエックハルト研究はある意味で，彼ら3人への追善供養なのかもしれない。彼らの犠牲に報いるためにも，エックハルト研究をさらに深めることの決意を新たにしたい。自由に研究ができる平和な日々が永遠に続くことを祈りつつ。

本書はもともと，南山大学大学院文学研究科に提出した2009年度学位申請論文「エックハルト神学の構築とその基本構造」に手を加えたものである。その際，お世話になった諸先生方に衷心より感謝の念を表したい。まずは主査の労を執って下さった南山大学の大森正樹先生は，提出が遅れた拙論を辛抱強く待って下さったばかりでなく，そんな怠惰な筆者を温かく見守って下さった。同じく南山大学のハンス＝ユーゲン・マルクス先生には，ディートリヒとトマスの関係について教理史的観点から啓発的な示唆をいただいた。そして同じく南山大学の江川憲先生はご療養中にもかかわらず，拙論を詳細に読んで下さり，日本におけるエックハルト受容に関して貴重なご質問をして下さった。2012年6月5日，江川先生はご逝去された。公開審査の後，筆者の労をねぎらってくれた先生の優しい笑顔を忘れることはできない。この場をかりて，江川先生の御冥福をお祈りしたい。

同じく審査にあたって下さった金沢大学の岡崎文明先生に深く感謝したい。先生にはことあるごとに筆者を優しく激励していただいたことは，拙論を最後まで書き抜くための原動力となった。

本書執筆の出発点はボーフム大学での研鑽であった。わずか2年間の留学期間であったが，自らの研究姿勢が確立しただけではなく，ドイツ

をはじめとするヨーロッパで活躍している研究者との親交を結ぶことができたのは貴重な財産となっている。しかしこの留学は筆者一人の力で実現したものではない。カトリック神学部のルートヴィヒ・ヘードル先生を紹介して下さったのは同志社大学の中山善樹先生である。中山先生には研究のことはもとより、ドイツでの生活についても親身になってアドバイスをしていただいた。たまたまフンボルト財団の研究員としてドイツに滞在されていた先生がボーフムを訪れた際、カトリック神学部と哲学部が入っている棟のカフェテリアでエックハルト研究に関して対話をさせていただいたことは良き思い出になっている。帰国後も先生からはエックハルトのラテン語著作の御高訳を恵送していただいた。中山先生には心から感謝申し上げたい。

　ボーフム大学では多くの方々にお世話になった。まずは、ヘードル先生に感謝の意を表したい。先生の研究室で初めてお会いしたときに、筆者の手を両手で握り、「遠いところをよく来ましたね」と仰って優しく迎えて下さった。その翌日から、先生と二人だけのゼミナールが始まったが、指導するさいには一転して先生は厳しかった。しかしその厳しさは、筆者の研究テーマを掘り下げ、そのテーマのもつ教義的背景を明らかにすることでそのテーマの重要性を浮き彫りにさせるためのものであった。89歳になられた今日においても、先生は精力的に研究に勤しんでおられる。そして、秘書のクール女史は各種の事務的な手続きはもとより、快適に生活が送れるよう配慮して下さった。また、哲学部のブルクハルト・モイジッシュ先生はエックハルトのテキストの詳細な読み方を文字通り手取り足取りご教示して下さった。現在においても、先生にはエックハルトに関するさまざまな資料を紹介していただいている。

　筆者が発表した拙論の一つ一つを丁寧に読み、貴重なご助言を与えて下さる長崎純心大学の稲垣良典先生、上智大学のクラウス・リーゼンフーバー先生そして早稲田大学の田島照久先生には、いつも励まされている。そして、哲学史研究会を通じて中世哲学以外の哲学分野を研究されている方々から、貴重なご意見を賜ることができた。とくに、東京大学の故・渡邊二郎先生には筆者の拙い研究に対して過分な評価をいただいた。先生の激励によって研究に拍車がかかったことはいうまでもない。

本書はまた多くの友人にも支えられている。20年来の同学の友である堀江聡氏は，さまざまな面で研究のバックアップをして下さった。彼の比類なき語学力と研究に対する一途な姿勢はつねに模範となっている。また，専門分野は異なるがときおり昼食をともにしながら，筆者の話に熱心に耳を傾け，激励してくれた創価大学工学部の木暮信一氏，そしてさまざまなかたちで本書成立のために援助を惜しむことのなかった畏友・創価大学法学部の小島信泰氏，各氏に対する感謝の念をここに記しておきたい。

また，私事にわたることだが，自ら苦労をして大学院にまで行かせてくれた母・和嘉子，家計の危機に際してもやりくりをしながら献身的に支えてくれた妻・吉美に心からの感謝の念をここに記すことをご容赦願いたい。

思えば，エックハルト研究の原点は，はしがきでも言及したように，創価大学文学部に入学した年の秋の，恩師・刈田喜一郎先生の研究室にある。当時はまだ学部の1年生であったが，週に1回，刈田先生を中心にして勉強会が開かれていた。そのときの教材はヘーゲルの『精神現象学』序論で，しかもテキストはドイツ字体で印刷されていたグロックナー版だった。ドイツ語を学び始めてまだ半年しか経っていなかったこともあり，非常に苦労して訳したことを覚えている。しかしその経験があったおかげで，エックハルトのラテン語著作にあるドイツ字体による独訳に初めて接したときもスムーズに読むことができた。

エックハルト自身の著作や研究書を読み進めてゆくにつれて，エックハルトの思想に沈潜するようになっていった。刈田先生は御自身のエックハルト解釈をもたれていたが，それを筆者にけっして強要することはなかった。筆者が自分自身のエックハルト像を見つけるまで，静かに見守って下さっていた。大学院に進学するときに，「君にはエックハルトが合っているよ」と先生は言って下さった。この一言にどれだけ勇気づけられたかわからない。ボーフム大学に留学がきまったときにも先生はわざわざ電話をかけ，筆者を激励して下さった。その頃はすでに病を抱えられていたため，お声は非常にか細いものであったが，不思議なことに鮮明に聴こえた。その電話が先生と交わした最後の会話であった。その2カ月後，先生は逝去された。先生に本書を笑覧していただくこと

はもはや不可能であるが，あらためて自分自身の研究姿勢をどこまでも貫くことをもって，先生の学恩に報いたいと思っている。

　最後になったが，知泉書館社長の小山光夫氏には心からの深謝の意を表する。氏の温情あふれる御高配がなければ，本書はこの世界に存在しなかった。

2013 年 1 月

　　　　　　　　　　　　　　　　　　　　　　山　崎　達　也

初出一覧

　各章の原型となった論文は以下の通りである。しかし本論作成にあたり，付加および訂正がなされている。

第 1 章　ディートリヒにおける思弁神学の主題と知性論
　　（「ディートリヒにおける思弁神学と知性論」，『慶應義塾大学日吉紀要 人文科学』第 23 号，2008 年 5 月，35 – 68 頁）
第 2 章　エックハルト神学の基本的性格
　　（「エックハルトにとって神学とは何か」，『慶應義塾大学日吉紀要 人文科学』第 24 号，2009 年 5 月，1 – 44 頁）
第 3 章　倫理的原理としてのアナロギア
　　（Die Analogie als ethisches Prinzip in der Theologie des Meister Eckhart, *Freiburger Zeitschrift für Philosophie und Theologie*, Bd. 44 Heft 3, 335-354.) Freiburg in der Schweiz, 1997.
第 4 章　命題「神は知性認識なり」における神学的意味とその哲学的背景
　　（「エックハルトのテーゼ：『神は知性認識なり』における神学的意味とその哲学背景」，『西洋哲学史の再構築に向けて』渡邊二郎監修，182 – 220 頁，2000 年，哲学史研究会編，昭和堂）
第 5 章　神の存在と創造
　　（「エックハルトにおける創造論――存在はどこまでリアルに語れるか――」，『西洋哲学史再構築試論』，渡邊二郎監修，387 – 438 頁，2007 年，哲学史研究会編，昭和堂）
第 6 章　受肉と人間本性
　　（「エックハルト受肉神学への序説」，『東洋哲学研究所紀要』第 17 号，51 – 81 頁，2002 年，東洋哲学研究所）
第 7 章　出生の神学的意味
　　（「エックハルト神学における出生の意味」，『新プラトン主義研究』創刊

号，65-85頁，2002年，新プラトン主義協会）

第8章　スペキエスの実現とその始原

（「エックハルトにおけるスペキエス論」，『新プラトン主義研究』第4号，29-53頁，2005年，新プラトン主義協会）

第9章　何故なしの生

（Leben ohne Warum―Der Ursprung des Lebens in der Theologie Meister Eckharts―, *The Journal of Oriental Philosophy*, Vol. 18, August, 169-179, The Institute of Oriental Philosophy, 2008.）

文　献　表

1．テクスト

Albertus Magnus, *De anim*a; Editio Coloniensis VII/1.
―――, *De causis et processu universitatis a prima causa*; Edtio Coloniensis XVII pars Ⅱ．
―――, *De intellectu et intelligibili*, ed. Borgnet, A., in Opera omnia, Tom. 9, Prisiis.
―――, *Metaphysica* ; Editio Coloniensis XVI/1.
―――, *Summa theologiae* I ; Editio Coloniensis XXXIV/1.
―――, *Super Dionysium, De caelesti hierarchia*; Editio Coloniensis XXXVI/1
―――, *Super Dionysium, De divinis nominibus*; Editio Coloniensis XXXVII/1.
―――, *Super Dionysii mysticam theologiam et Epistulas*; Editio Coloniensis XXXVII/2.
―――, *Super Ethica*; Editio Coloniensis XIV/2.
アリストテレス『カテゴリー論』(山本光雄訳)，『アリストテレス全集』第1巻，岩波書店．『分析論後書』(加藤信朗訳)，『アリストテレス全集』第1巻，岩波書店．
―――，『自然学』(出隆・岩崎允胤訳)，『アリストテレス全集』第3巻，岩波書店．
―――，『霊魂論』(山本光雄訳)，『アリストテレス全集』第6巻，岩波書店．
―――，『形而上学』(出隆訳)，『アリストテレス全集』第12巻，岩波書店．
―――，『ニコマコス倫理学』(加藤信朗訳)，『アリストテレス全集』第13巻，岩波書店．
Augustinus, *Confessiones*; PL 32.
―――, *De civitate dei*; PL 41.
―――, *De diversis quaestionibus octoginta tribus*; PL 40.
―――, *De vera religione*; PL 34.
―――, *Enarrationes in Psalmos*; PL 36.
Avicenna, *Metaphysica; Avicenna Latinus, Liber de Philosophia Prima sive Scientia Divina*, ed. S. Van Riet, 1980.
―――, *Avicenna Latinus, Liber De Anima seu Sextus De Naturalibus*, ed. S. Van Riet, 1972.
Boethius, *De institutione arithmetica*. Bibl. Teubn. 1867.

ディオニュシオス・アレオパギテス,『天上位階論』(今義博訳),『中世思想原典集成 3』上智大学中世思想研究所編・監修, 1994 年。

Die Fragmente der Vorsokratiker, Griechsch und Deutsch von Hermann Diels, hrsg. von Walter Kranz, 1985.

Eckardus. Meister Eckhart, *Die deutschen und lateinischen Werke,* hrsg. im Auftrage der Deutschen Forschungsgemeinschaft, Stuttgart 1936ff.

─────, *Deutsche Mystiker des vierzehnten Jahrhunderts,* hrsg. von Franz Pfeiffer, Bd. 2: *Meister Eckhart,* Aalen 1962.

─────, Denifle, H., Acten zum Processe Meister Eckeharts, in: *Archiv für Literatur- und Kirchengeschichte des Mittelalters* 2, Glaz 1886, 616-640.

─────, Théry, G., Edition Critique des Pièces Relatives au Procès d'Eckhart contenues dans le Manuscrit 33 b de la Bibliothèque de Soest, in: *Archives d'Histoire Doctrinale et Littéraire du Moyen Age* 1 (1926/1927), 129-268.

─────, Pelster, Fr., Ein Gutachten aus dem Eckehart-Prozeß in Avignon, in: *Beiträge zur Geschichte der Philosophie und Theologie des Mittelalters,* Suppl. III, Münster/Westf. 1935, 1099-1124.

─────, *Mester Eckehart, Deutsche Predigten und Traktate,* hrsg. und übers. von J. Quint, München, 2. Aufl., 1963.

─────, ECKHART VON HOCHHEIM, Utrum in deo sit idem esse et intelligere? / Sind in Gott Sein und Erkennen miteinander identisch? Herausgegeben, übersetzt und mit einer Einleitung versehen von Burkhard Mojsisch, in: *Bochumer Philosophisches Jahrbuch für Antike und Mittelalter* Bd. 4, 1999. 182-197.

─────,『エックハルト ラテン語著作集』(全 5 巻:中山善樹訳, 知泉書館), Ⅰ:『創世記註解』,『創世記比喩解』(2005 年), Ⅱ:『出エジプト記註解』,『知恵の書註解』(2004 年), Ⅲ:『ヨハネ福音書註解』(2008 年), Ⅳ:『ラテン語説教集』(2011 年), Ⅴ:『命題集コラチオ』,『一二九四年の復活祭にパリで行われた説教』,『主の祈りの論考』,『聖アウグスティヌスの祝日にパリで行われた説教』,『パリ討論集』,『三部作序文』,『「シラ書」第二四章第二三-三一節についての説教と講解』,『弁明書』(2012 年)。

─────,『キリスト教神秘主義著作集 6 エックハルトⅠ』(植田兼義訳, 教文館, 1989 年),『ドイツ語説教集』(上田閑照訳, 香田芳樹訳註・解説, 創文社, 2006 年),『エックハルト説教集』(田島照久訳, 岩波書店, 1990 年)

Eckhartus de Gründig, *Von der wirkenden und möglichen Vernunft,* in: Preger, W., Der altdeutsche Tractat von der wirkenden und möglichen Vernunft (*Sitzungsbericht der philosophisch-philologischen und historischen Classe der k. b. Akademie der Wissenschaftten* Ⅰ), München 1871, 159-189.

Enchiridion symbolorum definitionum et declarationum de rebus fidei et morum, ed. Heinrich Denzinger, 38., aktualisierte Auflage, Freiburg i. Br./Basel/Rom/Wien 1999.

Eriugena, Johannes Scotus, *De divisione naturae,* Editio Reconita et Emendata, 1838.

Jordan von Quedlinburg, *Opus Postillarum et Sermonum de Evangeliis dominicalibus,*

文 献 表

Opus Ior, ed. Nadia Bray, *Corpus Philosophorum Teutonicorum Medii Aevii* (=*CPTMA*.) Bd. VII,3, Miscellanea, 2008.

Liber de causis, ed. Pattin, A., in: *Tijdschrift voor Filosofie* 28, 1966, 134-203.

Liber XXIV Philosophorum, in: *Beiträge zur Geschichte der Philosophie des Mittelalters* Bd.25, hrsg. von Grabmann, M., Münster 1927, 194-214.

Maimonides, *Dux neutrorum*, Parisiis 1520.

Missale Romanum, ed. typ. Vaticana 1970.

Nikolaus von Strassburg, *Summa*; *CPTMA* Bd. 5,2, Hamburg 1990-2009.

Proclus, *Elementatio theologica*, ed. Vansteenkiste, E., Procli Elementatio theologica translata a Guilemo de Moerbeke (textus ineditus), in: *Tijdschrift voor Philosophie* 13, 1951.

Seuse, H., *Das Buch der Wahrheit* (*Philosophiche Bibliothek* Bd. 458), hrsg. von Sturlese. L./Blumrich, R., Hamburg 1993.

Theodoricus de Vriberch, *De accidentibus*, ed. Sturlese, M.R.P., in: *Dietrich von Freiberg, Opera omnia*, Tom. III, *CPTMA*. Bd.2,3 : Schriften zur Naturphilosophie und Metaphysik, Hamburg 1983.

―――, *De animatione caeli*, ed. Sturlese, L., in: *Dietrich von Freiberg, Opera omnia*, Tom. III, *CPTMA*. Bd.2,3 : Schriften zur Naturphilosophie und Metaphysik, Hamburg 1983.

―――, *De cognitione entium separatorum et maxime animarum separatarum*, ed. Steffan, H., in: *Dietrich von Freiberg, Opera omnia*, Tom. II, *CPTMA*. Bd.2,2: Schriften zur Metaphysik und Theologie, Hamburg 1980.

―――, *De intellectu et intelligibili*, ed. Mojsisch, B., in: *Dietrich von Freiberg, Opera omnia*, Tom. I, *CPTMA*. Bd.2,1: Schriften zur Intellekttheorie, Hamburg 1977.

―――, *Tractatus de origine rerum praedicamentalium*, ed. Sturlese, L., in: *Dietrich von Freiberg, Opera omnia*, Tom. III, *CPTMA*. Bd. 2,3: Schriften zur Naturphilosophie und Metaphysik, Hamburg 1983.

―――, *De subiecto theologiae*, ed. Sturlese, L., in: *Dietrich von Freiberg, Opera omnia*, Tom. III, *CPTMA*. Bd.2,3: Schriften zur Naturphilosophie und Metaphysik, Hamburg 1983.

―――, *Tractatus de visione beatifica*, ed. Mojsisch, B., in: *Dietrich von Freiberg, Opera omnia*, Tom. I, *CPTMA*. Bd.2,1: Schriften zur Intellekttheorie, Hamburg 1977.

Thomas de Aquino, *Summa theologiae,* Sancti Thomae Aquinatis Opera Omnia, iussu impensaque Leonis XIII, P. M., edita. Tomus IV, 1888, V, 1889.

―――, *De ente et essentia.* Sancti Thomae Aquinatis Opera Omnia, iussu impensaque Leonis XIII, P. M., edita. Tomus XLIII, 1976.

Das Seiende und das Wesen, Lateinisch/Deutsch, übersetzt und hrsg. von Beeretz, F. L., Reclam Stuttgart 1979.

2．研究参考文献

Albert, K., *Meister Eckharts These vom Sein. Untersuchungen zur Metaphysik des Opus Tripartitum,* Kastellaun 1976.

――――, Eckharts intellektuelle Mystik, in: *Meister Eckahrt in Erfurt* (*Miscellanea Mediaevalia* Bd.32), hrsg. von Speer, A./Wegener, L., Berlin/New York 2005, 231-238.

Brunner, F., L'Analogie chez Maître Eckhart, in: *Freiburger Zeitschrift für Philosohie und Theologie* 16, 1969, 333-349.

――――, Compatibité chez Maître Eckhart de la thèse «esse est deus» et de l'affirmation de «l'esse rerum», in: *Von Meister Dietrich zu Meister Eckahrt* (*CPTMA.* Beih. 2), Hamburg 1984, 138-146.

Denifle, H., Meister Eckharts lateinische Schriften, und Grundanschauung seiner Lehre, in: *Archiv für Literatur-und Kirchengeschichte des Mittelalters* 2, 1886, 417-615.

Feigl, M., Albert der Große und die arabische Philosophie. Eine Studie zu den Qullen seines Kommentars zum Liber de causis, in: *Philosophisches Jahrbuch* 63. Jahrgang, München 1955, 131-150.

Fischer, H., Grundgedanken der deutschen Predigten, in: *Meister Eckahrt, der Prediger. Festschr. zum Eckhart-Gedenkjahr,* hrsg. von Nix, U.M./Öchslin, R., 1960, 25-72.

――――, Die theologische Werke Meister Eckharts, in: *Scholastik* 35, 1960, 403-413.

――――, Die theologische Arbeitsweise Meister Eckharts in den lateinischen Werken (*Miscellanea Mediaevalia* 7), Berlin/New York 1970, 50-75.

――――, Thomas von Aquin und Meister Eckhart, in: *Theologie und Philosophie* 49, 1974, 213-235.

――――, *Meister Eckahrt. Einfühlung in sein philosophisches Denken,* Freiburg/München 1974.

Flasch, K., Kennt die mittelalterliche Philosophie konstitutive Funktion des menschlichen Denkens? Eine Untersuchung zu Dietrich von Freiberg, in: *Kant-Studien* 63, 1972, 182-206.

――――, Die Intention Meister Eckharts, in: *Strache und Begriff. Festschrift für B. Liebrucks,* Meisenheim am Glan 1974, 292-318.

――――, Einleitung zu: *Dietrich von Freiberg, Opera omnia,* Tom. I: Schriften zur Intellektiotheorie, hrsg. von B. Mojsisch, Hamburg 1977, IX-XXVI.

――――, Einleitung zu: *Dietrich von Freiberg, Opera omnia,* Tom. II: Schriften zur Metaphysik und Theologie, hrsg. von R. Imbach, M.R. Pagnoni-Sturlese, H. Steffan, L. Sturlese, Hamburg 1980, XIII-XXXI.

――――, Bemerkungen zu Dietrich von Freiberg, De origine rerum praedicamentalium, in: *Von Meister Dietrich zu Meister Eckahrt* (*CPTMA.* Beih. 2), Hamburg 1984, 34-45.

――――, Von Dietrich zu Albert, in: *Freiburger Zeitschrift für Philosophie und*

Theologie 32, 1985, 7-26.

―――, Procedere ut imago. Das Hervorgehen des Intellekts aus seinem göttlichen Grund bei Meister Dietrich, Meister Eckhart und Berthold von Moosburg, in: *Abendländische Mystik im Mittelalter,* hrsg. von Ruh, K., Stuttgart 1986, 125-180.

―――, Meister Eckhart und die «Deutsche Mystik». Zur Kritik eines historiographischen Schemas, in: *Die Philosohie im 14. und 15. Jahrhundert. In memoriam Konstanty Michalski (1879-1947)* (*Bochumer Studien zur Philosophie* Bd. 10), Amsterdam 1988, 439-463.

―――, Predigt 52: 'Beati pauperes spiritu' in: *Lectura Eckhardi I, Predigten Meister Eckharts von Fachgelehrten gelesen und gedeutet,* hrsg. von Steer, G. und Sturlese, L., Stuttgart 1998, 163-199.

―――, Predigt 6: 'intravit Iesus in templum' in: *Lectura Eckhardi II, Predigten Meister Eckharts von Fachgelehrten gelesen und gedeutet,* hrsg. von Steer, G. und Sturlese, L., Stuttgart 2003, 29-51.

―――, *Meister Eckhart: die Geburt der "Deutschen Mystik" aus dem Geist der arabischen Philosophie,* München 2006.

―――, Predigt 39: 'Iustus in perpetuum vivet' in: *Lectura Eckhardi III, Predigten Meister Eckharts von Fachgelehrten gelesen und gedeutet,* hrsg. von Steer, G. und Sturlese, L., Stuttgart 2008, 33-49.

de Garay, J., Freiheit und Transzendentalien bei Meister Eckahrt, in: *Die Kölner Universität im Mittelalter. Geistige Wurzeln und soziale Wirklichkeit* (*Miscellania Mediaevalia* Bd. 20), hrsg. von Zimmermann, A., Berlin/New York 1989, 227-244.

Haas, A. M., Zur Frage der Selbsterkenntnis bei Meister Eckahrt, in: *Freiburger Zeitschrift für Philosophie und Theologie* 15, 1968, 190-261.

―――, "Nim dinselbes war". in: *Studien zur Lehre von der Selbsterkenntnis bei Meister Eckhart, Johannes Tauler und Heinrich Seuse.* Dokimion III, Freiburg in der Schweiz 1971.

―――, Aktualität und Normativität Meister Eckharts, in: *Eckhardus theutonicus, homo doctus et sanctus. Nachweise und Berichte zum Prozess gegen Meister Eckhart,* hrsg. von Stirnimann, H., in Zusammenarbeit mit Imbach, R., Freiburg in der Schweiz 1992, 205-268.

―――, Predigt 12: 'Qui audit me' in: *Lectura Eckhardi I, Predigten Meister Eckharts von Fachgelehrten gelesen und gedeutet,* hrsg. von Steer, G. und Sturlese, L., Stuttgart 1998, 1-23.

―――, Durchbruch zur ewigen Wahrheit, in: *Meister Eckharts Straßburger Jahrzehnt* (*Meister-Eckhart-Jahrbuch* Bd. 2), hrsg. von Sánchez, A. Q. /Steer, G., Stuttgart 2008, 171-188.

Hackett, J., The Reception of Meister Eckahrt: Mysticism, Philosophy and Theology in Henry of Friemar (the Elder) and Jordanus of Quedlinburg, (*Miscellanea Mediaevalia* Bd. 32): Meister Eckahrt in Erfurt, 2005, 554-586.

Hauke, R., *Trinität und Denken. Die Unterscheidung der Einheit von Gott und Mensch bei Meister Eckhart* (Kontexte. Neue Beiträge zur Historischen und Systematischen Theologie Bd.3), Frankfurt a. M./Bern/New York 1986.

Heidegger, M., *Brief über Humanismus,* in: *Martin Heidegger Gesamtausgabe* Bd. 9 *Wegmarken*, hrsg. von Herrmann, F. W., Frankfurt a. M. 1976, 313-364.

Heimerl, T., Die theologische Anthropologie Meister Eckharts, in: *Meister Eckahrt aud theologischer Sicht* (*Meister-Eckhart-Jahrbuch* Bd. 1), hrsg. von Leppin, V./Schiewar, H. J., Stuttgart 2007, 145-156.

Hödl, L., Metaphysik und Mystik im Denken des Meister Eckhart, in: *Zeitschrift für katholische Theologie* 82, 1960, 257-274.

———, Neue Nachrichten über die Pariser Verurteilungen der thomasischen Formlehre, in: *Scholastik*, 39. Jahrgang, 1964, 178-196.

———, Naturphilosophie und Heilsbotschaft in Meister Eckharts Auslegung des Johannes-Evangeliums, in: *La filosofia della natura nel medievo. Atti del terzo congresso internazionale di filosofia medioevale. Passo della Mendora, Trento. 31 agosto-5 settembre 1964*, Milano 1966, 641-651.

———, Über die averroistische Wende der lateinischen Philosophie des Mittelalters im 13. Jahrhundert, in: *Recherches de Théologie ancienne et médiévale,* Tom. 32, 1972, 171-204.

———, »Lumen gratiae« ein Leitgedanke der Gnadetheologie des Thomas von Aquin, in: *Mysterium der Gnade. Festschrift für Johann Auer*, hrsg. von Roßmann, H. und Ratzinger, J., Regensburg 1975, 238-250.

———, Die philosophische Gotteslehre des Thomas von Aquin O.P. in der Diskussion der Schulen um die Wende des 13. zum 14. Jh., in: *Riv. Fil. Neo-scol.* 70, 1978, 113-134.

———, Meister Eckharts theologische kritik des reinen Glaubensbewußtseins, in: *Freiheit und Gelassenheit. Meister Eckhart heute*, hrsg. von Kern U., München/Mainz 1980, 34-52.

———, Das «intelligibile» in der scholastischen Erkenntnislehre des 13. Jahrhunderts, in: *Freiburger Zeitschrift für Philosophie und Theologie* 30, 1983, 345-372.

———, Die Würde des Menschen in der scholastischen Theologie des späten Mittelalters, in: *De dignitate hominis,* hrsg. von Holderegger, A., Imbach, R., de Migurel, R. S., Freiburg in der Schweiz 1987, 107-132.

———, Von der theologischen Wissenschaft zur wissenschaftlichen Theologie bei den kölner Theologen Albert, Thomas und Duns Scotus, in: *Die Kölner Universität im Mittelalter. Geistige Wurzeln und soziale Wirklichkeit* (*Miscellania Mediaevalia* Bd.20), hrsg. von Zimmermann, A., Berlin/New York 1989, 19-35.

———, *Welt-Wissen und Gottes-Glaube in Geschichte und Gegenwart. Festgabe für Ludwig Hödl zu seinem 65. Geburtstag Ausgewählte Aufsätze. Gesammelte Forschungen*. hrsg. von Gerwing, M., St. Ottilien 1990.

―――, Opus naturae est opus intelligentiae. Ein neuplatonisches Axiom im aristotelischen Verständnis des Albertus M. in: *Averrosimus im Mittelalter und in der Renaissance*, Zürich 1994, 132-148.

Imbach, R., *Deus est intelligere. Das Verhältnis von Sein und Denken in seiner Bedeutung für das Gottesverständnis bei Thomas von Aquin und in den Pariser Quaestionen Meister Eckharts* (*Studia Friburgensi*a N. F. 53), Freiburg in der Schweiz 1976.

―――, Gravis iactura verae doctrinae. Prolegomena zu einer Interpretation der Schrift De ente et essentia Dietrichs von Freiberg O.P., in: *Freiburger Zeitschrift für Philophie und Theologie* 26, 1979, 369-425.

―――, Metaphysik, Theologie und Politik. Zur Diskussion zwischen Nikolaus von Straßburg und Dietrich von Freiberg über die Abtrennbarkeit der Akzidentien, in: *Theologie und Philosophie*, 61. Jahrgang, 1986, 359-395.

―――,/Lindblad, U., Compilatio rudis ac puerilis. Hinweise und Materialien zu Nikolaus von Straßburg O.P. und seiner Summa, in: *Freiburger Zeitschrift für Philosophie und Theologie* 32, 1985, 155-233.

稲垣良典『神学的言語の研究』創文社, 2000 年。

Kaiser, R., Die Benutzung proklischer Schriften durch Albert den Grossen, in: *Archiv für Geschichte der Philosophie* 45, Berlin 1963, 1-22.

―――, Versuch einer Datierung der Schrift Alberts des Grossen. *De causis et processu universitatis,* in : *Archiv für Geschichte der Philosohie* 45, Berlin 1963, 125-148.

刈田喜一郎「ニーチェと東洋思想」,『生と思索 刈田喜一郎先生退職記念論集』1990 年, 324-354 頁。

Kern, U., Eckahrts Intention, in: *Freiheit und Gelassenheit. Meister Eckhart heute,* hrsg. von U. Kern, München/Mainz 1980, 24-33.

Kobusch, T., Die Modi des Seienden nach Dietrich von Freiberg, in: *Von Meister Dietrich zu Meister Eckahrt* (CPTMA. Beih.2), Hamburg 1984, 46-67.

―――, Lesemeistermetaphysik – Lebemeistermetaphysik. Zur Einheit der Philosophie Meister Eckharts, in: *Meister Eckahrt in Erfurt* (*Miscellanea Mediaevalia* Bd.32), hrsg. von Speer, A./Wegener, L., Berlin/New York 2005, 239-258.

Koch, J., Augustinischer und dionysischer Neuplatonismus und das Mittelalter, in: *J. Koch, Kleine Schriften I,* Roma 1973, 3-26.

―――, Meister Eckahrt und die jüdsche Religionsphilosophie des Mittelalters, in: *J. Koch, Kleine Schriften I,* Roma 1973, 349-366.

―――, Meister Eckharts weiterwirken im Deutsch-Niederländischen Raum im 14. und 15. Jahrhundert, in: *J. Koch, Kleine Schriften I,* Roma 1973, 429-456.

―――, Ein neuer Eckahrt-Fund: der Sentenzenkommentar, in: *J. Koch, Kleine Schriften I,* Roma 1973, 239-246.

―――, Kritische Studien zum Leben Meister Eckahrts, in: *J. Koch, Kleine Schriften I,* Roma 1973, 247-347.

―――, Meister Eckhart. Versuch eines Gesamtbildes, in: *J. Koch, Kleine Schriften I,*

Roma 1973, 201-338.

―――, Philosophische und theologische Irrtumslisten von 1270-1329. Ein Beitrag zur Entwicklung der theologischen Zensuren, in: *J. Koch, Kleine Schriften II*, Roma 1973, 423-450.

―――, Sinn und Struktur der Schriftauslegungen Meister Eckharts, in: *J. Koch, Kleine Schriften I*, Roma 1973, 399-428.

―――, Zur Analogielehre Meister Eckharts, in: *J. Koch, Kleine Schriften I*, Roma 1973, 367-497.

香田芳樹『マイスター・エックハルト 生涯と著作』創文社，2011 年。

Kurdzialek, M., Eckahrt, der Scholastiker. Philosophische und theologische Traditionen, aus denen er kommt. Die pantheistischen Traditionen der eckhartschen Mystik, in: *Freiheit und Gelassenheit. Meister Eckhart heute,* hrsg. von U. Kern, München/ Mainz 1980, 60-74.

Langer, O., Meister Eckharts Begründung einer neuen Theologie, in: *Meister Eckahrt aud theologischer Sicht* (*Meister-Eckhart-Jahrbuch* Bd.1), hrsg. von Leppin, V./Schiewar, H. J., Stuttgart 2007, 1-26.

Largier, N., Meister Eckhart und der Osten. Zur Forschungsgeschichte, in: *Eckhardus theutonicus, homo doctus et sanctus. Nachweise und Berichte zum Prozess gegen Meister Eckhart,* hrsg. von Stirnimann, H., in Zusammenarbeit mit Imbach, R., Freiburg in der Schweiz 1992, 185-204.

―――, Sermo XXV: 'Gratia dei sum id quod sum' in: *Lectura Eckhardi II, Predigten Meister Eckharts von Fachgelehrten gelesen und gedeutet*, hrsg. von Steer, G. und Sturlese, L., Stuttgart 2003, 177-203.

―――, Kontextualisierung als Interpretation. Gottesgeburt und speculatio im ‚Paradisus anime intelligentis', in: *Meister Eckahrt in Erfurt* (*Miscellanea Mediaevalia* Bd.32), hrsg. von Speer, A./Wegener, L., Berlin/New York 2005, 298-313.

de Libera, A., *Le Problème de l'Être chez Maître Eckhart : logique et métaphysique de l'analogie* (*Cahiers de la Revue de Théologie et de Philosophie* 4), Genève/Lausanne/ Neuchâtel 1980.

―――, La problématique des «intentiones primae et secundae» chez Dietrich de Freiberg, in: *Von Meister Dietrich zu Meister Eckahrt* (*CPTMA*. Beih.2), Hamburg 1984, 68-94.

Manstetten, R., *Esse est Deus. Meister Eckharts christologische Versöhnung von Philosophie und Religion und ihre Ursprünge in der Tradition des Abendlandes*, Freiburg/München 1993.

―――, Christologie bei Meister Eckahrt, in: *Meister Eckahrt aud theologischer Sicht* (*Meister-Eckhart-Jahrbuch* Bd.1), hrsg. von Leppin, V./Schiewar, H. J., Stuttgart 2007, 125-144.

Matsuda, M., Eckharts Auseinandersetzung mit der thomasischen Kontritionslehre in den

‚Reden der Unterweisung', in: *Meister Eckahrt in Erfurt* (*Miscellanea Mediaevalia* Bd.32), hrsg. von Speer, A./Wegener, L., Berlin/New York 2005, 178-188.

McGinn, B., Sermo IV: 'Ex ipso, per ipsum et in ipso sunt omnia' in: *Lectura Eckhardi I, Predigten Meister Eckharts von Fachgelehrten gelesen und gedeutet*, hrsg. von Steer, G. und Sturlese, L., Stuttgart 1998, 289-315.

—————, Sermo XXIX: 'Deus unus est' in: *Lectura Eckhardi II, Predigten Meister Eckharts von Fachgelehrten gelesen und gedeutet*, hrsg. von Steer, G. und Sturlese, L., Stuttgart 2003, 205-231.

—————, Sermo XLIX: 'Cuius est imago haec et supercriptio?' in: *Lectura Eckhardi III, Predigten Meister Eckharts von Fachgelehrten gelesen und gedeutet*, hrsg. von Steer, G. und Sturlese, L., Stuttgart 2008, 239-237.

Mieth, D., *Die Einheit von Vita activa und Vita contemplativa in den deutschen Predichten und Traktaten Meister Eckharts und bei Johannes Tauler. Untersuchungen zur Sturktur des christlichen Lebens* (*Studien zur Geschichte der katholischen Moraltheologie* 15), Regensburg 1969.

—————, Predigt 86 'Intravit Iesus in quoddam castellum' in: *Lectura Eckhardi II, Predigten Meister Eckharts von Fachgelehrten gelesen und gedeutet*, hrsg. von Steer, G. und Sturlese, L., Stuttgart 2003, 139-175.

—————, Meister Eckhart: Leidenschaft des Denkens, Spiritualität und Lebenskunst. Mit Überlegungen zur heutigen Rezeption, in: *Meister Eckahrt aud theologischer Sicht* (*Meister-Eckhart-Jahrbuch* Bd. 1), hrsg. von Leppin, V./Schiewar, H. J., Stuttgart 2007, 71-96.

Mojsisch, B., *Die Theorie des Intellekts bei Dietich von Freiberg* (*Beihefte zu Dietrich von Freiberg, Opera omnia*, Beih. 1), Hamburg 1977.

—————, *Meister Eckhart. Analogie, Univozität und Einheit*, Hamburg 1983.

—————, Meister Eckharts Kritik der teleologisch-theokratischen Ethik Augustins, in: *Medioevo. Rivista di Stroia della Filosofia Medievale* IX, Padova 1983, 43-59.

—————, Sein als Bewußt-Sein. Die Bedeutung des ens conceptionale bei Dietrich von Freiberg, in: *Von Meister Dietrich zu Meister Eckahrt* (*CPTMA*. Beih.2), Hamburg 1984, 95-105.

—————, „Causa essentialis" bei Dietrich von Freiberg und Meister Eckhart, in: *Von Meister Dietrich zu Meister Eckahrt* (*CPTMA*. Beih.2), Hamburg 1984, 106-114.

—————, Grundlinien der Philosophie Alberts des Großen, in: *Freiburger Zeitschrift für Philosophie und Theologie* 32, 1985, 27-44.

—————, Mittelalterliche Grundlagen der neuzeitlichen Erkenntnistheorie, in: *Renovatio et Reformatio. Festschrift für Ludwig Hödl zum 60. Geburtstag überreicht von Freunden sowie Kollegen und Schülern*, hrsg. von Gerwing, M. und Ruppert, G., Münster 1985, 155-169.

—————, »Dynamik der Vernunft« bei Dietrich von Freiberg und Meister Eckhart, in: *Abendländische Mystik im Mittelalter*, hrsg. von Ruh, K., Stuttgart 1986, 135-144.

―――, *Nichts und Negation.* Meister Eckhart und Nikolaus von Kues, in: *Historia Philosophiae Medii Aevii. Studien zur Geschichte der Philosophie des Mittelalters*, hrsg. von Mojsisch, B. und Pluta, O., Bd. II, Amsterdam/Philadelphia 1991, 675-693.

―――, Predigt 48: 'alliu glîchiu dinc minnent sich' in: *Lectura Eckhardi I, Predigten Meister Eckharts von Fachgelehrten gelesen und gedeutet*, hrsg. von Steer, G. und Sturlese, L., Stuttgart 1998, 151-161.

Morard, M. St., Ist, istic, istikeit bei Meister Eckhart, in: *Freiburger Zeitschrift für Philosophie und Theologie* 3, 1956, 196-186.

中山善樹『エックハルト研究序説』創文社, 1993年。

西谷啓治『神と絶対無』(『西谷啓治著作集』第7巻) 創文社, 1987年。

Oltmanns, K., *Meister Eckhart (Philosophische Abhandlungen 2)*, Frankfurt a. M., 2.Aufl., 1957.

大森正樹「エックハルトにおける esse の問題――Exod. 3, 14『在りて在る者』解釈を中心として」,『中世思想研究』第19号, 中世哲学会, 1977年, 115 – 125頁。

岡崎文明『プロクロスとトマス・アクィナスにおける善と存在者――西洋哲学史研究序説』晃洋書房, 1993年。

岡安喜代「三位一体への問いとしての始原への問い」,『中世思想研究』第39号, 中世哲学会, 1997年, 87-98頁。

Panzig, E. A., *gelâzenheit und abegescheidenheit* – zur Verwurzelung beider Theoreme im theologischen Denken Meister Eckahrts, in: *Meister Eckahrt in Erfurt (Miscellanea Mediaevalia* Bd. 32), hrsg. von Speer, A./Wegener, L., Berlin/New York 2005, 298-313.

―――, Lateinische und deutsche Terminologie in der Theologie Meister Eckharts, in: *Meister Eckahrt aud theologischer Sicht (Meister-Eckhart-Jahrbuch* Bd. 1), hrsg. von Leppin, V./Schiewar, H. J., Stuttgart 2007, 157-166.

Rehn, R., Quomodo tempus sit? Zur Frage nach dem Sein der Zeit bei Aristoteles und Dietrich von Freiberg, in: *Von Meister Dietrich zu Meister Eckahrt (CPTMA.* Beih. 2), Hamburg 1984, 1-11.

クラウス・リーゼンフーバー『中世における理性と霊性』上智大学中世思想研究所, 知泉書館, 2008年。

Ruh, K., *Meister Eckhart. Theologie, Prediger, Mystiker,* München 1985.

―――, *Geschichte der abendländischen Mytik Bd.3. Die Mystik des deutschen Predigerordens und ihre Grundlegung durch die Hochscholastik*, München 1996.

―――, Predigt 4: 'Omne datum optimum' in: *Lectura Eckhardi I, Predigten Meister Eckharts von Fachgelehrten gelesen und gedeutet*, hrsg. von Steer, G. und Sturlese, L., Stuttgart 1998, 1-23.

斎藤慶典『知ること, 黙すること, 遣り過ごすこと――存在と愛の哲学』講談社, 2009年。

Sánchez, A. Q., *Sein als Freiheit: Die idealistische Metaphysik Meister Eckharts und Johann Gottlieb Fichtes,* Freiburg/München 2004.

―――, Sein als Abgeschiedenheit (esse als abescheidenheit), in: *Meister Eckharts Straßburger Jahrzehnt* (*Meister-Eckhart-Jahrbuch* Bd.2), hrsg. von Sánchez, A. Q. / Steer, G., Stuttgart 2008, 189-218.

―――, Sermo XVII: 'Nunc vero liberati a peccato' in: *Lectura Eckhardi III, Predigten Meister Eckharts von Fachgelehrten gelesen und gedeutet,* hrsg. von Steer, G. und Sturlese, L., Stuttgart 2008, 175-207.

Saranyana, J., Meister Eckahrt: Eine Nachlese der Kölner Kontroverse (1326), in: *Die Kölner Universität im Mittelalter. Geistige Wurzeln und soziale Wirklichkeit* (*Miscellania Mediaevalia* Bd.20), hrsg. von Zimmermann, A., Berlin/New York 1989, 212-226.

Senner, W., Die ‚Rede der underscheidunge' als Dokument dominikanischer Spiritualität, in: *Meister Eckahrt in Erfurt* (*Miscellanea Mediaevalia* Bd.32), hrsg. von Speer, A./ Wegener, L., Berlin/New York 2005, 109-121.

Steer, G., Zur Authentizität der deutschen Predigten Meister Eckharts, in: *Eckhardus theutonicus, homo doctus et sanctus. Nachweise und Berichte zum Prozess gegen Meister Eckhart,* hrsg. von Stirnimann, H., in Zusammenarbeit mit Imbach, R., Freiburg in der Schweiz 1992, 127-168.

―――, Predigt 101: 'Dum medium silentium tenerent omnia' in: *Lectura Eckhardi I, Predigten Meister Eckharts von Fachgelehrten gelesen und gedeutet,* hrsg. von Steer, G. und Sturlese, L., Stuttgart 1998, 247-287.

―――, Meister Eckharts deutsche *reden und predigten* in seiner Erfurter Zeit, in: *Meister Eckahrt in Erfurt* (*Miscellanea Mediaevalia* Bd.32), hrsg. von Speer, A./ Wegener, L., Berlin/New York 2005, 34-55.

―――, Predigt 51: 'Haec dicit dominus: Honora patrem tuum ' in: *Lectura Eckhardi III, Predigten Meister Eckharts von Fachgelehrten gelesen und gedeutet,* hrsg. von Steer, G und Sturlese, L., Stuttgart 2008, 51-91.

Steffan, H., *Dietrich von Freibergs Traktat De cognitione entium separatorum. Studie und Text,* Dissertation (masch.) Bochum 1977.

Sturlese, L., Albert der Große und die deutsche philosophische Kultur des Mittelalters, in: *Freiburger Zeitschrift für Philosophie und Theologie* 28, 1981, 133-147.

―――, *Dokumente und Forschungen zu Leben und Werk Dietrichs von Freiberg* (*CPTMA*. Beih.3), Hamburg 1984

―――, Proclo ed Ermete in Germania da Alberto Magno a Berthodo di Moosburg. Per una prospettiva di ricerca sulla cultura filosofica tedesca nel secolo delle sue origini (1250-1350), in: *Von Meister Dietrich zu Meister Eckahrt* (*CPTMA*. Beih.2), Hamburg 1984, 22-33.

―――, Die Kölner Eckhartisten. Das Studium generale der deutschen Dominikaner und die Verurteilung der Thesen Meister Eckharts, in: *Die Kölner Universität im Mittelalter. Geistige Wurzeln und soziale Wirklichkeit* (*Miscellania Mediaevalia* Bd.20), hrsg. von Zimmermann, A., Berlin/New York 1989, 192-211.

―――, Die dokumente zum Prozeß gegen Meister Eckahrt, in: *Eckhardus theutonicus, homo doctus et sanctus. Nachweise und Berichte zum Prozess gegen Meister Eckhart,* hrsg. von Stirnimann, H., in Zusammenarbeit mit Imbach, R., Freiburg in der Schweiz 1992, 1-5.

―――, Meister Eckahrts Weiterwirken. Versuch einer Bilanz, in: *Eckhardus theutonicus, homo doctus et sanctus. Nachweise und Berichte zum Prozess gegen Meister Eckhart,* hrsg. von Stirnimann, H., in Zusammenarbeit mit Imbach, R., Freiburg in der Schweiz 1992, 169-183.

―――, *Die deutsche Philosophie im Mittelalter. Bonifatius bis zu Albert dem Großen (748-1280),* München 1993.

―――, Predigt 17: 'Qui odit animan suam' in: *Lectura Eckhardi I, Predigten Meister Eckharts von Fachgelehrten gelesen und gedeutet,* hrsg. von Steer, G. und Sturlese, L., Stuttgart 1998, 75-95.

―――, Hat es ein Corpus der deutschen Predigten Meister Eckharts gegeben? Liturgische Beobachtungen zu aktuellen philosophiehistorischen Fragen, in: *Meister Eckahrt in Erfurt (Miscellanea Mediaevalia* Bd.32), hrsg. von Speer, A./Wegener, L., Berlin/New York 2005, 393-408.

―――, *Homo divinis. Philosophische Projekte in Deutschland zwischen Meister Eckahrt und Heinrich Seuse,* Stuttgart 2007.

―――, Meister Eckhart und die *cura monialium*: Kritische Anmerkungen zu einem forschungsgeschichtlichen Mythos, in: *Meister Eckharts Straßburger Jahrzehnt (Meister-Eckhart-Jahrbuch* Bd. 2), hrsg. von Sánchez, A. Q. /Steer, G., Stuttgart 2008, 1-18.

Suárez-Nani, T., Philosophie- und theologiehistorische Interpretationen der in der Bulle von Avignon zensurierten Sätze in: *Eckhardus theutonicus, homo doctus et sanctus. Nachweise und Berichte zum Prozess gegen Meister Eckhart,* hrsg. von Stirnimann, H., in Zusammenarbeit mit Imbach, R., Freiburg in der Schweiz 1992, 31-96.

田島照久，『マイスター・エックハルト研究』，創文社，1996年。

Trusen, W., Zum Prozeß gegen Meister Eckhart, in: *Eckhardus theutonicus, homo doctus et sanctus. Nachweise und Berichte zum Prozess gegen Meister Eckhart,* hrsg. von Stirnimann, H., in Zusammenarbeit mit Imbach, R., Freiburg in der Schweiz 1992, 7-30.

上田閑照『マイスター・エックハルト』（『人類の知的遺産21』）講談社，1983年。

―――，「解説Ⅲ 世界的世界への連峰」（『ドイツ神秘主義叢書 2 ドイツ語説教集』）創文社，2006年。

Waldschütz, E., *Denken und Erfahren des Grundes—Zur philosophischen Deutung Meister Eckharts,* Wien/Freiburg/Basel 1989.

渡邊二郎「ハイデガーの思索と残された問題点」（『西洋哲学史の再構築に向けて』）昭和堂，2000年，467 - 495頁。

―――，『ハイデッガーの「第二の主著」『哲学への寄与試論集』研究覚え書き―

―その言語的表現の基本的理解のために』, 理想社, 2008年。
Welte, B., Meister Eckhart als Aristoteliker, in: *Philosophisches Jahrbuch* 69, 1961, 64-74.
Wieland, G., *Untersuchungen zum Seinsbegriff im Metaphysikkommentar Alberts des Grossen* (*Beiträge zur Geschichte der Philosophie und Theologie des Mittelalters,* NF.7), Münster 1971.
Winkler, E., *Exegetische Methoden bei Meister Eckahrt* (*Beiträge zur Geschichte der biblischen Hermeneutik 6*), Tübingen 1965.
Yamazaki, T., Die Analogie als ethisches Prinzip in der Theologie des Meister Eckhart, in : *Freiburger Zeitschrift für Philosophie und Theologie* 44, 1997, 335-354.
――――, 「エックハルトにおける causa essentialis 論の受容とその変容」水地宗明監修, 新プラトン主義協会編『ネオプラトニカⅡ 新プラトン主義の原型と水脈』昭和堂, 2000年, 266 - 292頁。
――――, 「神の固有名『在るところの者』における論理構造――トマスの場合」, 『東洋哲学研究所紀要』第16号, 東洋哲学研究所, 2000年, 105 - 132頁
――――, 「聖体に関して哲学することは可能か――中世における聖体論をめぐる哲学と神学の論争」, 『東洋哲学研究所紀要』第20号, 東洋哲学研究所, 2004年, 95 - 123頁。
――――, Leben ohne Warum—Der Ursprung des Lebens in der Theologie Meister Eckharts—, in *Journal of Oriental Studies* Vol.18, The Institute of Oriental Philosophy, 2008, 169-179.
――――, Die transzendentale Struktur des göttlichen Seins und die Seligkeit bei Meister Eckhart, in : *Wahrheit auf dem Weg. Festschrift für Ludwig Hödl zu seinem fünfundachtzigsten Geburtstag* (*Beiträge zur Geschichte der Philosophie und Theologie des Mittelalters,* NF.72), Münster, 2009, 273-287.
zum Brunn, E. /de Libera, A., *Maître Eckhart. Métaphysique du Verbe et théologie négative,* Paris, 1983.
――――, 大森正樹訳『マイスター・エックハルト――御言の形而上学と否定神学』国文社, 1985年。
――――, Les premières «Questions parisiennes» de Maître Eckhart, in : *Von Meister Dietrich zu Meister Eckahrt* (*CPTMA.* Beih.2), Hamburg, 1984, 128-138.

人名索引

アヴィセンナ（Avicenna; Ibn Sina, 980-1037） 59, 66, 161, 245, 274, 311
アヴェロエス（Averroes; Ibn Rushd, 1126-98） 250
アウグスティヌス（Augustinus, Aurelius, 354-430） 20, 23, 30, 49, 50, 87, 92, 103, 120, 141, 150, 170, 175, 258, 269, 282
アリウス（Arius, ca. 260-336） 224, 235
アリストテレス（Aristoteles, B.C. 384-322） 6, 9, 15-18, 24, 26, 30, 35-39, 41, 62-67, 73, 81, 97, 98, 100, 117, 118, 120, 132, 141, 173, 176, 178, 179, 182, 189, 195, 213, 221, 223, 225, 227, 228, 243, 250, 254, 256, 257, 261, 263, 265, 268, 279
アルベルトゥス（Albertus Magnus, ca.1193-1280） 6, 9, 15, 18-20, 22, 41, 46, 47, 51, 79, 87, 98, 127, 163, 223, 256, 279
稲垣良典 200
上田閑照 8
ウルリヒ（Ulrich von Strassburg; Ulricus de Argentina, ca.1220-77） 5
大森正樹 7, 155, 168
オッカム（Ockham, William of, ca.1285-1347/49） 90

カシオドルス（Cassiodorus Senator） 23
ゴンザルウス・ヒスパヌス（Hispanus, Gonsalvus, ?-ca.1313） 111

斎藤慶典 292
サベリウス（Sabellius, ca.200） 224, 235

ストアレーゼ（Sturlese, Loris, 1948-） 6, 9, 23, 311
ゾイゼ（Seuse, Heinlich, 1295-1366） 311
タウラー（Tauler, Johannes, ca.1300-61） 87, 311
ダマスケヌス（Damascenus, Ioannes, ca.650-754） 147, 178, 204, 237, 238
ディオニュシオス（Pseudo-Dionysius Areopagita） 6, 17, 119, 120, 163, 273
ディートリヒ（Dietrich von Freiberg; Theodoricus Teutonicus de Vriberch, 1245/50-1318/20） 5-7, 9, 13, 15, 22-27, 29-48, 71-74, 79, 87, 111, 119, 120, 122-25, 127, 128, 141, 163, 223, 231, 255-57, 261, 265, 273, 279, 303, 305-07, 311
デニフレ（Denifle, Heinrich, 1844-1905） 4
トマス（Thomas de Aquino, ca.1225-74） 4-7, 9, 15-18, 26, 35, 37, 40-42, 46, 47, 52, 53, 72-74, 90, 92, 94, 100, 101, 109, 111-15, 128, 130, 132, 141, 145, 146, 150, 156, 157, 161, 177, 179, 181, 189, 197, 198, 203, 204, 224-27, 236-38, 244, 245, 254, 256-58, 264, 265, 269, 279, 289

中山善樹 7, 149, 168, 205, 210
ニコラウス（Nikolaus von Strassburg; Nicolaus de Argentina, 1280/90-ca.1331） 5, 257
西谷啓治（1900-90） 7-9

ハイデガー（Heidegger, Martin, 1889-

1976) 183
パウロ (Paulos, ?-ca.65)　16, 19, 52, 55, 171, 183, 217, 292, 293
ハース (Hass, Alois M., 1934-)　101
パルメニデス (Parmenides, B.C.500)　144, 154, 176, 178
ヒエロニムス (Hieronymus, Sophronius Eusebius, ca.340-420)　54
フーゴーサン＝ヴィクトル (Hugo de Sancto Victore, ca.1096-1141)　23
フゴリヌス (Hugolinus Urbevetanus, ca.1300-73)　92
プファイファー (Pfeiffer, Franz, 1815-68)　3
プリスキアヌス (Priscianus Caesariensis, ca.500)　168
フラッシュ (Flasch, Kurt, 1930-)　4-6, 9, 10, 25, 197-99, 302, 303, 311
プラトン (Platon, B.C.428/27-348/47)　6, 25, 30, 33, 70, 87, 98, 121, 127, 141, 163, 164, 176, 223, 231, 252, 273, 279, 311
プロクロス (Proklos, 412-485)　24, 87, 120, 273
ヘードル (Hödl, Ludwig, 1925-)　10, 315
ベルトルト (Berthold von Moosburg, ?-ca.1361)　5, 23, 87, 311
ヘンリクス (Henricus de Gandavo, ca.1240-93)　90, 101
ボエティウス (Boethius, Anicius Manlius Severinus, ca.480-524/5)　76, 81, 101, 135, 257

マイモニデス (Maimonides, Moses, 1135-1204)　63, 84, 184
モイジッシュ (Mojsisch, Burkhard, 1949-)　9, 10, 12, 25, 40, 48, 65, 81, 82, 311
モーセ (Moses)　16, 58, 59, 62-64, 78, 167, 229

事項索引

あ 行

愛（amor） 11, 20, 61, 68, 85, 88, 91, 94, 99, 101, 104-08, 148, 194-96, 206-13, 216, 220, 222, 288, 292, 296, 298, 299

悪（malum） 24, 45, 96, 179, 259

アナロギア（analogia） 10, 12, 13, 24-26, 48, 49, 51, 53, 57-61, 63, 70, 73-75, 78, 79, 81-86, 88, 89, 91, 92, 95, 99, 101, 102, 107, 108, 117-19, 121, 125-29, 131, 137, 140, 141, 143, 144, 147, 167, 202, 203, 210, 211, 215, 216, 225, 229, 232, 233, 238, 239, 241, 244, 247, 248, 251, 252, 254, 256, 260-62, 268, 269, 281, 288, 306, 307

アナロギア的原因（causa analoga） 57, 63, 73, 75, 118, 125, 127, 128, 140, 141, 211, 261, 307

「ありきたりのことしか言わない連中」（communiter loquentes） 41, 257

「あるところの者」（Qui est） 7

アルケー（ἀρχή） 205

「あるの現実態」（actus essendi） 113

「アルベルトゥス・マグヌスと中世ドイツの哲学的文化」 6

生ける実体（substantia viva） 33, 122

一（unum） 45, 47, 53, 58, 68-81, 85-109, 125, 132-35, 141, 142, 147, 151, 156, 159-67, 179, 209, 211, 219, 220, 235, 251, 252, 266-69, 275, 278, 299, 304, 305, 307, 308, 310

一性（unitas） 8, 12, 23-25, 48, 58, 70, 72-74, 76, 78, 81, 82, 85, 88, 95, 96, 98, 101, 102, 105, 107, 108, 112, 114, 115, 128, 132, 135-37, 139-41, 151, 157-59, 164-69, 171, 176, 183, 189, 190, 201, 203, 204, 210, 212, 219, 220, 222, 232, 234-36, 238, 257, 260, 264, 265, 267, 269, 274-76, 280, 284-86, 288, 295, 301, 303, 306, 307, 310

一者（unus） 87, 95, 163, 164, 223

イデア（idea） 62, 98, 118, 141, 149, 150, 186, 231

イデア的理念（ratio idealis） 62, 141, 149, 150, 231

祈り（oratio） 20, 208, 296

栄光の光（lumen gloriae） 17, 40, 41

「エックハルトにおける esse の問題」 7, 155

「エックハルトの新しき形而上学」 12, 65

「エックハルトの新しき神学」 12

永遠なる神性の隠れた闇（diu verborgen vinternisse der êwigen gotheit） 166, 278

永遠なる流出の模造（exemplata ab aeterna emanatione） 213

永遠の産出 147

永遠の第一の単一の今（primum nunc simplex aeternitatis） 126, 150

恩寵にまさる恩寵（gratia super gratia） 103

恩寵のための恩寵（gratia pro gratia） 74, 103, 207, 216, 306

恩寵の光（lumen gratiae） 94

か 行

可感的スペキエス（species sensibilis） 35, 72, 249, 264, 265, 300

下級なる自然全体の範型（exemplar totius naturae inferioris） 213

獲得された知性（intellectus adeptus）

19, 216
学（scientia） 12, 20, 24, 67, 75, 200, 303
可知的形相（forma intelligilibis） 29, 30
可知的スペキエス（species intelligibilis） 35-37, 44, 72-74, 249, 264, 265, 300
カテゴリー（praedicamentum） 12, 23, 26, 28, 85, 90, 118, 132, 153, 173, 243, 244, 254-58, 262
『カテゴリー的実在の起源について』（Tractatus de origine rerum praedicamentalium） 28
可能態（potentia） 27, 29, 34-36, 89, 114, 210, 226
可能知性（intellectus possibilis） 27, 29, 30, 34-37, 39, 40, 42, 43, 45, 46, 73, 264, 273, 274, 303
神から注入された光（lumen infusum a deo） 19, 21
神自身における神 302, 303
神即自然 156
神であったところのもの（was, daz er ＜got＞ was） 166, 302, 303
神認識 6, 81, 82, 84, 86, 90
神の意志（voluntas divina） 45, 296, 309
神の一なる全実体の像（imago totius unius substantiae dei） 141, 219
『神の国』（De civitate dei） 20, 49, 120
神の子の誕生 46, 48, 57, 74, 78, 202, 209, 250, 251, 270, 288, 290, 307, 308
神の固有性（proprietas dei） 45, 53, 69, 70, 132-34, 147, 158-60, 165-67, 211, 212, 220, 285, 305
神の根底（gotes grunt） 284-86, 301
神の慈愛（benignitas dei） 206-08
神の崇拝（cultus dei） 20, 21, 51
神のスペキエス（species dei） 46, 73, 74, 78, 269-72, 274-76, 307
神の生命（vita divina） 91, 220, 221,

284, 304, 306
神の像（imago dei） 30, 31, 34, 40, 101, 276
神の第一の光（primum lumen dei） 19-21
神の形をした者（deiformes） 215
神の直観（visio Dei） 13, 31, 40, 45, 46, 48, 51, 57, 73, 78, 307
神の《何であるか》 42, 45, 46
神の本質直観 16, 44, 76, 279, 280
神の本性（natura divina） 105, 237, 248, 285
皮の下に潜んでいる意味 60
感覚作用 35, 37
完全への還帰 88
義（iustitia） 238, 239
義人（iustus） 24, 59, 61, 81, 82, 238-42, 244, 296
帰属性 24
帰属のアナロギア（analogia attributionis） 25, 73
基体（subiectum） 35, 41, 145, 182, 243, 251, 252, 255-58, 262, 265
希望（spes） 20, 76
救済（salus） 8, 12, 15, 16, 18, 21, 22, 47, 48, 51, 71, 86, 100, 102-04, 106, 107, 125, 140, 169, 179, 190, 199, 200, 204, 205, 207, 208, 216, 234, 288, 293, 306
救済原理 15, 71, 306
虚無性 82, 190, 210
キリストに達する 59-61
キリストの受難 106, 207
キリスト論（Christologie） 101, 102, 108, 203
敬神（pietas） 20, 51
啓示（revelatio） 5, 16, 18-20, 30, 41, 55, 57, 92, 94-96, 99, 103, 132
啓示神学 16
『形而上学』（Metaphysica） 6, 16, 18, 21, 67, 161, 195, 256, 260
形相（forma） 35, 37, 38, 42-44, 59,

事項索引　339

68, 79, 88, 114, 120, 124, 130, 138, 145, 148, 156, 179, 186, 192, 202-18, 233, 240-46, 250, 252, 264, 266, 283, 293, 299
形相因（causa formalis）　66, 67, 121, 147, 148, 242
形相的存在（esse formale）　118, 119, 125, 126, 136, 140, 283, 303
形相的流出（formalis emanatio）　145, 196, 251, 253
形相の限定を含まないもの（informe）　236
原因の共通性（communitas causae）　204
『原因論』（Liber de causis）　6, 20, 32, 40, 116, 127, 150, 182
謙譲　99
現実態（actus）　17, 27, 29, 31, 33-37, 41, 43, 46, 88, 89, 91, 93, 95, 97, 99, 113-15, 122, 123, 138, 157, 179, 182, 189, 226, 241, 244, 245, 250, 264
現実態における知性（intellectus in actu）　33, 122
『高貴なる人間について』（Von dem edeln menschen）　75
構成的知性論　255
心の言葉（verbum cordis）　225
個体化の原理（principium individuationis）　203
言葉の発出（processio verbi）　226
子の同形姿性（子－アナロギア）　102
これこれの存在者（ens hoc et hoc）　119, 125, 126, 143, 151, 159, 186, 292

さ　行

最高の恩寵（summa gratia）　103, 105, 216, 222, 306, 308
作成（factio）　47, 133, 146, 160
作用因（causa efficiens）　66, 67, 81, 84, 144
『三部作』（Opus tripartitum）　79, 152

『三部作への全般的序文』（Prologus generalis in opus tripartitum）　25, 151-53, 155, 159
三位一体（trinitas）　5, 25, 61, 90, 98, 99, 102, 132, 135, 144, 149, 153, 190, 199, 200, 205, 208, 223, 228, 229, 252, 257, 269, 279, 306, 307
時間的産出　71, 147, 165
識標（notiones）　146, 219, 235, 236, 238
始原（principium, die êrste sache）　95, 149-52, 161-66, 174-77, 180, 187, 194, 205, 230, 232, 235, 246, 253, 255, 272, 277-79, 282, 295, 302
始原における言葉（verbum in principio）　185
自己愛　107, 211
思考力（vis cogitativa）　39
自己還帰　27, 87
自己自身の出産（parturitio sui）　139, 218
自己譲渡　43
自己認識　27, 76, 82, 272
自然神学　16
自然学（physica）　23, 63, 64, 67, 120, 144, 178
自然哲学（philosophia naturalis）　10, 11, 65, 91, 92, 98, 200, 204, 214, 229
自然的論証（ratio naturalis）　5, 13, 57, 75, 132, 153, 154, 157, 197-200, 214, 306
自然において外在的に存在している事物の存在の始原（principium foris in natura rerum existentiae）　214
実在的カテゴリー（praedicamentum reale）　254
実在的存在者（ens reale）　250, 266
自体的な原因　120
実体形相（forma substantialis）　35, 59, 234, 240, 241, 244
実体変化（transsubstantiatio）　41, 257
実体の観念（intentio substantiae）　39

実定法　65, 200, 229
質料（materia）　16, 35, 36, 41, 43, 59, 61, 66, 67, 73, 79, 88, 89, 114, 120, 121, 124, 126, 128, 130, 137, 140, 150, 156, 160, 179, 181, 186, 189, 192, 194, 233, 234, 240-42, 244, 250, 264, 266, 275, 284, 289, 290, 299
質料因（causa materialis）　66, 121, 181, 242
質料性（materialitas）　16, 35, 41, 67, 264
質料的存在者（entia materialia）　137
至福（beatitudo）　12, 16, 44, 45, 47, 68, 71, 75-80, 94, 119, 199-201, 228, 273, 279, 280, 291, 294, 298, 306, 307, 309
至福直観（visio beatifica）　44, 47, 76, 119, 200, 201, 273, 279
『至福直観について』（Tractatus de visione beatifica）　273
思弁神学（spekulative Theologie）　13, 15, 22, 40, 44, 71
『集会の書に関する説教と講義』（Sermones et lectiones super Ecclesiastici）　49, 85, 118
種子としてのロゴス（σπέρματικος λόγος）　15
十字架上の死　51, 78, 280
従順　99, 108, 217, 222
主体（suppositum）　8, 72, 89, 193, 206, 210, 236, 237, 268, 291, 292, 297
出生（generatio）　48, 58, 59, 60, 78, 79, 102, 104, 145, 147-49, 164, 165, 167, 176, 177, 220, 222-30, 232-39, 242-44, 246-48, 251, 274, 303, 306, 307
出生は本性の業である（generatio est opus naturae）　147, 237
『出エジプト記註解』（Expositio libri Exodi）　7, 139, 161, 168, 218, 256, 263, 265
瞬間（instans）　150, 187, 202, 233, 246, 247, 300

自由意志　100, 101, 302
受肉（incarnatio）　5, 13, 15, 48, 51, 60-63, 74, 78, 79, 86, 92, 98, 99, 102-07, 125, 141, 167, 197-208, 212-16, 220-22, 229, 280, 287-89, 293, 306
受肉神学　199, 203, 204, 222
受肉の形而上学（Metaphysik der Inkarnation）　5, 197, 199, 213, 306
『主の耕地にて』（In argo dominico）　55, 201, 299
純粋可能態（potentia pura）　34
純粋現実態（actus purus）　114, 179, 189, 226
純粋な知性（intellectus purus）　124
純粋なる無（ein lûter niht）　34, 55, 244
上昇（ascensus）　272
『諸原因および第一原因からの宇宙の発出について』（De causis et processu universitatis a prima causa）　6
真（verum）　45, 48, 69, 84-86, 88-101, 103-105, 133, 134, 141, 147, 159, 164, 165, 167, 179, 211, 220, 306-08, 310
神化（deificatio）　87, 88, 210
神学研究所（studium generale）　5, 83, 108
『神学綱要』（Elementatio theologica）　24, 30, 87, 120, 311
『神学大全』（Summa theologiae）　35, 41, 112, 145, 146, 150, 156, 181, 203, 224, 236, 254, 258, 265
『神学の主題について』（De subiecto theologiae）　23
神学の補助学（Hilfswissenschaft der Theologie）　12
神経（nervus）　37
信仰（fides）　5, 11, 19, 20, 21, 44, 51-55, 57, 58, 63, 64, 67, 74, 75, 78, 82, 99, 103, 141, 153, 154, 157, 183, 197-201, 203, 204, 207, 214, 216, 217, 229, 293, 306, 307

事項索引 341

信仰を強固にする（fidem astruere）
　199, 203, 229
神的完全性のカテゴリー　85
神的形相（forma divina）　148, 196
神的存在（esse divinum）　22, 23,
　25, 26, 31, 45, 47, 48, 70, 71, 75, 78,
　79, 88, 96, 137, 148, 151-53, 165,
　167, 193, 203, 211, 217-19, 275, 293,
　305-09
神的人間（homo divinus）　68, 104,
　212, 311
神秘主義者 4, 7, 8, 10, 11, 189, 198, 311
新プラトン主義　6, 25, 30, 33, 70, 87,
　121, 127, 141, 163, 164, 223, 231, 252,
　273, 279, 311
『神名論』（De divinis nominibus）　6,
　17
『神秘神学』（De mystica theologia）　6
スコラ学　4, 9, 82, 143, 305
ストア派　15
生の始原　237, 282, 284, 288, 294, 295,
　304
聖教（sacra doctrina）　15, 16
聖句（アウクトリタス）　98, 115, 139,
　198, 199, 208, 232, 239
静寂なる砂漠（die stille wüeste）　77,
　277, 307
精神的存在者（intellectualia）　137,
　275
精神の秘所（abditum mentis）　30, 34
生成（fieri）　13, 23, 51-54, 57, 58, 61,
　62, 64, 67, 71, 75, 78, 150, 175, 176,
　180, 182, 186, 187, 191, 193, 195, 201,
　225-28, 233, 234, 242-44, 246, 281,
　301, 307
聖餐　41, 257
聖体（eucharistia）　41, 257
生誕（nativitas）　225, 226, 239
『正統信仰論』（De fide orthodoxa）
　204
生命的始原（vitale principium）　37
清貧　99, 108, 217

聖霊　61, 70, 71, 95, 98, 99, 135, 145-
　47, 164, 167, 215, 218, 220, 258
説教修道僧（Frater Praedicatorum）
　108
絶対他力としての恩寵　295
絶対的存在（esse absolutum）　88, 93,
　133, 141, 144, 155, 156, 159, 166, 172,
　173, 189, 306
絶対的第一の始原（principium absolutum
　primum）　150
善　45, 48, 66, 69, 84-109, 133, 135,
　147, 159, 164, 165, 167, 179, 194, 212,
　219, 220, 304-06, 308, 310
潜勢的存在（esse virtute）　118, 125,
　126, 136, 140, 283, 284, 288, 303
『創世記註解』　27, 62, 69, 118, 126,
　136, 149, 180, 185, 188, 231, 283
『創世記比喩解』　240, 265
創造以前の状態への還帰　296
創造的始原　91, 128, 166
創造的能動者　88, 128, 290
創造的霊　85, 86, 90, 91
像（imago）　4, 6-11, 13, 30, 31, 34,
　35, 40, 41, 60, 61, 72, 74-78, 85, 95,
　101, 104, 105, 139, 141, 144-46, 167,
　181, 188, 201, 215, 219, 227, 235, 244,
　249-53, 264, 265, 267, 268, 275-79,
　306
存在産出　144-48, 154, 165, 177, 184, 196
存在者であるかぎりでの存在者（ens
　inquantum ens）　26, 65, 68
存在者の本質規定（ratio entis）
　261-63, 268
存在性（istigkeit）　17, 25, 121, 124,
　126, 128, 131, 139, 151, 153, 159, 166,
　218, 220, 257, 294, 300, 301
存在それ自体（ipsum esse）　17, 49,
　53, 112-15, 119, 128, 129, 151, 155,
　157, 158, 160, 162, 168, 169, 173, 174,
　178, 179, 183, 184, 189-96, 206, 218,
　221, 225, 227, 234, 244, 245, 247, 248,
　274, 286, 289, 292

存在否定性　125, 126, 128, 130, 140, 141
存在のアナロギア（analogia entis）　117, 125, 128
存在の純粋性（puritas essendi）　118, 128, 129, 131-33, 139
存在様相　83, 119, 210, 252, 268, 269, 276
存在を超えた存在（ein vber swebende wesen）　163, 164
存在を超えた無（ein vber swebende nihtheit）　163, 164
存在を運び集めること（collatio esse）　180, 247

た　行

『対異教徒大全』（*Summa contra gentiles*）　112
対象の子（proles obiecti）　61, 72, 73, 249, 262, 270
第一原因（causa prima）　6, 53, 54, 121, 159, 163, 172, 177, 185-88, 190, 193, 245
第一の真理それ自体（prima veritas propter se）　19, 21, 51
第一の知性（primus intellectus）　138
第一の流出の泉（fons primae emanationis）　71, 139, 147, 164, 308, 310
第一類比項（primum analogatum）　81
態勢（dispositio）　25, 39, 52, 57, 216, 217, 241, 243
第二原因（causa secunda）　54, 186, 187
第二の流出の泉（fons secundae emanationis）　71, 147, 165
魂（anima, sêle）　8, 9, 16, 21, 29, 30, 32, 34, 40, 41, 45, 46, 48, 51, 56, 57, 70, 72-76, 78, 95, 101, 105, 106, 113, 121-23, 185, 203, 206, 207, 209-11, 216, 217, 221, 222, 234, 250, 251, 254, 261, 262, 265, 268, 270-80, 284, 287, 288, 290, 295, 298, 299, 301, 303, 305-08
魂の閃光（vünkelîn）　272, 276, 305
魂の内なる存在者（ens in anima）　250, 261
魂の内にあって創造されずまた創造されえない光（ein liehte, daz ist der sêle, daz ist ungeschaffen und ungeschepfelich）　272
魂の内にあるなにものか（aliquid in anima, einez in der sêle）　272, 274, 305
魂の根底（der grunt der sêle）　46, 56, 57, 70, 270, 272-76, 306, 308
魂の実体を原因づける始原（principium causale ipsius substantiae animae）　45
魂の外なる存在者（ens extra anima）　250, 261
魂の火花　46
男性的差異　238, 252, 268, 276
端的な意味での存在（esse simpliciter）　228
『知恵の書註解』（*Expositio libri Sapientiae*）　283
知性性（intellectualitas）　27
知性的生命（vita intellecualis）　33, 122
知性的本性（natura intellectus）　62, 127, 149, 150
『知性と知性認識されるもの』（*Tractatus de intellectu et intelligibili*）　26
知性認識（intellegere）　17, 26, 27, 35, 37-39, 46, 61, 76, 79, 111-16, 118, 124, 126, 128-32, 137-39, 141-43, 153, 167, 215, 216, 219, 224, 225, 227, 232, 247, 253, 254, 260, 261, 264, 269, 271, 279, 283, 284
知性認識されている事物の観念（conceptio rei intellectae）　224
知性論　6, 13, 15, 22, 23, 26, 36, 38, 40, 41, 46, 47, 119, 123, 223, 227, 255,

事項索引

273, 303, 305, 307, 311
父に対する子の関係（filatio） 52
知的流出（emanatio intelligibilis） 225
『註解集』（Opus expositionum） 152, 154
中性的同一性 238
『中世ドイツ哲学者叢書』（Corpus Philosophorum Teutonicorum Medii Aevi） 5, 25
超範疇的アナロギア 84, 92, 101
超範疇的概念（termini generales, communia） 45, 48, 53, 69, 70, 84, 92, 109, 132, 137, 144, 147, 151, 159, 160, 164-66, 169, 252, 305, 311
超範疇的規定 85, 95, 98, 104, 109, 212
直観（intuitus） 13, 16, 31, 32, 40, 42-48, 51-54, 56-58, 63, 64, 73, 76, 78, 119, 200, 201, 273, 279, 280, 307
『デ・アニマ』（De anima） 6, 27, 29, 35-37, 39, 140, 182, 213
哲学者たちの自然的論証（rationes naurales philosophorum） 5, 57, 132, 153, 157, 197-200, 214
哲学者たちの神学（scientia divina philosophorum） 44, 279, 305
『ディオニュシオス註解』（Super Dionysium） 6
『天上位階論』（De coelesti hierarchia） 6, 119, 120
『天体について』（De animatione caeli） 120
ドイツ神秘主義（die deutsche Mystik） 8, 87, 311
ドイツ・ドミニコ会（die deutschen Dominikaner） 3, 5, 7, 22, 23
同一性（aequalitas） 12, 48, 70, 78, 81, 96, 98, 101, 102, 107, 108, 112, 114, 115, 128, 132, 135-37, 141, 157-59, 164, 166-68, 171, 176, 183, 189, 190, 212, 220, 222, 232, 234-36, 238, 260, 269, 276, 306
同形姿性 102, 141

道徳哲学（philosophia moralis） 10, 11, 65, 91, 200, 204, 229
同名異義（aequivocatio） 23, 81, 117
同名同義（univocatio） 23, 59, 60, 70, 73, 74, 81, 82, 102, 117, 137, 147, 203, 208-10, 212, 232, 233, 235, 239, 244, 253, 260, 290, 307
同名同義的出生（generatio univoca） 239
突破（durchbrechen） 166, 276, 296, 307-10
トマス主義 4, 6, 130

な 行

ないそれ自体（daz selbe niht） 243
内的世界 56, 284
何性（quiditas） 28, 39, 42, 44, 73, 186, 264, 265, 272
何性としての存在（esse quiditativum） 39
何故なしの生（leben âne warumbe） 8, 80, 279, 280, 294, 296, 297, 301, 304, 310
「何であるか」（quid est） 66, 114, 172, 300
『ニコマコス倫理学』（Ethica Nicomachea） 6
似姿（similitudo） 30, 219
ニヒリズム 183
人間本性（natura humana） 19, 20, 115, 197, 200-04, 206-12, 214, 216, 217, 220, 222, 265, 289, 290
人間本性に適った光（lumen connaturale nobis） 19, 20
認識原理 16, 35, 38, 42, 307
認識と知との始原（principium cognitonis et scientiae） 214
認識能力（vis intellectiva） 39, 267
能動知性（intellectus agens） 27, 29-37, 39-43, 45-47, 72, 123, 215, 216, 264, 273, 274, 303, 305, 307

能力態（habitus）　19, 21

は　行

発出（processio）　6, 25, 30-32, 45, 59, 60-62, 69-71, 85, 87, 95, 98, 120, 133-37, 141, 142, 145, 147, 148, 151, 160, 164, 165, 167, 171, 194, 213, 214, 219, 223-27, 230-36, 239, 242, 259, 270, 276, 278, 305-08, 310
『パリ討論集』（*Quaestiones Parisienses*）　46, 76, 79, 111, 118, 128, 129, 133, 134, 139, 143, 153, 254-56, 260, 261, 265
範型（exemplar）　26, 28, 31, 36, 45, 60, 61, 78, 101, 120, 126, 145-47, 167, 204, 213, 219, 229, 231, 235, 244, 246, 247, 251-53, 273, 278, 305, 306
非質料的存在者（eintia immaterialia）　137
被造物における神　187, 190, 302-04
被造的形相　17
被造的知性　17, 90, 91, 99, 210, 274
否定神学（theologia negativa）　164, 168
否定の否定（negatio negationis）　136, 212
非被造的根底　307
ピュタゴラス学派　117
表示（significatio）　9, 15, 17, 23, 28, 43, 44, 49, 58, 61, 63, 66, 72, 77-79, 85, 90, 91, 93, 104, 117, 120, 129, 135, 140, 141, 146, 147, 150, 155-59, 161, 165, 168-73, 177, 179, 181, 187, 190, 202, 203, 209, 211, 212, 218, 220, 224, 225, 227-30, 234-39, 241, 242, 248, 258, 259, 261, 262, 285, 289-91, 293, 294, 306
表出（expressio）　145, 235, 251, 252
表象像（phantasma）　35, 41, 74, 215, 264, 279
比例性（proportionalitas）　24, 25, 39, 58, 73
比例性のアナロギア（analogia proportionalitatis）　25, 73
福音（evangelium）　4, 10, 12, 15, 51-53, 58, 61-63, 65, 71, 72, 74, 75, 78, 83, 86, 87, 92, 94, 98, 103, 105, 108, 109, 115, 116, 123, 125, 133, 145, 149, 153, 157, 160, 162, 169, 186, 188, 189, 197-99, 201, 205-08, 212-15, 217, 228, 230, 232, 249, 251, 258, 267, 269, 282, 284, 295, 311
父性（paternitas）　146, 164, 237, 238
付帯性（accidentia）　41, 112, 123, 233, 252, 257, 258, 261
付帯的原因（causa accidens）　122
沸騰（bullitio）　105, 139, 145, 146, 165, 218-20, 253, 306
不等性（inaequalitas）　48, 70, 71, 96, 107, 132, 135-37, 194, 211, 212, 243
普遍概念（universalia）　90, 93
『プロクロス『神学綱要』註解』（*Expositio super Elementationem theologicam Procli*）　87
噴出（ebullitio）　105, 145, 146, 148, 165, 219, 220, 222, 253, 292, 304, 308
ペルソナ（persona）　60, 61, 69, 70, 72, 75, 77, 94, 102, 135, 137-39, 145-47, 150, 164, 167, 171, 202, 207, 208, 213, 218, 219, 224, 229, 230, 232, 235-38, 254, 258, 268, 276, 278, 289, 306, 307
『弁明書』（*Rechtfertigungsschrift*）　133, 299
本質的原因（causa essentialis）　31-33, 36, 37, 40, 45, 46, 119-25, 127, 128, 194, 231, 252, 259, 273, 279
本質的に生きる実体（substantia viva essentialiter）　122

ま　行

「マイスター・エックハルト意図」（Die Intention Meister Eckharts）　4

事項索引

「マイスター・エックハルトのラテン語著作とその教説の根本思想」（Meister Eckharts lateinische Schriften, und die Grundanschauung seiner Lehre）　4
『迷える者の手引き』（*Dux neutorum*）　63
無から存在を運び集めること（collatio esse ex nihilo）　180
無からの創造（creatio ex nihilo）　177, 179-83, 185, 189, 194, 205
無名（nameloz）　163, 299
『命題集序文』（*Prologus in opus popositionum*）　53, 69, 133, 144, 159, 178
目的因（causa finalis）　66, 67, 121, 125, 144, 147, 148, 242

や　行

『ヨハネ福音書註解』（*Expositio sancti evangelii secundum Iohannem*）　4, 10, 61, 71, 72, 103, 105, 123, 125, 133, 145, 153, 157, 160, 162, 188, 189, 197-99, 201, 206-08, 212-15, 228, 230, 232, 249, 251, 267, 269, 311

ら　行

離存実体（substantia separata）　121, 156, 160
離脱（abegescheidenheit）　8, 259, 274, 298, 310
『離脱について』（*Von abegescheidenheit*）　298, 310
律法　58, 78, 107, 119
理念的形相　31
流出（emanatio）　6, 60, 71, 87, 88, 104, 121, 139, 140, 144-48, 150, 164, 165, 171, 177, 196, 213, 215, 220-23, 225, 229, 230, 251-53, 298, 308-10
隣人愛　211, 212, 216, 222
『倫理学註解』（*Super Ethica*）　19
類や種の共通性（communitas generis vel speciei）　204
霊感（inspiratio）　18, 19, 41, 57
霊性　96, 99
霊的本性　105, 220
倫理的原理　13, 26, 81, 83, 222, 306
ロゴス　15, 71, 86, 92, 97-99, 103-08, 141, 207, 214, 218, 231, 306

わ　行

われわれの聖者たちの神学（nostra divina sanctorum scientia）　44, 47, 279

山崎 達也（やまざき・たつや）
1957年埼玉県生まれ。1981年創価大学文学部卒業。1991年同大学大学院文学研究科博士後期課程単位取得退学。1992-94年、ボーフム大学（Ruhr-Universität Bochum）カトリック神学部に研究留学。現在、（公財）東洋哲学研究所研究員・創価大学非常勤講師。文学博士。
（論文）「ベルトルトにおける『神学綱要』受容の問題──ディートリヒ知性論との連関を中心に」（『新プラトン主義研究』第10号, 2010年）, Die transzendentale Struktur des göttlichen Seins und die Seligkeit bei Meister Eckhart (*Beiträge zur Geschichte der Philosophie und Theologie des Mittelalters* NF. Bd. 72, 2009)。「エックハルトにおける創造論──存在はどこまでリアルに語れるか」（『西洋哲学史再構築試論』所収, 昭和堂, 2007年), その他。

〔哲学と神学のハルモニア〕　　　　　　　ISBN978-4-86285-147-5

2013年2月10日　第1刷印刷
2013年2月15日　第1刷発行

著　者　山　崎　達　也
発行者　小　山　光　夫
製　版　ジャット

発行所　〒113-0033 東京都文京区本郷1-13-2
　　　　電話03(3814)6161 振替00120-6-117170
　　　　http://www.chisen.co.jp
　　　　株式会社　知泉書館

Printed in Japan　　　　印刷・製本／藤原印刷